云南师范大学中国史一级学科博士点建设系列成果

国立西南联合大学史料长编丛书

闻黎明　邹建达／主编

西南联大军事时局评论（一）

戴美政◎编

社会科学文献出版社
SOCIAL SCIENCES ACADEMIC PRESS (CHINA)

总　序

　　西南联合大学是抗战爆发初期由平津沦陷区的国立北京大学、国立清华大学、私立南开大学三所著名大学联合组成的一所战时高等学府。这所学校1937年11月1日在长沙开学时名"国立长沙临时大学"，1938年4月迁至昆明后改名"国立西南联合大学"，1946年5月4日举行结业典礼，三校复员返回原地。

　　在中国现代教育史上，西南联合大学无愧是一座丰碑。最初，它简称"西南联大"，未久就因其存在的唯一性，被称作更为简洁的"联大"。西南联大只存在了短短的八年半，而这八年半正是抗战军兴，烽火遍燃，全国人民为挽救国家危亡同仇敌忾抗击日本帝国主义侵略的关键时期。在这种环境下，师生们头顶狂轰滥炸，忍耐饥饿困苦，身怀崇高使命，牢记"刚毅坚卓"校训，心系"天下兴亡，匹夫有责"，坚守岗位，努力办学，刻苦探索，为保存和传承中华文化和学术薪火做出了巨大努力与贡献。

　　今天，"西南联大"已成为一个具有特殊意义的响亮名词，党和国家领导人在多个场合给予这所学校很高的评价。2014年6月5日，习近平总书记以中华人民共和国主席身份在中阿合作论坛第六次部长级会议开幕式上的讲话中，引用了《国立西南联合大学纪念碑碑文》中的"五色交辉，相得益彰；八音合奏，终和且平"，形容包容理念在维护世界和平与安全、促进共同发展事业中的重要作用，表达了对西南联大精神的称许。2017年1月24日，李克强总理考察云南时专程参观了西南联大旧址，给予这所培养出

Ⅰ

两位诺贝尔奖获得者、8 位"两弹一星"功勋奖章获得者、5 位国家最高科学技术奖获得者、173 位"两院"院士的学校极高赞誉，指出西南联大"在极端艰难困苦中弦歌不辍，大师辈出，赓续了我们民族的文化血脉，保存了知识和文明的火种。这不仅是中国教育史上的奇迹，也是世界教育史上的奇迹"。2010 年 10 月 10 日，刘延东副总理在云南师范大学考察时，亦指出：要弘扬西南联大爱国、民主、科学的优良传统，发扬兼容并蓄、学术自由、求实严谨、艰苦奋斗的人文精神和科学精神，培养多层次、高素质和实用型人才。党和国家领导人的这些评价，是对西南联大历史和现实意义的高度概括。

集中了众多学术大师和优秀人才的西南联大，是中国知识分子献身现代化建设的突出典型。现实生活中，当人们谈论到爱国、民主、科学、通才教育、人才培养等话题时，往往会联想到离开今天已经七十多年的西南联大。这个现象，既表达了人们对西南联大的怀念，也反映了这所学校产生的深远影响。

随着社会日益广泛的关注，学术界对西南联大的研究近乎成为一门显学，但这座"富矿"还有许多方面有待深入开发。如北大、清华、南开历史不同，怎样在"各异之学风"中保持合作无间、异不害同；怎样以"兼容并包之精神，转移社会一时之风气"；怎样"内树学术自由之规模，外获民主堡垒之称号"；怎样"违千夫之诺诺，作一士之谔谔"；怎样坚持"通才教育"，重视"知类通达"，为学生从事更高深更专门研究成为各个领域一流人才奠定基础；等等。这些都需要可靠的原始史料予以佐证。

为了更好地继承和弘扬西南联大优秀传统，全面展示西南联大的成功与曲折，表现师生们的思考与探索，作为西南联大血脉和延续的云南师范大学，以义不容辞、责无旁贷、舍我其谁、全力以赴的气魄，于 2016 年年底启动了"西南联大史料长编"工程。云南师范大学历史与行政学院接受了这项艰巨任务，承担起具体组织与落实工作。2017 年，云南师范大学成立了由饶卫书记、蒋永文校长双挂帅的"西南联大史料长编领导小组"，成立了由中国社会科学院、云南师范大学、云南大学、清华大学、西南民族大学、社会科学文献出版社等单位专家组成的编辑委员会。编辑委员会召开了多次会议，通过了长期与中期编纂规划，制定了近期目标，明确了实施步骤，规范了编辑体例，成立了审稿小组。"西南联大史料长编"的计划，是首先按照教育管理、学术科研、思想文化、时局评论、社会活动、校园文化、战时从军、民族边疆、地方建设等门类，进行全面、系统的资料收集整理，编辑成不同体裁的文集，最后打通贯穿形成一部编年体的多卷本《国立西南联合大学史料长编》。

西南联大的历史，严格地说始于1937年7月三校酝酿联合，止于1946年10月留守人员全部撤回，其间的所有资料均在"西南联大史料长编"收集编辑范围之内。如此庞大的工作，无疑十分艰巨，它既要面对1949年以后出版或发表的各类著述，还要面对湮没已久几乎遗忘的历史旧著；既要收集隐藏在老报纸老刊物里的散篇论述，更要挖掘保存在海内外和不同部门的大量档案文献，以及掌握在个人手中的多种资料。而西南联大史料性质不一，跨越多个学科，需要整理者具备相应的专业知识和校勘鉴别功夫。可喜的是，这支团队认识到这项工作的重要意义，认识到这项工作迫不及待，大家在西南联大精神鼓舞下，克服了种种困难，为光大中国优秀文化遗产，为完成西南联大历史资料的总集成，努力履行了新一代知识分子的应有职责。

"西南联大史料长编"编纂的是西南联大史料，而这项工程本身也体现了西南联大"兼容并包"的精神。参加这次社会大协作的，不仅有云南师范大学的师生，还有云南省和全国各地的学者，不仅有来自高校的教师，也有来自科研、档案、政府等部门的专家。大家的共同愿望只有一个：保存西南联大完整历史，总结西南联大优秀遗产，诠释"西南联大精神"，为建设现代化国家和实现中华民族伟大复兴的决策提供借鉴。

闻黎明

2018年9月6日

前　言

　　《国立西南联合大学史料长编》是旨在全面、系统、完整记录西南联大历史的大型编年体资料汇编。这项工作不仅需要广涉各种类别、各种体例、各种来源的浩繁资料，还要仔细梳理，区别归类，校勘鉴别。这是一项工作量和难度都超出预料的艰巨工程，需要全国各有关高校和科研、图书、档案部门的通力配合，需要不同岗位的多位专家学者协作努力，也需要分阶段、有步骤地逐渐进行。由于这项工程非短期可以完竣，特辟"国立西南联合大学史料长编丛书"，以便及时推出阶段性的成果。

　　"国立西南联合大学史料长编丛书"不拘形式，凡是 1937 年 7 月至 1946 年 10 月间所有西南联大时期的资料，均在其列。"丛书"各书以内容为书名，既有以学科、专题为名者，也有以体裁、性质为名者，既有个人文集，也有多人合集，既有授课讲义，也有听课笔记，既有各种演讲，也有报告记录。总之，目的是成熟一部推出一部，完成多少推出多少，不限类别，不分批次，最终自然形成一个系列。

　　需要说明的是，"丛书"各书完成有先有后，且各自独立，各成体系，故各书之间所收篇目略有重复。

　　作为大型资料汇编，《国立西南联合大学史料长编》制定有统一凡例，"丛书"各书凡例由编辑者根据内容需要，在统一凡例下各自把握，并予以说明。

　　收入"丛书"的各书，多已征得著作权人的同意或授权，但由于时日旷久，有些失去联系线索，权且留待日后弥补。

《国立西南联合大学史料长编》编辑委员会

2018 年 9 月 6 日

目　录

战场分析

国际关系

二战人物

武器军工

编选说明

本书为云南师范大学"国立西南联合大学史料长编丛书"之一，共选编曾昭抡、蔡维藩、雷海宗、张印堂等 11 位联大学者的军事时局类评论 106 篇，大致分为世局观察、战场分析，国际关系、二战人物、武器军工 5 个部分。其中，"世局观察"包括第二次世界大战中与军事局势密切相关的各国政治经济问题分析等，也有结合时局来阐述的国防科学、军事理论、军事力量等内容；"武器军工"包括武器装备、军事工业、战争物资等内容。所选编各位学者的原文，均出自民国时期报刊，主要是国立西南联合大学存续期间，即 1937 年 11 月 1 日至 1946 年 7 月，长沙临时大学开学至西南联大最后一批师生复员北上这段时间联大学者发表的此类作品。联大期间形成而后发表的作品也酌情收入。

本书对所选作品按类别分别编排，再以发表时间先后排序，连载文章每次连载均算一篇；所选文章均在篇末注明发表报刊、期号、日期；书末附录对作者和发表这些作品的报刊做了简介，以便阅读研究。本书收录作品按查询情况选编，并非完全篇目，今后将继续选编续集。

因战时印制条件简陋，报刊大多用纸粗劣、字号不全、印刷不清、油墨浸污，加上保存不当等因，故许多文章字迹模糊缺失。此次整理，尽量将模糊或缺失的文字予以辨识考证。校对中参考多种二战史学术著作，如中国人民解放军军事学院《第二次世界大战》（世界知识出版社，1984），苏联科学院主编《世界通史》第 10 卷（吉林人民出版社，1978），军事科学院军事历史研究部《中国抗日战争史》（解放军出版社，1991）等，恕不逐一列出。

一、本书所选史料，均照录原文，不做任何内容删节，以保持历史原貌，方便研究或阅读者使用。

二、除特殊需要外，原文繁体字均改为规范简体字，异体字一般改为通用字。

三、本书校注原则为：

1. 部分原文段落区分不明显或欠妥者，予以适当调整。

2. 时人习用之字、词虽与今有别但不影响理解者，原则上不做修改或标注。

3. 凡〔〕之内系增补文字；［］之内系勘误文字；□□□□为原文模糊污损无法辨认之标识；〖〗之内为衍文。

4. 原文已断句者适当修订标点符号，未断句者补入标点符号。

5. 外国国名、地名、人名之译名与今通行译法不尽一致，原文各篇亦有不同，不做改动。

6. 原文注释（文中或文后）一般均保留。本次编者注，以脚注形式出现，以示区别。

世局观察

国际局势与我国抗战前途

曾昭抡

自从九月二十七日，德义日三国在柏林签定实质上等于军事同盟的三国协定以后，全部国际局势，发生了重大的变化。这种振荡着的国际局面，对于中日战争，当然有它的影响。很幸运的，这种影响，对于我国抗战前途，有利的成分，比不利的成分来得高。在日本尚未正式加入侵略阵线以前，英美两国，一方面对于远东纠纷感觉鞭长莫及，一方面因为欧洲局面吃紧，不可能以全副精神去应付，因此对于这位东方强盗，不惜尽量迁就。尤其是英国，因为在欧洲感受德国的直接威胁，对日本每每委曲求全；甚至不顾我国的感情，竟于七月十六日，宣布封闭滇缅路三个月，暗示希望我国对日求和。然而侵略者的野心，并非让步和忍辱所能和缓，日本终于加入轴心国阵线，德对大英帝国，表现直接威胁的姿态。于是素准备对日妥协的英国，乃恍然大悟以前所采政策的错误，和轻视中国友谊的不当，毅然于三月期满之后，在十月十八日，重行开放滇缅路的运输。我们可以说，三国协定成立以后，我国对日抗战，已经成为世界上反侵略战争的一环。德义和日本的勾结，诚然使美国和苏联，对于过问远东事务，不得不有所顾忌。但是就我国本身来说，过去三年多的英勇抗战，完全是我们独立支持，别国的援助，决不致因三国同盟成立而减低，或者甚至可以增多，亦未可知。在另一方面，日本既然加入三国同盟，自然就要担任那同盟的一份义务。具体的说，她的侵略目标，一部分要从中国转移到荷印和英国的远东殖民地。为着要贯彻这种目的，和攫取那同盟给予她"领导东亚"的权利，她就不得不加紧准备对英美作战。这样一来，我们所受侵略者的压力，当然会随着减轻。

果然不出预料，日本为着推行她的"南进政策"，不得不缩小在中国境内的战场。被暴敌盘踞十一个月的南宁，竟于十月底被我军克服了。最近半个月以来，龙州、镇南关、钦县，这些军略上的重要据点，先后一一收复。广西境内，已无敌踪。华南残敌，退守广州一隅。从此西南方面所感威胁，至少已暂告解除。敌人对此事的解释，说这是自动撤退，准备积极推行南进政策。但是不管自动撤退也好，被迫撤退也好，获得的结果，总是一样。自从敌军进攻广西的时候起，到我军收复南宁为止，一年当中，敌人不惜以最大的努力，惊人的牺牲，企图北上攻陷柳州，割断我军的重要交通线。这一段汽车不过走一天的路，既不辽远，又不险要，可是我军将士用血肉筑成的长城，终于使敌人无法前进。最多的时候，广西省境内的敌军，多到三四十万。他们在这一战区所受的损失，至少也有几万人。从兵员伤亡和金钱消耗两方面来讲，敌人在广西所受损失，几乎可以赶得上日俄战争时代的全部损失。然而现在结果如何？从日本方面来说，结果是一无所得，只为加深了中华民族对日本军阀的仇恨。

南宁的收复，在我国抗战史上，是一种重要的转机。从军事上说，这是收复失地的起端。以前三年多的抗战，许多英勇事迹，诚然充分地表现了我国的国魂，但是在战绩上，大都不过守住若干据点，或者击溃一批敌兵。我们全盘战略，始终偏重在"守"。这次乘胜前进，收复了许多沦陷已久的区域，而且战略也从被动转变到主动。此项情形，在半年前，几乎是意料不到。从心理上的建设来说，此番战果，对于国内一般悲观论者，和主张和平妥协的人，是一种致命的打击。从此全国人民，对于最后胜利的信念，更可加强。凡属主张妥协投降的分子，更将为国人所不齿。从事各门职业的人，对国事均可更抱乐观的态度，努力为国家而工作。这种精神上的收获，其重要性质实在并不在军事胜利之下。

最近几周以来，日本的企图，无疑地是在积极设法推行她的所谓"南进政策"。香港、新加坡、缅甸、荷印，甚至菲利滨，都有立刻成为侵略目标的可能。而其所采步骤，则第一步似将占领安南南部西贡一带。一向抱着安〔妥〕协投降态度的维琪政府，对于这种不可避免的侵略，是不会也不能加以抵抗的。如果英美两国，对此不采积极干涉的态度，日军进据西贡，恐怕不过时间问题。据一般情势推测，英美对于这种情形，似乎暂时不致用武力来干涉。然而这一着会逼着英美海军，作进一步的合作，却是必然的事。日军的迟迟未动，这或者是一种主要的原因。对于紧抱不抵抗主义的维琪政府，丧失国土，也许是不可避免的命运。不过即令日军占领西贡，倒霉的也只有那不争气的法国。这位东洋强盗，要想进一步去侵犯马来亚半岛或者荷印，一定会碰壁。在那种情形下面，英美两国联合对日作战，大概是必然的结果。有人以为英国远东海军实力过于单薄，美国在远东的舰队，更不足道，因此即令联合对日作战，也不免失败。其实日本海军，吨数虽高，却不过一个纸老虎，而且从来没有经过战役。假若真和英美联合海军，直接发生冲突，恐怕是不堪一击。英美即令遭受挫折，至多是在战事爆发的初期。只要守住新加坡，再调大批战舰前来，随时都可把日本小鬼解决。反过来说，日本海军，如果战败，很可〔能〕有一败涂地、全军覆没的危险，结果甚至连整个日本帝国，在世界上弄到无从立足。在义大利未参战以前，谁不说义国海军，在欧洲除英国以外，也许它是最优秀的海军，谁不说它对于英法地中海舰队，是莫大的威胁。然而几个月以来的事实告诉我们，就是在法国投降以后，义大利的海军，始终躲在本国港口，不敢与英国舰队交锋。现在义希战争，义军节节败退，前方援军和军火的运输，均受障碍，仍然不敢出面，与英国一决雌雄。同样地，战前义国引以自豪的空军，半年以来，也显出异常脆弱。日本如果真要冒险对英美作战，将来的结局，不见会比义大利好，或许更要坏些。日本海军吨数，虽较义国为多，但其任务的范围，也远较义国为大。一方面要防守本国海岸，一方面要监视苏联，一方面要维持侵略中国的交通，同时还要大规模进攻南洋。这样多重的任务，是很不容易担负起来的。至于空军方面，日军在中国作战三年的战绩，充分地指〔显〕示它的无能。拿日军空军第一线飞机的数目，来和英美比较，已经是相差很远。何况日本较好的飞机，都是买自美国，从品质上来说，不过是人家的唾余。空军人员的数目和训练，也较西洋各国相差甚远。假如日本军阀，不惜拿他们那几架并不很好的飞机，来和新式的暴风式与火焰式飞机拼一拼，结果一定会比诺门罕一役败得更惨。加以日本国内，并没有大量生产新式飞机的能力，国外又无处可买，这样一来，日本空军，很可能地会在短时间内被扑灭。

日本军阀，大约也知道自己的空军不行，海军不可靠，所以目下的方针，似乎侧重陆军的运用。他们的打算，大约是在西贡登陆以后，占领安南大部分的土地，然后经由泰国进攻缅甸或者新加坡。鉴于泰国一向所抱亲日态度，和英国远东军的薄弱，许多人对此不足为英国担忧。的确的，假若在三国同盟成立以后，美国大选未决以前，日本骤然出兵突击，那事确是可虑。可是几星期来，局势变了，义希战事暴露了义大利的弱点。德国渡海攻英的可能性，愈见辽远。因此在欧洲方面，英国已经比较地能够应付裕如，分一部分力量来应付远东局面，比起一两个月以前，容易得多。同时时间过去，英美也很有利。英国在远东的防务，最近已大行增强。美国自罗斯福当选第三任总统以后，援英可以比前更加积极，更加自由。新加坡背后陆地上的防务，固然不像军港那样的牢不可破；缅甸的力量，更要薄弱得多。不过现代战争，专赖陆军进攻，并没有多大效力，尤其是机械化程度很低的军队，和日军那样。我们不要因为德国在法比战场大获全胜，就以为在陆地上，陆军的力量，能决定一切。我们必需记得，在那次战役当中，德军不但拥有举世无比的最新式机械化部队，而且同时确切地领有制空权。万一在马来半岛或者缅甸边境，发生陆战，拥有新式军备的英国军队，对日以少敌众，并不是一件困难的事。现在英国陆军机械化的程度，德国以外，恐怕很少有别的国家，可以赶上；比起日本来，不知要高明多少倍。同时我们不要忘记，新加坡的驻军，拥有十八吋口径的陆战大炮。日本军队，即令超出英军若干倍，在新式火器之前，难免不白白送命。我们再看，这次英国所派驻至新加坡的远东军总司令波鲁翰，是一位空军上将，就可以知道，将来万一战事爆发，英军所要采的战术。老实说，英国只要在远东驻有两千架新式飞机（这在目前，并不是一件太困难的事），日军根本就无法进攻。在对方拥有绝对的制空权之前，进行攻击，从战术上看，现在根本就是一件不可能的事。日本军备和西洋各国的差别，并不亚于抗战初期中国与日本的差别。然而那时候我们是守，日本是攻；假如反过来，困难当然要增加很多倍。

泰国最后的态度，这是一件未可知的事。目前泰日两国，可能合作的基础，是双方都向越南索取领土。但是泰国对越的领土要求，英美在相当条件之下，也可以承认。果然现在曼谷方面，英美外交，正在积极活动。此前传出的同盟社消息，甚至说，在加入民主国阵线的条件之下，英美可以又将泰国对越的领土要求；在该国受侵略的时候，还可予以军事协助。这种消息，虽然未必完全可靠，但是要说泰国一定会为虎作伥，却也是一件未定的事。

即令泰国完全倒在日本怀抱里面，日军可以假道进攻英国属地，日本胜利的希望，仍然是太微渺。无论如何，日本的经济状况和军备情形，决不允许她把几百万军队，驻在安南。她所能派到那里的军队，最多不过三四十万。安南并不是一个高度工业化的国家，万一真正大规模进行战事，人员的补充，军火的供给（如果那时还有东西来补充的话），都要依赖海上的交通线；而这条交通线，却有随时被英美海军切断的可能性。在另一方面，英美两国，因为能控制海面，扩充兵员，运输军火，都不会有问题。这样看来胜负之数，真可未卜先知。

义大利在希阿边境的挫败，应该给日本一个很好的教训。把西洋镜拆穿以后，法西斯侵略者的实力，不但不是以前想象的可怖，而且是可怜地脆弱。同时义军一败涂地，希特勒到今还是坐视不顾（虽然由德国派兵支援，并不是一件困难的事）。这事大可表现，现在的三国协定，或许是和以前的反共公约一般，同样地是有名无实，不过是希特勒的一种外交姿态。日本在南洋的军事冒险，德义两国，事实上无法施应援，骨子里也未必愿意加以援助。这一点或者连日本军阀自己也明白了。

癫狂的日本军阀，当然什么事都可以干得出来。但是日本的外强中干，从张鼓峰、诺门罕两役以后，日本或者暂时还不敢作进一步的企图。如果这样，她对中日战争，会作怎样的打算，是一件我们应该研究的事。最近一个月以来，因为要积极推行南进政策，对我国作战，无疑地暂时是改采守势。

这种情况，或者会延长若干时间。可是日本军阀现在也已经开始感觉，所谓南进，有点此路不通。一向举棋不定的日本，在安南攫取若干权利，以后也许会卷土重来，向我国大举进攻。近来东京屡次广播，冬季攻势的威吓，在此不无蛛丝马迹可寻。至于将来进攻方向，一时尚不易猜测。不过我国军事当局，早已有了布置。敌人再攻一次，不过再多一次失败而已。

至于欧洲战局最近的发展，对于世界前途，影响当然极大。不过在目前阶段上，对中国的关系，还不算太直接，所以不妨很简短地带过去。义大利单独对付希腊，恐怕不见得有办法。为着挽救轴心国家的崩溃，德国终将不顾一切，出兵通过南斯拉夫，进攻希腊。保加利亚和土耳其，是不是会被卷入，尚待事实证明。在任何情形之下，苏联总会置身于帝国主义战争之外。同时无论巴尔干局势如何发展，德国在欧洲的制陆权，和英国的制海权，暂时还没有别国能加以动摇。因此英德的争雄，仍然要演成持久的战争。这样影响到中日战争，也会继续地演成长期抗战。至于苏联对中国的态度，虽然近来经过反苏分子多次恶意的中伤，事实上却没有任何可以令我们怀疑的地方。中苏两国友谊的亲密，现在较以前更进一步。在利害相同的地方，我们当然应该和积极进行反侵略战斗的英美两国相提携。同时中苏两国大民族的携手，终久将要成为奠定世界永久和平的基础。（十一月十九日完稿）

《荡寇志》第 3 期，1940 年 12 月 10 日

战后世界与战后中国

雷海宗

对于战后的世界我们当然有种种的希望，但热心不可过度，以免将来事与愿违，失望而不能自拔。长期大战所自然产生的心理疲乏，使人对将来容易发生许多的幻想，有意无意间常将自己不切实际的希望或他人另有作用的宣传认为把稳的真实，因而看事太易，毫无根据的乐观心理支配一切。除眼前的一时快意外，此种心理全无是处，并且可以发生严重的后果。第一次大战时的各种口号，如"为民主的战争"、"消弭战争的战争"之类，当时何尝没有博得整个人类的热烈信仰，但事后证明须要大打折扣，后来一部分的发展甚至与这些口号完全相反。抗战中的中国，尤其在太平洋大战初起的时候，许多人不免认为最后的胜利即将到来，到来后一切皆有办法，无往而不顺利。胜利当然是绝对必需的条件，但胜利后问题正多，今日所难想象的许多困难一定会不断的发生。一时的热情过去之后，最近大家多已感到将来问题的多而复杂，因而消极与失望的心情又时常流露。这正是当初过度热心所引起的反应。我们若由一开始就保持合理的希望，当可免除此种自寻烦恼的心理起伏。我们试先推敲一下战后世界的可能局面，然后再看中国在此局面中可有何种合理的希望与实现希望的方策。

战后世界的第一个大前题［提］，就是国际联合组织的问题。罗斯福总统所创的"联合国家"一词，已被所有同盟国的人士所采用，大家无不感到此词的意味深长，可见一种超国家的世界组织是多数人所企望的目标。但战后若真要实现一个笼罩所有反侵略国甚至也包括战败而改辙的轴心各国在内的国际组织，事实上是一个非常艰巨的工作。大国各有自己的传统，各有自己的最高国策，传统国策间的矛盾，在非常危急之秋可以暂缓谈起，危机一过，旧日的摩擦与恩怨必会重新抬头。在过去任何一次大战后的和平会议席上，当初并肩作战的同盟国没有不尔诈我虞，各为私利而争斗的，对于盟国的愤激有时可以超过对于当初敌国的仇恨。我们当然希望此次战后可免过去的覆辙，但至今为止，我们并未见到人性根本改变的迹象。欧美的盟国，以英美苏为最强，三国之间，除美苏过去尚无太严重的矛盾外，英苏之间与英美之间历来都有根本利益的冲突，若谓将来这些问题都可消弭于无形，恐怕是令人难以置信的。

从前的英俄与今日的英苏之间，问题非常复杂。一九一七年以前，英国嫌俄国太专制，俄国嫌英国太民主；今日英国又嫌苏俄太激烈，苏俄又嫌英国太保守。总而言之，两方在心理上与精神上始终没有互相信赖的基础。主义制度的差异大半只是互争的口实，两方即或有一天在名义上能互相同化，相猜相争的现象仍不会消灭。黑海、巴尔干以及整个的近东与中东，历来都是两国的角逐之场，将来这些问题也必仍是两国关系的阻碍。对于此种情形，最少英国方面并不讳言。前任英国驻苏大使，现任英国掌玺大臣的克利浦斯爵士，近来的发言非常率直，公开地承认两国间仍多猜忌。他虽不肯指出具体症结的所在，但我们由伊朗问题的解决迟缓，很可看出两国关系澈底改善的困难。伊朗问题发生，英苏合同进兵，已是半年以前的事。半年以来消息沉寂，直到最近英苏与伊朗间的合作条约才正式成立。我们很可想见，半年来两强之间必有不少的来往折冲，其内情恐怕非至战后无从知悉。

英美之间的问题，与英苏性质不同，在任何情形下英美大概也不致再正式地以兵戎相见。但这并不是说两国间的问题简单易决，更不是说两国将来可以完全合作无间。例如在一九一四年以前，英国的海军甲天下，有所谓"两强标准"的海军政策，那就是说，英国海军的吨位最少要与世间任何其他两国的总吨位相等。一九一七年美国参战后，海军骤强，到一九一八年英美胜利后，美国的海军已与英国并驾齐驱。战后英国屡向美国示意，希望美国减裁海军，认为一片大陆的美国并无与海洋帝国的英国在海上势均力敌的理由。但美国始终不肯接受英国的明言或暗示，照旧维持与英国同等的海军。第一次大战后两国间的紧张空气，根本都由此而来。最后在一九二二年华盛顿会议席上，英国才总算接受了既成事实，定了英、美、日三国海军的五、五、三比率，这等于正式承认美国的海军与英国相等，"两强标准"至此已降格为"一强标准"了。现在第二次大战又起，美国的海军有超乎英国之上的趋势，战后美国的海上实力将要强于英国，恐怕是无可置疑的。英国在海上是否肯屈居人下，连"一强标准"也肯虚心地放弃，大值注意。将来这种局面很可能会引起英美间的心理隔阂，最少可以影响国际联合组织的顺利进行。再如南美一向是英美资本的争胜之场，近年来美国的势力日强，将来除非英国愿意退出南美的场面，两国间必不免仍有明争暗斗的举动。美苏之间，明显的利益冲突尚不甚大，但思想与精神的矛盾也正与英苏相同。美国对于宗教信仰自由的特别注意，苏联为得英美的接济，对于宗教的压力已经减轻。但这是否永久的政策，今日尚难断定。战后的苏联若又恢复当初的反宗教政策，绝不是美苏合作的一种助力！

上列种种的基本矛盾，可使我们知道，战后的国际联合组织，无论短期间的或名义上的是如何的美满，最后的发展必有严重的困难。全世界可能会有一个暂时的整个组织，欧美三强都可以参加。但长久的与实际的组织，必有三分天下之势，英国与大英帝国，美国与新大陆，苏联。英美之间的可能问题，大致尚为简单，美苏之间大概也不致有太严重的纠纷，但英苏之间，除传统的竞争外，必会发生欧洲大陆控制权的争夺。可能苏联占有东欧，英国占有西欧，说定各不相扰，但除东西的界线根本难划外，苏联占东，鞑靼尼尔海峡与苏彝士运河就都直接或间接的成了问题，英国决难安心。并且德国到底属东或属西，其问题之复杂今日尚难想像。纳粹战败之后，德国内部必起革命，那个革命究竟是取英美的民主方式或苏联的共产方式，仍在未定之天，但这种革命的方式就必成为三强间的竞争焦点。第一次大战后，英美视当初盟国而后来革命的俄国为仇敌，进兵干涉，已是怪事。此次战后，英美一方或苏俄一方会不会因德国革命的方式转而视它为友而与它并肩对抗当初盟国的另外一方，这虽好似想入非非，但却是极可能的一种发展。发展的过程若过度的不幸，整个国际的公同组织就会连暂时的与表面的实现都不能达到。战后国际间的空气，比第一次战后还要紧张，并非不可能的事，虽然真能自主国家的数目远少于一九一八年以后的世界。

战后的中国，必须在此种变幻莫测的世界中，谋求自处之道。将来的世局，比过去还要严酷，所以第一前题〔提〕，我们必须认清现实，决不可有一点的自欺自娱。我们首先须要明了的，就是中国并非强国。抗战前我们的自卑心理特别发达，事事感到不如他人，而外国的事物则无不美满。抗战后，尤其近来因太平洋战局的临时失利而许多外国的发言人对我们大赞大捧后，我们又有一种与前相反的自高心理发生。无理的自卑当然不妥，但缺乏根据的自高更要不得，两者都是精神不健全的表现。"四强"一词，使许多人听了得意忘形，外人先如此说，我们自己也就又惊又喜的拿来引用。我们在今日的情形下当然要以君子待人，相信外人如此说法并无不可明言的作用，但我们若认真起来，将来必吃大亏，即早猛省，还可免贻后悔。我们除地大人多外，其他一切强国的条件都极端的缺乏。轻重的工业与军事的工业，纯粹的科学与实用的科学，专门知识的造诣与一般知识的水准，专门的人才与一般的人才，凡此种种，我们无不落伍到可怜的程度，质既未达世界的标准，量更相差甚远。我们只能利用抗战的机会与战后的局面，使这些必需的条件赶快具备，不久的未来真能既不自愧又不招侮的列于强国之林。别人硬说我们是"四强"之一，当然有他们的苦衷。今日与将来的和平会议中，我们不妨善用此种苦衷，但无论在朝与在野的人士，心中却万不可真的如此自信。

第二点我们要切实认清的，就是"国家至上，民族至上"的道理。这在今日好似已成老生常谈，但实际不只许多甘心自外于国族的人不明此理，连自认为无愧于国家民族的人也往往未能澈底地认识国族的真谛。一切所谓世界主义、国际主义或阶级利益等等，当初虽或是少数理想家的真言，但今日已都成为国际钩心斗角中的虚伪口号。我们最多能把这些认为久远未来的一种渺茫希望，决不可作为今日国策的起发点。热血的青年容易接受动听的口号，对此尤不可不慎。希特勒被打倒之后，可有更大的混世魔王出现。日本被肃清后，还会有比日本尤为可怕的侵略国家在。千万年后的黄金世界，尽管如何的使人向往，目前的现实是立国于今世必须成为一个坚强的战斗体。只有真正的强国才有资格去谈大同，那不过是阔人的奢侈品而已。弱国而谈国际主义，弱国而真信大同，是十稳的自取灭亡之道。中国二千年来的大一统局面，使一般人都无外交的经验与外交的认识。春秋战国的外交传统，后人已经忘记，连读书人也根本不能了解。今日欧美的外交技术，我们也尚未澈底地学习，所以多数人极易为别人的外交辞令或主义宣传所骗，被人利用而放弃国族立场的人不必说，连忠于国家民族的人也常于无意间被人欺骗而不自知。我们一个最大的毛病是对内老练而对外幼稚。大一统的帝国，与近代化的国家不同，并无严密的组织，一切的公事多不认真。我们习惯于此种情形，所以对于一切人物皆知其在"作官"作戏，对一切言论皆知其为官样文章，甚至对于真的人物与诚的言论也不肯相信。此种世情，连一个比较成熟的中学生有时也能明了。但对外人的言谈举动，即或是一个老于事故的人也时常去不折不扣的接受，也就无怪许多青年死心塌地地去受外人利用了。我们对外似乎不妨提出一个口号，就是"先小人而后君子"。正式的外交也好，国民的外交也好，都切忌弄假成真，词令与事实必须分辨清楚。我们虽不妨希望各国将来都能改变过去的作风，却必须提防他们不改，只能假定他们将来还是一仍旧贯，一切必须及早预防。对于任何的甜言蜜语必须加以研究，研究的原则就是言语愈发甜蜜就必愈发可疑。我们若拿对内的聪明转而对外，就无大误了。国事与私事不同，宁可诬枉好人，也不可自作好人而入别人的圈套，以致国家吃亏。抗战后我们虽有自高心理的表现，但百年来的自卑心理仍未能全部剔除，对外人过度相信的心理，连正式负责的人士也仍有时刻预防的必要。今日要如此，将来和平会议席上尤其要如此。殷鉴不远，就在一九一九年的巴黎和会！

以上两点澈底的认清之后，将来建国的方案就容易决定了。根本的问题，当然是力的问题。实力的建设，是根本的条件，其他都是枝叶。军备必须充实，且必须近代化。重工业与国防工业必须能独立。我们此次抗战可靠外来的接济，下次对外作战时也可能就无外援。靠人不如靠己，根本的国防尤其如此。在陆地上我们有现成的强大陆军，但战后必须设法赶快的高度机械化。我们万不可因此次能以低劣的武器抵抗日本，就以为将来仍会第二次再有如此的便宜局面发生。我们此次诚然可说是精神战胜物质，但精神抵挡物质，有它一定的限度，超此限度，任何热度的精神也不过是徒供毫无代价的壮烈牺牲而已。日本在列强中是机械化强度最低的国家，我们此次抗战的盛旺精神，加以地形的便利，可说正足抵住此种低度机械化的日本军队。我们的精神若略动摇，当然要失败。但日本机械化的程度若略高一点，恐怕我们也就早吃大亏。英美在太平洋战事中的失利，主因就是所能移用的飞机大炮与坦克车太少，进攻当然不能，连退守也往往谈不到，大多时只有投降或被歼灭了。法国的战败与屈服，失败主义与精神颓靡当然要负很大的责任，但法国武器的落后也是一个战败的重要因素。对于一九四〇年夏的法德之战，今日虽仍不能作一个最后的判断，但许多目击其事的人都承认，法国一部的将官与大部的士兵仍然保有传统的英勇，仍肯为国牺牲。但法国的飞机与坦克车少得可怜，简直无从与德军接触。戴高乐远在一九三四年就大声急呼，劝法国军部澈底地采用机械化政策。法国不听，戴氏的计划徒供纳粹去作参考，六年后拿出来在法国作一次大规模的试验！法国的军人若不过度的保守，若肯及时采用戴高乐的计划，一九四〇年的法国尽管精神腐败，也未必就会不到两月而战败亡国。即或不能攻入德境，最少也可抵住德军的进攻。我们当然希望人类不再打大战，但中国将来若再打仗，对方一定是高度机械化的国家。国防可以久备而不用，却不可片时没有充足的国防。我们若不急速的发展重工业与国防工业，将来只有白白地去作英烈的牺牲，为异族的后世诗人留下一段悲壮史诗的资料而已。

陆空军虽然重要，仅有陆空军是不够的。历史上的中国虽为大陆国家，但今后的中国必须兼顾海洋，否则就只有永作他人所封闭的内地国。无海军而成强国，是不可能的事。我们当初只要有仅足防卫海岸的小海军，此次抗战的局面就必大不相同，很可能日本根本就不敢起隙。海军的建设，代价既大，时间又长，是建军中最艰巨的工作。我们应当极力设法使日本、德、义的海军作为我们战后所得赔偿的一部分。此点达到，决非易事，根本能否达到，或能达到如何的程度，都要看今后我们对于联合作战的供献，战事结束时中国军队摆布的形势，与和会席上我们外交家的手腕了。但这只是一时之计，将来我们必须认真地自造海军。制造军舰，尤其是主力舰，只有高度工业化的国家才能胜任。谈到"力"的建设，由始至终都离不开工业化。一个工业落后的国家，在今日的世界绝无立足之地。

物力的开发与地域有密切的关系，所谓工业化并非漫无计划的全国各地的平均发展，重工业与国防工业尤其要注意所在地的安全性。在去年十二月太平洋大战爆发后，后方许多离乡背井四五年的人士，都兴奋地猜想还乡的时日，以为日本不久失败，大家就都可回到平津京沪汉粤各地的安乐家乡。或者亲戚骨肉仍在故乡，或者田产家园远在东国；即或亲友已都来后方而乡里亦无财产可言的人士，梦寐之中也无不憧憬多年不见的风光景色。这都是人情之常，不只可原，并且可敬。但此外恐怕或多或少还不免另有一种心情，就是回乡享福的心理。除少数在后方曾发国难财的人之外，一般人流离失所，受尽了物价高涨与衣食艰难之苦，回想战前故乡的优裕生活，难怪令人神往。这一种心理，虽也很自然，却就不很可原可敬了，除非我们愿意中国将来仍似战前的醉生梦死，把多年艰苦抗战所得的结果全部付之流水，否则我们这一代的青年与壮年就绝不能再存享受战前清福之念。一切可以节省的物力，将来都要用之建国，而建国的初步要着重于重工业与国防工业。两者都不产生日常的直接消费品。正如第一次五年计划时的苏联一样，在偏重国防业与重工业的阶段，社会的生活必然痛苦，因为一切的制造品都是武器或制造其他物品的工具，而非直供享受的货品。我们中国，无论原料与人才，都极感缺乏，所以这种建设必定较苏联尤为困苦，大家对于生活享受的牺牲非达到人性所能忍受的最高点不可。抗战时期，政府因有种种顾忌，只得听任许多人去投机，去无谓的享乐，但大规模的建国时期，政府无需再如此的客气，物资的统制必较今日为澈底。不只国内的制造要偏重国防与机器，国外的输入也要特别严格的限制，不必需的奢侈品绝对禁止，国内所缺必需品的输入也要减到最低的限度。谈到此点，就又回到我们上面所讲大家急于还乡的一事。战前各种的建设都集中沿江沿海一带，因而不被破坏即供资敌，我们将来的建设要引此为戒。重工业与国防工业是国力的根本，特别要设置在比较安全的地带。在立体战争的今日，无论国防如何的充实，沿江沿海或太近邻国的地带也不安全。由整个国际的局面来看，建设大西南，在战时是一种口号，在战后却必须澈底的实现。我们将来一切基本建设，当以黔滇川康各省为中心。直接的国防建设，如炮垒、防线、交通路线之类，当然要特别注重江海一带，这是国防第一线的必需条件。但基本的国防建设，只能有一小部分设在这些地方，作为急需的接济站，主要的长久的供给来源，必须设在大西南。战时迁来后方的技工，将来不只不当减少，并且必须设法大量地加多。我们一面要用种种优待的方法鼓励原有的技工留在西南，一面要用速成训练与初级工业学校急速的训练大批的技工与中下级的工业干部。可供我们建设的时限，并不太长，我们必须抓住机会，尽量利用。大家且莫急于还乡，若把西南掉头不顾，且防一二十年后再仓惶地到此来逃难！

任何的建设都不能离开学术。西南既是工业建设的中心，也就当有几个全国性的最高学府，作为人才的产生地。平津京沪汉粤的局面，将来必须恢复，并且也正因这些地带以后仍是国防前线，有历史有供［贡］献的几个原有大学仍须迁回，以支撑国防前线的局面，正如"九一八"后平津各校的支撑中原残局一样。但一部的人才，甚至少数并无必须迁回理由的学校，不妨仍留在西南，例如构成西南联合大学的北大、清华、南开三校，因为各自的历史与北方需要的关系，将来仍须可到平津，但西南联大却不妨照旧的存在，作为西南学术建设的一个中心。四川的许多学校，也可斟酌各校的历史与原来地的需要，决定去留。学校的去留或新校的添设，与人才有重大的关系。如联大三校，原有的师资已感不够，更何能分留一部与西南联大？即以多数大学而论，一系只有一两人支持场面，并非太例外的现象，因需要迫切而对大学教师的资格不事苛求，更是公开的秘密。症结所在，当然是人才的根本缺乏，但过去人才产生政策的漫无计划或计划错误，对此也要负很大一部的责任。近代化所需要的各种人才，在过去与今日大致是由留学政策产生。清末民初的留学，失之漫无计划，滥送学生，不问程度与准备，也不干涉各自所习的学科。抗战前几年的政策又失之目光浅短，急求近功，专送实科工科的学生，送时又不得其法，以致实用的人才未见增加，而文法与纯粹科学的人才已经大闹恐慌。我们若以世界学术的标准为标准，国内现有的人才恐怕还不够维持五个像样的大学。但这并不是说我们就要因噎废食，停办高等教育，我们必须在不得已的情势下，另想办法。从长计议的留学政策即当划定，人才应该平均的发展，若有所偏，宁可略偏于纯粹学术方面。技术的人才，无论是工农各科的教师或工厂农场的技师，暂时不妨多聘客卿。只要管理之权在我，技术人才多用外人，并无大碍。苏联在工业化的过程中，就是采用此种政策的，其成功可由对德抗战看出。大学文理法科的基本人才，却非以自己的人为主不可，因为这是与国家民族的整个文化政策与文化行动有关的。但在万不获已时，也可聘请少数的欧美专家来协助。聘用客卿与留学政策，当然都是一时的权宜之计。但建国事业的完成，最快也需一二十年的功夫，在此期间我们必须不断地请外人协助或到外国学习。完善的计划与认真的实行，可使此种不经济的办法收到较高的效果。

假定建国的事业能够顺利的进行，在进行中，尤其在将近完成时，我们对外须有审慎周详的最高国策。此事微妙，在全世战火正炽的今日不便多说。但大体言之，我们的国策必须注重两方面，一南一北，东四省是我们天然资源的宝地，是工业化所必不可少的地带。工业的重心虽在西南，东北也须有第一线的工业建设。机械化的陆军与空军的建设，须特别注重此地。东北无论在过去与现在，国际关系都非常复杂，在将来也不会简单，我们必须计划周密，方能保障此地不再成为国际角逐中的牺牲品。国策的第二个方向就是南洋。南洋非我所有，我们没有直接的政治计划。但泰越与南洋群岛是闽粤人的第二故乡，在海外华侨的一千万人中，南洋约占七百万，南洋过去的开发与今日的维持多是华侨的功劳。在许多商埠的人口中，华侨或占绝对的多数，或操经济的实权。例如在新加坡，华侨占人口的百分之七十四，在西贡占百分之二十七，在海防占百分之二十四，在巴达维亚占百分之十七，泰京曼谷的华侨，据官方的统计为百分之三十二，但许多自认为华侨的，泰方硬说他们是泰人，实际华侨约占百分之九十。最近南太平洋战局的失利，因为华侨的关系，中国比英美荷兰尤为关心。并且由久远的立场来看，中国二千年来历史的主流就是向南的发展。南北朝以下的正史中汗牛充栋的记载，可说大多没有搔到痒处，皇帝的起居注，大臣的言行录，制度文物的技术问题，几乎都全不相干。先秦的中国是黄河流域、淮水流域与长江北岸的中国，长江以南仍是不甚重要的边地。自秦汉向南拓土后，六朝时代是江南之地完全中国化的时期。隋唐时代闽粤之地才变成中国不可分的一部。云南到明代才与中国合为一体。而由明代起，中国又开始向南洋开拓，大规模开拓的一个最大功臣就是一个云南人，三宝太监郑和。以二千年来的自然趋势而论，南洋与中国的关系可说是有必然性的。我们将来要建设海军，除一般的作用外，主要的着眼处就是南洋。东北与南洋，中国必须永久把稳，方有光明的前途。

《当代评论》第 2 卷第 5 期，1942 年 7 月 24 日

大地战略

雷海宗

  传统的兵书特别着重陆地上的战略。例如中国自古以来的兵书，所讲的完全为陆地上作战的道理。欧洲与地中海世界自古以来的民族，大多都是海陆并重，但正式的兵书中普通也只讲陆战，没有人澈底的研究海军与海战。直到十九世纪，先由美国海军界开创，后又很快的传到欧洲各国，才有海军、海权与海战的理论出现。根据这个说法，海权普通可以决定国家的命运，陆军、政治、经济各方面无不深受海权的影响。海权的重要并不专在作战的海战，而特别在乎战时的封锁威力。一个海军国与一个陆军国作战，或一个大海军国与一个小海军国作战，有海军或海军强大的国可以把无海军或海军弱小的国完全封锁。他自己可以尽量吸收世界各地的资源，又可以按战略的需要自由的运输军队。缺乏海军的国，相形之下，必致一筹莫展。拿破仑虽然横行欧陆，每战必胜，但因不能制海，最后仍被海上霸主的英国战败，根本的原因就在此点。一个大海军国，除了本土之外，必须在世界冲要的地点占有海军根据地，以便自由通行。一个海军国，专就海权方面而言，无需在海外保有广大的殖民地。例如大英帝国海权的基础并不在海外许多面积广大的自治领，而在直布罗陀、马耳他岛、苏彝士运河与赛德港、亚丁、新加坡等小的据点。同样的，美国的海权，除本国的海港外，最要紧的生命点就是巴拿马、珍珠港、中途岛、威克岛、马尼拉等地。

  以上的一套理论，由十九世纪末一直到第一次大战时，是兵家所奉为金科玉律的。但最近二三十年来有一种新的理论出现，称为大地政治。大地政治，从一方面言，就是政治地理。所不同的，是政治地理是抽象学术的研究，大地政治以国际政治与实际行动为目的，学理不过是达到目的的工具。大地政治在各国都有人研究，但澈底钻研的是德国人，德国引起第二次世界大战就是根据这种新的理论。大地政治看旧大陆的亚西亚、欧罗巴与阿非利加三块大地为一个大洲，大洲分为三层或四层，中央称为中土。中土之外，一个大半月形，东与南为亚细亚边地，西为欧罗巴边地与北非洲（北非洲可算为欧罗巴边〔地〕的一部分）。边地之外，一个更大的半月形，分为二层。第一层为边岛，西为英伦边岛，东为日本边岛，都在大洲的边缘。再外一层为外岛，西为南北美洲，东为澳大利亚。所谓中土，西由苏联境内的窝瓦河盆地，向东包括西伯利亚的大部，以及蒙古、新疆、陕西、甘肃、阿富汗、俾鲁支、伊朗等地。这块中土大体为平原，乌拉山横贯其中，但也并不甚高，不足为交通的阻碍。中土多为沙漠或荒凉的地带，过去的人类与文化都集中于边地，中土无人注意。但过去历史上征服高等文化民族的游牧民族都来自中土，向东征服中国或印度，向西征服欧洲或非洲的开化民族。但过去因受交通的限制，这种危险总是例外的。然而自十九世纪铁路火车发达之后，尤其到二十世纪飞机发达之后，中土的重要性大大的提高。中土此后已成为一个积极的行动单位，但至今中土仍然没有一个可以自由向外发展的力量。反之东欧的强大力量却可征服，最少可以控制中土。据大地政治家的看法，东欧的统治者可以征服中土，中土的统治者可以征服大洲，大洲的统治者可以征服世界。征服中土控制欧罗巴边地与亚细亚边地大部的国家，一方面有大力建设庞大的海军，使英美等以小据点为基础的海军国望尘莫及，一方面可从陆地的后方夺取旧式的海军根据地，新加坡就是被日本由陆地袭取的，这正是大地政治家所认为当然的发展。

上面所谓东欧的控制者，当然就是德国。所以纳粹德国认为征服世界的第一步就是要设法征服或控制中土。中土的大部分都是苏联的领土，所以德国必须用军事征服或用外交控制苏联。德国的大地政治家多主张用外交的方法牢笼苏联，渐渐的控制苏联，因为苏联实力强大，不可力取，但可以外交取胜。待十年二十年后，苏联已经完全在德国的掌握之中，再向西攻取欧罗巴边地，就是整个的西欧与北非，西欧与北非克服后，边岛的英伦就可过海占领，最后亚细亚边地与东方边岛的日本也无大困难而攻取。待大洲与边岛完全到手之后，外岛的新大陆与澳洲已无能为力，攻略占领不过是时间的问题而已。

这个大地占领，希特勒只采用了第一点，就是联络苏联。一九三九年八月的苏德协定就是这个战略的初步实施。但希特勒性急，不能等待十年或二十年，他认为苏联已经到手，于是就冒然进攻西欧。结果到一九四〇年夏，西欧是全部攻取了，但不列颠之战完全失败，边岛的英伦不能攻取。这似乎是证实了大地政治家的推论，须下十年二十年的工夫，完全控制中土之后，方可西征。

西征虽只部分的成功，但已足使苏联惊慌失措，不再像一年前的那样肯与纳粹合作。西有英伦海峡不能通过，东有把握中土的苏联一天比一天的不可靠，至此希特勒必须两途中选择一途，或东征苏联或冒死过海峡征服英国。一年之后，一九四一年的夏天他最后采取了东征的策略。东征若能迅速的成功，也未尝不可补救过去的错误。但事实证明大地政治家的估计是正确的，苏联已非帝俄，不能很快的用武力征服，至此德国遂又陷于东西两线作战的地位，失败已无可避免了。希特勒当初若完全依照大地政治家的理论去作战，是否可以成功，当然无人敢说。十年二十年间可能的发展与变化甚多，未必不将他们的理论完全推翻。但希特勒未能履行大地政治的办法，因而走到今日的必败地步，大概是可以承认的。

虽然如此，我们绝不是说大地政治野心家的说法一定是正确的。专由大处讲，大地政治论有两个缺点，一是轻视空军，一是轻视新大陆。纳粹虽在战事初期握有空中的绝对优势，但对空军仍不能算为十分的认识清楚，若果认识清楚就不致视美洲为外岛了。因为由空中看，美洲距欧洲极近，绝不能称为外岛。这就牵涉到第二点了，就是大地政治家的轻视美洲，尤其美国。美国是二十世纪世界上威力最大的国家，绝不能以"外岛"一词把他轻描淡写的抹煞。

　　我们为要明了旧大陆与新大陆距离的密切，不能看普通以赤道为中心的地图，我们必须找一张以北极为中心的地图去看一看，最好是去研究一个地球仪。我们立刻就可发现，所谓欧亚大陆与北美大陆在北极圈的内外几乎连在一起。由美洲与亚洲的关系言，北美的阿拉斯加与苏联的东北国境，隔海可以互相望见（这种关系在普通的地图上已可看出）。由美洲与欧洲的关系言，革陵兰岛与冰岛是欧美两洲间极便利的航空线，所以阿拉斯加可说是美亚之间的桥梁，革陵兰岛与冰岛可说是美欧之间的桥梁。旧大陆的力量若果控制两个桥梁，就可由空中威胁北美洲所有的重要地点。反之，美洲的力量如果控制两个桥梁，就可威胁旧大陆多数的重要地点。我们都知道阿拉斯加是美国的领土，革陵兰与冰岛的控制权也暂时转到美国的手中，同时美国又是生产力最大的国家，所以美国今日在全球战局中所居的中心地位，并非出于偶然，乃是地理形势与生产力量所造成的当然结果。在今日已不能专谈大地政治，大地政治仍有它的道理与重要性，但大地政治外我们还须注意天空政治，方能澈底了解今日的整个战局。同盟国由天空政治的立场言，是处于绝对的优势的。这在盟国必胜的许多原因中，不失为一个重要的原因。

　　　　　　　　《当代评论》第 3 卷第 23 期，1943 年 8 月 20 日

四强宣言的历史背景

雷海宗

莫斯科会议后的四强宣言，发表已久，国内与国外关心时局的人士已经多所论列，对于目前与未来的可能发展大家也已详细研讨，无需多赘。但关于四强宣言的背景，尤其较远的历史背景，似乎尚无人顾到。然而真正的意义恐怕只有历史背景才能指明。为清楚起见，四强的关系可分三层来谈，就是英美、英美苏与全体四强。

英美的合作今日已是不言而喻的事，假定无其他大国，在英美之间就绝无合作宣言的需要。我们都知道在卡萨布兰卡会议时，邱吉尔首相向罗斯福总统建议，两国正式订约，言明待美国帮助英国战胜德国后，英国必出全力在太平洋帮助美国击溃日本。罗总统拒绝此议，不是因为他不信任英国，而是因为他无保留的信任英国，认为英国的诺言，尤其对于美国的诺言，是与条约相等的，这是不甚惹人注意，而意义非常重大的一件事。世局无论如何变化，英美绝不会处在对立的两个阵营。在许多问题上它们尽可常有纷争，并且因为它们关系太密，感情太深，所以它们往往可以毫无忌惮的激烈争吵，但它们永远不会真正对立，国际有事情，它们必并肩而立，这算是过去八十年间国际上最大的事实，今后也将是支配世界的最大力量。凡是不懂现实的人对此必须时刻牢记。英美历史同，制度同，语言文字同，过去因十三州革命而产生的恶感今日早已消灭，两方并且都看当初为主义为立场的多年内战为盎格罗萨克逊民族的无上光荣，华盛顿今日不只是美国的国父，也是英国人所诚心崇拜的英雄。因为过去的背景与今日的国情相同，它们认为两国的前途也完全一致，在太平时期和平相处，在非常时期并肩作战，是两国所公认的不言而喻的真理。

英美与苏联间，问题绝不似英美之间的单纯。问题的困难不在东欧，不在巴尔干，不在中东，不在印度，不在中亚，也不在任何的具体地方；并且问题的症结也不在主义的不同或民族血统的分别。这一切都是表面现象或不相干的事。真正的问题是文化问题。英美所接受的是中古以下西欧的文化传统，英美并且是这个传统的产儿，它们与其他的西欧各产儿不同的，因它们是一对孪生子。苏联的前身俄罗斯所接受的是中古时代东欧拜占庭帝国的文化传统。拜占庭与罗马虽同奉基督教，但它们的根本精神大不相同，发展到十六七世纪时，西欧方在开始大盛，东方的系统已呈衰老之象。但到十七世纪末期东方出了一个怪杰，彼得大帝，他决意要全盘西化，使东方可与西方在政治上在文化上并驾齐驱。他的事业相当的成功，政治的机构大体上抄袭了当时西欧盛行的君主专制，文化上也极力的摹仿西欧，尤其法国。但表面的机构易学，根本的文化是不能随意改变的。由大彼得到列宁的二百年间，俄罗斯是欧洲国际舞台上的重要一员，但我们若分析俄国与西欧的文学、哲学与政治思想，就可看出它们互相之间始终不能真正接近。西方各国对俄又疑又畏，又不明了；俄国对西方无论如何的学习，始终对西方文化也不能澈底的接受，甚至也可说不能真正的了解。一九一七年俄国发生共产革命，共产主义来自西欧，似乎又是接受了西方的一套新的理论，并且此次不是像彼得大帝时的接受西方的现成制度，而是把西方仅谈谈而已的理论认真的付诸实施。但西方人始终未想把共产主义认真实行，以致在过去二百年间东西的互不了解之上又加上了一层障碍。结果是二十四年的时间，由一九一七至一九四一年，苏俄被西欧摒诸国际范围之外，其中且有短期的合作，不久也完全失败。这不是任何人的错误，既不是西方资本主义者固执，也不是东方共产主义者乖张，而是历史与文化根本不同的当然结果。一九四一年纳粹攻苏，情势逼得英美与苏联密切合作，公同的危机使两方极力互相牵就，希望能够互相了解。本年五月苏联正式解散了东西之间表面上最大障碍的第三国际，这可说是东方极力牵就西方的一种表现。十月英美要人移樽就教，到莫斯科开会，也算是对于苏联的一种善意的表示。会议在苏军捷报频闻声中很快的并且非常顺利的结束，可见英美对于苏联的立场与主张，必会极力的设法了解与接受。此后西方的层面，专就国际的形态讲，可说又恢复到第一次大战以前的情形，俄国已又完全返回国际的圆桌，与其他强国共同主持天下大事。这当然是好现象。但虽在战时我们仍不妨承认历史的事实，东西两方文化的根本不同仍然存在，盎格罗萨克逊民族与俄罗斯民族之间的问题绝不会像前者内部的问题那样简单。

至于中国的名列四强宣言，意义就又不同。中国过去为列强的侵略对象，至今也仍是尚未开发的国家，虽有六年半的抗战伟绩，但也不易为人所重视，这是所有关心国事的人所不可忘记的。除抗战的贡献外，国际情势也是使我们列于四强之林的重要原因。但国际情势随时可变，真要立脚仍是靠自己的真正本领与切实力量。我们的历史文化既与英美不同，也与苏联迥异，所以我们对两方都有苏联对英美所遇到的根本困难，这是无可避免的，也不必强求避免。但力若相当，此种根本困难不至影响我们四强之一的地位，否则一朝有变，我们就可能骤然跌倒，又返回到过去的弱国之林。我们对于四强宣言要抱一则以喜一则以惧的态度，并且惧的成分须多于喜的成分，才有保持既得地位于永久的希望。

《当代评论》第 4 卷第 1 期，1943 年 12 月 1 日

展望世局

蔡维藩

一九三七年七月至一九四二年五月，轴心国全面胜利。一九四二年五月以来，同盟国开始反攻，在远东、非洲及欧洲，全都胜利。今日进入一九四四年了，盟国人士早就对这一年抱着甚大的希望，希望在这一年之内，盟国将有更大的胜利，也希望这一年的盟国胜利，能够提早德日二国最后失败的时日。本文就各方面实情，来瞻望这一年战局可能的发展。

先看出来战局发展的几个阶段：

（一）一九三七年七月至一九四二年五月是战争初期，由于一般爱和平的国家抗拒侵略的准备太不够，一九三七年七月中日战争爆发，一九三九年九月德波战争与欧洲战争爆发，及一九四一年六月苏德战争爆发之后，德、意、日三个侵略国家一再利用偷袭与突击手段，屡获胜利，而一般被侵略国家才开始决心重整军队，次第联合结盟，以为长期抗拒之准备。所以战事虽然进行几年，它仍属于初期阶段。这阶段中侵略国胜利局面，直至一九四二年五月才开始转变。

（二）一九四二年五月至一九四三年五月是战局转变时期。在这一年，太平洋的珊瑚海战与中途岛海战，中日浙赣之役，苏联史城保卫战，北非盟军反攻，是促使各战场局势转变的重大战事。然全局转变的主要关键则是北非盟军反攻胜利。因为盟军在这方面胜利，同盟国切实把握从印度到非洲的广大根据地。中、美、英、苏保持联系，根本打消轴心国对盟国各个击破与德日会师印度的梦想，进入主动地位，彼此战略配合，逐渐转守为攻；因为德义在这方面失败，轴心国失去这个根据地，德日无法联系，不能发挥共同战略，退居被动地位，各自孤单挣扎，逐渐转攻为守。在这一年战事中，同盟国逐渐胜利，轴心国渐渐失败，而半年北非盟军反攻胜利却已先将战事初期双方在战争中的地位完全翻转过来，切切实实注定了同盟国必胜与轴心国必败的命运。

（三）一九四三年五月至十二月是盟国全面反攻准备时期，军事方面西南太平洋盟军由六月三十日登陆伦多沙岛，续向所罗门、新几内亚及新不列颠反攻，中太平洋盟军由十一月廿一日登陆梅金和塔拉瓦，续向吉尔贝特群岛进攻，并向马绍尔群岛袭击，东南亚盟军总部成立及中国空军加强，皆是对日大规模反攻的准备。地中海盟军，由七月九日登陆西西里岛，续向义大利半岛进攻，将义大利驱出战场，获得地中海制空制海权，苏军由七月廿五日击溃德军第三攻势，续向聂伯河一带反攻，中路威胁波境德军，南路威胁克里米亚德军，准备夺取将来策应西欧与巴尔干新战场的基地，美英空军连续大规模轰炸欧陆与德国，毁灭其政治的与经济的神经中枢，皆是对德大规模反攻的准备。战略方面，一九四一年八月至一九四三年八月罗邱会议及一九四三年十月与十一月间美英苏的莫斯科会议与中、美、英的重庆会议，或作局部战略的决定，或作僵尸战略的初步决定。自十一月二日四国宣言成立，又经十一月二十二日自〔至〕十二月六日开罗会议、德黑兰会议，及二次开罗会议，同盟国齐一作战目标、计划与步骤，完成全球性反攻战争一个整体战略的准备。外交方面，十月十二日英葡缔结亚速岛租借协定，十二月四日至六日二次开罗会议美、英、苏与土耳其成立合作基础，则是为反攻欧陆而争取中立国、附庸国及沦陷国的外交准备。

第二阶段的战争转变，一面结束轴心国战争初期的胜利局面，一面开始同盟国转守为攻的局面。第三阶段，同盟国一面把握第二阶段的有利转变，一面奠定今后的胜利基础。一九四四年同盟国将根据第三阶段军事战略，及外交种种准备带动反攻德日二国的大规模战争，使这一年成为战争决定年。

在德黑兰会议中，罗、邱、史三氏必已为开辟欧洲新战场问题，作了最后决定。国际人士断言他们决定了"超第二战场"和最可能的巴尔干战场。"超第二战场"，大约是指着美英盟军同时在西欧和北欧反攻说的。这个战场的开辟，须要美英雄厚的准备，也须要苏联攻势的严密配合。

巴尔干战场的开辟，包含美英与苏联军力配合与土耳其参战两个问题，前者必在德黑兰会议中有了决定，后者当是二次开罗会议的主题。二次开罗会议结果，关于土耳其参战问题，大家作过不少揣测。其实，公报已明说，美、英、苏、土四国已经树立合作基础，后来土耳其外长也有这样说明，英外相艾登也向国会这样报告。土耳其参战不成问题，不过何时参战？如何参战？事关全局机密，她们皆不能明言，也不能透露消息。明显的很，今后土耳其的动向，必以四国已有谅解为准则，一旦巴尔干战事出现，土耳其的行动当可说明谅解的内容。

十二月二十四日伦敦发表公报，宣布艾森豪威尔任英美解放欧洲远征军总司令，地中海义大利境对德轰炸等司令的任命，亦同时发表。廿三～廿四日盟机对柏林作第九十四次大规模空袭，并出动飞机三千架以上，对法国北部沿岸各地作空前大规模的轰炸。三者显示盟国发动欧陆大规模反攻时间不会过迟。

十月二十日史末资将军说"明年将全面反攻德国"，十一月九日邱吉尔首相说"一九四四年欧洲战事将达于最高峰"，已够说明将来盟国反攻的规模。而近来惯打头阵的德将隆美尔，由巴尔干而北欧、而西欧的奔驰也可暗示将来盟国反攻规模必然庞大。一但〔旦〕准备成熟，盟国或将向西欧、北欧、巴尔干同时登陆，配合东欧苏联反攻，形成四方面同时反攻的战局，否则这几个战场发动的时间，也不会距离过远。但相信义境盟军必先收复罗马，使盟国在反攻欧陆期间增加政治攻势的力量，与空袭欧陆及巴尔干的便利。

盟国空军战略方面，将来也必同时发挥更大威力。由来盟国对德空袭的威力已不容忽视。十月间由德释回的英国战俘，甚且认为盟国空袭程度继续保持下去，耶稣诞节左右，战事颇有结束可能。本来凭着飞机高度生产力，美英二国以"平民式的武器"的空军减少"贵族式的武器"的海陆军损失，在地中海战场，已获得优良效果，而由来大规模轰炸德国，又确已在人力与物力两方面消耗她不小的战斗力。将来大规模反攻发动，盟国空军必将利用英国本部、东欧、义大利，也可能利用土耳其等基地，对"欧洲堡垒"和它的样本作昼夜不停的"穿梭式"轰炸。

盟国全面反攻战局出现，德国只能从事于内线作战的防御战，可是由"欧洲堡垒"边缘继续扩大的战局，终必逼使德国军力因不够四面分配而表现其"冻结"状态，而四面昼夜不停的"穿梭式"轰炸同时出现，终必于协助盟军攻势进展，与摧毁德军战斗力量，动摇德国军民战斗士气。在盟国这样紧张反攻之下，沦陷国随时策应与附庸国相继反正，也可增加盟国反攻的声势与便利。

盟军天空与陆地攻势同时并进，邱吉尔首相的"一九四四年欧洲战事将达于最高峰"的假定，颇有成为事实的可能。而这一年最高峰的战事，虽或不能结束欧洲方面的战局，但其势力当可奠定盟国军事胜利结束的基础，也可连带显露欧洲战事可能结束时期的征象。

远东方面战场条件与欧洲不同，它分布在太平洋与亚陆两面，面积广大，战事散漫，而苏日之间，迄无战争状态存在，所以远东战场决不像欧洲方面，无论德国势力如何强大，轴心战场始终在被包围状态中的，这是有利于同盟国最后反攻。再加以一九三七至一九四二年美英采用"先欧后亚"的政略与战略，又为盟国今后反攻远东战争，暗伏着若干困难。

幸自一九四三年六月起，太平洋与亚陆，均曾作了军事上准备，西南太平洋与中太平洋盟军的进展，为将来反攻日本奠下相当巩固基础，而开罗会议与德黑兰会议，又为欧洲与远东双方战略作了合理配合，今后远东反攻战略的推进，自将较已往为顺利。然若说就在一九四四年之内，远东战局即可扩至日本本土，似仍为过分乐观的假定。因为"一九四四年欧战事将达于最高峰"的假定，果然实现，事实上不会容许盟国，再将远东战事发展到和欧洲战事同样最高峰。倘苏联对日宣战，情形当大变，但这也须视欧洲战事局势能否容许苏联，同时两面作战以为断。同时整个太平洋东南亚，及中国大陆许多天然限制与困难条件，也须次第克服。盟国策划对日大规模反攻战略，须将这两方面实情打算进去。

据过去一年以来，太平洋盟军发展实况与趋势来看，一九四四年远东战局，颇有几步发展的可能。

遵循半年来西南太平洋盟军的胜利，和最近中太平洋的攻势，盟国一面加紧扫荡新几内亚、所罗门，及新不列颠的日军，一面陆续攻占日本代管的马绍尔、马利安纳及加〔罗〕林群岛，两面相互策应前进，以期肃清西南太平洋与中太平洋的日本势力，而为将来盟国海洋方面大规模反攻根据地之一。在这一步发展中，像新不列颠的拉布尔和加罗林的土鲁克等地，必将连续演出剧烈的争夺战。倘日本放弃舰队避战的战略，中太平洋及西南太平洋也将同时出现多次海空大战。这两个洋面日军肃清之后，盟国是否进而反攻菲岛与马来，拟或再进而配合中国反攻，切断台湾至海南日军最强防御线，另开盟国远东海陆间交通线？尚须视欧洲战事进展程度以为断。

美国战略家尚有另一种看法，他们比较北、中、西南太平洋，中国大陆及东南亚诸方面地理条件，认今后中太平洋为反攻日本本土最捷径的路线。美国若干军事家颇主张先以能载二三千架〔飞机〕的航空母舰，配合主力舰队，将战争带到日本本土，至少可以毁灭一部分日本空军，并搜索其舰队，逼它决战。由来日本舰队确在避战，其一部分较优良的空军亦在藏匿中，倘美国果从中太平洋发动这样对日本本土海空攻势，上述目的可能达成，但这须视美国航空母舰有无宏大的实力和太平洋它方面盟军能否作有效的策应以为断。

远东战场情形较欧洲为复杂，今后一年内，它的战局如何发展，至难揣测，但至少我们可以相信，（一）盟军必先致力肃清西南太平洋的日军。（二）中太平洋盟军再前进，须要北太平洋盟军发动策应的攻势。（三）西南与中太平洋盟军再前进，须要东南亚、中国大陆及北太平洋同时反攻策应。（四）太平洋盟军发展期间，日本舰队可能出而决战，否则盟军势力达于小笠原群岛区域，日舰队恐不能再避免决战。倘苏联对日宣战，或欧洲盟军胜利迅速，上述四步骤的进展必更快，否则进展将缓慢。十二月二十六日盟军在格劳斯特角登陆，不久将展开的拉布尔争夺战，当为今后西南太平洋战局转变的枢纽。

至于整个战略，无论今后一年战局如何发展，盟国必以切断日本海洋运输线，与逐渐缩小对日包围圈为主要目的；因为太平洋与东亚大陆面积太广大，盟国必须以各方面，逐渐缩小对日本本土包围圈，缩短进攻日本本土的距离，同时日本海洋占领区域也太广大，盟国必须切断他占领区域间，及日本本土与占领区域间的运输线，逼使日本海、陆、空军各方面调动不开，国内外呼应不灵。如盟国这二目的达成之时，即为日本最后失败开始之日。

本文划分战局演变的第一阶段一经结束，轴心国侥幸时期完全告终，而德日二国即已开始失败。第二阶段的转变，全对盟国有利，德日二国最后失败的命运，又已切实注定。第三阶段，盟国全面反攻准备完成，一九四四年的战局，则将决定德日二国，最后失败的时日。

关于战事结束时日，很多人作过推测。有人说，欧洲战事结束在先，远东战事结束在后；有人说，全局战事将于一二年内结束；又有人说战事可能迟至一九四九年方可结束。比较的说，苏联人士最稳健，始终未作战事结束时日的揣测，他们认为这是艰巨的战争，所有盟国应出全力来缩短它的时日。英国也不多加揣测，他们许多承认像邱吉尔首相作的"一九四四年欧洲战事将达于最高峰"一类的假定。美国方面若干人士认为战事可能在一九四七年结束，而霍布金斯则说卡港会议（一九四三年一月）的战略，是根据五年作战计划决定的，现因义大利投降及各战场胜利关系，战争可能提早一年结束，对德战事尚须半年，对日战争，于对德战事结束后，尚须半年。照他这样说，战事结束于一九四七年的假定，和美国许多人士观察不谋而合。霍布金斯任罗总统顾问多年，他熟悉盟国战略与全局战况，他的见解，与论断似较可靠。虽然，义〔美〕、英、苏三国人士，在观测战事结束时日问题上面，抱着对敌人戒备心理，则是一样。

北非战事结束之后，同盟国与轴心国政府当局对各国人民的表示，显然起了截然不同的变化。同盟国方面始而警告人民的是"败勿馁"，继而言"胜勿骄"，最近则是"勿对最后胜利即将来临作过分乐观"。轴心国方面始而宣传"欧洲新秩序"和"大东亚新秩序"。继而宣传"解放欧洲"和

"解放远东"。最近德国对他本国警告说，"一九一八年的命运决不会重演"和"德国人民为生存必求战胜"，而日本对他本国人民呼吁的说"战争胜负将在一九四四年决定"，"政府集中全力与人民共同争取最后胜利"，"目前战局以英美不惜重大牺牲，竭其全力发动反攻，企图于短期内击退日本"，及"情势严重决非语言所可形容"。她们这样警告人民语调的前后不同，显示同盟国与轴心国间最后胜败谁属的明白征象。虽然，轴心国已临最后挣扎关头，她们拼死作防御战，势所必然。盟国有资格的军事家，断定轴心国对防御战不独早有准备，亦且久有研究。就实情论，今后同盟国攻势战斗将亟勇猛，轴心国防御战斗亦必剧烈。由于这些战争实情和战局趋势的显露，今后盟国必胜利与战争必艰苦，已为一般有识之士的共同认识。

一九四四年的战局发展亟关重要，这一年盟国将经由一次比一次艰苦的战争，来获得一次大一次的胜利；结果这一年战局发展，将有决定轴心国最后失败时日的力量。

三十二年十二月二十七日

《云南日报》1944 年 1 月 2 日

战后的苏联

雷海宗

对于苏联我们须要有一个基本的认识，就是他与欧美任何其他的一国都大不相同，他是自成天下的。由此点言，它正与中国一样。中国本是自成一个世界的，最近一百年来才被强有力的欧美拉入西方的国际局面之内，成为许多列国中的一员。俄罗斯当初也是欧西以外的一个独立文化系统，二百年前才半自动的半被迫的吸收西化，改组内部，加入欧西列国的政治旋涡。对欧美略作研究的人，都感到俄罗斯人与其他欧美人在风味上的不同，根本的原因就在此点。我们若极端的讲，甚至可说如果世界上没有任何其他的民族或文化与它纠缠，对苏俄将是最称心如意的事，正如在根本上我们中国也可说有此心情一样。

但事实上，欧西文化所创的列国局面是今日世界的最大前题［提］，无论高等文化的民族如中国或苏俄，或未开化的民族如中非或许多岛屿上的弱小民族，都须自动的或被动的在这个局面中谋求出路。专就苏俄言，它在复杂的国际中有一个别国所没有的困难，就是国界线太长，邻国太多。欧洲方面的邻国有芬兰、波兰、罗马尼亚，亚洲方面的邻国有土耳其、伊朗、阿富汗、中国、日本（在库页岛）。一国而有八个大小的邻国，这在今日的世界上是最高的纪录，所以苏俄时常有受人包围之感。此次战前它常说资本主义国家要向它阴谋围攻，除一部的宣传作用外，根本的原因就在这种特殊的地理形势，它的被包围说最少在主观上大体是诚恳的，并不完全是口是心非的宣传词令，况且它在文化上又自成体系，与他人完全互谅互解，不免困难，当然使它更容易发生八面埋伏之感了。

认清此点之后，我们对于苏俄过去的外交政策就不难明了了。此次战前对于集体安全最热心的，莫过于苏联。与大小的邻国都设法订立互不侵犯条约，由近处言，这是为的谋求内部建设的机会，但较远的道理是苏联整个地理形势使它自然的拥护集体安全制，理想的集体安全不能成立时，它就采取普遍的睦邻政策，以使建设以自己为中心的一个小规模的集体安全体系。

但专凭条约的睦邻，往往不可信赖，再进一步的安定边境办法是设法使邻国在精神上与自己相通。帝俄特别欢迎君主专制的邻国，第一次大战后的苏俄向世界各国，尤其接壤的邻国宣传共产主义，除了抽象的主义信仰外，主要的原因还是自求安全的政策。主义制度完全相同的邻国，容易成为善意的邻国，是很明显的道理。国境太长，不能每寸每尺设防，精神的防线是最经济最可靠的防线。

但主义制度的宣传，无论是君主专制或共产主义，都不见得能一帆风顺的成功，不得已时只有进而求更直接一层的安全保障，就是在界外的邻壤之上成立缓冲地带。帝俄在波斯北部，在中国的新疆、外蒙、东三省，都有此种企图，第一次大战后此种政策也未能全部改变。这种在邻国领土上建立缓冲地带的策略，虽在古今的历史上是常见的事，但帝俄与苏俄对此特别注重，因为它是自成天下的文化系统。中国过去二千年间每当盛强时都在国境的边缘设立许多朝贡的藩属，性质正与此相类。

此外苏俄在地势上又有一个特点，使它时常想在国境以外谋求发展，就是它总感到自己没有好的出路。自帝俄时代起，这个横贯欧亚的北方国家就是世界上疆域最广的第一大国，但它没有一个四季开放的良港，这更增加它的受人包围被人封锁的感觉。在西方它久想冲出黑海，最好是占有全世界有名良港的君士坦丁堡。在东方，帝俄的侵入东三省，除求缓冲求安全的政策外，另一个重要目的就是开发辽东半岛，打通常年不冻的旅顺大连。但帝俄追求温水港的计划，在东西两方都未成功，苏俄成立之后一时也无暇旧事重提，但温水港的缺乏仍是今后的苏俄所不会完全忘记的一种痛苦。

过去的俄罗斯既如上述，今后的苏俄又将如何？地理环境、历史传统与文化特征是任何民族的一切行为的最后推动力与决定力。苏俄在此种力量下，使它不期然而然的第一想要推行集体安全制或普遍的睦邻政策，其次就要推行主义宣传的自卫政策，再其次就要在邻国设缓冲区了。最后一种政策又与追求温水港的欲望时常打成一片。战后苏联的对外国策，大体仍难逃出上列的几种范围。由莫斯科与德黑兰两次会议的顺利结束，由近来苏俄对英美的日愈接近，可见今后的苏联所希望的仍是普遍的睦邻，最好是名符其实的集体安全能够实现。在飞机世界的今日，"邻国"一词的意义已经扩大，扩大到全世界各国都是邻国的地步。在所要睦的邻国中，苏俄当然特别注富强的英美两国，希望与两国长期交亲，合作建立集体安全。况且苏俄此次作战，人力物力的损失超过世间任何其他的一国。只有中国的损失可与它相比，但中国是尚未真正开发的国家，而苏俄所损失的是三次五年计划的成果的大部。它此后需要长期的休养生息，以便重新建设。在建设的过程中，在许多方面不免需要英美的协助，这更增加它交睦盎格罗萨克逊民族的愿望。所以我们可以断定，第二次大战后的苏联的利益，是与其他各国的利益完全一致的。大家都需要和平，都需要养息，最近未来的世界没有呈显不安景象的理由，普遍全世的集体安全制是应当不难成立的。

但惟一理性动物的人类，往往也是最不讲理性的，有十足的理由实现的局面，人类未见得就让它实现。我们不可一厢情愿，不快的可能我们也须勇敢的加以研究。集体安全制如果不能顺利的建立，任何一国，无论大小，当然都无好处。我们现在是谈苏联，所以也就专由此点推敲苏联的可能局面。集体安全如不能建立，或建立不久而又破坏，苏联必将被迫再去采取中策或下策，就是主义的宣传与缓冲区的追求，因为那是它惟一的自保之计。苏联尽管损失惨重，但它在物力与技术能力方面仍不失为与英美鼎足而立的大强国，它的向背是可以举足轻重的，它虽在国力大耗之后，仍是有自行其是的资格的。我们常用"地大　物博　人多"一词形容一个大国，但由十足近代化的立场讲，只有美苏两国是能符合此种形容词的。美国不论，我们试看苏联是如何的大、博、多。

苏联的领土占全球陆地的六分之一，与整个月球的面积相等。由东至西，太阳需要十一小时穿过苏联的国境，中国与美国都只有四个时区，苏联若再多一个时区，它的领土就绕地球半周了。由北至南，北起北极，南达半热带的印度北界不远的地方。这一大块地面并且是一个整个的大平原，除不甚高的乌拉山外，只在边地才有山脉，内地全是一望无际的原野。苏联不只是实际的大，地大的印象也只有在苏联的大原上才能澈底的获得的。这个实际大而印象更大的现象，使苏联每个公民锐敏的感到小我的渺小与大我的重要，俄人的一向勇于牺牲，尤其此次抗德战争中所发挥的不可想象的全民视死如归的精神，是苏俄的大地所给的神秘力量。

苏俄的可能富源，在今日的世界恐怕是占第一位的。二十年前美国还是世界最富的国家，但经过最近二十年勘查的结果，证明苏俄可与美国相比，在许多方面并且超过美国。除乌克兰农田的肥厚不计外，苏联煤矿的蓄藏量占全世界的百分之二十一，铁矿占百分之二十，森林占百分之三十三，在今日世界最宝贵的油矿方面，苏俄占全世界藏量的百分之五十五，达美国的三倍。这大半都是过去二十年的发现，将来可能还可勘出新的矿址。这些富源，大部尚未开发，所以今日苏联的实力尚还在美国之下。但由苏联过去二十年进步的速率看，它的赶上美国恐怕并不是太远的事情。

物须有人利用，物力与人力是分不开的。苏联最近的人口为一万〔万〕九千三百万，较英国本部与北美合众国人口之合尚多一千万。这当然不能与中国的四万万五千万相比，但人口多不见得就等于力量大，在今日的世界人与物的适当配合才是真正的力量。帝俄时代的人口尽管多，但仍未成为强大的力量。今日情形大不相同，苏联国境之内，新的工厂与新的工业城市有如幻术的由地出生，并且工厂多属最新式的，可与英美德高度工业化的国家相比。人的训练也非常见效，对机器已能了解，运用自如，制造与利用都能达到最高的标准，此次战争中的表现是此种全新发展的明证。二十年前的帝俄乃是世界上一个有名落伍的老大帝国。此次战事初起，连最同情苏联的友邦人士都替它担心，就是由于大多数人不能想象此种惊人的进步，因而很诚恳的低估苏联的力量。纳粹当然也犯了这个毛病，否则就不致冒险东侵了。今日苏联工业化的程度，仅次于英美德三国，就工业化的规模言，它只次于美国一国，因地大物博，在规模上已经超过英德两国。

此次大战无意中并使苏联工业的发展采取一个新的方向，就是西伯利亚的大事开发。为求躲避纳粹的初期攻势，许多的工厂东迁，昨日的旷野，成为今日的工业城市。垦田、开矿、开河渠、修铁路，都是最近两年在西伯利亚特别显著的新发展。由工业化方面讲，一九四一年的苏联仍是一个欧洲的国家，但今日它已是横贯欧亚的大工业国了。此次战后苏联不只是欧洲的大强，它在亚洲的地位也较前更加提高。

以如此的一个强大力量，而由种种方面表示要尽力谋求国际合作与集体安全，解散第三国际，屡次表示与英国二十年同盟条约的诚意履行，在莫斯科会议中使一向对苏联不能十分谅解的赫尔国务卿转变为艾登外相同样亲苏的要人——也无怪英美两国，无论政府或舆论，都表示要与苏联力求合作，维持未来世界的和平了。中国一向就有和平的传统与大同的理想，苏联以及英美最近的发展正与我们的传统理想相合，这当然可使我们战后对于世局的应付容易多多。但我们是地大人多而物不甚博并且仍未开发的国家，所以由近代的立场讲，仍是一个力小的国家，将来对于世界各国，尤其对于近邻的苏联，必须轻重得体的善于自处，尽可能的与它合同实现普遍的集体安全制，使它不再感到有采取中策下策的必要。这是中国的自保之策，也是中国对于世界和平的最大可能贡献。

《当代评论》第 4 卷第 8 期，1944 年 2 月 11 日

巴尔干问题与世界和平

蔡维藩

　　我们读历史的人，提及巴尔干，很容易联想到它的纠纷、扰乱，和它层出不穷的国际危机。在近五百年中，巴尔干很少享受过真正平静的生活，在整个十九世纪里，它成了近东国际的祸源，有些国家诋毁它，说它腐败、散漫、无文化；有些国家厌恶它，说它永远纠扰不清，增加国际负累，危害欧洲和平。巴尔干本身情形诚然是很复杂的，也是老不安宁的，但同时它的邻国也往往威胁它、侵略它，弄得它的情形更复杂，更不安宁。内在与外在两重不良条件，把它摆弄成一团混乱，阻止它的进步，制造它的危机。上次世界大战是从它那里爆发，这次大战很快把它全部卷入战祸。上次大战前，巴尔干情形已够复杂，而今，它的情形似更复杂。巴尔干不幸的历史真将重演么？

　　巴尔干是饱受侵略之苦的！在近代史中，巴尔干人有大半时间在土耳其侵略之下讨生活。虽然希腊在一八三二年独立，罗马尼亚、塞尔维亚、门的内哥罗等国，在一八七八年独立，他们都一面仍受土耳其的威胁，一面又感受列强的压力。迄于上次大战，巴尔干是受着这样两重痛苦的；然事实上巴尔干人的痛苦尚不止于此，其更痛苦之处，在于巴尔干国家之间不合作，一国之内也不合作。表现上，巴尔干人民受着土耳其和列强的两重压迫，事实上，它的一国往往受着另一国的压迫，而一国之内一阶层人民，往往受着另一阶层人民的压迫；巴尔干人民就在这些层层压迫之下讨生活。他们要自由，就得把这些压迫的势力统统推翻，才有自由之望。再深刻的说，这些势力，有时是相互倾轧的，有时是彼此勾结的；无论他们倾轧或勾结，巴尔干人民总是他们的共同牺牲品。所以巴尔干争自由，必须同时向他们全体斗争。试问世界上有多少地方人民生活有他们这样痛苦，其为自由而斗争，有他们这样艰巨？

巴尔干国家全是专制国家。王室是不懂自由的，而围绕着王室的军人、政客和商人多半是反自由的，他们一致压迫人民。然而专制下的巴尔干人命运就较一般专制国家的人民为恶劣。列强对巴尔干的行为和态度往往不一致，而每一强国对巴尔干的表现又往往前后矛盾；他们简直像玩巴尔干游戏的样子，彼此对踢，有时且更换球门来踢，只要有机会，连土耳其都参加进去，踢上几脚，这是世界上独立国家所罕有的痛苦吧！

在这样痛苦的国际环境中，巴尔干国家间还不合作。上次大战之前，塞尔维亚、保加利亚和罗马尼亚老是相互倾轧的。列强利用他们，他们又愿为列强利用。他们各怀野心，连希腊都存着扩张领土的妄念。从一八七八年的柏林会议到一九一二、三年两次巴尔干战争，他们的表现，与列强相较，颇多大同小异之处。到了上次世界大战，他们尚分立于同盟国与协商国，两边对打。即几十年中，列强形成对巴尔干的帝国主义外层，巴尔干国家自己则形成其内层。事实上，列强、土耳其及巴尔干国家，全部把巴尔干作成角逐场所，而巴尔干人民则是层层角逐下的牺牲品。

没有独立建国的巴尔干人则更苦！他们除上述外，还多一层外人想不到的痛苦，请以波斯尼亚与黑尔罗奇维那二州为例。一八七八年柏林会议后，这二州仍为土耳其直辖之地。柏林会议前后，它们老生事变，表现上，这为土耳其专制的结果，但事实上，则多为波黑二州自身造因所致。二州之内，向有本籍人民信奉回教而为土耳其之官吏者。这些人对土耳其阳奉阴违，对自家人民狐假虎威，一面鱼肉人民，以求自肥，一面献媚主子，保障官职，其作恶程度，较土耳其人有过之无不及，就是这些人在那里，一再制造负累国际的祸源。一九〇八年，奥国兼并二州，处心要利用他们阻止塞尔维亚向西发展，这样以巴尔干人抵制巴尔干人的政策，益增巴尔干人民的痛苦。

看上述简短的历史经过，吾人便知巴尔干人异常痛苦，而列强加于他们的痛苦，尤为沉重。这并不是说，巴尔干人自身无责任，而是说列强负责实较大。理由说起来甚简单。列强无心扶起一个强大巴尔干，且有意压榨它，利用它，既把它作成侵略的对象，又把它作各自侵略行为的挡箭牌，弄得它久久滞留于半身不遂状态之中。柏林会议前后，俾斯麦一再倡导俄奥二国平分巴尔干，俄奥对此固犹以为不足，而英法等国亦无接受此议的雅量。俄或奥独占吧，谁亦无此力量，英或法出面逐俄奥于巴尔干之外吧，他们也实无此勇气；但同时他们全都不肯站开，容让巴尔干人民实现其"巴尔干归巴尔干人民"的愿望。就是这样，巴尔干被放在列强含有内在矛盾成分的帝国主义角逐局面之下。

上次大战前，列强角逐下的巴尔干自身摆脱不了痛苦，又久为国际和平的负累。今日列强又在看着它重演过去不幸的历史么？

上次大战后，失败的德奥二国退出巴尔干，革命的苏联无暇顾及巴尔干，战胜的英法是饱足的国家，他们要保持巴尔干的现状，义大利虽然贪心不足，但孤掌难鸣，土耳其忙于复兴工作，不愿近东有事。在这样国际情势之下，巴尔干国家过着前所未有的平静生活，虽然他们国内政潮不免，但巴尔干自身从未因国际的激荡而发生大风波，而整个近东国际局面也没有因巴尔干内部问题而激起危机。一九二〇年至一九二一年，捷克、罗马尼亚、南斯拉夫三国成立"小协商"，一九三三年又签订协定，"小协商"成为三国经常合作机构。一九二六年与一九二七年，法国和这三国分别缔结条约，支持他们的合作政策。一九三四年，希腊、罗马尼亚、南斯拉夫、土耳其四国缔结巴尔干公约，为巴尔干增加更强大的合作力量。"小协商"与巴尔干公约发生合作的联系，土耳其和捷克、罗马尼亚、希腊及南斯拉夫合力维持巴尔干和平，法国支持她们，英国赞助他们，其他强国或无意阻挠他们，或无力破坏他们，巴尔干只有十余年的和平。这不是足以说明只有列强不在巴尔干角逐，巴尔干才易保持和平么？

不幸，自德国国社党执政起，巴尔干又被卷入列强角逐中。一九三八年，德国首先侵略捷克，瓦解了"小协商"，一九四一年，强占巴尔干，瓦解了巴尔干公约，培植法西斯势力，又在附庸国及沦陷国间作了挑拨离间的工作。另一方面，战前美、英、法、苏等国和巴尔干国家缔结同盟，或暗中援助他们的抗拒德国，巴尔干沦陷之后，美、英、苏三国继续援助他们抗战，同盟与轴心竞争于巴尔干的局面并未因德国军事占领而结束，而同时美英和苏联又似乎在援助巴尔干抗战政策上面，出现了角逐的形势。

巴尔干国家沦陷之后，政府流亡海外，不能直接指挥其国内游击战斗，人民也很难和政府合作。同时，游击战的组织不统一，有的听从政府指挥，有的反对政府，有的亲美亲英，有的亲苏联，而美英和苏联政策不一致，对他们流亡政府及游击战士派别亦显有亲疏之分。由于这种复杂国际，巴尔干遂被放在两重竞争局面之下：一是同盟与轴心的竞争，一是美英与苏联的竞争。前者是当然的，后者是反常的。战前巴尔干有这样的局面，必定引起战争，今日有这样的局面，必定阻碍目前战争发展，危害战后和平。

巴尔干的历史真将重演么？不，过去终是过去了，历史没有重演，只有今日拙笨者才会重犯前人的错误。试问今日之美、英、苏三国将重犯前人的错误么？莫斯科宣言发表之后，巴尔干情势颇有好转之望，德黑兰会议之后，美、英、苏三国意见渐渐接近，南斯拉夫及希腊自身纠纷也渐平静；这当然不够。盟国大规模反攻即将开始，如美英将在巴尔干登陆，多辟反攻战场，美英和苏联当须于巴尔干并肩作战，否则苏联军〔队〕将在巴尔干独立作战到底。无论怎样，美英和苏联的政策总须力求谐合，这方面的反攻战事才能顺利进展。如果将来盟国不能先在巴尔干开辟第二战场，或不免因有美英和苏联政策不一致的关系，今日这三国的政策更须力求谐合。巴尔干问题本极复杂，倘美英和苏联关系再演出于巴尔干，巴尔干问题必更复杂，目前战争要受它不良的影响，战后和平也要受她的威胁，那就是今日美英和苏联犯了前人犯过的错误的结果。

虽然，巴尔干问题断无不能解决之理，只要大家采取合理途径。

第一：美、英、苏三国必须接受历史教训，他们在巴尔干问题上面须以合作代替角逐。这三国合作，无疑的是解决巴尔干问题的先决条件。战时巴尔干国家统一抗战阵容，与战后各自复兴，彼此调整关系，及共同恢复半岛和平，在在需要美、英、苏三国的援助与支持。事实上，今日与战后的巴尔干是要求这三大国参加它的问题解决的，只要他们同具有建设巴尔干和平的诚意，政策一致，力求合作，不从外面激荡巴尔干国家，也不鼓励巴尔干国家企求满足私欲的外援，则巴尔干问题容易解决，而战时抗战阵容，容易统一，战后和平也容易恢复。这样美、英、苏三国的负累可以减轻，大家和平关系可以保持，诚一举两得也。

其次：巴尔干国家自己须觉悟，侵略欲望须根除，为战争胜利和战后和平而与美、英、苏三国合作，绝不为自己私利而企求外援。有了胜利，又有了和平，各须在民主政策中，建设自己，维持半岛和平，假以时日，巴尔干自身进步当然可以防止外来侵略，也可以纠正外人诋毁巴尔干的心理。巴尔干人民应当自重，他们应当知道只有在和平中才能求进步，而近东和平根本需要巴尔干先有和平。

复次：在改善巴尔干状况中，土耳其地位也颇重要。上次大战前，土耳其即为巴尔干危机的因素之一。大战后，土耳其复兴，则为安定巴尔干势力之一。如果环境许可的话，它能始终不投入这次大战中，无疑的它将为战后近东强国之一。倘美、英、苏三国合作，土耳其和平政策天然增加三国合作的力量，即或不然，土耳其也可缓和其间，促其合作。倘巴尔干国家能合作，土耳其的和巴政策也能增加她们合作的力量；否则土耳其至少可以阻止巴尔干纠纷扩大。土耳其是巴尔干最近的邻邦，它和巴尔干具有悠久历史的关系，战时与战后，土耳其始终保持安定巴尔干的和平政策，它既可以维护整个近东的和平，更可以加强安定巴尔干的势力。

在上述三方面中，美、英、苏三国合作实居于首要地位，战时巴尔干国家抗战须要他们三国援助，战后那些国复兴建设半岛和平，仍须他们三国支持与维护。美、英、苏三国要负荷这样的责任，只有共同合作，切不可彼此斗争。时至今日，列强分割巴尔干是不可能的事；划分巴尔干势力范围也是过了时代的办法；把巴尔干作成大国间的缓冲地带，不啻反把它作成冲突地带；利用巴尔干来隔绝苏联，则等于利用它制造美英和苏联间的危机。这些方式中任何一种实现，美英和苏联角逐于巴尔干，终必酿成大祸；反之，它们全不实现，三大国合作于巴尔干，巴尔干问题容易解决，近东也容易安定。

近东问题向为欧洲之重负，而巴尔干则久为近东问题的核心，今日巴尔干情势实远较往昔为复杂。在目前战争中，它已因美、英、苏政策之不完全谐合以表现其复杂情势。倘这三大国再求合作，它终将成为战后欧洲和平一大负累。

巴尔干面积虽小，问题却甚复杂，今日美、英、苏能否合作于巴尔干，颇足视为他们三国能否合作于欧洲的试验。

三十三年五月十三日

《建国导报》第 10 期，1944 年 5 月 30 日

观察敌人强弱点

蔡维藩

在现代战争中，交战国的战斗力量，决不限于战时军事一方面的军备，而必须有赖于政治、经济、科学及一般文化多方面的长期培养。平时也须一面生产，一面储存；战时，则须一面尽量节省非军事的消费，一面尽量增加军事性质的生产。故吾人观察交战国的强弱，须观察其原有的人力和物力，观察其平时培养与战时发展人力与物力的能力，再进而观察其多方面综合产生的战斗力量，同时参证其战时的战术和战略，才能观察其战斗力的强弱。这是科学性的专门工作，没有丰富资料，这工作做不好。

一般的说，一国军事发展多属秘密，即有关军事发展的一般实情，亦不大公开。这次大战中交战国多如此，亦德日两国尤其如此。德国一位不具姓氏的作家刊出他写的《四年来德国经济状况》（一九三四年至一九三七年）之后，世人才知德国秘密扩军军费业已用去二十五万万镑，这较一九三六年英国轰轰烈烈成立五年国防计划的十五万万镑还多十万万镑，而且一九三七年英国国防计划才开始，德国则已扩军一年。那几年德国举行军事演习，屡邀列强武官参观，可是新式飞机和大型坦克，等到德军攻入法国境内，才被人发觉。日本秘密准备更久，四十年前，我们留学生即首目睹日本水陆码头经常输入大量钢铁，又亲见其国内设立许多蒙文蒙语训练机构，战前二十年日本太平洋代管群岛而不许外人游览，这次大战爆发，我们才看出日本重武器数量之大，所谓"蒙奸"人数之多，及马绍尔、加罗林、马利安纳诸群岛军备之坚强，皆是它多年秘密准备的结果。再说日本的空军，一般人更不明了，战前日本大量购存飞机发动机，大家固不知道，而日本久已能够制造飞机，人们尤其不大知道。有人听说太平洋战争爆发之前，美国按照日本订购一万个发动机货单逐批交货，引为惊奇，殊不知日本本已能够自造，大批向美购买，不过适合他自身经济原则与备战计划，这一点，似乎很少人知道。这些只是比较显著的例子，其他方面的秘密当然甚多。一九三四年起，德国国家预算即不公布，日本方面公布的预算亦不可靠。战争爆发之后，他们一切严守秘密，研究人士更难得着参考的资料，欲求观察其战斗力量，几不可能。

虽然德日二国之为强大国家，则是事实，他们之早有强大的侵略准备，亦是事实，否则他们决不敢这样向全世界挑战，亦决不能这样和数十国对抗，即说此一点，我们就不敢轻易断定这两敌人的战斗力量薄弱。老实说，同盟国家对这两国知道的亦太少，论断他们的力量，亦须特别谨慎。

始有人说，今日德日两国战斗力量必较战前为弱，这是可以说的，然这是比较的说法。就德日和盟国来比较，德日对盟国，寡不敌众，他们生产力量无论怎样扩大，生产速度无论怎样提高，总赶不上全体盟国的生产；在这一方面说，德日战斗力量较战前为弱，这是一种说法。就战争时间长短来比较，战争不能速决，战场又扩大，德日两国在生产数量上与速度上已赶不上同盟国家，战争时间愈长，他们愈赶不上同盟国；在这一方面说，德日战斗力量较战前为弱，亦将一天较一天为弱，这是另一种说法。再单就德日和美国来比较，德日是首先发动战争的国家，战争又渐渐向着他们本地延伸，美国是人力雄厚、物资丰富、科学进步的国家，他卷入战争最晚，而今后战争亦决不会延伸到他国境之内，他丝毫不受敌人阻挠，而能充分发挥其“世界兵工厂”的能力；美国已经有了全世界唯一强大舰队，今年他的飞机产量可超出十万架，约为德日两国的两倍，今年年底全国陆军将达一千一百万，约为德日两国陆军之和，派外海作战陆军可达五百万，将近于德日任何一国的全部兵力，即仅就这样比较来说，德日战斗力量亦较战前为弱，这似乎也是可以成立的一种说法。换句话说，今日德日两国之弱，是德国较波兰或法国抗非［击］侵略时期为弱，是日本较中国孤独抗战或美英波偷袭时期为弱，也就是德日两国较美国领导下盟国联合力量为弱。他们本身并不一定弱，其所以弱，是和同盟国全部联合力量比较出来的弱，今日美英专家就德日本身观察，犹认他们两国惟不较战前为强，亦不较战前为弱，这样论断，虽嫌笼统，但其观察，似不失为客观。

又有人说，德日经济恐将崩溃，其反战思想澎湃，亦将促成政治革命。然据美英专家研究交战国中，德日和苏联同样的物价波动皆亟小，其次英国情形较好，美国物价尚较战前高出三分之一。姑不问德日制度是否合理，他们物价波动最小，足见其经济措置总算做到辅佐战争的地步，只要切实做到全国一切为前方，他们的经济似不致先军事而崩溃。至于讲到人民革命，"揭竿而起"的时代早已过去，军事崩溃之前，人民赤手空拳来革命的可能性实在甚少。一九一八年德国的革命是在那一年军事大失败时由海军首先发动的。后来德国遭逢□一九一八年的失败，他的军人可能发动革命，但在日本方面，这样革命的可能性则似较德国为小。经济崩溃或政治革命皆是可能而不可必的事，我们决不应沉［凭］着它们来联想德日战斗力量之弱。

虽然，德日两国确另有其足以削弱战斗力量的几个弱点。

第一，德日两国战略错误。德日两国战略上的错误远较盟国为多，其最严重无莫过于一九四二年德国不敢由非洲向东迈进，日本不敢由南洋进攻印度，机会错过，永远不复返。隆美尔失败，德国退出北非。日本再也不敢迈进一步，他们企图隔绝中苏和美英的会师印度计划，永无实现之望。从非洲到印度这广大地带完全落于盟国掌握中，轴心势力绝迹。双方对这有关全世界战局的总根据地得失影响太大了！盟国方面完全把握住它，东西联系紧密，配合行动，估［站］在战略的主动地位，渐渐转守为攻，转败为胜；轴心方面完整失去了它，被彼此隔绝，孤立作战，站在战略的被动地位，考虑转攻为守，转胜为败。这一年，德日战略错误所造成的不利局面，他们始终没有机会把它翻转过来，亦即始终没有机会再取得战略的主动地位。在这样大战中，不能主动作战，是德日两国的大弱点。

第二，德日两国不合作。战前与战时，德日相互声援，亦不过声援而已，他们并没有实际合作，恐怕也不想真诚合作。一九四一年冬季德国首次攻苏失败，日本为何不攻西伯利亚？一九四二年，德国攻埃及，日本为何不攻印度？一九四二、三年，德国二次与三次攻苏皆失败之后，日本为何反与苏联重订渔业石油条约，另一方面，德国首次攻苏失败，为何反以"苏德战事可以认为结束，剩下的只是对苏局部扫荡工作"的态度，鼓动日本进攻美英，而不鼓动日本和他夹攻苏联？日本几种基本资源渐感缺乏，今年德国为何反而废除去年签订的德日经济互助条约？这些表示他们两国皆不愿冒险以求真正合作。北非战后，无论从哪方面观查〔察〕，德日两国欲求逃避最后失败命运，他们唯有合力翻转整个战争局面，亦唯有从合力来攻苏联的胜利中，来翻转这局面。姑无论德国曾否对日作此要求，或日本愿否接受德国此种要求，一年以来，日本始终没有攻苏援德企图，则是事实。恐怕盟国全球战略决定之后，日本勿宁欢迎盟国的"先欧后亚"战略，而德国则勿宁欢迎盟国或可改用"先亚后欧"战略。今年一月间苏联《战争与工人阶级》杂志的专论说："德日之间，已失相互信任，但为求尽可能减少不可避免的失败影响，他们继续勾结下去。"说切实些，德日则至少在心理上全存着"嫁祸于人"的念头，一国希望从另一国失败中尽可能减少不可避免的失败影响，德日两国于此不合作，是其各必失败的弱点。

第三，德日两国的先天虚弱。在现代战争中，交战国的海陆空军须有同等的雄厚力量。德国海军向极薄弱，战争初期，他的军事胜利无论怎样扩大，他始终跨越不了海洋，"欧洲堡垒"无论怎样坚强，他始终摆脱不了盟军的包围。日本是海陆强大的国家，但其空军绝比不上美国。战争初期，他的占领区域无论怎样扩大，"不沉没的母舰"无论怎样众多，他始终阻止不了盟国空军的袭击；海军主力无论怎样完整，海军基地无论怎样便利，他始终因缺乏强大空军保护而不敢作主动的海上决战。这次欧洲盟军登陆，德国还是因为海军力量不足，把他大规模战阵远远在美英海军射程之外的后方。最近太平洋美日海空大战，日本还是因为空军力量不足，飞机损失之后，海军连夜败退。德国缺乏海军，日本缺乏空军，是他们现代战斗力量上的严重弱点。

在这三个弱点中，有的业已削弱他们的战斗力量，有的尚须假以相当时日才能产生严重影响。此外弱点，尚未具体显露，而局外人也不易看出。

如果客观的观察，我们又说德日两国依旧强大，因为他们本是强大的国家，他们的侵略又有长期的雄厚准备。同时我们也可说德日两国战斗力量较战前为弱，因为他们生产赶不上盟国全体生产，而其分在东西孤独作战，又敌不过盟国共同决定的一个战略。这也就是说，德日两国对各别的盟国，他们是相当强大的，对全体盟国，他们战斗力量实是较弱的。这样观察指示着盟国联合产生了盟国的强，盟国联合的强显出德日的弱，盟国中固未各个皆强，而德日本身亦固未太弱也。明乎此点，吾人便知德日之将由弱而败，由败而降，尚须有待于全体盟国继续加强联合，充实联合的战略，并澈底发挥联合的战斗力量。此时吾人即认定德日终将崩溃，或已临最后挣扎关头，似还过早。

《扫荡报》（昆明版）1944 年 6 月 25 日

谁在抗战？

蔡维藩

抗战七年以来，我们的感触一天一天的增多，而"谁在抗战"这个问题，引起我们的感触，尤其一天一天的加深。

抗战第二年，一位刚出学校的青年记者，从前方到后方，在某地与笔者相见，他愤慨的说："这只是前线穷苦士兵在那里抗战！"我对他说："不，我要修改的说，这是蒋委员长率领着一大群劳苦农民抗战。"又进一步带着安慰他的态度说："中国以非现代化的国家，来打这现代战争，许多不适合的地方，须要慢慢改善。"到了今天，抗战第七年度终结，第八年度开始，我们再问一问许多不适合的地方已都改善了没有？现在是否蒋委员长还只率领着一大群劳苦农民在抗战？上月桂林文化界举行扩大动员宣传发起人会议，军参院院长李济琛先生在会议席上慷慨激昂的说："抗战七年，民气消沉，于今为最。在今天，我们应该尽我们的力量，动员起来，组织起来，拿出一切力量和敌人战斗！"看了李先生这一段话，我们似乎可以承认我们六年前的现象并未变更。为什么这样？原因甚多，说出来，无一不令人痛心。我们还是勇敢的向前看，想一想改善之道。

七月笔者以《各须接受教训》为题，写过一篇未署名的短文，本文就那一篇提供的意见，加以申论。

抗战期间，我国现代武器太不够已是尽人皆知的事实，但如已有之人力和物力没有充分移作战争之用，谁亦不能予以原谅。我们的力量，不易发挥到现代化的水准，也是无可讳言的实情，但各部门已有的力量没有合理的配合到战场上去，谁也不能予以原谅。七年以来"配合"二字我们实在太未做到，"后方吃什么，有什么，前方有什么，吃什么"十足描写全国后方与前方，没有配合；都市奢侈生活和过境士兵的衣食住行对照着看，表示军民之间没有配合。有人说，政府战时统制力量过大，请看蒲节禁食粽子命令公布之后，有几家未吃粽子？有几位行政首长未吃粽子，这表示人民与政府间没有配合，事实与法令间没有配合，连执法者，自己和他所执行的法令间都有时没有配合。再看军队长官和士兵的生活，似乎表示军队里也没有完全的配合，这样的不配合，几乎等于好多人对前线士兵说："你们打你们的，我们过我们的。"

这是现代战争，也是科学战争。交战国的前方须以科学力量发挥其战斗力量，后方须以科学方法动员全国各部力量。天天充实前方战斗力量，今日战争应是这样拿出全国的力量来和敌人比赛的战争。如果我们勇于接受七年来的教训，全国所有在"配合"二字上，抱〔定〕决心，下一番苦工，充实前线战斗力量。

政府须力求配合：

第一，战时与战前国家预算和物价的比例，明白指出我们动员的财力，距离战争实际需要甚远。政府欲求战时财力充实，须从两方面来做，一方面在军事第一基本条件下，政府须裁撤一切不必要的机构，须停止一切不必要的建设，凡与军事无直接关系而又非为有关立国根本之一切费用，皆须移作军用；一方面在有钱出钱原则下，政府须尽量增加富人纳税义务，只要办法公允，行动有效率，点滴归于军用，谁都不能反对。支出与节省收入增加所得，全部作为军费，就才算做到战时财政的起码工作。

第二，抗战以来，农民担负最重，在征兵、征工、征实、征购四大战时政策上面，他们尽了最大责任，他们占全国人口百分之八十，天然成了抗战的主力，但全民应切实爱护他们，培养他们，切不可嫌弃摧残他们。然请看兵役一项，农民担负已极重，而他们一进入部队生活即大成问题，他们不是未劳先衰，即难免不战而亡，这种情形，太叫人痛心！今日中国军队"质"

的问题，实较"量"的问题为重大；与其在起码生活条件并不足的状况下，一味的重量，弄得农村少一个农民，阵地多一个弱兵，不如由重量而重质，改善士兵生活，切实做到每一个服役的农民尽量成阵地上健壮的战士。为这方面，政府应抱定军费第一主旨，将前一项所说节省支出与增加税源所得，全部用在战士身上，提高他们待遇，改善他们生活。譬如说，后方充满了"饱食终日无所用心"的人，说什么资格，须吃许多鸡蛋，而不留给浴血抗战的士兵作补养品？许多书摊上杂陈着种种刊物，整斤的作废纸出售，有什么不可以送到前线，让士兵们增长一些知识？这不过两个最浅显的例子，然而它们十足表示后方并未全体参加抗战，而一部分人享受过分优越，前方各个浴血奋战，而起码生活都够不上。这种阻碍抗战的怪现象，政府须下决心，把它纠正过来，不必怕，就强制收买后力［将］一切好的吃用品，送往前方，有几百万战士作后盾，谁亦不敢反对。须知前线必须打胜战，否则后方虽维持着太平秩序，也无补于国家民族。政府必须认清这一点，只要是为前方的一切皆可放手做去，不必顾虑，更不必姑息。政府拿出决心和力量，强使后方做到一切为前方，又使全国财力多半用在军事方面，则以今日以几个士兵所需，养活一个士兵，则量虽缩小，质必提高，农村生产可以增加，阵地战斗力量可以增强，诚一举两得。

第三，抗战必须胜利，抗战力量必须加强，政府必须有贯彻全部抗战政策的毅力。自今以后，举凡增加生产，节省消费，平抑物价，禁止囤积，铲除贪污，提高行政效率的一切设施，政府必求澈底做到，任何方面出现阻力，就拿像铲毒歼敌的毅力予以重重的打击。看得对，做得对，令出必行，不必轻易更改，几万万农民和几百万战士作后盾，政府尽力放手做去，而且政府也只有这样做去，做到一切为前方，才对得起我们的农民和战士。

政府先在这三方面做得有成效，才谈得到动员全国力量，配合它们，发挥它们。

人民方面也须力求配合：

第一，抗战七年，教训甚多，凡为国民皆须勇于接受。无论力量大小，各须为前方努力，能生产者，尽量增加生产；不能生产者，尽量节省消费。增加生产，节省消费，就是增加国力，节省国力，也就是加强前方战斗力量。要娱乐，只要战胜，将来有的是娱乐处所；要享受，只要有命，将来有的是享受时间。今日大家则须一切为前方，否则一地驻军粮食，供应不上，或少数盟军所需，赶办不及，皆是后方的罪过，也是后方的耻辱。

第二，我们国家本不富，抗战七年，则更不富；多数人民生活本苦困，抗战七年，则更困苦。在这样坚苦抗战生活之下，少数富者责任虽然较重，他们真须放开眼界，尽量分担国家战费，协助政府，爱护平民，并须于出钱之外，力为领导社会，杀囤风，平物价，安定军民之心，减少政府忧虑。抗战期间，政府爱护人民，人民爱护国家，政府与人民虽皆对"为富不仁"者满心怀恨，犹多期望其能自动抢先报国。老实说"家有黄金外有称"，抗战中富人之所以富，人人得而知之，他们衣食起居又人人得而见之，这一群富人，再不自悔，其所以富的一盘帐，终必有清算之日。

第三，今后政府必将下大决心，采取紧急措置，充实战斗力量，凡为国民者皆须忠诚奉行政府法令，便利政府贯彻抗战政策。今后国家困难日多，政府责任亦日重，国民遵守法令，直接可以减少政府行政困难，间接可以增加政府肩负更大责任的力量。须知战争胜利，一切皆好解决，战胜之后，即或我们自己不能在短期间得着由胜利而来的报偿，我们的儿孙也必得着。我们真须各尽其力，帮助政府，争取这有关全民族生存的战争胜利。

整个局势根本不容许我们松懈，敌人野心也不容许我们松懈。政府与人民必须尽最大努力，一致在"配合"二字上面，下一番苦工；各种部门力量须配合，人民与政府须配合，后方与前方须配合，一切为前方和胜利而配合，这样配合，就是力量，也就是胜利的力量。

今日以前，全国配合太差，我们要求前线战士打胜战简直接近残忍；今日以后，全国力求配合，并配合成功，我们再要求前线战士打胜战，他们必能愉快的愿意接受。

战争久已是一个了，国与国间须配合，一国之间［内］亦须配合，否则自己配合不上，固危险，和盟邦配合不上，亦危险。今日所望，抗战第七年度结束，已往一切不配合的现象，第八年度展开今后全国配合作战的新局面。

《云南日报》1944 年 7 月 7 日

多难的欧洲

曾昭抡

诺曼第登陆后不过半年，昔日为纳粹所蹂躏的欧洲各国，大部皆告解放。盟国军事进展如此之速，诚属十分令人满意。不幸战事向[尚]未结束，德国仍在顽抗，而欧陆国家中，已有数国发生内部纠纷，令人不胜惶惧。过去数年来，谈国际大势者，常常提到，和平的保障，较之胜利的获得，尤为艰难。这句话今天看来，确是至理名言。据今观之，所关和平的不易保持，其来由不限于国际间可能发生的纠纷，而亦包括国内党派的冲突。

最近两月以来，欧洲国家，首先发生政治纠纷者，即为新近刚获解放的比利时。比国领土为英美军队自德军手中夺回后，流亡伦敦的该国政府，随即迁回比京不鲁塞尔。是项政府，对于光复国土，贡献几等于零，仅赖盟军胜利，重握政权，其难符人民期望，自在意料中事。乃该项政府，既不容纳各党各派，实行澈底改组，以求团结一致，而反下令解散复国有功之游击队。众怒之下，布鲁塞尔遂于月前发生民众暴动。嗣后在十一月十日，该国从事抗敌运动的人士，仍然违抗政府命令，拒绝交出武器，同时并打开阿罗斯特城监狱，释放囚犯五百人。此等事件，虽则迅被镇压，但是其中所包含的潜伏问题，则并未解决。一直到最近，德军虽已退出比境，随时仍有进犯可能。在英军严密管制之下，若干久已酝酿的问题，一时不易爆发。将来和平恢复，英方撤兵以后，比国前途，实多隐忧。

第二个发生问题的国家是波兰。苏波外交与边界纠纷迁延数年不决。今夏苏军恢复波兰东部，越过卡逊线，波兰民族解放委员会，于该时在卢布林宣布成立后，即与仍设伦敦之波兰流亡政府，互相否认。此时苏军续向前进，波兰流亡政府，眼看行将完全落空。于是内阁总理米洛拉兹柯氏，乃代表该政府，兼程赴莫斯科，与苏方及民族解放委员会进行谈判，结果颇有进步，双方相约不再互相攻击。苏波关系的调整，与波兰内部的团结，至此微有希望。及后邱吉尔首相，于十月间赴苏，与史达林委员长作二次会议，其内容似颇侧重波兰问题。米氏于此时，又再度赴苏，得有机会与邱史二氏相聚会谈。商谈之下，因米氏颇抱定现实主义，对苏方要求切实让步，结果三方面的意见，渐趋一致。惟流亡政府与民族解放会之间，意见差池，反较苏波两国为尤甚。米氏反抵伦敦后，即将流亡政府予以改组，容纳民族解放派分子，以求团结统一。在此种情形下，久悬不决的苏波纠纷，可望圆满解决；未来的波兰的建国，亦可由此树立其基础。一般关心欧洲政治者，闻此无不欣慰。当时米氏对苏谈判之所以不惜牺牲若干战前波兰领土，务求达到苏波问题的解决者，实因苏方对于边界问题，紧持固有见解，而美国对于波兰战后新疆界，亦拒绝予以保证，所以此事事实上非求得苏联谅解不可。如米氏之谋国，可说是煞费苦心。不料流亡政府中顽固分子，认为米氏对苏让步过多，对其政策不肯予以支持，米氏被迫于十一月二十四日辞去内阁总理一职。英苏两国，对此同表惋惜。继米氏之后，副总理社会党党员郭宾斯基一度曾试行组阁。其事未成，继之组阁者，为阿西斯齐欧斯基氏。阿氏新阁，仍系一种联合内阁，人民党人亦仍得充任阁员。但其对苏政策，虽表示盼望与苏亲睦，然迄今尚未提解决苏波纠纷的具体方案。以此苏联方面，遂认此内阁为反苏政府。同时苏联占领区的波兰人，亦提出要求，请将现设卢布林之波兰民族解放会改组成为波兰临时政府。似此情形，波兰流亡政府的改组，已令米洛拉兹柯氏苦心孤诣奔走数月所得到的一点结果，全部付诸东流。波兰政局，从此又将多灾多难。苏波纠纷，在流亡政府被推翻以前，恐将难觅解决途径；而该项政府与民族解放会之间，亦将无妥协之可能。

十一月底，义大利发生阁潮，又给欧洲政治添上了许多麻烦，甚至引起英美两国对于国际政治观点的分歧。本来在巴多格里奥内阁倒台以前，由波诺米将军任总理之联合内阁在职数月，尚能满足一般义国民众的希望。乃在十一月二十六日，波氏内阁，忽向王储安伯托提出辞职。当时反响，首有义国六大政党，共同挽留波氏再任总理。王储方面，亦有邀波氏再度组阁之意。然而延迟数日，新阁迄未组成，波氏随亦谢绝组阁。在新阁难产生中，原任义国六大政党委员会主席，夙以该国民主政治家著称之史佛卓氏，宣布辞去该项主席职务，以便义阁危机，得以解决。此时方悉新阁之所以延宕成立，实因英国方面，反对以史氏任总理、副总理或外交总长。似此情形，波诺米内阁的辞职，多少与英方态度，不无关系。十二月一日，英国外相艾登，在答复此事实的同时，谓英国之所以反对史佛卓伯爵，系因其反对波诺米将军及其在职之友好。是项消息发出以后，波史二人，随即各自发表声明，陈述彼等二人仍为老友，并无互相反对之事，艾登所云，实乃传说之误。英方对此，未加辩驳，然其反对史氏如故。此时波氏业已谢绝组阁，义大利民族解放委员会亦已于十二月三十日，授权卢尼组阁。卢氏组阁，又未成功。英国反对史佛卓任阁员，益形公开。同时又有波诺米三次组阁之讯。不料原来资助波氏组阁的几个政党，其中忽有表示反对波氏者。最后经过相当折冲，至十二月七日，罗马方传波氏内阁，可望成功。阁员人选，原定八日宣布，临时又未实现。义阁虚悬，迄今已达两星期之久。英国干涉义大利内政，至此已十分明显。

近来欧陆最大的悲剧，当推晚近在希腊京城爆发的内战。希腊自一九四一年春季陷落德军手中以后，不久国内游击队蜂起。不幸党派纷争，踵之而来。各派游击军，时常发生摩擦，以致造成内战，自相残杀。此事后经英国斡旋，在开罗进行调解，内争始得表面停息。今秋英美陆军，登陆希腊海岸，驱逐德寇。希境游击部队，奋起配合作战，卒于短期内将国土完全恢复。此时希腊流亡政府，自开罗后返雅典，主持该国政治。为应付国内实际情形，改组后的新内阁，包括有民族解放阵线阁员六人。后者为左翼政党，辖有人民解放军，此军乃抗战期间最有力的游击队。十二月二日，希腊政府，下令解散人民解放军，民族解放阵线阁员随即全体辞职。至四日，人民解放军，遂在雅典发生暴动。英军袒护希腊政府，助其弹压，结果与人民解放军发生战斗，直接参加该国内战。战争进行数日，流血惨剧，有增无已。

考比、波、义、希四国的政治斗争，英国实皆干预其间。波兰问题，则更有苏联插足。自各该国内部言，比、波、希三国，皆包含有左右两派之争，内部纷争，联上国际背景，其不易解决，显而易见。此等事是非曲直，姑且不谈。饥饿掠夺之余，又遭如此变故，欧洲若干国家的命运，固然悲惨。整个世界的前途，也难令人乐观。昔日重建世界和平的信念，至今亦似在主要大国中，亦已发生动摇。全世界的人民，应当大家起来，纠正此等将人类引到深渊去的错误倾向。（完）

《评论报》第 17 期，1944 年 12 月 13 日

目前云南可能的安危

张印堂

抗战以来，云南即成了我国大后方的根据地，生产机关，文化团体，迁徙滇垣，继续工作者，接踵而止［至］，极一时之盛，得安居乐业，为持有四年之久。云南过去确曾为我国后方最安全之乐土，直至三年前太平洋大战爆发，越南被敌人侵入，因而滇南及昆垣一带时感威胁。当时社会顿觉恐惶，各机关人士去川黔与迤西以求安全者，颇不乏人。不幸敌人迅速占领泰越，继而攻入马来亚，下星洲，陷缅甸，犯腾冲，致我滇西告急。于是保山一带人民物资则又疏散东来。目前敌人则复由东向西，发动攻势，先湘后桂，继则由桂而黔。敌人进犯之主要目标，或系求政治之解决，犯我重庆；或为达其军事目的，侵我云南；或为掩护具打通之南宁陆路，尚未十分判明。但以云南所处之地位，东与黔桂毗连，南则接壤越南，值此敌人压境之下，顿觉不安，自属当然。

现犯黔日寇，虽已为我驱逐出境，但敌人距昆明之距离，并未因而稍减；故昆垣一带之威胁，不为谓之已过。盖敌人除可经黔沿黔滇与贵筑、毕节、宣威、沾益一公路犯我云南之外，昆垣所受敌人之威胁，可能之方向，尚有桂越两方。兹分述如下：

（一）为由黔桂交界，自河池之西，顺西江上游之红水河（亦名八达河即南盘江下游）西来，经兴义（黄草坝）至滇境之罗平、师宗，直趋宜良以达昆明。此路在黔桂交界之一段，较之滇黔公路虽似稍长，而在滇境一段实较之为短，向为由黔桂交界入滇之大道。

（二）为由南宁经百色沿右江过剥隘至广南、丘北，以达开远北之婆兮车站。此线为古来滇桂间之大道。

（三）为由剥隘经富州、砚山到开远一线。

以上三线，除黔桂沿边与广西境内有水运公路便利外，入滇境后，则与我滇越与叙昆二铁路取得联络，故距滇垣虽均似遥远，但交通甚为便利，吾人不能不加意防范。

滇越交界绵长，往来通路，要者有五：

（一）由越北镇边过天井关，至富州以与上述之第三路相会。

（二）自海埝过清水河，经麻栗坡至文山、开化，与第一路会。

（三）为劳开、河口顺滇越铁路线至芷村以达开远。

（四）为红河路线，由劳开沿红河上行，经蛮耗至个旧，以趋建水、晋宁，为过去滇越铁路未通之大道。

（五）为元江线，假设敌人犯滇，敌寇亦可能沿红河顺元江溯源上行，直趋我蒙化弥渡，以作牵制之用。

以上五路，由越边至我滇越铁路，第一线稍长之外，余均距离相差不多。其中二四两线交通，以有公路与舟楫之便，尤须倍加戒备。

现敌人犯滇与否尚未判明。且敌人即有此企图，而其主力，究竟来自广西，抑来自越南，亦难逆料。惟越南广西之敌人，如一日不撤，云南之受其窥伺威胁，尚为不可讳言之事实。况敌我对垒，阵线绵延如是之度，而入侵可能之途径又若是之多，我方除森严戒备，时加防范，加强防御兵力与工事外，故预作疏散准备，亦并非无因。万一昆垣须要疏散时，以住滇人士立场言之，当以迤西为宜。其范围以滇缅公路以北，级山坡以西，西昌丽江以南，腾冲之东一带，较为安全，殆无问题。理由如下：

（一）迩来我远征军在盟军协助下，滇西失地几已全部规复，而缅北英军亦在节节向瓦城推进中，敌人确无再犯缅北与我滇西之能力。

（二）安全区与昆明之间，有天险可资凭藉。近者如西山碧鸡关与杨老哨山，远者有级山坡大山。况禄丰、一平浪间，道途险要，易守难攻，稍事防御，足可围敌。

（三）南面红河元江一线，道远途险，交通困难，恐不为敌人所取。

（四）此区境内，境外为富庶，如楚雄、姚安、大姚、永仁、永北、祥云、弥渡、大理、鹤庆、保山、腾冲，农产素有余裕，如疏散分配适当，食粮绝无问题。

（五）内外交通均便。对内之公路，有西祥之新旧二线，一由镇南经姚安过金沙江至西昌，一由祥云过金沙江至西昌，达乐西公路，以通四川，更可由雅安转康定经新成之康玉、青玉公路，以通西北之甘新各地。综之对内联系不断，对外尤为容易，以滇缅、中印公路及我国对外之空运，莫不以迤西为枢纽。

现敌人攻势已挫，自独山克复后，黔境已无敌踪，战局渐趋好转，云南威胁似见减少。如谓为整个战局转捩之大捷，仍嫌过早，闻胜勿骄，闻败勿馁。最后胜利一日不至，警惕戒备即一日不可稍懈。尤以云南为抗战最后基地，压力未减，除迅速增援黔桂沿边与迤南一带，加强防御外，关于迤西之安全地区，亦应及早准备，以策万一，免致手痛医手，脚痛医脚，而有措手不及之虞！

《云南日报》1944 年 12 月 17 日

巩固西南与争取海岸

曾昭抡

去年一年中，除滇缅战场国军迭奏军肤功而外，整个中国战场上，比较令人感觉快慰的战事，实为十二月中我军在贵州省境泛阻遏日军，由于该次战役的结果，西南各省局面，乃得转危为安。今日昆明市民得以安然度岁，皆前线将士之赐。我们对于此辈战士，应如何予以慰劳，方克尽后方人民的责任，实乃大家所当注意。

黔省战事，我军击退敌寇，将其悉数驱出贵州省境以后，更继而入广西，克南丹，追河池。试观最近情势，桂境战事，我方已渐获得主动。目前川滇黔三省，短时期内当不致再受敌人威胁，西南大后方一切建设事业，不妨照常积极进行。不过若以为西南各省，业已安如磐石，则尚未免言之过早。此点在政府及人民两方面，均不可过于疏忽。过去数年中，先后有好几次，每次在前方军事稍缓以后，后方即又花红酒绿、醉生梦死，大多数人置国事于不顾，及后敌寇再蠢动，又复慌张不已。例如几次长沙大捷、鄂北战役、湘北战役，以及三十一年夏季滇西之失陷，皆系此种情形。前车之鉴不远，以后不可不多加警惕，以免重蹈覆辙。

此类情势，不但敌人逼处滇黔边境，在该处随时可以发动攻势，而且今年以内敌人大举进攻，其可能性尤大。敌人如果再度来犯我西南，其进攻路线，不外一由桂西进犯滇东，二由越南侵入滇南，三由桂北再犯黔南，四经湘西进攻黔东。这几条路线上，似以一、三两条路的可能性为最大，其次再

061

为第四路，此外经由缅甸或泰国侵入云南西南部一举，则现在似少可能。无论敌人从哪一路来，下次来犯，所用兵力，必较上次侵黔时所用兵力为强大，殆可断言。

当然自珍珠港事件以来，敌人主要目标，在于对英美作战。即去年打通大陆交通线一举，其目的实在对于英美进行长期战争的准备，打击我国，尚属次要企图，几年来敌阁所宣传之解决中国事件，不过以之作对内宣传，并藉此转移国际视听，掩护其真正动机。此种情形，过去如此，将来亦必如此。可是太平洋上，美军攻势日紧。数月以后，该方面形势，对日愈将恶化。至彼时，敌人感觉对美作战，前途暗淡。为解决国内矛盾，坚定其人民对于作战的信念，势必挑选盟军最弱的一项，实行猛烈反攻，以求出路。当然此种作法，最后仍无补于倭寇的危亡，但是一时收到功效，仍有相当可能。此所谓"困兽犹斗"，亦即俗语所谓"狗急跳墙"，其理由至为明显。观于去年十二月中旬，正当英美军队进迫科隆，威胁鲁尔工业区之际，德军徒然猛烈反攻，一度竟突破美国第一军防线，伸入卢、比两国，即是此等事一种很好的例证。对于我国尤堪忧虑者，敌人不图如此打破危局则已，如作此等尝试，极可能将我国视作盟方防线中最弱的一环。为着预防此等形势发生，此刻积极准备，实属刻不容缓。

抑有进者，巩固西南，诚属目前要图，但我们绝不可以此为已足。西南为我国现阶段中支持抗战，准在〔备〕反攻的主要根据地，将来收复失土的重大责任，现多即需奋力承担。若以保卫西南为已足，仍如过去许〔多〕邦人所想像一般，自己不使反攻的努力，徒然静候盟免〔军〕击败日寇，我国坐享其成，则将来难免不落空，虽上不失望，胜利总是要自己去争取的。西人谚语说："法〔上〕帝助自助之人。"等候胜利，无论如何，总不是办法，即令等到了，也不光荣。方今美军业已控制菲岛南部，下一步棋，似将进攻吕宋岛，吕宋占领以后，备下一着，可能在中国东南海岸登陆，但是也可能径攻台湾，甚至可能经由小笠原群岛径直在日本本土登陆。各种可能性中，对于我国，当然以在中国大陆作战，最为有利。可是此着是否真将实现，要看我们对于反攻的努力如何。事实上在桂林、柳州陷落以后，此种可能性，业以减少。我们现在应该积极努力的一件事，是如何从速充实军事力量，于短期内进行有力反攻，切断敌人的大陆交通线，以与可能在东南海岸登陆的美军相呼应。更进一步，则当努力推进至海岸线，实行与美军携手，扫荡敌人。

《扫荡报》（昆明版）1945 年 1 月 1 日

漫天烽火几时休

雷海宗

　　中国的坚苦抗战已经七年半，欧洲大战将满五年半，太平洋大战已过三年，三个原来勉强可分的战事，早已合流为人类有史以来第一次的全球战争，覆亡命运已经注定的侵略国不必说，胜利绝无问题的盟国人民也都渴望和平的早日到来。诺曼第的纳粹防线被攻破后，乐观的心情相当普遍，连盟军中的负责将领也肯定欧洲的战事可于一九四四年内结束，而日本则可于此后一年或至多一年半之内被消灭。但邱吉尔首相比较稳健，说欧洲战场的胜利恐须一九四五年初夏实现，最近又把此言修正，谓"初"字须删除，只敢说夏季之内实现。十二月中旬德军在西线反攻，又深入比利时与法兰西国境，十二月二十二日美国战时生产局的负责人又发表谈话，请工人极力增加生产，因为对德的战事恐须打尽一九四五年的全年，甚至进到一九四六年，也未可知。至于太平洋与中国方面的战事，预测时限，更为困难。湘桂战事的失利，显然的增加了盟军在中国海岸登陆的困难，可能也延缓了登陆的日期。超级空中堡垒对于日本各工业区的轰炸，必可减少日本的军事生产，久而久之必可降低日本的作战力量，但由德国的澈底被炸再三年之后而仍强劲如今日的情形看来，只靠轰炸似乎是不能毁灭一个工业已有基础的国家战斗力的。并且由日本人的迷信天皇，迷信自己为神裔，迷信军阀的宣传，以及顽抗至死的传统战法看来，即或在亚洲大陆与日本本土登陆之后，战事的结束恐怕也仍须相当长的时间。假定政治问题不致发生，战事纯循军事的途径进行，无论欧洲与亚洲，也都不敢说烽火熄灭的日期已经临近。

速战速决的战争，一鼓作气而完成一场决斗，参战的人由始至终维持兴奋的情绪，旷日持久的大战则有不同。大战爆发时，所有的人无不精神焕发，战士视死如归，后方摩拳擦掌，精神紧张而快慰。我们如果回想抗战前三年的国人心情，仍可在想象中使此种情景复生。但心理的反感是人之常情，品格至高的人也只能在理智上加以控制，而不能在情绪上加以阻止，一般的社会在一度兴奋之后，则易于不能自已的为企求和平的心理所笼罩。今日所有的盟国大概都难免俗，大家都在渴望和平，不问和平是否马上可以实现，情感的需要使一般人都相信战事即将结束。年来各种战事将了的推测，无论出自负责人士或出自普通公民，即或是有些事实的根据，推测的主要背景恐怕是此种厌弃战争渴望和平的心理反感，"不识庐山真面目，只缘身在此山中。"我们身处大战之中，不知其然而然，对于此种自然的心理现象不易澈底了解，未来的人恐将判断我们今日的和平企图是主观要求的成分多于客观可能的成分的。

然而长期大战的心理状态还有第三阶段，就是在领会了战争非短期可了之后的坚定意志与作战到底的决心，此心一横，不怕一切，非至胜利不休。美国战时生产局负责人的发言，可视为此次全球战争中盟国方面此种第三阶段的萌芽。中国为太平洋战事爆发后，进入日盼和平的心理疲倦阶段，湘桂战争的失利是打破此种心境的外来强力，使我们澈底了解胜利与和平的不可侥得，坚苦的努力是唯一的途径。近几月来人们已在开始变化中，三年来的消极心理虽未全消，但在盟国开始准备相当持久的末期苦战的今日，我们全国上下也已开始有了同样的觉悟。这是自然的发展，是正常的发展，也是不可避免的发展。此期的心情与初期的兴奋大有不同。初期的人心为一时的冲动与热情所支配，就人性讲是根本没有持久的可能的，厌战的反感是当然的结果。晚期的努力是以理智的判断与意志的坚定为根据的，这才是真正可靠的精神力量。此种力量，只要物质条件勉强够用，就可无限的延续，并且在可能范围内这个力量自然会创造物质条件。初期的热情必是倏起倏灭的，此期的决心却不为时间所限，非达到胜利的目的不可。在此种情绪下一般人已不再问战争何时结束，只问如何努力方可使战争结束，能早日结束，当然再好不过，否则再打十年也满不在乎。事实未必如此，但心理上不可不有此种准备，摈弃日夜盼望和平的心情，方能应付未来的一番恶战。

《扫荡报》（昆明版）1945 年 1 月 1 日

迎接民国三十四年

冯友兰

民国三十四年，即西历一九四五年，在亚洲及欧洲，都是决战年。在这一年中，欧洲的战争，或者就可以结束，亚洲的战争，虽不能结束，但是这一年中，□向战争的结束，有很大底进展，这是可以断言底。

等着决战事的，有许多军事政治问题。单就政治问题说，其中最严重的，大概就是所谓左右之争了。就欧洲方面说，左右之争，现在已竟显著，法国、比利时、波兰、希腊都有这种问题。就这诸国中处理这种问题，最妥善的是法国，最不妥善的是波兰、希腊。

在此次世界大战中，截至现在为止，法国崩溃的最快，复兴的也最快，从英美军在法国登陆，迄今年年之开，法国的领土收复了，临时政府成立了，而且周旋于苏联与英美之间，俨然有举足轻重的情势。这固然由于他的原来的根基好，但是他内部能迅速统一，也是其主要原因之一。

戴高乐初到巴黎的时候，我们也听说有戴高乐的正规军与在法国本土抗德寇的内地军发生冲突的事情，但不久这一类的问题就解决了。若何解决，我们不很清楚。但就报纸上零零散散的新闻看起来，戴高乐确是作了些符合全民众利益的事。前些天（十二月二十三日）合众电又说：法财政部长发表政府已起草法令，使在被占领期间移居其他国家之法国人民，缴纳被占领时期之一切租税。我们于看见许多高等华人携带子女财产纷纷向国外逃避的时候，我们不禁觉得法国的这种法令，也是法国的临时政府的得人心的新政之一。一个政府若要维持他的政权，最稳当的，而又是靠得住的办法，是多作与民众有利益的事，作的愈多，他的政权就越稳固。这是中国以前讲政治的常谈，也是现在讲政治的新意。

面对着三十四年的决战年，我们要以法国为法，以波兰希腊为戒，这是我国全国人士所要共勉的。

《扫荡报》（昆明版）1945 年 1 月 1 日

战后殖民地问题

王赣愚

在今日而想像战后的世界，我们以为徒谈"国际平等"是不够的，更应重视的是"民族平等"。简言之，各民族间尤当以平等相待，避免有优越感与低下感之分。西方人对东方人之歧视，无色人种对有色人种之歧视，以及先进民族对落后民族之歧视，是历史上陈旧的观念，不应容许存在于今后。过去轴心国家，受了这种乖离的观念支配，终使战祸蔓延到全世界。纳粹主义的德国，自认为优越民族，妄想独霸全欧，穷兵黩武的日末［本］，亦歧视白种人，而以黄种人的"共存共荣"，来引诱亚洲其他民族，特别是我们中国人。现在我们与盟国共同作战，所持主要的目标之一，是把民族歧视的观念扫涤净尽，而代之以"民族平等"的主张。民族的优越感，是和平理想的障碍，这种障碍务必力求革除，然后国际和平始得以实现。

战后应该是民族平等的时代，各民族都将成为自由的民族，不论强国或弱国，都得以公允平等相处。我们本着这个认识，主张国际共同解放殖民地，并扶助其独立，然后才可促进民族平等之实现。所以关于战后殖民问题，似乎不得不善加思虑，以求一适当的解决。记得顿巴敦橡树会议开集之时，英美苏三国似有一相同的主张，拟在新国联的系统之下，对于战后殖民地的处置，采行与委任统治制相似之制度；而我国则建议设置国际委员会，以管理及监督若干疆境之领土或地带，并允许其组织自治政府。这就是倡行比较旧日委托统治制更澈底的一种制度，将若干殖民地划归国际委员会治理，而不复由任何一国单独管辖。这种办法如能见诸实施，则不难抑遏侵略主义的狂焰，消除战争之主要原因。

第一次大战终了后，对于处置战败国的殖民地，曾经有别出心裁的办法，这就是上述的委任统治制。当时，德属全部海外殖民地，和前土耳其帝国内非土籍人所居之地，都在协商国的军事占领下，专恃和会全权为之处置。到了巴黎和会召集时，便根据威尔逊总统之提议，通过了一项基本原则，就是这类土地不许任何一国合并，而只交由若干先进国家代管。受委任的各国家，必须受国联的严密监督，对其所代管的地区，不能视为己国之殖民地，或实行合并政策。就其性质言，所谓委任统治地，系由国联所创设，其撤销及移转与否，亦概由国联全权决定。平心说起来，此制总算是合理近情，倘若运用得当，似可避免帝国主义的流弊。因为在委任统治制之下，不但当地土人的教育与生活，务必尽量求其改进，而且该地的输出输入贸易以及投资，一律保持门户开放原则，俾使各国都能享受平等的待遇。

战前的委任统治制，以其原有的性质言，固是尽美尽善，但在过去的国际状态之下，实施起来却十分困难。许多受委任的国家，在统治地所表现的动态，只是在如何榨取如何享受上着想，至于如何为土著人民造福，却不在它们的思虑之中。民族优越感的加强，经济利益的冲突，国际战机的酝酿，以及军事价值的重视，无一不在破坏委任统治制的基本精神。尤其迷信霸权的日本，自接受北太平洋委任统治地后，就想强制拥为己有，以殖民地相对持。代替了不多时，便揣测对国联的保护，在委任统治地上设防，并且使之变成军事根据地。这些地区包括马绍尔、吉尔贝特及加罗林群岛，后来就是从这些地方，日本发动了珍珠港的袭击，并席卷广阔的南洋。日本过去的侵略企图，就等于向国联挑战，也是破坏和平的证明，国联即羸弱无力，不能加日本以制裁，而委任统治的破产，自然是意料所及的事。

帝国主义压迫榨取的时代，现在应当成为过去了，而民族平等将为国际关系上的最高原则。所以战后对于殖民地的处置，也不能再用旧时的办法，其合理而可贵的方案，自不能与民族平等的理想相悖，委任统治制，原则上固甚完善，但弊端却不一而足。依过去的实际经验，我国代表前次在顿巴敦橡树会议席上，对于战后殖民地的处置，决然提议采行"国际监护制"，以补救临时制度之不足，这是值得称道的举措。就该制的要义言，战后世界应设立国际殖民地区，由一国际委员会治理，不复由任何一国单独管辖，俾得避免并吞或剥削的弊病。依我个人的见解，欲使"国际监护"名实相符，亟应特别注意下列几点：（一）国际委员会人选，应视其个人之资格能力，而不视其特殊国籍而定；（二）该委员会应有土著代表参加，并予以申诉的机会和便利；（三）"国际监护"之目的，应为扶助土人自治，提高其生活程度；（四）监护的目的，应加以确实的规定，原则上以该地能独立而自主时为止。这几点，只是荦荦大则，是战后对待殖民地的最低要求。由这些最低要求，实符合大西洋宪章、二十六国宣言及开罗会议所表现的精神，如不能酌量采纳，而为内置殖民地之原则，那么，旧时代的帝国主义，似乎平等的民族歧视，必定重见于战后。

《评论报》第 22 期，1945 年 1 月 17 日

流亡政府的标准作风

曾昭抡

　　凡是流亡政府，终久必然走上完全反动的途径，这似乎是二次大战中一种具体的教训。继波兰之后，目前流亡伦敦的南斯拉夫政府，现在又已走上了这条路了。据一月二十二日伦敦消息，南王彼得二世，已召见流亡政府的首相苏伯西克博士，令其辞职。其继承人选，或将为反狄托的南斯拉夫领袖格罗尔。此种情形，与去年年底波兰流亡政府之改组，先后几如出一辙。波兰流亡政府，对内早已失去民众，对外与苏联交恶已久，本已失去其继续存在之理由。幸而前总理米洛拉兹柯，比较能知和苏之重要，两度前往莫斯科，企图解决对内对外的矛盾。赖英国斡旋，此种接洽，得有相当结果。英苏对波兰的看法，渐趋一致。流亡政府一时亦似颇有与卢布林民众解放委员会实行团结，合组联合政府之可能。不料米氏在莫斯科接洽圆满以后，返抵伦敦，旋为流亡政府方面的顽固分子所反对，被迫辞职。消息发表，英苏两国，同表惋惜。苏联与波兰流亡政府的关系，再度完全破坏。于是卢布林民族解放委员会，遂改组成为波兰临时政府。及至华沙光复，波兰领土大部解放，设在伦敦的流亡政府，徒作哀鸣，真是可怜又可笑。此等政府，结果弄到完全落空，实在是咎由自取，自己把团结与参加举国一致政府的机会失掉了。

　　波兰的教训，似乎南斯拉夫流亡政府，不但未曾领受，反而硬要走上同一条路上去。英苏两国对于南斯拉夫问题的矛盾，不若对于波兰问题之甚。

狄托之成为南斯拉夫的领袖，亦久已毫无问题，而且英美两国，对于狄托，多少业已发生外交与军事上的关系，尤以英国对狄托的关系更为密切。此种情形，与波兰完全不同。对于波兰，英国迄今只承认流亡政府，始终未曾与民族解放会政权发生任何关系。对于南斯拉夫，则英国同时承认流亡政府与狄托政权，已有相当时间。为着解决此种矛盾，英国的愿望当然在于促进流亡政府与狄托合作，改组成为联合政府。恰巧流亡政府的总理苏伯西克，是一位比较开明，比较了解苏联的人物。苏氏曾回南国，与狄托恳谈，商议解决办法，后来又去过莫斯科，会晤史达林氏。另一方面，狄托元帅，曾先去罗马会晤邱吉尔首相，后赴莫斯科会见史达林。经过这几次谈判，英苏对于南斯拉夫的看法，已趋一致。苏伯西克与狄托之间，亦已得到充分谅解，并已成立可以解决该国政治纠纷的协定。是项协定，南国各方面人士，大都皆颇为满意。其内容虽未完全披露，但据报纸所载，主要似包括下列数点：第一，南国成立摄政制，南王暂缓返国。第二，南斯拉夫流亡政府与现在该国行使职权的临时政府，澈底合作，改组成为联合政府，由狄托元帅〔任〕内阁总理，苏伯西克改任外交部长。第三，在目前军事时期，一切由狄托全权负责。此项协定，若能执行，无论对于国内或者国际，均能令人满意。不料此项协定，最后提交南王彼得二世，作形式上的决定时，遭南王拒绝，随后即有苏伯西克去职之事。据报载，南王所不同意之处，在于上述一、三两点。其所以如此，一方面自然是基于自私立场，生恐失掉王位；另一方面，则无疑系为反动分子如格罗尔者所包围。今者苏氏上台，格氏得宠。其经过情形，即与波兰流亡政府之改组，极为相似。将来事态的演变，亦必步波兰后尘。彼得二世的流亡政府，行将完全落空，殆属毫无疑意。此种落空，实乃咎由自取。

欧洲各国流亡政府，因历史上关系，一齐设在伦敦。此事对于英国，多少是一件不幸的事，英国之所以迄今仍然承认这些流亡政府，一方面固因自法理观点说，这些政府，仍然是合法的政府；另一方面，则因这些政府，不巧都设在伦敦，所以不免有点偏爱。此两观点，虽均有可以批评之处，但亦未尝无其部分可取的理由。英国政府，诚然不免有点保守，不若美苏外交政策之前进与合理，但是无论如何，英国也决不赞成这些流亡政府那种极端顽固与反动的作风，关于英方屡次试行调解苏波纠纷与南斯拉夫内政争执，即可明了此点。若干时论家，将流亡政府的反动，全部归咎于英国，不免有点过火。实在说来，这些执迷不悟的流亡政府，连英国也为它们受累了。

《民主周刊》第 1 卷第 7 期，1945 年 1 月 27 日

克里米亚会议以后的世界

曾昭抡

克里米亚的春风，从黑海吹遍了世界。雅尔他会议以后，人类历史，开始走上了康庄的大道。首先，我们看见的一件大事，是反侵略的阵容，更加扩大，更加明朗化了。三巨头会议的一种具体结果，是由美苏英三国，其间邀请土耳其、埃及、冰岛，及六个南美国家（智利、秘鲁、巴拉圭、委内瑞拉、厄瓜多尔），于三月一日以前，实行对轴心国宣战，以作参加四月二十五日旧金山会议之先决条件。这些国家接到此项邀请以后，除开冰岛一国以外，其他各国，经过考虑，均各先后迅即对德日宣战，如此正式参加联合国家的阵线。以前数次宣称严守中立的土耳其，这次并没有踌躇。甚至在此事以前，载着参与克里米亚人员的英国护舰队，即已得到土国默许，通过达达纳尔海峡。惜一不幸事件，是埃及总理玛赫，在宣布对德日作战的命令以后，登时为反动的亲轴心分子所刺杀。为着争取国际地位，叙利亚与黎巴嫩两个在二次大战中新成立的独立国，也宣布对德日作战。这两个国家虽在成立之初，曾经得到自由法国的承认，但是近来戴高乐的言论与活动，使它们懔然于独立前途，可能发生问题。联合国家的总数，自珍珠港时代的二十八国，今已扩充四十四国，其中包括有未经邀请而新近对德日宣战的沙特阿剌伯。可惜叙利亚与黎巴嫩两国，并未被列于联合国家之林，亦未被邀参加旧金山会议，不免有点美中不足。戴高乐领导的法国，其在本国境内的政治作风，虽然多有可资效法之处，其对远东殖民地与近东的态度，却仍然未改战前法国那种作风，这是颇堪惋惜与遗憾的一件事。虽然如此，人类正在开始试行走上理想国际社会的道路，一切自难合乎理想的标准。诸如此类的缺点，一时总是难免发生。我们需要拿出勇气和耐性来，方能克服前途可能遇着的困难。无论如何，最近十几个国家之对德日宣战，并非受了国际的压迫，亦非纯粹为其本国利益着想，而是了解了国际合作与永久和平之不可分离，及骑墙与孤立主义之非智。原已对德作战的伊朗，未经盟国要求，最近也对日本宣战。许多观察家的意见，甚至以为在旧金山会议前后，苏联可能会对日本作战，或者至少将宣布不再续订苏日中立协定。国际上的统一战线，至此已见十分明朗化。德日两个轴心伙伴，今已成世界的公敌。我们所急切盼望的，是叙利亚、黎巴嫩、朝鲜等被压迫民族，迅速得到先进国家的提携，与目前四十四个联合国家，立于完全平等的地位，那才是真正实施大西洋宪章的精神。

克里米亚会议的成就，在全世界得到普遍的好评与热烈的拥护。英国议会，除对处置波兰问题略有指责以外，对于此次会议所得结果，大体予以热诚的欢迎。尤堪注意的，是美国舆论的空前良好反响。美国传统习惯，一向是反对秘密外交。此种主张，虽亦有其优点，但是往往使执政者进行外交谈判时感觉十分辣手。前年年底德黑兰会议之时，国际合作殊不如今日密切，美国国内孤立派的势力亦较今日为大。因此罗斯福总统虽在该次会议场中，力取慎重态度，避免成立任何密约，事后仍为杜威一派共和党党员以及若干孤立派人士恶意攻击。这次情形，迥然不同。罗斯福返国以后，尚未向国会报告之时，公开承认，在克里米亚会议，三强成立了若干秘密谅解。此事如果发生在两年以前，必然立刻引起很大的不良反感。然而此番实际情形，却完全出于一般意料之外。罗氏言论发表以后，在任何方面，并未引起一点不同情的微波，嗣后总统在国会的报告，并且得到参众两院出乎寻常的热烈拥护。此种情形，在美国国内政治以及国际政治上，具有异常重大的意义。这点充分表示罗斯福总统把握美国政治的自治心；同时也表示美国国会与民众，业已认明国际环境，放弃了孤立主义，走上国际合作的大道。此种情形，对于建立未来世界的永久和平，将有莫大贡献。

一片团结声中，一宗不幸的插曲，是法国对美苏英的误会。自认为与三强地位相等的戴高乐法国，去年未曾被邀与美苏英三国同聚于顿巴敦橡树，早已感觉愤愤不平。这次未得参加克里米亚会议，更是怒形于色。戴氏事先大发牢骚，事后又拒绝与罗斯福总统在阿尔及尔会面。法国此次迅速复兴，诚然令人赞佩不已，但是我们不要忘记，艾森豪威尔元帅的总部，仍然设在巴黎。今日击溃纳粹的主要负担，仍然是在苏联与英美军队的肩上。法国在今日即求地位与美苏英三国完全平等，不免略为嫌早一点。甚至法国民众，对于戴高乐这次作风，也并非完全赞同。经过美苏英三国的解释，保证法国将以平等的资格参加为旧金山会议的发起以后，此项国际间的摩擦，一时似可消除。但是后来消息，又证明事实并非如此。因为要求修改旧金山会请柬的内容，未被接受，法国终于拒绝参加这次会议的邀请人，这在国际上多少是一件不愉快的事。

对于发起旧金山会议一事，克里米亚会议给予中法两国的地位，是完全一样的。与法国的怫然作色相较，中国的态度，是很恭顺的。自从第一次魁北克会议以来，我们在别人早经议好的结论上，挂上一个名字，已经不是第一次了。鉴于我们作战的成绩，这或者是最聪明的一着。

菲律宾的民政，已于二月二十六日，由麦克阿瑟元帅，代表美国，交还菲岛总统奥斯敏纳，这是比硫磺岛战役更加重要的一件事。国际上虽然没有完全不自私的国家，但是并不是所有国家都是完全自私。像美国许多作风，实在值得我们景仰。去年雷伊泰岛登陆以后，攻下城市，有些不出两日，即将行政权交还菲人。此次马尼拉一役，攻入城区以后，巷战先后达二十余日，方将残敌肃清。其工作之艰苦，可想而知。然而在完全克复以后不久，便将政权归还主人，这真是国际合作的典型作风。谁说是国际间永远不能澈底合作，战争决不能消除呢？

《民主周刊》第 1 卷第 12 期，1945 年 3 月 10 日

旧金山会议筹备声中的东欧政局

曾昭抡

三月五日，中美英苏四国，同时分别在重庆、华盛顿、伦敦，及莫斯科，公布这四大强国邀请联合国家参加四月二十五日旧金山会议的请柬。这请柬是由美国代表四国发出的。被邀请的对象，是并肩对轴心作战的四十四个联合国（包括中美英苏四国在内）。其名单按照英文字母的次序，为阿尔巴尼亚、澳洲、比利时、波利维亚、加拿大、智利、中国、哥伦比亚、哥斯黎加、古巴、捷克、多米尼加共和国、埃及、厄瓜多尔、阿比西尼亚、法国、希腊、瓦多瓜地、洪都拉斯、印度、伊朗、伊拉克、利比里亚、卢森堡、墨西哥、荷兰、纽西兰、尼加拉瓜、挪威、巴拿马、巴拉圭、秘鲁、菲律宾共和国、波兰、沙特阿拉伯、土耳其、南非联邦、苏联、英国（联合王国）、美国、乌拉圭、委内瑞拉、南斯拉夫。此四十四国，包在一切在一九四五年二月八日以前签字于联合国宣言的国家，以及在一九四五年三月一日以前向敌宣战的国家，不过叙利亚与黎巴嫩两国，虽亦系在三月一日以前对德日宣战，并未被邀参加旧金山会议，亦未列入联合国家名单内，这无疑是尊重法国方面的成见。至于独立志愿尚未得到普遍国际承认如朝鲜者，更不容说了。以上所举四十四个，现在大部均已对德日两国作战，但是其中也有少数例外，例如苏联尚在对日本守中立等。

四十四个联合国当中，四十三国业已接到参加旧金山会议的请柬。惟有波兰一国，因尚未履行克里米亚会议的建议，四大强国尚未对其发出邀请。

原设伦敦的波兰流亡政府，在克里米亚会议中，不惟被判处死刑，该项政府获得此次会议所成决议以后，一度有召开最后一次会议，声明否定雅尔他的决定说，但是后来此举又未实现。最近消息，该项政府，似曾对梵蒂冈教庭，提出对英美苏三国于克里米亚会议，所作决定的抗议。（在此附带可以注意，素来对共产党深恶痛绝的梵蒂冈，现在传已采取步骤，经由国际途径企图与苏联建立外交关系。）经过克里米亚会议以后，英美苏三国，实质上业已同意，支持刻已回都华沙的波兰临时政府，但是附有扩大该项政府的条件。此次请柬中说："包括在上列名单之波兰，在克里米亚会议时，三国同意全国统一之波兰政府，为改组目前在波境行使职权之政府，扩大其民主基础，容纳波兰国内外民主领袖而建立。三国并同意，候此全国统一之新波兰临时政府，根据克里米亚会议所采揭［取］之步骤，而适当成立时，美英苏三国政府，即与其建立外交关系，并盼所拟议之全国统一的新波兰临时政府，将可于四月二十五日旧金山会议以前建立完成，并与主要国建立外交关系。果尔，邀请国家，即将发出请柬，请其参加会议"。按此，可见扩大临时政府，为波兰被邀参加旧金山会议的先决条件。此项条件不履行，该国即将被摒于此项会议以外。邀请书公布以后，迄今十日，华沙方面，对此并无反响。一般人以为目前波兰临时政府，在国策上惟苏联马首是瞻，那是一种不正确的看法。当然对于苏波边界，此项政府，深知苏联传统政策，为不顾一切，坚持原则上以下逊线为界，故不得不予以迁就。至于其他内政、外交政策，则实自有主张，并非听命于莫斯科。虽其政治作风及经济措施，多有与苏联类似之处，对于此点亦少影响。事实上去年十月波兰流亡政府前总理米洛拉兹柯随邱吉尔首相访问莫斯科的结果，而证明英苏两国对波兰问题的观点比较接近。而该国流亡政府与卢布林民族解放委员会之间则成见甚深，及后卢布林委员会于去年年底改组成为临时政府，首先将流亡政府首要，包括过去力议妥协之米洛拉兹柯在内，一齐开除国籍。至克里米亚会议前夕，传说史达林委员长，曾邀临时政府以外的波兰领袖，至莫斯科会谈，其用意大致在于设法扩大临时政府的组织，以适应英美方面的愿望。后来经过克〔里米亚会议〕，英美苏三国，对此点得到同意。从三大强国看来，例如米洛拉兹柯一类人士，是应当网罗在临时政府里面的。然而临时政府的态度，这点始终倔强，至今日尚无将就的征象。克里米亚会议的建议未予采纳，不能参加旧金山会议也不在乎，由此看来，谁能说目前的波兰临时政府，就是苏联所树立的傀儡。

依着克里米亚会议的发展，南斯拉夫的政局，业已澄清。本来在此次会议前夕，英美苏三国对南国的个别看法，业已一致，三国都造成将狄托元帅与流亡政府内阁总理苏伯西奇所成立的协定，付予实施。该项协定，事实上包括以摄政会议代南王行使职权，南王暂不返国，及以狄托任举国一致的政府的总理等点，因此在克里米亚会议声中，南国摄政会议，便宣告成立。克里米亚会议的结果，三国对南斯拉夫问题，一致追认其过去所持态度，并表示希望南国民族解放委员会扩大组织，容纳国内外各方面爱国分子。此种主张，与其对波兰问题的看法，初无二致。接受了克里米亚会议的建议，三月初，伯尔格来德的民族解放阵线，实行扩大，将未与纳粹合作的前南国国会议员容纳进去。至三月八日，南斯拉夫的新联合政府，依照合法手续，在伯尔格来德，正式宣告成立，事先狄托及苏伯西奇，向摄政会议辞职。嗣即由摄政会议任命狄托为内阁总理，而以苏伯西奇任外交部长。南斯拉夫问题，至此业已完全解决。这可说是国际合作与国内团结一次很好的榜样。当初如果没有英国所加压力，顽固的流亡政府，是不会让步的。

在英国枪杆支持之下，希腊的民族解放阵线，终于被迫完全向顽固的右倾政府让步。克里米亚会议声中，民族解放阵线，同意解散人民解放军，限期交出武器。普提斯第拉斯总理于原来海陆空军三部部长之外，又兼任内政部长，显然是模仿以前墨索里尼的作风。幸而英国所强调的秘密投票选举，今已开始举行。也许将来选举结果，不一定是伦敦所期望的。

南斯拉夫与希腊问题的圆满解决，使巴尔干半岛的政治纠纷，大体得以澄清。不幸阿尔巴尼亚问题又来了。正和希腊南斯拉夫一般，阿国境内，也有民族解放委员会与民族解放军。这个最初遭法西斯主义蹂躏的巴尔干国家，亦于去年冬季完全光复。在驱逐德寇的解放战争中，该国虽然也曾得到英国军队登陆作战的协助，但是英军在此方面的贡献，要比解放希腊小得多。阿国绝大部分的土地，包括首都地拉那在内，是由自己国内的解放军光复的。近来该国民族解放委员会，亦已改组成为临时委员会。可是英国方面，假口该委员会无充足之真正阿尔巴尼亚人民代表，拒绝承认其为临时政府。英国军事代表团，顷已行抵地拉那。希望此事不致在巴尔干方面，引起新的风波。克里米亚会议对于巴尔干各国的看法，都是一样的。民族解放委员会与解放军之普遍成立，及其先后取得政权，似为东南欧方面数年前纳粹势力侵入以后的一种普遍现象。这是极堪注意的一种历史事件。而且各国的民族解放委员会或临时政府，多少是声气相通的。

政治上最没有问题的东欧国家要算捷克。在红军顺利进展声中，捷克官员，第一批业已离开伦敦，取道莫斯科返国。贝奈斯总统，亦已正式向英王辞行。在京城布拉格收复以前，政府将先设科息斯，捷克的奋斗，最值得同情，我们祝望她成为一个强大的复兴国家。

罗马尼亚的政局，近来忽然起了波澜。德罗军队被红军摧毁以后，去年八月底向盟方投降，转而对德宣战的罗国，随即成了各党各派的联合政府，阁员中包括有共产党党员在内。可是德雷斯高总理，自初即难满人意。去年年底，已有共党退出内阁以令其坍台的谣言。到了今年年初，具有左冀同盟性质在内的全国民主阵线，与德民的冲突，益行表面化。二月二十六日，罗京布加勒斯特，发生了一次示威游行。反动的德雷斯高，竟唆令军警对群众开枪，死伤多人。在群情愤怒之下，这位军阀，〔卒〕于被迫辞职，逃匿于英国公使馆。此种作风，于二十年前的中国北洋军阀，如出一辙。三月初，罗国国王，已命德方内阁中之副总理葛洛，组织新内阁。由于此等事件，可见苏联对于罗马尼亚，确会遵守诺言，未对其内政予以干涉。要不然，在红军控制下的布加勒斯特，居然忍耐了好几个月的右倾政府，几乎是一件不可想象的事。

配合着东欧战局的进展，北欧方面，芬兰政局，近来也有了剧烈的改变。三月四日芬兰正式对德宣战以后，随着该国总统曼纳林元帅就因健康关系宣布辞职。这位年过八十高龄的"爱国军人"，二次大战中，成为抗苏亲德的领袖，在目前情形下，他来继续领导芬兰，原本是不合宜的。代替曼氏地位的，可说是具有亲苏色彩的巴锡基维。苏联不愿见欧洲方面有反苏邻邦的愿望，现在已经达到。东欧与北欧的民主势力，也正在成长中。

《民主周刊》第 1 卷第 13 期，1945 年 3 月 19 日

日本的几张王牌

曾昭抡

　　硫磺岛完全占领以后，日本之战，实际上业已开始。日本本土，已经走上过去两年来德国所遭受的命运，受着盟方空军日夜不断的轰炸。轰炸规模，亦已达到一次几千吨的水准，如德国约略在一年前所开始领受者。英美空军对德的闪击，卒于引到诺曼第的登陆，由之遂令盟军得以自西方侵入德国本土。同样地，今日美国飞机之软化日本，实为异日进攻该国本土的一种预备步骤。英美在西欧开辟第二战场以前，先在北非、西西里及义大利，相继登陆，以作尝试。由于类似理由，并为布置对日进攻根据地，美军在进攻日本本土以前，大致将先在中国海岸登陆。不论将来美方作战策略究采何种途径，日本本国之终将沦为战场，以及该国之将为盟军征服，殆为必然的结果。联合国家在远东将获到最后胜利，此点在今天谁也不再怀疑。但是同时大家也感觉，即在对德战争完全结束以后，远东战争，仍将有相当时间的拖延，日本军队并非可以轻易击溃。日本向来不是一个坐以待毙的国家。对于未来作战，我们有我们的打算，他们也有他们的打算。以此在今日预料日军何时可以击溃，未免太嫌过早。本着知己知彼的原则，我们应当特别研究敌人所恃以支持战争的一些王牌。

　　日本最重要的一张王牌，无疑是日本那种死而后已的作战决心。奉天皇如神明的古代迷信，加上了武士道精神，以及近代军国主义与法西斯主义的思想，使日寇成为一种最可怕、最坚强的一种仇敌。德国军队，在世界上已经公认为一种异常坚强、死战不屈的军队。然而在西线九个月的战事当中，英美军队，居然俘虏了德军一百万以上。这种整批投降的情形，在日军是绝对没有的。太平洋上作战三年以来，美军所歼灭的日寇，达四十万员之多；但是保住的俘虏，不过有数的几百个。硫磺岛一役，岛上日方守军两万余人，完全战死，无一投降。惟其如此，所以这座面积不过八个方英里的小岛，未得任何增援，居然支持了二十又五天之久。美方在此役中的死伤，亦几达两万，其所付代价之惨重，超过太平洋上任何一役。这种情形，足够令人胆寒，特别是对于西洋人。缅甸战役与八年来中国战场上的情形，也表现同一现象。往往弹尽援绝，粮食不济，寇军仍然要战到一人，决不投降。即或被我方俘虏，亦常觅隙自杀，甚至杀伤看守士兵而后死。这种野蛮的精神，既可佩又可怕。对付这样一种民族，困难实在是意想不到地大。今日分散在布肯维尔、新不列颠、马绍尔，以及新几内亚（威瓦克一带）的几万残余日军，虽在军事上早已毫无出路，却仍始终坚守不降。由此看来，将来即令美军首先将日本本土完全踏平，中国境内的日寇，仍将作战到底。这种军队如此庞大，如何能将其澈底予以消灭，的确是一个很大的问题。

地理上的优势，至今仍不失为日本的一张王牌。自从两年半以前美国反攻所罗门群岛以来，麦克阿瑟与尼米兹的部队，诚然立下了不朽的功勋，冲破了日本在太平洋上的海洋堡垒，更进而威胁其本土。但是大陆交通线被敌人打通以后，马来、泰国、越南，现中国沦陷区，结成一体，本身就成为一种难于击破的区域，何况在东方又联上了朝鲜或仅有一海之隔的日本本土。从军事地理的形势来说，今日日本的处境，至少并不劣于西欧第二战场开辟以前的德国。当时希特勒的欧洲堡垒虽然坚强，但在东方业已受到强大红军的威胁；而今日之日本，则尚无一如此强大的陆军，与之对垒。德国海军，虽颇精锐，但是较之英美，实力悬殊，所以无法防守大西洋海岸。反之则日本海军，迄今实力尚未大受损伤，对于登陆盟军，仍然是一种重大威胁。敌人今日并没有自大陆上退却的任何象征。在这方面，他们的活动，亦不限于守势，而是往往握着一种主动的地位，随时发动攻势。去年敌人的打通大陆交通线，许多观察家，以为其目的不过在于准备将来撤退其现在南洋的几十万军队。实在情形，并不如此简单。敌人巩固大陆交通线，恐怕是主要目的，并不在于退兵，而系在于固守山东三省以迄马来的整块大陆。今年年初敌人之打通粤汉路及侵我赣州，以及其最近在越南进攻法越军队，均可由此种出发点得到解释。由此推想，敌人由湖南、广西及越南，三路进攻我国西南大后方，企图夺我川黔滇三省，以图于美军在中国海岸登陆成功后，仍然继续长期作战，似为一种可能性很大的尝试。

日本还有一张王牌！就是随时发动和平攻势，以图拆散中英美的团结，甚至企图迁就英美而牺牲中国。此种诡计，敌方已屡作尝试。抗战八年以来，敌人对我国作和平试探，先后不下七八次之多，幸亏我们没有中他们的奸计。近来敌人对于美英亦曾作同样试探。日方外交人员，并且表示不拒绝和平谈判。似此情形，将来这种尝试，恐不免接踵而来。挟着全部陆军力量与大部固有海军实力的实力，万一求和成功，对于中国，将为莫大的灾祸，同时远东和平，亦将无法可以长久保持。这是全体同盟国家所应当警戒的一件事。

日本始终维持对苏中立，在外交上是最聪明的一件事。近来联合国家，力图争取苏联参战，同时日本方面，则不顾德国劝诱，始终对苏慎守中立，并且极力争取苏联维持此种关系。其企图无非是消极地可以藉此延长战争，积极地将来可以希望苏联斡旋和平。因此同盟国方面，欲求胜利速临，对于争取苏联，似业作更大努力。

英美驱逐日寇出境的工作今日已完成一半，所余部分，肃清不难。今后对日战争，主要在于肃清我国境内敌军，及征服日本本土。此种工作，对于我国安危，关系极大。我们对此，绝不可袖手旁观，而因尽最大努力。

《评论报》第 30 期，1945 年 3 月 24 日

人民的力量

曾昭抡

　　华莱士先生说，二十世纪，是人民的世纪。"人民的世纪"一句成语现在已成为一种流行的口头禅，大家开始认识人民力量的伟大。但是，在另一方面，许多时候，人们又怀疑着，人民的力量，究竟在那里。比方说，德国现在对盟军进行一种无益的自然战，这事无论对于国家或者民众的利益，都是毫无益处。为何德国人民，至今仍然未能作有效的反抗。以我国情形而论，抗战期许多畸形发展，早为一般人民所深恶痛绝，何以至今无法制裁，如物价狂涨，即系一例。为着要对这类问题试作答复，我们应当将人民的力量，分析一下。

　　有人说，从希特勒的《我的奋斗》，到狄托的《我们的奋斗》，可以拿来象征二次大战的进展。压迫民众的政权，如德日两国以及过去的义大利等，虽然在大战初期，凭其准备有素，武力过人，获得惊人成功，但是后来终不免于溃败。相反地，爱好和平的国家，如中美苏英等国，虽以事先准备不足，初期受到打击，可是最后仍然获到胜利。这样结果，决不是纳粹因为联合国家资源的丰富，远过于轴心。也不是因为领袖人才，真有怎样旋转乾坤的能力。最重要的制胜因素，还是在于人民的伟大力量。当人民为自己的利益而作战的时候，他们所表现的力量，与在统治阶级压迫下作战的情形相比，大有天渊之别。即以苏联而言，指挥作战者的卓越，在今天谁也不怀疑。然而，旁观者的批评，仍然以为名符其实的全民战争，实乃红军表现惊人奇迹的主要根由。

说到人民的力量，此次大战中一个最惊人的实例，就是南斯拉夫的抗敌。当一九四一年春天德军侵入南国的时候，该国几十万正规军队，加上一部英国空军的协助，一共不过抵抗了十几天，全国就完全沦陷。谁也想不到，后来在一个工人领导之下，手无寸铁的南斯拉夫民众，未曾得到一块外国钱或者一颗外国子弹的帮助，居然在最艰苦的环境中，锻炼出二十万坚强的民族解放军来。这些解放军，在西欧开辟第二战场以前，足足牵制了十五师德军队。这数目在一个时期，比义大利战场上英美军队以绝对优势武器所牵制的德军还多。当然自一九四三年起，狄托元帅，多少得有英美方面的军火接济，此事对抗敌不无贡献。但以配备情形而言，比起义大利境内的英美主力部队来，不可同日而语。无疑地，在狄托领导之下，南斯拉夫人民的力量，发挥出来了，所以能有如此惊人的表现。南斯拉夫的复国，除得红军之助，收复京城贝尔格来德以外，大体全是解放军的成绩，一直到今天，他们还在努力将境内残余德寇，驱逐出国。这么一次人民的战争，在欧洲史上，不愧为重要的一章。

人民力量的惊人，也可从法兰西的复国看出来。一九四〇年夏天法国不幸被纳粹军队击溃以后，许多浅见的观察家，以为法国从此完了，或者至少几十年内不能恢复第一流强国的地位。可是后来事实的改变，殊不如此。在敌人铁蹄之下，法兰西民族，顿然觉悟起来。当然在诺曼第登陆以前，法国人民的力量，并无多少表现。一般人对之，估计也并不高。但是盟军一日登陆成功，法国地下军的力量，立刻发挥出来。尤其是在法国南部登陆以后，地下军连克要城，其能力之伟大，几乎令人难以置信。首先光复巴黎的，也并不是英美大军，而是法国的地下军。在此我们还须特别记得，几百万的昔日法军，以及大批工人，在过去几年间，已被德国强迫迁至德国。所以地下军的组成，实在是被剥去大批壮丁以后所剩下的老百姓。这样仍然能发出如此巨大的威力，谁能说民众的力量不大。

历史往往是如此惨痛。战前的法国或南斯拉夫政府，如果领导得力，何致弄到举国沦陷，备受浩劫，然后再图复兴。这样的复兴，虽然很光荣，但是在敌人铁蹄下所受牺牲，是很惨重的。领土沦陷，并不是人民发挥力量的必要先决条件。试看英美作战情形，便可了然于此点。美国当局所作鼓励人民努力作战的宣传，侧重保障他们的固有方式一点。英国也有类似情形。在这种号召下，他们的人力，与政府的利害，完全一致。所以士气之旺盛，作战之勇猛，大出轴心国家意料之外。狭义的国家主义，现在是有点行不通了。美苏英等国之所以能有效地进行全民战争，主要是因为他们的当局，能将民众利益，认为至上。另一方面，希特勒的纳粹主义，虽曾一度骗过德国民众，但是在军事遭受挫折之后，渐渐就无法可以维持。脱离了民众的，仅仅为少数人谋利益的政权，根本就没有方法可以领导民众，因此遇有战争，不免陷国家于悲运。这种教训，在这次大战中，就是太明显了。

估计人民力量的时候，我们不可过分短视。假如人民的利益，是和政府一致，这种力量，很快就能发挥出来。珍珠港事件以后的美国，对此便是很好的一个实例。不幸而当局者与人民背道而驰，虽此种力量，往往一时不能发挥，然而潜伏的力量，却是依然存在。我们不必说得远。一年以前，谁能知道，法国的地下军，能在复国战争中，发生如此惊人的功效。

人民具有无限的潜在力量，现在谁都承认。但是我们却不能说，民众在任何情况下，都有力量。如果是一盘散沙似地存在着，仅仅人数众多，不一定能发生同样效果。只有当大众组织起来，成为一个有机体的时候，然后力量才能发挥出来。为着达此种目的，每一个人，必需对自己的任务，有正确的认识。单单有了这种认识不够，他还得亲身参加工作，不要采取一种旁观的态度。他得承认组织的重要性，不要以为独力奋斗，比较可以明哲保身。从前的人，或者可以隔岸观火。现在的世界，缩到如此小，如此紧，隔岸观火，时间可以烧到你的眉毛上来。

抗战八年以来，中国若干区域，也曾表现过类似南斯拉夫的英勇事迹。在未来的大反攻当中，是不是我们也会有法国一般的地下军？还有我们这班住在大后方的人民，将来对于捍卫国家，改造社会，能有何等贡献？这些问题，似乎值得大家多想一想。

《民主周刊》第 1 卷第 16 期，1945 年 4 月 9 日

琉球激战中远东局势的突变

——苏日废约及其他重大事件

曾昭抡

上月下旬美军在琉球群岛的登陆使太平洋战争进入新阶段。在本月一日美军登陆大琉球岛（冲绳岛）成功以后，次日东京广播，居然引述读卖新闻坦率的语句，谓：大琉球之失守，"即意味日本在此次战争中无转机之望"。该报社论中说到，冲绳岛的失守，即为日本本土前卫的破毁。此等论调，表示日方对琉球战争之为太平洋上全盘战略的枢纽，亦有充分认识。一旬以来，经过初期未遭重大抵抗的顺利进展，美军在冲绳岛首府那霸附近，与日方守军发生激战。今日该处炮战规模，不下于欧洲战场。双方损失之惨重，则有类于琉璜岛一役。似此情形，完全征服琉球群岛，前途尚需经过相当长时间异常艰苦的战争。但是最后结果，胜利必属于美方，今日已可断言。琉球一入美军控制，进攻日本或在华中及华北登陆，即随时均有可能，而进攻台湾及登陆华南，暂时均成为不必要。那些地方，已经抛在后面了。

调整机构加强作战

大琉球岛血战声中，美国参谋首长会议，于四月五日，发表调整美军对日作战的指挥机构，令麦克阿瑟元帅统率太平洋战区一切海军及其资源，安诺德元帅则仍继续指挥第二十航空队。参谋首长会议，仍将继续担任全部太平洋战区之战略指挥工作，且将委麦克阿瑟元帅或尼米兹元帅以指挥特殊作战之全部责任。每一总司令，在未来有必要时，均将供给所部兵力与资源，从事联合作战。至于选择何人担负指挥每一联合作战之全部责任，则将视战役之性质而定。此项调整，当初虽限于美国在太平洋战区的海陆空军之指挥，但是迄今在此区作战主力，实属于美方。过去协助美军作战的澳洲军队及英国军队，事实上亦受美方指挥。所以此项公报发表以后，设在华盛顿的同盟军联合参谋部，旋亦通过议案，将太平洋战区全部盟国陆海军，分由麦、尼二氏率领。三年以来盟军对日本作战，麦克阿瑟及尼米兹，均建有殊动，表现其具有指挥作战的卓越天才。他们两位，地位与成绩，不相上下，竟令华府当局，对于选择太平洋战区统帅，踌躇甚久，难以决定。当战争离日本本土还远的时候，按地区而分，最为自然，因此麦克阿瑟正式被作为联合国家在西南太平洋战区的最高统帅。去夏以来，太平洋上的战事，急转直下。到了去冬菲岛战争展开，西南太平洋与中太平洋两大战区，可说是业已联成一气。半年以来整个太平洋战区的最高统帅，究将由哪一位将领担任，外间猜测甚多。麦克阿瑟、尼米兹、马歇尔先后均有传将担任之说。甚至有人谣传，史迪威将军将率领美国陆军，登陆中国海岸。大约关于此项统帅问题，不但美国当局，曾经几度磋商，甚至英美当局，对此交换意见，或亦不止一次。其中一度谣传，菲律宾战事结束以后，麦克阿瑟将负责指挥盟军，登陆中区海岸，尼米兹则负责指挥进攻日本本土之责，如此收到分工合作之效。此事之决定，迁延日久，原因实在于麦、尼二氏，功劳均属惊人，彼此不相上下，殊难加以轩轾。今将陆海两军，分由二氏统率，仍系一种不得已的办法。不过关于过去二氏合作无间的情形，将来配合作战，当然不会有何问题。仅就目前情形而言，琉球群岛占领以后，美军下一步骤，是否将登陆中国海岸，抑或直接进攻日本本土，（例如在九州岛登陆）尚不敢说。按照目前情形，琉球战争结束之日，大致欧洲战争，亦已大体解决。不过无论登陆中国海岸或日本本土，若要稳打稳扎，恐怕需要采取类似诺曼第半岛登陆战的规模。这样必需有长时间的准备，而且需要大批军队与装备。一般观察，多以为非俟欧洲战事结束，将目前在欧洲作战的大部英美军队，移来远东，不足以担任此项任务。假如确系如此，假定欧洲在五月底可以结束，太平洋上最大规模的登陆战，恐怕要到今年年底，方能展开，因为普通估计，自欧洲移师远东，需要六个月的时间。

苏废中立条约

冲绳岛激战之际，苏联政府，突于四月五日，宣布废止日苏中立条约，给予正向崩溃路上走的日本，来一个晴天霹雳。按日苏中立条约，系于一九四一年四月十三日签订，正当苏德大战发生之前夕。当时苏联方面，深知德国即将背约进攻，不得不如此委曲求全，以免东西两面受敌，实自有苦衷。同时日本军阀，则已决定舍北线而采南进政策，准备向英美进攻，所以也乐得与苏联妥协，以免有后顾之忧。由此看来，缔结此约，在双方均不过为权宜之计，其内心的传统隔阂，则并未因有此约而告松弛。苏联与东三省的边境，两军隔界对视，剑拔弩张，相视作会心微笑。四年以来，双方屯集的重兵，以监视对方者，甚少他撤。原来每方驻六七十万至一百万左右的军队，数目始终未曾大有变更。苏联方面，只有当一九四二年史达林格勒千危之际，曾经一度将少数西伯利亚部队，调至史城增援。后来军事顺利进展，大抵此项调开的部队，又已另由他部队填防。日本方面，则在去年春夏之交发动中原战争的时候，似乎曾自东北方面，抽调少数几个师团，入关作战。但是后来传说，该次调兵，其起端实不过一种调防性质，日军在东北之实力，并未因之而稍减。

苏联何时对日宣战

苏日两国之终必作战，早为一般外国观察家所预料。宣战以前，势必首先由一方废止中立条约。该项条约，按条文规定，其有效期间，计为五年。在条约满期以前一年，条约之一方，可以通知对方予以废弃。如此一俟五年期满，即不再有效。如果双方均不通知，则此约于期满后，自动继续有效五年。订约以来，四年中苏联对于此项本不合理的条约，始终信守不渝。另一方面，日本虽在表面上似守中立，实际则在一九四二年苏联处境最危险之际，仍对德国予以协助，这样早已破坏了中立条约的精神。苏联之所以一直容忍到今天，主要是因为纳粹德国，始终为一劲敌，非以全力应付不可。附带地则因片面严守条约，更可以博得国际上普遍的同情，尤其自英美方面。时至今日，事过境迁，按照条文规定，依法宣布废约，自属必然之理。

苏联宣布对日废约以后，目下一时虽尚不至对日宣战，但是事实上联合国家在远东的统一战线业已造成。据今看来，关于苏联将废止苏日中立条约一事，美苏英三国，在克里米亚会议当中，必已成立默契。其延至四月五日方始发表，并与美国之任命麦克阿瑟与尼米兹分掌太平洋战区陆海两军同在一日，大抵亦系事先商定，并非出于偶然。旧金山会议日期之定在四月二十五日开幕，与此亦有密切关联。至于克里米亚会议以后，罗斯福总统否认曾与史达林委员长谈及对日作战问题，不过是外交上应有的一种姿态。塔斯社否认旧金山会议日期与苏联将对日废约有关，尤甚是故意放出烟幕，以免机密为敌国所探悉。现在情形过去，一切都看穿了。我们相 ［想］ 来，在克里米亚会议当中，对于苏联在远东参战问题，三大强国的最高领袖，必已成立进一步的谅解，一到相当时期，可以揭晓，甚至关于中国及朝鲜问题，他们也曾谈过，亦未可知，我们虽然不能期望，在欧洲战事尚未终了以前，苏联即行加入在远东作战。欧战告终以后，调兵来到远东，并作种种军事准备，至少也要三五个月的工夫。或者会拖到今年年底，苏联方对日宣战。也许美苏两国，将来可以约定，使美军登陆中国，与苏联对日作战，同时发动，这样收到互相呼应的功效。

小矶内阁倒台

在苏联宣布废止日苏中立条约以前四小时，日本的小矶内阁，突然倒台。如此看来，今年四月五日，真是一个值得纪念的日子，三件大事，同在这一天发生。小矶国昭的内阁，其所以倒台，表面上惟一的理由，似乎是琉球群岛军事失利，无法挽救帝国的危机。嗣后得到消息，在倒台以前三小时，日本内阁业已得到苏联废约的消息。所以此次日阁更迭，实由于琉球战事与苏联废约两重理由。小矶内阁之迟早必将坍台，本来是意料中事。今年二月初美军攻入马尼剌的时候，许多视察家，即预料小矶内阁将倒，后来以内阁局部改组了事。及后硫磺岛战事发生，美机炸日本亦日行猛烈，日本前途，益显岌岌可危。为图挽救如此严重的局面，乃于三月十六日，承日皇命令，决定首相得列席大本营会议，并重行设置最高战争指导会议，以谋统帅与国务之统一。然而无论如何挣扎，在得到苏联废约消息以后，小矶内阁，卒不得不于琉球激战声中，宣告辞职。继之内阁者，为海军出身，年已七十七岁之铃木贯太郎。新阁成立以后，对于苏联力图敷衍，企图争取其继续保持中立，对于英美及中国，则仍继续作战不懈，以求拖延时间。可是苏美英在远东合作之形势，今日几已成定局，日寇种种图谋，徒然枉费心思而已。

《民主周刊》第 1 卷第 17 期，1945 年 4 月 18 日

法西斯主义的澈底清算

曾昭抡

柏林巷战，美苏会师以后，纳粹德国的主力，实际已告崩溃。德寇及其残余的沦陷区，澈底肃清，短期内当不难办到。以前德方准备退守巴伐利亚山岳堡垒的计划，在美国第三军与第七军迅速推进声中，事实上无法可以实现。迁都布拉格，据守捷境的打算，在马林诺夫斯基元帅所部红军与巴顿将军所部美军夹击之下，亦难苟延残喘。义大利部的德方防御，业已解体。汉堡以及丹麦国境，亦难据以久守。最后剩下挪威地方，或者尚能死守若干时间。但是以英美海陆空军的压倒优势，几十万纳粹军队，想在该处作长期撑持，显然是不可能的。德国军队控制的区域，现在已被盟国切成互失联络的几块。德军有组织的抵抗，可能短期内即告终止。无论如何，最多亦不过再拖延一个月。击溃德方有组织的抵抗，当然欧战并不能说是完全结束。盟军还得肃清各地德方游击队伍，以及种种挟有武力的纳粹组织，如希特勒少年团等等。这种类似剿匪性质的工作，究竟需要多少时间，一时尚不敢说。有些以为会需要两年之久。如果真要这样久，澈底清算欧洲方面的法西斯主义，前途仍然需要相当长时间的努力。

欧洲军事即令在短期间可以告以段落，摧毁法西斯势力的工作，还不过做了一半。我们还得澈底摧毁日本，方才可说大功告成。仗着地理上的优势，在德国崩溃以后，日本一定还可以支持相当时间。从今天起，击溃日本，所需时间，至少不下一年。若果苏联始终不参加远东战争的话，可能会再拖两三年。认明了这种事实以后，我们听到欧洲方面捷报频传，不要过分高兴，要不可以此轻敌。在亚洲解放战争中，中国还得负起极大的责任。

这次大战，在本质上，与过去一切国际战争，在若干点上，大有区别。就中最重要的一点，即为此次大战，乃是民主阵线对纳粹法西斯主义的一次决战。按照目前情形来说，单就军事胜负而言，欧洲战场上，民主国家确已获得胜利，剩下不过是些扫荡的工作。在远东战场上，胜利虽然终必到临，此刻仍颇为遥远。无论在欧洲或者亚洲，仅仅军事上的胜利，是不够的。我们不只要用武力将法西斯主义暂时镇压下去，而且要想尽方法，不让这种野蛮反动的主义再度兴起。一种对此可有关系的措施，即为确定此次大战以及连带而生的种种暴行之责任，将战争罪犯提交审判；予以适当处分。此种政策，联合国家业已决定采用。几千年来，发动战争的罪魁，每得逃于法网之外，而且往往被人歌颂为英雄。此种情形，不啻鼓励一般具有野心者掀起战争。今番盟国既已决定惩罚战争罪犯，而且势必付诸实施。如此所树前车之鉴，对于未来企图，破坏世界和平者，多少是一种警告。

预防法西斯主义的死灰复燃，还得澈底解除过去实行此种主义的国家所凭藉之军火以及其他有关工业。在克里米亚会议中，美苏英三国，业已议定具体计划，战后如何管制德国工业，免致其再度威胁世界和平。同时对于成为德国好战的重要因素之该国参谋部，亦拟澈底解决的计划。对德既然如此，将来对于日本，当然也不会两样。

以上所述种种，用以防止法西斯主义的再起，多少都有效力。但是认为如此做去，今后一切均毫无问题，则未免过于乐观。过去法西斯主义之所以造成，自有其客观的因素。此等因素如不能克服，安能确保自〔反〕动势力不再抬头。考法西斯主义，发生于第一次与第二次大战之间。其所以速得成功，与失业问题，关系最为密切。此次大战结束以后，战时尽量生产的情形，一旦松弛，失业问题即随之而来，稍一不慎，许多国家，难免没有走上法西斯道路的危险。对于战败国家，此种危险性尤大。反转来说，如果一个国家走上经济民主的大路，则法西斯毒菌，无法可以繁殖。今后世界能否维持和平，其关键实在于此。今日的联合国家，不应以获得军事上的胜利为已足。每个国家，均应作严格的自我检讨。这是为着本国的利益，也是为着世界的利益。

《扫荡报》（昆明版）1945 年 4 月 29 日

欧战胜利结束

曾昭抡

历时将及六载的第二次欧洲大战，今已胜利结束。在五月七日，德方代表签字，对美苏英三国作无条件投降以后，三国领袖，即于次日正式宣布此项重要消息，并定是日为"欧洲胜利日"。消息传出，英美人民为之狂欢。五月九日，英美全国以及其在外各机关，全体放假一日，以资庆祝。中国亦于九日起，悬旗庆祝三日。以前三国轴心强盗，义大利前以一九四三年九月初无条件投降。此次德国投降，为三个轴心国中第二个作无条件投降的国家。消灭法西斯主义的斗争，至此已大半成功，剩下日本一个敌人，终久也逃不了无条件投降的命运。年初以来，欧亚两大战场上，惊人胜利，不断传来，但是德国无条件投降一事，实乃一切胜利消息中的最高峰。目前日本劲敌，虽未摧残，但是欧战终了，确实令人极度兴奋。先欧后亚，数年来原为英美作战的最高基本策略。今日德寇已除，移师东向，剿灭日寇，自系必然之理，数月之后，日本将无宁日，殆可断言。

欧战的回顾

此次欧战，爆发于一九三九年九月一日德国进攻波兰。两天以后，英法两国，均于九月三日，对德宣战，从这时候起，战争延长了五年又八个月有奇。其间所历战役，其规模之宏大，战斗之猛烈，死伤之惨烈，消耗之惊人，均超过历史上一切战争。在战争初期，波兰覆亡，法国沦丧。千年来未遭侵略的英伦三岛，亦几濒于危。一九四一年，纳粹军队并进而席卷巴尔干半岛，更进而毁约进犯苏联。德苏大战最初一年半当中，苏联处境，危险万状。及至一九四二年冬季，盟军方得收守为攻，向敌人手中夺得主动。两年半以来，联合国家一帆风顺，军事顺利发展，卒迫令纳粹德国屈服投降，此项转败为胜，中间充满可歌可泣的事迹。民主阵线对法西斯主义的搏斗，在人类历史中将永远成不可磨灭的一章。而法西斯主义的摧残，实以欧战获得全盘胜利为其关键。从这种观点看来，德国此次无条件投降，其意义至为重大。中美两国，始终并未派到德国直接威胁，因此对于结束的欢欣，不若英苏国之甚。以我国而论，中国既然未遭远征军至欧洲，所以较之美国，更隔一层，无怪一班社会人士，对于此项大胜利，并不过分重视。设身处地，自英苏两国人民的眼光看去，德国无条件投降，意义可说真是太大了。英国一直到今年春季，战争结束前一个月左右，仍在忍受德国飞弹与火箭炸弹的袭击。一旦欧战停止，其人民狂欢的热度，殆难以形容。据说英国方面今后将以欧洲胜利日（五月八日），与圣诞节及感恩节并列，成为一年中的三大节日，由此可见重视的程度。

盟国胜利因素团结

此次欧战末期之急转直下，殊属惊人。当我曾想到，在诺曼第登陆。开辟第二战场（去年六月六日）以后整整十一个月，克里米亚会议以后，不过三个月，德国即已被迫作无条件投降，美苏英三国配合作战的惊人力量，真是亘古所未有。当初计划在诺曼第登陆的时候，英美方面的预定计划，是在登陆后一年左右，进展到比国的安特卫普。后来实事上不过四个月，就将这种目标达到了。至于十一个月以内完全击溃德国，当初连做梦也没有想到，然而事实的演进，确是如此惊人。诚然纳粹统治下的德国，未如当初一部分观察家所预测，于盟军攻抵德境以前，或达到德境之际，即如第一次欧战一般，立即投降。亦未如许多人士预料，在去年九月盟军攻入比利时以后，即一败而不可收拾，相反地，去年十二月中旬，德将伦斯德特，反而向西线盟军来了一次最猛的反攻，一时几令盟方阵线为之动摇。嗣后纳粹军队不顾盟军自东西攻入本土，始终顽抗到底，一时竟令人相信，对于德国此次只有澈底占领，而无无条件投降之可能。可是在军事完全崩溃以后，是否德国还是被迫作无条件投降。不过执行投降者，仍为纳粹色极浓的政权，革命〔命〕在德国始终未曾爆发，由此可见纳粹统治之严〖宿舍〗，在此项统治下人民受祸之深。要是在去年第二战场开辟以后不久德国迅即投降，其所得待遇，可能会比现在所遭受的要好得多。本土作战半年，虽可显出德军力量顽强无比，但在军事上实为一种无益的战争，在外交上尤属愚笨。

两次大战的异同

由以上所说，可见此次欧洲大战之结果，与第一次大战之最后当德军尚在法比境内的时候突然停战殊不相关。那次是停战或有条件投降，这次是无条件投降，这也是两次欧战结局有别之处。虽然如此，此次大战最后阶段急转直下，则未出一般军事上的预料，而且多少有与上次大战相似之处。那次如果德军不在一九一八年十一月十一日停战，继续打下去，其结果，便会与此次情形相仿佛。

今年年初，苏联军队，发动冬季大攻势，大举突破东线的德方防御工事，疾驰而抵柏林附近以后，许多观察家，早已感觉德国将行崩溃，及英美军队，突破德国西墙，摧毁莱茵河防线，席卷德国西部，纳粹德国命在旦夕，益成为必然之理，最近一个月德军的继续作战，实可说是毫无意义，徒然增加国家的灾祸。正是因为大家明知德国军正在军事上业已绝望，胜利不久即将到临，所以此次德国无条件投降，早在一般预料之中，以此次不若第一次大战的骤然宣告停战之富有剧意。可是翻开最近几个月的报纸一看，中间几乎无日不是充满令人惊喜的胜利信息。尤其是在投降以前的两星期中，许多消息，确实富有戏剧意味。也许是这一向令人兴奋的消息太多了，令人们对于刺激感觉麻木，所以等到最后胜利终于来到，反而觉得有点平淡。

最后阶段军事进展

关于欧战最后阶段的军事进展，我们在此可作两句最简单的申说。在西线盟军大举进攻渡过莱因河（三月二十三日）以后三星期，东线红军，按照预定计划，即于四月十四日，大举自正面进攻柏林。一星期后四月二十二日，进抵柏林近郊，随即攻入市区，经过十天左右的巷战，至五月二日，卒将柏林城完全占领，与原来于五一劳动节攻下柏林的预定计划，相差不过一天。在柏林巷战期中，四月二十五日，下午美国第一军的前进搜索部队，在突尔高镇附近的易北河铁桥上，遇见一小队苏军，这队红军，是属于科尼夫元帅所率第一乌克兰前线部队的。次日（二十六日）苏联两军，即在突高尔镇，正式举行会师典礼。莫斯科方面，并以三百二十四门大炮，齐鸣二十四响，以庆祝此次具有历史重要性的会师。此项大庆祝，只有红军攻克最重要的城市之时方予施行。突高尔镇，位在易北河上，在柏林以南七十五英里。原来此次柏林之战，科尼夫元帅所部，系从南面攻入柏林，而朱可夫元帅所部第一白俄罗斯前线部队，则是由正东行进去的。这次美苏会师之后不久，跟着就有美国第九军与苏军的数次大规模会师。以前德方所拟据死守之易北河与奥得河间的走廊地带，很快就消灭了。蒙哥马利元帅所部英军，于五月二日攻下卢卑格（德国境内最大的波罗的海海港）以后，是月三日，英军即在卢卑格以东三十英里之波兰的海岸城市维斯马与苏方罗科索夫斯基元帅所部第二白俄罗斯前线部队会师，至此，在德国境内作战的英美苏三国部队已连成一气。同时巴顿将军所部美国第三军，横扫德国南部巴伐利亚，粉碎德军据守该山岳地区的计划，并且先后攻入捷奥两国境内。美国第七军及法国第一军，亦攻入德国南部，后来也攻入奥境。纳粹老巢慕尼黑，在四月二十九日被第七军解放了。在南战场上，盟军大举进攻与义大利北部地下军爆发的结果，使屯驻义北的德国大军为数达六十万至九十万之巨者，束手无策，到处崩溃。半月以内，整个义北，获得解放。一面狄托元帅所部南斯拉夫解放军，亦越过义南两国边境，攻入义国东北角。五月一日狄托元帅所部与英国第八军在亚得利亚海岸里雅斯德西北十五英里会师，眼看在五月二日，义境德军，即全部向盟军无条件投降，同时德国南部德军，亦作同样投降。这一下一天以内，百万德军，成为战俘。五月四日攻入奥境不久的美国第□军，攻越奥义两国交界的布累纳山隘进入义境，与地中海盟军会师。奥国西部德军，于是日向美军投降。波兰西部残余德军，亦停止抵抗。五月五日，荷兰、丹麦，及德国西北部的德军，向英美无条件投降。至此西线方面，实际上已无战争。

纳粹投降经过

一片军队自动投降与崩溃声中，德国的全面无条件投降，亦在进行谈判。四月二十四日，希姆莱在庐布格，与瑞典国王之侄，该国红十字会副会长伯尔杜特伯爵会晤，请伯氏作居间人，接洽和英美作无条件投降，但不对苏联投降。此项建议到达英美以后，两国当局表示非对英美苏三国，同时无条件投降不可，否则不能接受，而且战争罪犯，如希姆莱等，不得藉此减其罪愆。此项答复，并限德国于五月一日以前无条件投降。当月初英美苏均在期待德国投降的时候，希姆莱却又销声匿迹。希特勒死于"五一"的消息，由德方正式公布，其继承人为海军上将杜尼兹（一译邓尼兹）。杜氏上台，不到一个星期，德国向英美苏三国，无条件投降的降书便于五月七日，在法境里姆斯艾森豪威尔元帅总部，正式签字。挪威德军投降，只欠手续。法国境内大西洋港口（罗舍尔、圣那慕尔、罗利翁等）的残余德军，于八日向德〔盟〕军投降。原来不肯投降于苏联的捷克境内德军，最后对捷克投降。五月九日，苏军开入了捷克布拉格。截至九日起，尚拟继续顽抗的德军只有拉特维亚与南斯拉夫两国境内，以及荷兰境内一部分的残余部队，其肃清指日可期。

德军先后一千万为战俘，主要城市大部被毁，这是希特勒最后剩下的成绩。

《民主周刊》第 1 卷第 21 期，1945 年 5 月 17 日

二次欧战胜利的重大意义

曾昭抡

经过五年又八个多月的战争中，欧洲卒已再度恢复和平。联合国家，获得全盘胜利。法西斯强盗，完全被击溃，纳粹德国，最后终于被迫向英美苏三国，作无条件投降。世界战局至此进入新阶段，剩下主力战争，在于消灭日本帝国主义。英美军队，主力及其配备，已开始大量向远东输送，准备不予日寇以休息机会，迅速进行消灭东方法西斯主义。苦战八年的中国，最后胜利确已在望。不过为着争取此项胜利，我们仍需继续努力，而且更应加倍努力，以求对于联合国家并肩作战，得有更多贡献，并且藉此确定我国战后国际地位。同时在此项最后阶段的斗争中，希望使胜利确实成为中国人民的胜利。

两次战争意义不同

二次欧战的胜利，其意义非常重大。这次的胜利，与一九一八年第一次欧战的胜利，其意义完全不同。第一次大战，主要是种争夺殖民地与市场的战争，强权对强权的战争，帝国主义对帝国主义的战争。那次德国与其他国被协约国打败了，其意义简单说是几个帝国主义的国家，为另外几个性质相类似的国家所击败，说起来都是"一丘之貉"，其间少有区别，谁打赢也没有多大关系。至于当时所谓公理战胜强权，不过是协约国彼时的一种宣传，经过后来考证，证明是没有多大根据的。此次情形完全不同。联合国家在欧洲对德义及轴心附庸国的战争，不单是国与国的斗争，而且是主义对主义的斗争。我们为正义而战，为保全民主政治而战，为反法西斯而战，为保存我们固有的生活方式与社会制度而战。假如不幸盟国战败，野蛮的独裁政治与荒谬的优越种族主义，必将在全世界横行，整个世界的文化，不免后退一千年，回复到欧洲中古世纪的黑暗时代。现在联合国家胜利了，在我们前面展开的，是一种光明的前途。

西洋史上六件大事

全部西洋历史中，迄今先后发生过六次最重大的事件。第一是两千年前基督教的兴起与传布，经过几个世纪的斗争，原来受压迫最烈的基督教传遍了欧洲，将欧洲各国一齐变成了基督教的国家。嗣后欧洲人开发南北美洲，西半球亦遂全部信仰此教。第二件是十八世纪的美国革命，那是殖民地解放的开端。没有经过那次革命，美国今日的飞黄腾达，是不可能。第三次是十八世纪的法国大革命，其意义为市民或小资产阶级推翻了以前的封建制度和贵族阶级的专制。第四件是一七七〇年以来的英国工业革命。所谓"工业革命"的成功，引起了全世界进步国家走上工业化的途径，同时，几百年来英国人民努力争取的民主政治，依着产业革命的成功，更加走上平坦的道途。此种情势，联上法美两国革命的成功，给全世界民主势力以莫大鼓励。于是在十九世纪当中，多数欧美国家，走上了民主政治的大路，其政权不是民主共和国，便是君主立宪。不过十九世纪所谓民主制度，只是一部分人民的民主，下层阶级如工农因受财产限制，往往并无投票资格，国家施政，亦常忽略此辈利益，妇女参政，刚在萌芽，同时经济民主，绝对谈不到。此等属于老牌资本主义民主的缺点，至一九一七年俄国发生社会主义革命，方得纠正，那便是西洋历史上第五件大事。那次革命（十月革命）的结果，造成了苏维埃联邦。苏联是迄今唯一成功的社会主义国家，成立以后，初期备受资本主义国家的排挤与攻击。然而经过二十多年的奋斗，卒于证明它的价值。尤其是经过这次大战以后，此点更得充分证明。此次法西斯主义的击溃，就是历史上第六件大事。

以上所述西洋历史上六件大事，第一件基督教的兴趣，其影响范围，主要限于欧美，其他五件，则影响及于全世界。无论如何，此等划时代的事件，其影响之宏大，意味之深长，实属惊人。此项影响，往往几个世纪以后，还在发挥。比方说，中国战后如果走上工业化，其起源仍在受英国产业革命的影响。美国之所以成为世界上一个最强大的国家，华盛顿领导的革命，关系最大。没有那次革命，将人民自英国统治解放出来，现在的美国，产业决不可能如此发达。紧靠美国旁边的加拿大，就比美国差得很远。同样地，苏联成立与此次反法西斯战争成功，其真正影响，恐怕也要到一两百年以后，方得正确的评价。

民主阵线战胜独裁

击败希特勒的历史意义，究竟有哪几点，很值得研究一番。第一点是民主阵线对法西斯主义的胜利，由此重新说明民主政治是人类历史的大道。一年以前，当一九四〇年夏季法国溃败投降，英伦三岛岌岌可危之际，许多浅见的观察家，以为民主政治，效率迟低，不足应付现代局面，因此即将从此没落，十年以后全世界将大部变成法西斯的国家。当时若干国，确已开始效法德义，朝那条路上走。可是五年鏖战的结果，光荣的压倒胜利，卒属于联合国家。对于军备素无准备的英美，一旦为保卫而战，短期内居然发挥出来如此惊人的效率与能力，由此足见民主政治实远胜于独裁。经过这次战争，民主政治不但未曾没落，反而因此发扬光大起来，这是法西斯主义者万想不到的。

社会主义价值伟大

第二，这次大战，确实证明了社会主义伟大的价值。在一九四一年夏季苏德战争爆发之时，最初德军获得大胜。于是一班素来反苏反共的人士，群以为至多三个月，苏联便将如纸糊房子一般，就倒下去，即令不于此项时限内完全崩溃败亡，至少莫斯科必将失守。战争的演进，证明此种判断，完全不确。一九四三年夏季，苏军一帆风顺、所向无敌，最后果然实现史达林委员长的期望，在柏林城上插起胜利之旗。以此次大战中苏军损失之重大，加上初期战争中重要工业区与交通网之沦陷，其作战之艰苦，自不待言。然而在此等情形下，居然能转大败为大胜，此中理由固多，但是我们不能不说，社会主义的实施，确有其伟大价值。经过此次大战英美不得不对苏联重新估价，并且确认社会主义的优点。英美人士，现在许多都在积极研究苏联，英美政治经济亦在开始走上局部的社会主义化。此种发展的结果，将使资本主义的民主政治，不经革命流血，进而成为更进步的与更合理的新民主政治，就是包含经济民主，或者相当社会主义化的民主制度。

新民主主义的兴崛

新民主政治在欧洲（尤其是东欧）的兴起，是此次大战的第三种意义。一度对民主政治普遍感觉失望的欧洲国家，现在又重新回到民主的阵容来，除开迄今仍受法西斯主义者控制的西班牙以外，整个欧洲今日又全是一片干净土。而且从法西斯铁蹄下求得解放的国家，无论是自始站在联合国方面的国家如法国或南斯拉夫，或是原来依附德国的战败国家如芬兰或罗马尼亚，恢复民主制度以后，其所行制度，不复是以前那种资本主义的民主，大都乃系带有深厚社会主义色彩的民主。波兰与罗马尼亚于的重行分配土地，是其中比较极端例子。以政府阁员而论，以前欧洲各民主国，异常恐惧赤化，对于共产主义排斥不遗余力，对于极左派政党亦多怀疑畏惧。经过血的洗礼，此种无畏的恐怖，已经纠正过来。目前欧洲各国政府，除却极少例外，没有一个不把共产党员包在阁员名单以内。许多国家（如义大利）的内阁，共产阁员，处在极重要的地位。捷克新阁，一共七位阁员中，共产党就占了三位，同时内阁总理，还是属于极左派。以前认为极可怕的共产主义，现在大家认为并不可怕，整个欧洲人的心理变了。斯诺先生一篇有名的文章，题目是《东欧向左转》，其实向左转的，不止东欧。西欧国家如法国及比利时，北欧如芬兰，又何独不然。统治者现在比从前固然开明得多，人民的意向尤属明显，芬兰选举中极左派大获胜利，巴黎选举中共产党得票最多，对此就是很好证明。

人民的胜利

此次世界大战的胜利，无疑是人民的胜利。苏英美三国，对于欧战胜利，贡献最大。军队的牺牲而论，苏联达数百万，美国亦近百万。此等惊人的牺牲，固然在独裁的德国，亦复如此，但是盟军之所以英勇超前，视死如归，绝无怨言，实因在此战争中，政府与人民的利益一致，打仗的确是为人民打的，前方将士以外，后方几千万民众，从事工农生产，对于争得胜利，关系亦极重大。德义法西斯主义之卒告失败，主要还是因为他们的政府不是代表人民利益的政府，而是压榨人民的政府。另一方面，法国、捷克、义大利、南斯拉夫等国的复国，有赖于人民力量甚多。人民争取得来的胜利，其效果为造成适合人民利益的政权，这是此次大战最宝贵的一种事实与教训。

最后我们应当提到，此次欧战胜利，表示国际团结的力量，要不是英美苏三国精诚团结，胜利即令可能，也要更加艰苦得多。纳粹对于挑拨离间，极其能事，至最后一分钟仍不放手，然而三国当局，察其奸险，始终团结，于是纳粹失败了。

随着希特勒德国的败亡，世界确已进入一个新时代。

《民主周刊》第 1 卷第 22 期，1945 年 5 月 23 日

恢复和平以后的欧洲（一）

曾昭抡

　　德国无条件投降以后，人类一次最大的战祸，告一段落。可是希特勒、墨索里尼两位恶魔造成的灾祸，并没有终止，备受创伤的欧洲，恐怕不知还要多少年，方能复原。战争的直接破坏，其惨烈程度，为自古以来所未有。许多辛苦建设起来的城市，这次一齐炸光，剩下来只有一些断垣残壁。在这方面，损失最大的，要算是德国城市了，那或者是一种很好的报应或教训。但是无论如何，轰炸、炮火与巷战所毁坏的城市，需要相当长的时间，才能复兴起来。此点对于欧洲人民，总是一种重大的损失。粮食及其他物资的缺乏，是另一种严重的问题。本来在德国蹂躏下的欧洲，一般德国人民的生活，已经够苦，被奴化的占领国家，更是变本加厉。

粮食问题严重

　　"欧洲如果有饿死的人那一定不是德国。"这是戈林过去一句令人惊心动魄的辞句。为着让"优秀"的日耳曼民族吃饱，纳粹毫无顾忌地掠夺其他民族的粮食。在德国占领期间，希腊境内，单单雅典一线，就饿死了十几万人。生活素来舒适的法国人，不得不拿猫肉和松鼠来充饥。去年盟军在诺曼第登陆成功，欧陆各占领国家，于一年以内先后获得解放。按理，这些国家的人民，应该可以过更好的生活，可是事实殊不如此。法国要算比较富足

107

的国家，而且距离英国最近，英美接济，极易达到。然而事实告诉我们，在盟军登陆以后的几个月当中，法国境内食品的缺乏，更有甚于德军占领时期。关于此点，巴黎并非例外。黄油在巴黎成为稀有的食物，普通人连把面包塞饱肚子，也不容易。当然目前情形，或者已经好些。同时毫无疑问地，法国人把自由看得比面包更加宝贵些。但是此种情形，可以昭示欧陆被纳粹蹂躏以后，其事后影响之严重。素有欧洲谷仓之称的巴尔干半岛，显然一时也感觉粮食的缺乏。去年秋冬巴尔干各国获得解放以后，几个月当中，由美国方面运往东南欧的救济物资，为数极属有限。为了这件事，今春美国舆论，曾对联合国救济善后总署，予以抨击。最为惨痛的一件事，是素来爱好和平，对世界文化贡献很大的荷兰人民，在纳粹德国统治之下，每个人分配所得粮食，实在无法维护生命。成千成万的人，因此饿死。剩下未曾饿死人，也不过是依赖健康身体与宗教信仰，渡过了那可怕的黑夜。不幸荷兰一国，解放甚迟。直到德国总崩溃前夕，今年五月初，荷境德军，方始投降。驻荷纳粹高级官员，逃走以前，还放了一个起身炮，刮了一大批钱财而去。在投降以前的战争最后阶段中，荷兰西北部德军，为着让自己逃命，不惜决堤引入海水，淹没荷境，结果使该区成万的荷兰人民，陷于绝粮境地，后来英国不得不派飞机运粮去作接济。残暴的纳粹德国，最后自己也没有得到好处。

纳粹作孽自受

投降以后，西线盟军对于德国的一件重要措施，就是让德国的粮食，暂时依赖本国的生产和存储，自给自足。在此种制度之下，原来依赖掠夺别人以自求充裕的德国，现在每个人的粮食分配量，被迫降低至战争末期的三分之一，这样可以省去一些粮食，使欧陆上过去被德国奴化的国家，以及在德境被奴役的德国工人，获得同等的待遇。除非是真正发生饥荒，同盟国暂时是不预备运粮食去接济德国的，因为欧洲亟待救济的国家很多，一时还轮不到德国的份。德国人，对不起，过去你们虐待别的民族，过分厉害，现在只好请紧一紧裤带吧。在粮食普遍缺乏的环境中，战胜国也不能超脱。掌握海上霸权的英国，在德国潜艇威胁大部消除以后，由海外运来粮食，比较很有办法。然而英国不但在欧战末期，曾将国内人民粮食分配量，略予减低，甚至在欧洲［战］停止以后，不得不再度予以缩减（尤其在肉类的分配上），以期救济欧洲各国。至于四年来苦战的苏联，其人民生活之艰苦，粮食医药燃料以及其他物资的缺乏，达到一种难以相信的程度。久被德国搜刮的罗马尼亚，在西方国家看来，已经够苦了。可是当去年八月红军打进罗国的时候，他们发现那里的物资，比战时苏联要丰富的多，许多食品及其他物品，在苏联久已不见了，在罗马尼亚却很多。然而芬兰投降以后，苏联还拿白糖和其他物资去接济芬兰，以示友好。一个比一个不如。

短期不易改善生活

总而言之，今日的欧洲，幸而业已恢复和平，但是正在面对着粮食及其他物资的极度缺乏。此种不幸的情形，不免还要延长若干时间。全欧人民的疾苦，一时不易迅速解除，但望联合国救济善后总署，好自为之。由于欧洲目前情形，可以联想至将来国土光复以后中国国内的情况。我们此刻热烈地祈求胜利，但是战争的胜利，并不是一切，战后许多情形，很值得我们忧虑。在过去一年中，盟军在欧陆战场上，胜利频传，但是对于欧洲人民生活的改善，纯粹从物质上来说，不但未有改进，往往且适得其反。此中理由，主要在于一切运输工具，在军事第一的前提下，一齐用作军事用途，以求速得胜利。以此对于运输一般平民所需粮食及其他物资，除非是有绝对必要，势不得不暂行从缓。现在欧洲战争是结束了，可是最有能力救济欧陆的英美两国，又在忙于加紧对日本作战。从欧洲运送大批军队及配备到远东，至少需要好几个月的时间。将来盟军在中国海岸或日本本土登陆以后，一切可能使用的运输工具，势必用之于运送军火及后援部队。如此看来，在远东战事结束以前，欧洲方面所能得到的物资接济，恐怕非常有限。这也就是说，目前一两年当中，欧洲各国人民，只有力求自力更生。

失业阴影笼罩欧洲

战争刚一完，失业的阴影，业已笼罩着欧洲。这是一切资本主义国家的一种噩梦，也是我国所应当特别警惕的一件事。土地不大的比利时，战前是欧洲主要工业国之一，现时该国失业人数，已达三十三万人。另外有男女八十五万人，为盟方军事当局，雇用作特别工作。将来盟军完全撤退，这些人大部不免失业。而且即是目前有职业的人，也是入不敷出。比国战后生活，可算是比较安定的。批发价格，较之战前，不过提高百分之二百。可是一般薪水，增加不过百分之一百八十，所以人们仍然感觉入不敷出。当然比起中国来，还要好得多，但是他们已经感觉受不住，因为一般工〔人〕入不敷出。解放半年以来，比国先后已经发生两次罢工，一次是在去年冬季，一次是今年五月中旬的总罢工。政治比较有办法的法国，近来也零星发生若干次小规模的罢工，以致严重影响经济复兴。法国政府，现在正忧虑全国可能进入一种社会不安的时期。至于罢工原因，据称计有三点：（一）工资不能与生活费用相配合；（二）定量分配的食粮，嫌其为量不够；（三）政府未曾履行铲除全部维琪分子的诺言。戴高乐领导下的法国，对于一切清算与改革，相当澈底，但是仍然未能满足全体人民的希望。

人口损失不易恢复

此次大战中大量人命的丧失，成为一种难于补偿的创伤。德苏两国军民的死伤，总数各不下一千万人。尤甚严重的一件事，是战场上的伤亡，大部不是血气方刚的青年男子，便是年富力强的中年人。这类人物，正是复兴国家所急切需要。大日耳曼民族，在战前包括奥国及捷境德人在内，一共只有八千万人左右。现在一下子去了八分之一，而且去掉的，是最有能力的一部分，这真是一种无法弥补的人力损失。曾经有一位专家说过，法国人的平均高度，经过十九世纪初年的拿破仑战争以后，矮了一寸以上。那样的损失，恐怕一百年也不容易恢复。事实上拿破仑时代以后，法国成为欧洲的领导国家即成过去，一直到现在，亦未能恢复。此次大战结果，德国在人员上的损失，远过于拿破仑时代的法国，单单从这个观点看去，战后德国复原，也就是十分困难。加上工业损失的惨重，土地的割让，以及澈底战败所受心灵上的打击，今日德国，大有一蹶不振的姿态。德国在历史上伟大的日子，似乎已成过去。许多观察家的意见，以为德国在世界上或将从此退居一种次要的地位，甚至能否维持一种很好的第二流强国地位，亦很有问题。误信希特勒领导的德国得到如此悲惨的结果，可说是咎由自取。以血换得本国与世界解放的苏联，其所忍受的重大牺牲，亦尚有其代价。最惨的是波兰及其他一度被德国占领的国家，以及全欧洲的犹太民族。单是波兰一国，被德军及秘密警察屠杀的平民，就达将近千万的数目，其中好几百万，属于犹太人种。纳粹的残暴，真是空前，希望这也是绝后。如此血债，不知何时可以算清。今日波兰向德国要求领土，从这种观点看去，似乎并不过分。

是政治家努力的时候

德国残暴的侵略，使欧洲各民族间的仇恨，燃烧起来。百年世仇的法德两国，从此更无和好的可能，挪威人、荷兰人、波兰人等等一齐痛恨德国人。古代那种民族间的仇恨，这次一齐煽起了。如此深仇，仅仅将希特勒毁灭，一时仍然无法可以解除，其影响所及，不知需要若干年，方才可以冲淡。今日的欧洲，不但到处是毁灭了的城市，而且大部人民都有了一种心理上的歪曲。后一点对于建立长久和平的障碍，不容加以低估。如何使欧洲早复常态，这真需要世界大政治家的最大努力。（待续）

《民主周刊》第 1 卷第 23 期，1945 年 6 月 2 日

英国内阁改组

曾昭抡

德国刚一投降，英国内阁，旋即改组，这是三星期来国际上最重大的事件。邱吉尔先生，于一九四〇年五月十日，受命组阁，迄今正好五年。这五年当中，邱相以旋转乾坤的出人能力，拯救英国于一千年来未有的危机，卒能转危为安，转败为胜，消灭欧陆纳粹法西斯主义，引世界重返民主自由的康庄大道，其丰功伟业，不独英国全体人民将永远不忘，抑且为全世界爱好自由的民族所景仰。然而历史总是无情的。在邱相成功地执行战败德国的巨大任务以后，英国工党，突然拒绝与邱氏继续合作，维持固有的联合内阁。于是内阁不得不改组，代之振兴者，为仍以邱氏为首相的过渡内阁。目前英国政治，已入于竞选时期。该国未来政策的定形，当有待于大选以后。

五年前邱吉尔临危受命

五年前邱吉尔先生受命组阁之日，正值挪威战役盟军失败之时。当时绥靖主义者的张伯伦内阁，业已充分表现其无能，在舆论哗然之下，不得不悄然下台，避位让贤。全国人士，均瞩目于邱吉尔，盼其能在一发千钧之际，挽救国家的危机，于是邱氏遂受英王之命，组织内阁。受命之日，正值德国乘挪威战场上战胜英法军队的余威，在西线发动攻势，大举入侵荷、比、卢三国。彼时一般欧美人士，虽仍以为英法两国，可以挽转狂澜，正如其在第一次大战一般，素来深悉纳粹野心与军力以及当时英法弱点的邱吉尔，则对战争初期的必败与后来的艰苦，具有深切认识，丝毫不存轻易得胜的幻想。在就任时期的一篇重要演说当中，他告诉英国全体民众，除却血、汗和眼泪以外，他并没有任何良方，可以挽救国家的厄运。这种现实的态度，诚实的自白，在素来重视事实的英国民族当中，引起无限好感。所以后来在其执政最初几个月当中，虽然法国沦亡，英伦告危，一般民众，对于邱氏所领导的战时内阁，始终信仰不灭。结果赖着"血、汗和眼泪"，英国人民在邱吉尔领导之下，居然能挽国家于垂危，扭转战局，走到胜利。此种情形，主要虽当归功于英国民众，但是邱氏贡献，至为伟大，亦属不可否认的事实。今日英国人民，尚未曾忘邱相功劳；今后若干年，或亦不至忘记。然而客观形势的要求，却使内阁非改组，国会非改选不可。这就是民主政治的特色。此次事件的经过，尤足充分表现英国民主政治的特色与优点。

工党拒绝继续合作原因

这次英国工党拒绝与邱相继续合作，并非对邱氏个人有所不满，而是因为他所代表的保守党许多政策，尤其是关于国内经济问题的政策与工党大相径庭。事情的酝酿，已有相当时日，不过在击败德国以前，不便公开便了。在英国制度下，政府或内阁，必需获得国会大多数议员的拥护，方能继续在位。目前英国国会当中，保守党占有优势。按照固有习惯，请国会对政府投信任票，本有绝对把握，何况此次内阁发生问题，并不是由国会反对而起。但是邱氏所领导的战时内阁，并非纯粹的保守党内阁（虽然该党在阁员当中占有绝对多数），而是由各党各派组成的联合内阁。因此工党一旦拒绝合作，内阁即不得不改组。不过如果邱氏是纯粹自私的话，他很可以让工党阁员辞去职务，另以国会所满意的保守党员或其他方面人士补充。如此做去，虽然必将引起工党方面的重大反感，于法并无不妥之处。然而邱氏计不出此，并不待国会对他提不信任，先行向英王提出辞呈。这种情形，与过去英国更换内阁的习惯，殊不相同。向来的惯例，是每当政府措施不满人意的时候，国会可以对政府提出不信任案。如果不信任案通过了，政府马上就得辞职，否则只可下令解散国会，重行普选，藉此改组国会。则那时，假如新选出的国会议员，大多数拥护政府，这内阁可以继续下去。不然，就一定得辞职，让国会多数党来组阁。按照惯例，如果邱氏仅让工党阁员去位而自己并不辞职，工党只能在国会当中对他提出不信任案，而不能要求举行普选。但此种不信任案，在目前国会中，大致是通不过的。

邱相作风中国值得效法

所以邱相内阁，继续维持下去，在法理与事实上，暂时均不致发生问题。所以万一邱氏只图恋位，事情倒好办得很，至少像他所希望的维持至对日作战胜利以后，确有把握。既然如此，为何他定要辞职，这也许是大家想问的一种问题。此事关键，无疑其中主要一点，在于目前的议会，系在十年以前（一九三五年）所选出，今日实难代表民意，所以其改选迟早势在必行。工党为今日英国第二大政党，其党员人数仅次于保守党。一个没有工党同情的邱吉尔政府，仅能够以继续拖延下去，显然必为一大部分民众所不喜。其结果即有损于邱相令□，亦有害于将来保守党争取政权。因此权衡轻重，情愿以退为进，即辞职于先，复拟迁就工党而举行普选于后，这正是邱相高明的地方。将来大选结果，只需保守党获胜，则邱吉尔内阁，不但可以维持至对日作战胜利，还可维持至战后若干时间。从一位政治家的眼光来看，努力直接争取民意支持，比在宪法范围内玩任何花样以维持自己的地位，于己于党，都是比较合算得多。大选如果胜利了，固然是对己有利的一种光荣胜利。万一不幸而失败，经过公平竞争的失败，也不会不光荣。中国今日想谈宪政民主，这样作风，正是我们所应当效法。

英国民主政治特点

英国国会议员，并不像美国一般，有一定的任期，这或者不免是该国民主制度上的一种缺点。幸而英国是一个实行民主已数百年的国家，一般人民对于民主的修养，甚为充分，所以此项缺点，对于实施民主政治，并不产生威胁。该国一项习惯，只要国会不解散，在职议员，可以继续留任，而国会之解散，则普通皆系由国会与内阁发生冲突（如国会对内阁提出不信任案）而来。一般情形，执政的首相，即多系国会多数党的代表，只需国会与政府互相勾结，内阁的更迭，即属异常困难。然而此种包办情形，在英国从未成为严重问题。国会议会，类皆主持正义，发挥民意，就事论事，对政府所行政策予以公正的批评。以此之故，内阁与国会之间，意见常有差池，内阁固然时有更迭，国会在事实上每过相当时间亦必行改选。如此国会之任期延长至十年，实由于战时的特殊情形，并非常态。此点乃研究目前英国政治者所应知悉，尤系中国谈宪政者所应借镜。

内阁改组的酝酿

无论如何，任期达十年的国会，在今日不足代表全体英国人民的意志，从普通常识看来，是一种显然的事实。过去几年，欧洲军事形势，过于紧张，举行普选，一时无法谈到。去年诺曼第开辟第二战场成功，继之以法国战场大获全胜，击败德国已无问题，于是击败德国后举行普选的要求，渐行抬头。尤以工党方面，态度最为坚定。时常与各党领袖保持接触的邱吉尔首相，亦不得不在屡次演说当中，暗示此种普选即将举行的可能。同时年来工党对于邱氏内阁所行若干政策，例如对于希腊及义大利的态度，以及关于印度阁僚的措施，亦有所不满。所以此次决定不再继续与邱相继续合作，延长联合内阁的生命，其由来已久，并非出自一时的冲动。

"照料"内阁成立

五月八日，德国无条件投降以后，五月十三日，邱氏随其任首相已满五年之期，向全英人民发表广播演说。其中特别提及，如果国民同意，彼愿继续担任英揆，以竟其未完事业。同时邱相并分别致电工党及自由党领袖，请其继续合作，直至击败德国为止。对此自由党一时并无反响。工党方面，则立即于五月二十一日，在布拉克普尔（意译"黑池"），召集大规模的代表大会，商讨此事。到会一千一百名代表，在卫尔金森女士主席之下，于激昂空气中，一致拥护该党执行委员会的意见，通过拒绝与邱相继续合作。邱氏得悉此讯，特函工党领袖阿特里氏，建议将国会任期应否延长一类问题，提请国民公决。此种建议，又为工党所拒绝，并斥其为不合英国传统习惯，有似于纳粹作风。在是项情形下，邱相乃不得于二十三日，亲见英王，提出辞呈。

过渡性质的所谓"照料"内阁，今已在伦敦组成。邱吉尔仍然任首相，内阁性质也仍然是各党各派的联合内阁，而以保守党阁员任压倒优势，不过缺少了工党的代表。这个内阁，只是暂时性的，等到大选揭晓以后，势必改组。选举日期，据说将在七月初，那是比较对保守党有利而对工党不利的。后者的建议，是在今年秋季举行普选。无论如何，工党仍将努力竞选。许多人以为他们将要获得胜利。

《民主周刊》第 1 卷第 24 期，1945 年 6 月 9 日

瞻望端节

曾昭抡

不到一星期，端午节又将到来。我国改用公历以后，虽已卅余年，但是三节结账的商业旧习惯，迄今并未能打破。过去两年，每逢年节，银根奇紧，物价要跌；过节以后，则又突然飞升。此次情形，似乎有点区别。中印公路开通以后，迄今只作军运，商货不能运输。因此集中于昆明市的巨量游资，除吸收商业现货及储蓄券外，可以投资之处不多。以前若干商人准备以之向印度购货的资金，滞留昆市，除购金外，兼以之囤积粮食及日用品。年初以来物价之飞涨不已，此实一种重要原因。不过即在此种情形下，游资仍然有余。所以此次端节，银根并不太紧。同时百货虽可能略为趋跌，资金外币及粮食则近又陡涨。美金超出千元，黄金冲出十万大关，令人咋舌不已。端节以后，各物继续猛涨，殆系一种必然的趋势。贫富不均的现象，只有更形加剧。这是值得焦虑的一件事。

德国投降以后，远东战事，前途更有把握。湘桂闽敌人的后撤，更给人一种胜利轻易可以得到的错觉。殊不知胜利诚然在望，实现则犹有待于争取。危机日趋严重的后方经济状况，对于争取胜利，大有障碍。六全大会所通过的许多政纲，现在正是应予试验的时候。例如"耕者有其田"一事，等到战后再实行，未免太晚。我们不要大意，以为军事有办法，政治经济就一定有办法。击溃日本，美国可以尽力，整个中国的财政经济，别人是无法代庖的。（抡）

《评论报》第 39 期，1945 年 6 月 9 日

恢复和平以后的欧洲（二）

曾昭抡

自从五月九日起，欧洲恢复了和平。捷克、南斯拉夫、拉特维亚及其他区域企图顽抗的大量德军，不出一星期，全部投降。在欧洲，一切有组织的抵抗，完全停止了。虽然在德国东南角上，美苏两军之间的空隙，发生了残余德军骚扰掠食，甚至为抢粮食而与当地德国老百姓发生武装冲突的事实，这类情形，实和普通土匪骚扰，没有多大区别。德境以外，捷克境内，亦会有过零星德军，发动游击。此外德国海军，实际上并未全部投降。停战时剩下的德国潜艇，计有两百艘之多。就中只有十余艘，确已向盟军投降。其余，有些仍然在波罗的海出没，作一种游击式的活动，数星期来正由苏联海军以予围剿中。至少有一艘，企图逃往日本，半途被美国海军截获。德国空军，已由艾森豪威尔元帅总部予以解散。纳粹党也奉令解散了。不过这种恶势力的潜在势力，究竟还有多少，一时颇不易说。艾帅在德国投降以后不久，且曾公开发表言论，谴责盟方高级军官，宽待德国重要军官及纳粹分子。

大独裁者的下场

纳粹政权倒台后，德方党政军要人，纷纷成为俘虏。以前纳粹附庸及被占领国家的傀儡要员与法西斯党领袖，也大多先后就逮。其中若干，畏罪自

118

杀。还可说一件大快人心的事。元恶希特勒之死，迄今仍是一个谜。过去有战死、病死及自杀三说。后来又传系由医生打针至死。红军大索劫后柏林的结果，发现有四具烧焦的尸体，均可能为希氏遗骸。但是究竟是不是他，真实难于确定。到了最近，方才传说，其中一具确是希氏。虽然也有过希魔仍在逃匿，或者逃往日本的传说，一般人大都相信他确是死在柏林了，死老虎谁都会打。西班牙、葡萄牙，及其他国家，均对业已覆亡的德国断绝国交，日本亦正式宣布废止三国反共公约。在我说来，这一串表演，都是很滑稽的，希特勒即已逃出了德国，日本也未必欢迎。德日两国轴心强盗，原来久已是貌合神离。希特勒对日最后一次交涉，是在德国投降以前不多几天，拒绝德国潜艇交给日本，宁愿将其留在欧洲，准备在失败以后，发动海上游击。

邓尼兹是否战争罪犯？

旧日纳粹要人中，在希特勒下，久任德国外交部长的里宾特罗甫，乃是唯一漏网之鱼，至今大家还不知道他的下落。一度传已逃到外国的戈林，在德国南部被英国第七军捕获之后，被解到巴黎，后来又送到英国，迄今仍未受审判。他在巴黎时所受盟方优待，曾经引起苏联方面不满，苏方是主张，立刻将他予以审判，处以绞死的处分。代表德国投降的邓尼兹，率于被捕。此事令苏联感觉欣慰，认为此举足以象征英美苏三国的团结。原来邓氏虽成俘虏，是否应作战争罪犯看待，颇有问题。邓氏虽然也是纳粹党中主要人物之一，但是过去他的职责，在于率领海军，主要为一军人。然而残暴不讲国际公法的德国潜艇战争，是由他一手主持的，所以盟方航海人员，业已控告他为战争罪犯。至于邓氏在法林斯堡所组织的德国政府，始终未得盟方承认，不过那个组织，曾被利用以代盟军执行分配粮食等任务。

特务头子穷途自杀

纳粹阴谋家巴本，在德国投降以前，已在莱因区捕获。战争罪犯名单上，有他的名字。牛皮大王纳粹宣传部长戈培尔博士，确已证明，和他的全家，死在柏林，大约是自杀的。替德国电台作广播的英奸哈哈爵士，亦已被擒。富有剧意的一件事，是希姆莱之死。这位杀人不眨眼的混世魔王，屠杀无辜人民以千万计的纳粹秘密警察首领，在德国失败以后，乔装难民，企图混过去，以免一死。当他被擒的时候，下身围着一条毯子，连裤子也没有穿，样子狼狈不堪，与从前那种威风凛凛的模样，大有天渊之别。真相被察出以后，在检验身体中，出人不意，他将藏在一床后面的一瓶毒药"氰化钾溶液"，咬破瓶子，服毒而死。十五分钟以后，便行死去。如此自杀在英国第二军的总部，未免太便宜他。无论如何，英方把他葬在总部附近，上面将地筑平，不筑坟墓，不立墓碑，让他和他一生所屠杀的人一般，被人们忘记。德国投降以前代戈林任空军总司令的格里姆元帅，被捕以后，亦在狱中自杀，所采方式，据说也是服下希姆莱自杀所用的那种毒药。德军崩溃末期以及投降以后，纳粹有力党徒，相竞自杀。以前必杀别人的，至此自食其报。他们究竟是执迷不悟呢？还是害怕报复，所以自戕呢？剩下许多未曾自杀的纳粹党，开始明了他们的错误，知道他们所学的一切，使其几乎成为新时代的一种废人，后悔有点晚了。

中立国拒绝收容战争罪犯

成为傀儡的代名词的挪奸奎斯林，并没有勇气自杀，只好向奥斯陆警察局自首。被捕下狱以后，这位沐猴而冠的丑角成了神经疾。一九三八年发动苏台区事件的捷奸汉伦，当时曾被捷克政府宣布死刑者，此次被捕不久，即用保藏剃刀片，割断手腕大动脉致死。荷兰、匈牙利等国的法西斯领袖，均已先后被捕。过去的战争罪犯，失败以后，大都逃到外国。英美苏三国，早就警告过各中立国家，不得收留这次大战的战争罪犯。当时如瑞士等国，虽曾表示对此不能接受，认为有违国际公法，但是到了实施的时候，这些国家，仍然为着避免麻烦，拒绝此等人物入境，无形中接受了英美苏的要求。如瑞士之拒绝墨索里尼入境，瑞典之拒绝希姆莱入境，对此即是很好的例子。战争罪犯的处分，有史以来，这也许还是第一次。有了这种处分，将来企图掀起战争的，多少不免有点戒心。

德高级将领被俘

德国方面的主要将领，大部为西线盟军所俘虏。西线总司令伦斯德特将军，久任义大利德军德［总］司令凯塞林元帅，是其中最显著的两位。还有在上次大战中任德国参谋总长，年已九十六岁的麦肯孙元帅，亦在莱因区被俘。这些人既然纯粹是军人，将来也许不至判罪。但是澈底摧毁德国参谋本部及普鲁士军阀，盟国是具有决心的，问题只在如何实行。同时为防纳粹要人及德国高级军官继续自杀，在这方面，他们现在被看管得很紧。

法奸贝当暮年受审

高龄八十九岁的贝当，在德国行将崩溃之际，虽得由德境逃至瑞士，但旋即自动归返法国，宁愿在祖国拘囚。当他一越法境，立即被捕解到巴黎，送往一□石炮台，予以拘禁。在第一次审判的时候，这位一次大战的老英雄神智甚为清晰，侃侃而谈，极力否认其被控的叛国罪，维琪政府过去种种行为，他将其一律归到赖伐尔身上去。说到赖伐尔这个奸贼，他也在德国混乱中逃出，坐飞机到了西班牙。法国人或许能原谅贝当，但是决不能宽宥赖伐尔。与纳粹一个鼻孔出气的佛朗哥，虽然将赖伐尔在飞机降落于巴塞罗纳之际，立即予以扣留，但是迄今不肯交给法国。这事闹得法西两国邦交，几乎濒于破裂。最初曾传西班牙会将赖伐尔交给英国而不交给法国，后来又传准备拿他当作一种讨价还价的本钱，要求法国取缔西班牙共和政府在法境的活动。据说法国方面，可以叫共和政府分子，停止在法境作政治活动，但是决不将此等分子交予佛朗哥，以作赖伐尔的交换品。直到现在，赖伐尔还被扣在西班牙。兔死狐悲，大致对于赖伐尔的境遇，佛朗哥不免有所伤感吧。

欧洲唯一独裁国家——西班牙

提到佛朗哥统治下的西班牙，在纳粹德国肃清以后，这是全欧洲剩下惟一的法西斯的国家。虽然在德国崩溃前夕，这位独裁者，也曾声明并未祖护德国，反对民主国家，而且特别把关在监牢中的五万多政治犯释放了，但是他的真面目谁也不会认错。在旧金山会议当中，目前血统与西班牙多少有关的墨西哥，特别提出意见，主张将佛朗哥统治下的西班牙，摈之于未来国际组织之外。西班牙的人民，受着这位法西斯主义者的蹂躏，已近十年。世界上的进步势力，为何还不帮助他们从鹰爪下得到解放呢？全世界反法西斯的战争，是整个的，不可分离的。法西斯的日本、西班牙，阿根廷与其他国家，一旦存在，此次大战，还不能说真正已经得到胜利。这种意思，莫洛托夫在离开旧金山以前，已经提过了，如何澈底执行，尚有待于联合国家共同努力。

苏美英法管制德国

苏美英法四国共同管制德国，已于六月五日开始。在那天，盟国对于德国的管制委员会，在柏林首次开会。四国在管制委员会中的代表，均以最高级将领充当，如此造成一种国际共管形式的政府，以代德国政府。代表人选，计苏联为朱可夫元帅，美国为艾森豪威尔元帅，英国为蒙哥马利元帅，法国为搭西尼将军。如何整理一个纳粹遗毒最深的残破德国，将为一种异常艰巨的任务。

《民主周刊》第 1 卷第 25 期，1945 年 6 月 23 日

恢复和平以后的欧洲（三）

曾昭抡

欧洲虽然恢复了和平，但是对于德义两国始终没有成立和约。至于几个小国，以前依附德国，对盟军作战者，于去年秋冬两季，全被苏联军队打垮。那些国家的反动或傀儡政府，因之坍台。新成立的政权，皆对盟方投降，正式签订和约，并且不久随即均向德国宣战，造成对法西斯主义者一种有力的讽刺。

苏对战败国家宽大为怀

属于这类的国家，有北欧的荷兰，中欧的匈牙利与东南欧的罗马尼亚及保加利亚。对于这些国家的和平谈判，除英美曾对保加利亚提和平条件外，其他各国的谈判，均系由苏联代表英美苏三国，进行协商，同时与英美两国保持密切接触，随时征求同意。此等条约，有些条款，不免有点显得严峻，大体不外割土与赔偿。然而估计苏方所受损失，大多数人的意见，以为莫斯科对付战败国家，算是很宽大的。在此等交涉当中，损失领土较多的，要推芬兰。不过我们不要忘记，德苏大战爆发以后，芬兰乃是德国以外首先向苏联宣战的国家，而且在战争后期，当德国失败已成必然之势的时候，该国曾有机会，接受一种条件温和的和平，结果迟迟未曾接受。保加利亚，本来是一个只对英美宣战而未对苏联作战的国家。到了去年九月，为着战略上的理由，有驱逐保国境内德军的必要，苏联不得已，方对该国宣战进兵，不久保国旋即投降。在和平谈判中，保国并未损失战前土地，仅将军队自南斯拉夫及希腊境内撤出，后者系接受英美的条件，原来保加利亚是有意在此次大战当中，浑水摸鱼，从希腊境内攫取地中海港口的。至于罗马尼亚一国，虽曾助纣为虐，遣派大军，随德军攻入苏联，占领敖得萨港，进而作战于顿河流域，而且罗军曾有若干虐待苏联人民的事实，但是战败以后，苏联不过是恢复了一九四一年德苏大战前夕的苏联边界，重新收回比萨拉比亚与比哥维纳，此外并未要求罗国土地。不但这样，一九四〇年依附德国时罗国被希特勒压迫割还匈牙利的达琅瓦里西尼亚，在苏联支持之下，罗国投降以后，又从匈牙利手中拿回来了。匈牙利后来投降盟方，仍然恢复战前领土。关于赔偿方面，以罗马尼亚为例，和约中规定对苏联作一定数目的赔偿，以物资偿付。罗马尼亚油田的机器，去秋一度传说局部为苏方拆走，以便本国石油得以增产，藉以应付战争急需。此等机器，因牵涉有关英美投资问题在内，当时英美甚表关切。苏联方面回答，对此必尽力保障英美利益。此刻欧战已停，大致这些机器，即令尚未运回，不久必可物归故主。

美英对义未缔和约

战争结束以后，任何国家，一切人民，都期望早日成立和约，正式恢复和平，重渡平时生活，此乃人情之常。从此种观点看去，苏联之迅速与战败国家缔结和约，最为合理。其造福于此等国家，殊属不浅。无论和平条款是怎样，这些国家对于未来地位总得了一种保障。另一方面，盟方对于义大利，迄今不与之订立和约，未免太不合适。这件事英美应当负责，尤其是英国。义大利无条件投降，远在一九四三年九月初，迄今已将有两年之久。历史上将和约拖得如此之久的情形，并不多见。在义国投降后的最初半年，苏联对义外交，相当活跃。首先与巴多格里奥政府正式恢复外交关系的国家，就是苏联。当时苏方也曾劝英美取同样态度，但是未被接受。后来义大利渐成为英国势力范围，美苏都不甚过问，尤其在去年十月邱吉尔与史达林会晤以后，苏联方面，似已默认任英国处置义大利问题。然而即在此等情形下，英国始终并未曾作与义大利谈判和约的尝试。相反地，英国竟于去年底，直接干涉义国内政（该国内阁改组问题），一时令美国舆论为之哗然，美国政府亦为之不悦，险些引起英美间的摩擦。对于此种作风，英国本国人民，亦不同情，尤其是工党方面，自那时候起，对于邱吉尔政府的义大利政策，一直表示反对。回顾事实，当一九四三年九月义大利投降之时，希特勒凶焰未衰，义国海陆军依然相当完整。假令当时义国当局，如德日两国一般，决定顽抗到底，不但盟方征欧损失，将因之增多，胜利日期，亦必为之延缓，殆少疑问。一个国力并未十分摧毁的义大利，遽而向盟军作无条件投降，对盟方是很有利的。事实上英美军队在义国本土登陆是在该国说妥投降以后，以此给德军来个措手不及，初期战事得以顺利推进。要不然，在欧洲大陆上岸，那〔哪〕有那样便当。义大利之所以如此迅速投降，其贪图自然是在指望将来可以得到比较温和的和平条件。按道理盟国方面，也应该这样才对。

未来世界和平阴影

然而延至今日和约迟迟不结，是不是有人对于义大利领土存有野心呢？英美两国，在此次大战当中，曾经迭次声明，毫无任何领土野心。但是美国为着军略上的理由，要保守太平洋上若干岛屿，特别是以前属于日本的委任统治地（如马利亚纳群岛、加罗林群岛等），现在已经是很显然的了。英国方面，去年有过一次，政府答复议会关于此类问题的质问，其措辞为"绝对不要别国领土"一语，并不包括军略要点在内。此种说法，与美国目前流行的论调，说是"血换来的土地"，绝不能放弃，大有异曲同工之巧。在这次大战初期，马尔他岛备受义国海军与轴心空军的威胁。按照"安全"观点，将来与义国谈判和约时，英国很可能会要求割让班泰雷利亚岛，至于义大利帝国在非洲的殖民地（利比亚、以里特里亚、义属索谋到兰），又能怎样？战后处置义大利，是不是会像第一次大战以后处置德国一般，将他的海外殖民地一齐剥夺了？如果加以剥夺，这些广大的领土，想必暂时是变成一个托治地，但是托给哪个国家管，关系相当重要。义大利当然是不愿意丧失领土的。如果夺去其一部或全部的殖民地，这个战败国，必将有和第一次大战以后的德国一般的感觉，自怨从一个"有"的国家，变成了一个"无"的国家。

民主独裁混淆不清

不幸而为战败国，当然没有参加旧金山会议的资格。开会以前，义大利曾经有意运动参加此会，但是被美国断然拒绝了。最近在六月十一日，义国驻美大使，特向旧金山会议，递交义大利政府的请求，要求准许该国参加未来的国际组织，即所谓"联合国"。此种请求，大致又将碰壁。连和约都没有谈过，还谈得上参加国际安全组织？以前墨索里尼统治下的法西斯义大利，诚然是罪大恶极，但是义大利人民，是无辜的。恢复民主政治已将两年的义大利，无论如何，总比阿根廷的法勒尔政府，高明得多，后者无疑是十足的法西斯主义。然而今日在旧金山的会议厅中，法勒尔的代表，高踞座上，与民主国家的代表，分庭抗礼。反之义大利、朝鲜，甚至民主的波兰，都被摒在门外。这岂不是一种最可笑的大滑稽。未来国际安全之希望，在于各国互相谅解，互相尊重，大家共同奉守崇高的原则，如此方有合作可言。像现在许多将就事实，坚执成见的情形，甚至今日没有能把法西斯与反法西斯阵线弄得完全明朗，前途不容易叫人太乐观。

欧洲和平会议或将提前召开

英美将来的计划，也许是等待日本完全击溃以后，方才与德义日三个轴心国家，进行和约谈判。照这样说，欧洲的结算，不免要待一两年以后。最近情形，虽然对日军事，可望一年左右结束，英美方面的论调，颇有不待日本战败，即先行召开欧洲和平会议之说。此事如果实现，当在杜邱史三巨头会议以后，该项会议，即可望在一月以内，即予举行。如果缔结和约的话，当然义大利与盟国，必将正式媾和。到那时非洲领土问题，必将有一种安排。反之德国方面，暂时既不许其有政府，谈判自无对象。惟关于德国东疆与新波兰的界线，可能参照波兰意见，由英美苏三国，于举行巨头会议中讨论波兰问题时，一并予以解决。至于德国对盟国的赔偿问题，将由英美苏三国，合组一个委员会，予以调查议定。拟在巨头会议中，亦将涉及此事。这个委员会，原来法国也要求参加。但是苏联方面说，如果让法国参加的话，同时也应该让波兰及南斯拉夫参加，否则苏方主张仅由英美苏三国处理此事。这样法国企图参加此项委员会，遂未成功。戴高乐政府，对此深表不满，特令其驻苏大使，向莫斯科提出抗议。但是有什么用呢？现在的世界，实际上就是三强势力支配的世界。

三巨头会议即将召开

美国故总统罗斯福先生逝世以后，美国在外交上感觉困难，美苏关系，似亦不如以前那样澄清。此种情形，加上德国投降的实现，使三巨头会议，成为急切需要。杜鲁门总统所派的两位专使，台维斯在伦敦，贺浦金斯在莫斯科，分别与英苏当局长谈，结果均极圆满。此项使命的成功，令杜邱史三氏会议，成为可能。那种有关人类命运的会议眼看就要举行了。

《民主周刊》第 1 卷第 26 期，1945 年 6 月 30 日

八年来的世界民主浪潮

曾昭抡

二次大战的一种最大特征，即为民主政治的保卫战。经过此次战争，民主政治，重新证明其价值，而且得有新的改进。百年以后，从历史的眼光看来，某些国家战胜，某些国家打败，比较是件小事，民主政治战胜了法西斯主义，却是值得大书特书的一件大事。

八年以前，当日军在卢沟桥对我发动侵略之际，欧洲风云，亦已日形紧急。纳粹德国与法西斯的义大利，声势咄咄逼人。实行民主政治的欧洲大国，苏联忙于充裕本身力量以求自卫，英法则武备不修，徒知采取绥靖主义以图敷衍。隔着大西洋，美国依然陷在孤立主义的泥淖中，虽经罗斯福总统努力，仍未能将其拔出。阿比西尼西，被义大利强占了。其他侵略企图，也日益显著。一九三八年三月，希特勒德国，吞并了奥地利。同年九月，苏台德区问题发生。执行绥靖主义的张伯伦与达拉第，出卖捷克，与希特勒及墨索里尼，成立慕尼黑协定。次年三月，德国卒又兼并捷克。四月间，墨索里尼亦步希特勒后尘，无端侵占阿尔巴尼亚。二次欧战之无可避免，到那时已很显然。

果然不出一般预料，当一九三九年九月初希特勒侵入波兰之时，英法两国随即对德宣战，二次大战于是爆发。当时邱吉尔先生，在演说中提到："这次战争的目标，在于确定个人的权利，在于确定与恢复人的地位"。换句话说，就是英国之所以参战，其目的不在于扩张领土，而在于保卫民主政治，使人的尊严不被独裁者践踏，不管这独裁者是一个独夫或者是希特勒所谓"优秀民族"。这种崇高的目的，后来成为联合国家作战的共同目的。

不幸宣战之时，英法两国，对于进行现代战争，仍然毫无准备；而且绥靖主义者继续执政，对于作战以及战时生产，毫不努力。结果是波兰覆亡以后半年，一九四〇年四月，德军侵入挪威、丹麦。英法军队在挪威失败以后，随之纳粹军队，于五月十日，侵入荷兰、比利时、卢森堡三国，跟着便攻入法国北部，一星期内，荷兰抵抗停止。又一星期，比国被迫降敌。世界一个最强的陆军国（法国），先后亦不过作六星期无益的抵抗，于六月二十五日签字降德。是年秋间，英伦三岛，岌岌可危。这些不幸事件接踵而来，使世界上许多人对于民主政治的信念，发生根本动摇。欧洲方面，依附轴心的小国，先后一一采取独裁制度。投降后的法国，亦不惜效尤，拥贝当为元首。远东方面，日本当然更加走上法西斯的途径。中国境内，此种思想，亦复盛行一时。剩下主要有英美两国，成为中流砥柱。然而即在英美，也有若干人以为民主政治，业已走上末路。现在假如将五年前各处报纸杂志所发表的文章翻一翻，立刻可以发现，法西斯主义的思想，当时何等盛行；法西斯的凶焰，何等逼人。一般政治见解不高、信仰不坚定的人，都说民主政治，业已完成了它那历史上的使命，不久将从世界政治舞台陨落，正如十八世纪以来君主独裁之趋于消灭一般；代之而兴者，将为各种形式的独裁政治。那时候许多观察家的意见，以为民主政治，效率低落，不能与法西斯主义相竞争，因此必为后者所淘汰。现在看来，这种说法，当然是很可笑的。

一九四〇年年底，义大利军队，侵略希腊，结果反败于希腊军队之手，法西斯主义并非万能，于此已见其一端。然而拥有优势武装的纳粹德国，仍然继续成为世界的灾害，一九四一年四月，德国侵占希腊、南斯拉夫；五月，以降落伞部队占领克里特岛。到了那年六月二十二日，苏德大战终于爆发了。历史告诉我们，希特勒进攻德国［苏联］，实在等于自掘坟墓。经过初期挫折以后，红军不久就开始发出伟大的力量来。

一九四一年十二月七日，珍珠港事变发生，美国被迫参战。素来爱好和平的美国，当时对于应付敌人侵略，准备还嫌不够。英国更是忙于欧非战争，无暇东顾。以此在初期太平洋战争中，盟军频频失利，日军则节节前进，下香港，占菲岛，侵入马来泰缅，吞并荷印，在海上长驱南下而抵新几内亚与所罗门群岛，威胁澳洲。于是法西斯主义，更加猖獗一时。

一九四二年年底，战局始有转机。史达林格勒一役，红军始终坚守不退，造成一次最光荣的保卫战。美英军队，登临北非，顺利进展。太平洋上，美军亦已在所罗门半岛，反攻成功。嗣后在欧亚两大战场，除中国战场以外，盟军大体可说是一帆风顺，至今年五月八日德国投降而达其高峰。两年半以来的演变，不但联合国家的军事力量，证明远胜于轴心，同时民主政治之优于法西斯主义，亦得到充分证明。从一九四〇年至四二年的低潮，民主主义今日又回到比以前更高的一种高潮。原来为许多浅见者所抛弃与鄙视的民主政治，现在又变为异常时髦，甚至时髦到一种程度，连法西斯主义者都要喊出几声民主的口号来装场面。英美苏等国在战争初期之所以遭受挫败，今已证明，并非因其政治制度效率不高，而系因其爱好和平，以此未如敌人之早有充分的作战准备。实行民主政治的国家，现在大家都承认，无论在战时或者平时，其效率至少不下于法西斯国家，而且得有人民真心拥护的国家，其在危急关头所发出的力量，尤远非法西斯国家所能及。对于此点，英苏两国，都是很好的例子。德国的败亡，其主要理由，实在于其国家成为压迫人民的工具，并非纳粹党徒以外一般人民所拥护。

过去的民主政治，例如在英美法等国所实施者，当然是有许多缺点，此乃热诚拥护民主者所不讳言。这些缺点，在此次大战中，因为时势的要求，得到局部补救，如此替老牌民主输上了新血。例如联合政府，目下业已成为民主国家的普遍现象。英国近年来有过若干次联合内阁，这次更是依赖联合内阁以渡过空前难关。也许大党单独执政的办法，不久，将成为过去，亦未可知。美国方面，对此虽一仍旧贯，但是罗斯福引用共和党人诺克斯与司汀生出任海陆两军部长，也打破了惯例。至于被解放的欧洲国家以及战败国，更是清一色的联合政府；而且此等政府的阁员，包括各党派、各阶级的代表，毫未含有任何排他性。以前排斥共产党的那种成见，现在是完全没有了。罗斯福的新政，英国方面的社会安全措施，表示经济民主，在英美业已开始得到承认。劳动权成为人民的一种基本权利之说，日见抬头。另一方面，苏联虽则仍然坚守固有制度，但是对于英美制度的优点，亦已酌量采纳。如宗教信仰自由之更加扩大，即系一例。

经过战争的试验，民主政治，在今日更证明其伟大价值。

《民主周刊》第 2 卷第 1 期，1945 年 7 月 7 日

旧金山会议闭幕

曾昭抡

　　轰动世界的旧金山会议，已于六月二十六日，正式闭幕。这次具有历史重要性的国际会议，自从四月二十五日开幕以来，先后凡历六十二日，方将任务完成，圆满结束。参加此会的国家，最后共达五十国。与会代表，约在二千人左右，主要国家的外交部长，均亲率代表团出席。如此规模宏大的国际会议，在历史上实属空前。由于此次会议，成立了新的国际机构，以代以前日内瓦的国际联盟。

　　"联合国"是这个新国际机构的名称。这个机构，虽然距理想还远，可是比起以前的国联，已经要好得多。过去国际联盟的办法，虽系美故总统威尔逊氏所提议，但是成立以后，因参议院不肯批准，美国竟始终未曾加入。后来日本与德国，先后退盟。苏联被邀参加，又嫌太迟。因此弄到世界主要强国，大部均非国联会员国；而国联一切行政，实质上遂为英法两国所把持，其国际性不免有点有名无实。此次情形，大不相同。中美英苏法五个强国，成为新国际机构的主干。全世界大部分国家，业已参加，其余亦大都将先后加入。德日两国，此次战败以后，若干年内，将失去其第一流强国的地位，无资格威胁世界和平。同时新的国际机构，辖有国际武力，对于排解国际纠纷，必要时可出之于武力干涉，此亦与以前国联有别之处。在这种新的世界安全机构下，一般观察家的意见，以为只要五大强国之间，彼此不发生冲突，和平即不难久保。

万一不幸五大强国之间，发生冲突，目前"联合国"机构，并无真正有效的方法，可以防止战争。许多人以为这是一种值得忧虑的情势，而在旧金山会议中未能求得答案者。此点诚然大有道理。但是对于国际合作，我们不过正在开始学习。只看旧金山会议期间，英美对苏联的关系，虽则数度紧张，终归安然无事，即可见未来大国间的合作，并非一种难于超越的困难，问题只在大家如何多多努力而已。

《民主周刊》第 2 卷第 1 期，1945 年 7 月 7 日

波茨坦会议前夕的世界

曾昭抡

德国投降以后七十天，各方期待已久的波茨坦会议（柏林会议），卒于本月十七日开幕。会议期间，据说至少将有两星期之久。在此期间，消息不许外泄。不过关于此次会议所讨论的各种问题，外间已有许多传说。可能得到的结论，亦有若干猜测。未来世界和平，主要有系于英美与苏联间的谅解与合作。按照最近许多情形看来，此点似乎可以相当乐观。

杜邱首次会晤

这次三巨头会议，是英美苏三国领袖的第三次集会，也是杜鲁门总统就职后第一次与英苏两国当局晤谈。过去罗斯福总统在世，与英国邱吉尔首相最为莫逆。杜鲁门先生继任总统后，一直还没有机会，和邱吉尔先生见面。这次到波茨坦开会，因为杜邱两氏先到几天，英美两国领袖之间，得在开会以前，彼此交换意见。同时因为英国大选结果尚未揭晓，未知鹿死谁手，所以英国工党领袖阿特里氏，也随邱吉尔首相，一同到会。未来英国内阁，虽然可能有更换，但是英方对外政策，大致将一仍旧贯。也许工党代表的出席，可使英国对于希腊问题，比较采一种妥协的态度。倒是美国方面，杜鲁门总统的看法，在许多特殊问题上，未必和以前罗斯福总统的意见，完全相同。例如对于管制德国的办法，现在拟加以修改，似乎就是杜氏的见解。虽然如此，杜鲁门先生，乃是一位现实的政治家，对于美苏合作的基本政策，他是不会有问题的。三强之中，惟有苏联一国，人事既无变迁，政策和态度亦将始终一致。

旧金山会议波澜平伏

正当旧金山会议开会的时候，两位美国方面的专使，去到欧洲，为三巨头会议作事先接洽。戴维斯在伦敦和邱吉尔首相谈话，结果圆满，当然是意料中的事。最足重视的，是贺浦金斯先生在莫斯科，和史达林委员长深谈四次，结果竟是出乎意外的圆满。这种情形，令人想到，波茨坦会议的成功，可以未卜先知。

绵延达六十二日之久的旧金山会议，最后于六月二十六日，圆满闭幕。会议中通过的世界大宪章，可为未来世界持久和平，奠定基础。所谓"联合国"（即新的国际机构）的组织，虽则未必合乎理想，但是较之以前日内瓦的国际联盟，似乎进了一步。必要时施行国际武力制裁，现在成为可能了。美国国会，还没有批准这次通过的宪章，不过此点大约不致成为问题。一面"联合国"执行委员会，已在筹备在伦敦开会。在旧金山会议当中，英美对苏联，尤其是美国对苏联，曾经发生过几次激烈的争执。最厉害的一次是阿根廷与波兰临时政府的参加会议问题，一次是表决程序或否决权问题。当时旧金山会议，大有破裂的危险，英美对苏联的关系，亦大有恶化象征。幸亏双方都能持重，大家牺牲一部分成见，结果卒能和好如初，使会议得告成功。旧金山会议的最大意义，或者是在这里。此次经验大国之间，只要能彼此互信，不过分坚持成见，一切问题，不难觅得解决方案。

波新政府成立

几年来最令人头痛的波兰问题，在旧金山会议快完的时候，居然得到解决。此事据说是贺浦金斯与史达林谈话的成就之一。无论如何，波茨坦会议用不着再讨论波兰问题，省去不少麻烦。新成立的波兰政府，系以原来的卢布林临时政府作为中心，加上一些国内外的民主领袖（其中包括有伦敦波兰流亡政府的人士），共同组织的联合政府。原任卢布林政府内阁总理的摩拉夫斯基，在新的联合内阁中，继续担任内阁总理一职。一度任流亡政府总理之米洛拉兹柯，在新阁中任副总理。英美法及中国，马上都承认新成立的波兰政府。久滞伦敦的流亡政府，最后不得不宣告解放。

美国内阁人事调整

关于美国内部的政治，阁员人事，近已大加调整。杜鲁门总统上台后，三个月当中，原有的十位阁员，更动了六位。新旧阁员的名单如下所示：

职　务	旧阁员	新阁员
国务卿	斯退丁纽斯	贝尔纳斯
财政部长	摩根索	文森
劳工部长	柏金斯	舒维伦北克
邮政部长	获克	汉尼根
农业部长	威克喀特	安德森
检察长	比多尔	克拉克
内政部长	依奇士	依奇士
海军部长	富勒斯多	富勒斯多
陆军部长	司汀生	司汀生
商业部长	华莱士	华莱士

此种人事的调整，可见杜氏对于国内政治，自有其作风。不过新任国务卿贝尔纳斯，一般人的意见，以为较之斯退丁纽斯，更为妥当。贝氏原来是罗斯福时代的智囊领袖，他的智慧现在有充分发挥的机会。另一方面，罗氏最亲信的私人顾问贺浦金斯，在为杜氏访问莫斯科，大获成功以后，已经把

本兼各职，一齐辞去了。这些地方，可见民主国家的政治家，确是天下为公，事事先为国家着想，个人职位，不大看得重。我们现在要谈宪政，这些地方，最值得学。中国从前的政治道德标准，也是讲"功成身退"，现在却非恋位到死不行。

《民主周刊》第 2 卷第 3 期，1945 年 7 月 23 日

现在不是战时了

曾昭抡

　　九月二日日本在密苏里号主力舰上签订降书以后，二次世界大战，确实业已胜利结束。抗战先后达八年零两个月的中国，总算也恢复了和平。无论如何，我们决不能再说，此刻还在作战了。既然这样，抗战期间政府所颁布的各种"战时法令"，不论其是好是坏，是否符合当时情势的要求，应该即刻无条件地宣布撤消，这才是正理。事实上以英美两大盟国而论，所谓战时法令，在八月中旬，早就撤消了，因为日本必然投降的情势，当时早已判定。只有中国政府的作风，与别人不同。我们现在还在过着战时生活，受着种种不合理的战时限制。的确不错，九月三日，国民政府，曾经下过一道命令，说："所有在抗战期中颁布之各种战时法令，着各主管院部会署立即分别检讨，加以整理，其有未合平时规范者，得先申请废止。"看到这道命令，可见政府当局，也明白在目前还要继续执行战时法令，未免欠妥。我们所不解的，是要废止就干脆地废止，何必还拖这么一节尾巴。废止以前，需先来一个检讨。检讨以后，只有认为"未合平时规范"的，方"得先申请废止。"天晓得，真正废止，不知还要等若干年。（昭抡）

《民主周刊》第 2 卷第 8 期，1945 年 9 月 8 日

译员遣散问题

曾昭抡

　　抗战提前胜利结束以后，原来训练服务的几千译员因无其需要，业已奉令遣散，外事局所定遣散办法为远程者每人发遣散费十万元，近程者发五万元，交通工具由译员自己设法。办法公布以后，大多数译员认为遣散费为数过微，交通工具自己亦无法可想，因此特组织全部译员联合会推定代表，向外事局方面请愿。其所提要求有四：（一）请照各机关办法，发给译员胜利奖金；（二）请提高复员遣散费，并发给三个月之薪给及伙食费用；（三）请官方代觅交通工具，在交通工具未解决以前，暂缓遣散。（四）继续供应食宿，直至有交通工具可以遣散为止。以上几种要求，除向外事局方面交涉外，并已呈报中枢及军政当局。迄今日止，只允协助译员寻觅交通工具，对于其他各点，则并未有切实答复。按现充译员之人士，皆系知识阶级人物，其中绝大部分，均曾受过高等教育，对于国家艰难较之一般人倍能体贴，同时以此中人大部出身士绅家庭，夙为社会所重视，政府对其请求，亦势必尽量予以圆满答复。译员呼吁一事，谅或不致扩大，不过译员遣散问题，处置是否得法，实为整个复员的一种测验，因此不妨一论之。

　　战争结束以后，大家都忙于复员，复员一名词，系与动员相对而言，动员为国家进入战时状态的一种特征，复员则是由战时回到平时状态所必经的阶段。我国抗战，八年于兹，但是一般说来，动员工作未能尽如理想，例如兵役制度施行后所产生的种种不幸现象，乃人所共知。比较可算我国动员成功的一方面，即在于译员之征募及征调。为着配合盟军作战及训练新军起见，最近两三年来，国家需要翻译人员，为数颇巨，其初纯粹采取志愿办法，征求知识青年，自动报名，参加此项工作。当时报名者虽颇踊跃，终因需要过大，殊感供不应求。及至去年春季，政府为应付迫切需要，遂改采强迫方式，征调各大学全体毕业男生，充当译员，以两年为期。彼时虽有一部分青年，不以此为然，但因全部被征，办法甚为公允，遂均一律应征。后来毕业已久之大学生，业已充当公教人员者自动投效作译员，亦不乏其人。由此足见一般青年对于国家之热诚与信任。此次译员遣散，如能采取合理办法，不难为未来动员，树立楷模，惟所宣布的遣散方案，并未顾及译员方面最低限度的切身利益，尤未足以酬劳这般为国勤劳的青年，其影响所及，只有驱使青年走入颓废的道路上。于政府甚属不智，于社会尤有不良后果，甚盼政府对此，有所注意。

考译员方面所提四项要求，甚为合理，绝非过苛，若在英美等国，此类措施认为天经地义，不待要求，政府早已付予实行。译员在战争期间即已暂时牺牲其职业与前途，为国家服务，战事终了以后，国家自有供给一切便利，令其得以迅速回到固有岗位的绝对义务。原来在学校念书的，应当负责将其送回学校念书，原来从事职业的，应当令其回到固有职位，或则予以相当之同等职业。现在这些问题，都没有谈到，只求维持食宿，发给够多的遣散费，及供给交通便利，以便各奔前程。译员之对于国家可说是体贴到无微不至，假如连这一点最起码的要求，都不能答应，以后还要责成青年报国，不免徒托空言。

抗战时期，从事翻译工作者，外事局所管翻译人员以外，尚有美英驻华机关所聘用之人员。此辈人士，一部分亦已因机关缩小或撤消而被裁，但是他们所得遣散费，□皆□个月薪俸之多，每人计达数十万至百余万不等，而且少小□普通工役，解雇之时，均由各该机关首长，代表其政府，致答表示谢意。此态度与作风，何其悬殊。人家说"军第一"是真有其事，我们虽不能照人家的做法，但也得要慎重将事才好。

《云南日报》1945 年 9 月 16 日

世界和平与中国建设

蔡维藩

联合国家的胜利，不仅是要能赢得战争，而且要能赢得和平，联合国家要在和平中建设新世界，我们更要在和平中建设新中国。德国投降之后，欧洲与远东，从局部待决问题到五国首次定期外长会议，处处使我们更加感觉战后赢得真正和平的重要。有人认为第一次世界大战后，国际联盟失败的原因，在于生活与形式的分离，不全在于约章的不当，国际盟约多属消极的条文；而现时代的需要，却在发展与调整主权的社会的领域，从积极的有机的发展，新国际组织才能得到生命，这种意见是对的。由于时代需要的迫切，我们必须放弃传统的法律的观念，根据事实，用积极的精神和实验的态度，探求新的国际和平机构，逐步的走向高尚的目标。这次大战发生以来，联合国家并未放弃各时代的高尚理想，而最近几年大家且已公认大西洋宪章及四大自由为今后世界和平的广大基础。今年"联合国"宪章成立，其兼顾事实与理想的丰满内容，尤足为谋求和平的健全工具。这以后，如果不抹杀现实，而愿用积极精神和实验态度来探求新的"联合国"的功能，我们当须认识处于战事结束与和平出现之间两个支配世界的重大条件，一是国家关系，一是美苏关系。

世界各国，不论大小强弱，皆求安全，每经一次战争之后，各国更须力求安全，少数国家没有安全，和平时受威胁，世界动荡不定；多数国家没有安全，和平随时可以破裂，大战随时可以爆发。经过这次空前大战之后，各个国家对于自身的安全更是空前的敏感，请依据实况，将他们分为三类来观察。

第一类国家是力量强大，但老受人威胁，且常受人侵略的国家，这一类国家往往将他们的安全观念寄望于"唯力是视"的存心上。这就是说，他们认为只有自己的"力"才能防止人家威胁，打击人家侵略，一切安全从"力"上面产生出来。第二类国家是力量不大，甚至于没有自卫力量，老受威胁，也常受人侵略的国家，这一类国家往往将他们的安全观念寄托于"唯理是视"的希望上。这就是说，她们自知力量不够强大，只有遇事和人讲理，希望从大家尊重正义和公道中求得自身的安全。第三类国家是力量强大，断不信受人威胁，更不受人侵略的国家，这一类国家往往将他们的安全观念寄托于"理力并重"的认识上。这就是说，他们既有力量，又有理想，他们有把握凭着自己力量来保障自己安全，他们也有决心，发展远大理想，从普遍安全中求得自己持久的安全。如果找不出第四种国家，我们似可以称这三类为国家安全感的三类型，每一类型中都可找出一个恰当的代表国家，而第三类型的代表国家最显著的则是美国。通俗的说，美国把握着丰富的资源，高度的科学文明，庞大的海陆空军，及最近发明的新武器，保障自身安全，也把握着大西洋宪章、四大自由、及旧金山会议完成的"联合国"宪章，从普遍安全中求自身持久的安全。这次赢得战争之后，联合国家要能赢和平，上述第一与第二两类国家安全观念寄托的基础必须加以扩充。第一类"唯力是视"的国家须多增加一些理想。第二类"唯理是视"的国家须多增加一些力量。这样，这两类国家全都"理力并至"，将安全观念寄托在像美国那样的基础之上，和美国并肩求和平，从世界普遍安全中求自身安全，那就是真正的赢得和平。如其不然，第一类"唯力是视"的国家，处处脚踏实地，准备在"力"上面求表现，固足以肇祸，而第二类"唯理是视"的国家，时常抱着幻想，准备在"理"上面求保障，也足以惹事。倘这两类国家真的这样下去，结果，战争爆发，虽然美国或仍将暂时搁置理想，拿出武力，再来领导，使反侵略最终获胜利，使大家必不免同受更严重的损失。

从敦巴顿到旧金山，国际方面有两点共同认识，一是在主权上所有国家一律平等，一是在实力上国与国之间确有差别。因此，旧金山会议循此两点认识，根据橡树会议建议草案，制定"联合国"宪章，规定在积极方面所有国家共负发展世界和平的责任，在消极方面大国多尽防止侵略的义务，这是兼顾现实与理想，且较国联宪章为进步的。从战争到和平，美、英、苏、中、法各国已被公认为世界五大强国，然真正为庞大且强的国家，当是美苏二国，而今后确有左右世界势力的国家，亦则是美苏二国。

美苏二国同为富强的国家，而苏联更是具有革命性的国家。美国似乎是比较容易了解的国家，他既富且强，也有理想，他不怕人家侵略，并且反对他国侵略。苏联是富强的国家，也是反侵略的国家，而他自己尤其怕人侵略，我们要了解他，必得首先认识其历史背景与地理环境，并带着若干同情，来了解他，才不会误解他，或曲解他。苏联很可视为本文上面所述第一类的代表国家，力量强大，老受威胁，备受侵略，以往他经受过多次抗拒威胁与反对反侵略而失败的痛苦，而今日战胜即是他几百年来反侵略战争的空前成功，他岂不特别珍爱他这成功的基础，又岂得不企望他这成功的发展！童比教授说过："苏俄政府是继续着帝俄时代遗留下来的一个老问题奋斗，就是应付那些不让他得到宁息的邻国。"苏联米诺斯基教授对童比教授所说的批评，是要用这样的话去解释苏联的革命，是不正确的，但是这解释中的历史部分，我完全同意。是的，解释苏联，我们不能忽视他的历史，同样的解释美国，也不能忽略他的历史。

由于历史背景不同，美苏二国互异之处，本来甚多，可是经由这次战争之后，他们二国关系在天然与人为的两方面皆密切到双方关系史上未曾有过的程度。今日我们似乎可说，在欧洲与远东的国际社会任何方面，人们看得见美国，也看得见苏联，朴实看来，今日美苏关系业已发展到到处可以合作，到处也可以冲突的程度。战前美苏二国关系相当疏远，历史背景和地理环境的差异又甚大，今日欲求他们一旦趋于澈底真诚合作，本属难能之事，然如正面冲突，两国朝野皆明知此结果是又一次世界大战，真诚合作，一时难能，正面冲突，谁亦不愿，他们唯有力求妥协。"妥协"在国际上并非绝对的坏事，问题则在于他们两国为什么目的求妥协，这是最根本重要的一点。现在固不能判别他们的目的，但如不否认现实，我们应该坦率承认，短期间，从一国的动态到全世界的政局，全都直接间接的受着美苏关系的支配，尤其受着他们妥协关系的支配，美苏关系实足视为今后世界中战争胜利到和平胜利的"政治风雨表！"

大战结束，美苏等国由胜利而面临世界和平问题，中国除面临世界和平问题之外，尚面临自身建国问题。假设世界和平由此全面出现，美苏两国可算由胜利直接踏上和平世界，而我们则由胜利而进入建国途程，因为建国成功，我们才能由真正自由独立而与列强真正平等立于和平世界之中。一方面，从大西洋宪章看到"联合国"宪章，和平的曙光，令人看得可喜；另一方面，从东西战场敌人覆灭后大家患难与共的对象渐渐消逝，看到最近伦敦举行的首次五国外长会议表现，和平的困难，又令人看得可惧。实情确是如此，赢得战争固难，赢得和平尤难。我们真须放大眼光，看一看整个世界，今后世界怎样赢得和平？世界赢不得和平，又将产生怎样的世界？再看一看自己国家，今后我们建国成功，中国将站在怎样的重要地位？否则将站着另一种怎样的重要地位？事实天天指示我们须从整个世界来看自己的国家的前途，也只有这样看法，我们才看得远大，看得真切。我们大可赤裸裸的说"战争结束"。我们最大目的即是建国成功。因此，为求建国目的充分达成，我们最大需要即是世界和平。今后我们对内，是在全国统一中求澈底建设，对外，是在万邦协和中求建设完成。我们当愿尽其力之所能，以与列强共求有所贡献于世界和平，但亦愿列强与我共保持久的世界和平，让中国及世界共同致力于适合新时代要求的普遍建设。

三十四年前的今日，我们推翻了专制，三十四年后的今日，我们打倒了侵略，这两种阻碍我们进步的锁链全都解脱完了；这以后，我们至少要赶在世界由战争走向和平的期间，尽快的在建国中求极大进步。姑不问世界和平能否永远持久下去，我们得尽其在我，一面认清世界，一面速求建国成功；如其不然，我们因循敷衍，或盲目过活，这一个千载良机可能一去永不再来，建国不成之罪绝对无可推诿，将来万一大祸再临到，那就是"自作孽，不可活"！

《中央日报》（昆明版）1945 年 10 月 14 日

战场分析

欧洲战局的试测

曾昭抡

　　宣而不战的第二次欧洲大战，将来会怎样结束，是全世界的哑谜。德国进攻波兰，展开了大战的序幕。素来吹大气的波兰，不料被德苏两国，轻轻一击，不到一个月，完全瓦解灭亡。德国军队，大批西调。于是英法联军，不得不改变战略，退出以前所占领的德国地方，坚守马奇诺防线。战争便在这阶段上停住了，一直到现在。

　　和谈是可能的么？希特勒在瓜分波兰以后，立刻采取和平攻势，提出了合乎他的口味的和平提议。英法两国，把这提议加以考虑以后，终于把它拒绝了。英法和德国，也许会讲和，是当时许多人的猜想。实在要仔细分析这局面的话，从头就可以说，讲和是不可能；或者可以说，在目前阶段中，是不可能的。希特勒的和平攻势，本来是未进兵波兰以前的一种预定计划。德国的国力，不足以和英法两国相对抗，这一点希特勒比任何人都清楚。不过在有了准备的近代化战争当中，守比攻容易得多。所以强国和强国作战，最初一定是不分胜负。有了这种把握，德国对英法，才有所恃而无恐。两年来希特勒大胆地吞奥地利，并捷克，灭波兰，都是拘定一种见解，说在英法没有能够战胜德国以前，这种可怜的小国早已灭亡；那时便可以和英法讨价还价，商量妥协的条件。从前有人说，希特勒并没有作战的决心；捷克的事，英法不出兵，是上了大当。这句话是看轻了德国。希特勒确是没有决心，一定要和英法作战；但是同时他并不惧怕战争，而且对于用武力吞并小国，他是充分地有决心、有把握的。这次出兵波兰，他本来准备三个月把波兰灭了再说。不料无用的波兰，二十天已经崩溃，真是令德国喜出望外。这时候把预定的和平建议提出来，其所包含的条件，当然不能为英法所接受，虽说德国想和，和议从始就没有成功的希望，希特勒的把戏，一套一套地玩出，英法看得太清楚，所以今番再也不上他的当。有人说，英法的不肯议和，是因为要顾全面子，只要德国能想出一种方式，让英法的面子得以顾全，和议便可以成，这句话是完全错解了西洋人的心理。欧美人士，素来是只讲实际，不重面子，而且他们觉得东方人的喜欢讲面子，是一件十分可笑的事，像英法两国这样民治国家，尤其不会为着"面子"，把几百万国民的生命，孤注一掷。阿比西尼亚亡国以后英国的对义妥协，何尝不丢面子，但是为着国家的利益着想，也只得这样做。那么英法为什么一定要继续对德作战呢？第一，英法公开宣称的，他们对于波兰，在条约上有互助的义务，不能坐听其灭亡，这句话从德国和苏联看来，不过是英法的借口，但是如果我们平心静气地，打开历史一看，在过去两世纪中，英法两国的举动，固然许多是带着帝国主义的色彩，可是在世界各国当中，这两国比较地能守信义，重条约，却也是事实，尤其是盎格鲁撒克逊民族，素来以此自负，说这是他们立国的基础，所以要他们轻易地把这原则牺牲了，事实上是一件做不到的事。当然更重要的理由，是因为波兰灭亡以后，英法感觉，他们的地位和利益，已经直接受了威胁，当然在若干年以内，德国或者不会有能力，直接向英国或法国进攻。不过假若英法听任波兰灭亡（或者也许沦为德国的保护国），那以后巴尔干半岛和北欧各国，势力只有投入德苏义怀抱的一途，英法根本再没有说话的余地。多年来支配欧洲的英法，慢慢地会降成次要的国家。以后商业竞争问题、殖民地问题，还要随着而来，后患无穷。所以无论如何，只好忍痛牺牲，准备再决一次雌雄。这次的爆发，和第一次大战同一理由，这次战争的必然继续，也和上次相同。莫洛托夫说，英法为着争取欧洲支配权，而继续作战，是带着有浓厚的帝国主义色彩。关于这点的是非，姑且不论，但是几百年来，强大的白种民族，始终各自抱着支配世界的志向，却是铁一般的事实。今日的苏联，看来亦并非例外。正是因为这点，霸权的夺取，酿成了不可挽救的大规模战争，而在这种局面之下，希望在短时间以内，恢复和平，岂不是妄想？

德国能战胜英法么？德国摧毁波兰的迅速，令全世界惊奇，有许多人因此说，英法盟军，未必不败于德国。但是仔细看来，波兰的覆亡，只是足以证明波兰的无能和他以前的大言不惭，并不一定能够证明德国军力的优越。德国固然在十八天以内，摧毁了波兰的大部主力，可是苏联的红军，以更短的时间，突破了波军的防线。和德国关系紧张了半年，事先并不筑好近代化的防线，这种国策，当然是要亡的，德国对英法，和对波兰，完全不同。希特勒的空军，毁灭了华沙，却是并不敢到巴黎或者是伦敦去尝试，不是不能去，而是顾虑着那可怕的报复举动。号称世界第一的德国陆军，是不是真能突破马奇诺阵线，还要待事后来证明。但是从一般军事技术家的眼光看来，这种希望，似乎是很微渺。德国军队要想冲过马奇诺阵线，比第一次大战时想要攻下凡尔登，还是难好多倍。空军方面呢？在战前世界上曾有过不少的人，替德国作义务的宣传，说德国有一万多架（或有甚至说有三万架）飞机，并且说德国飞机的速度和威力，都比英法强得多。这些本来不正确的情报，现在看来，相当地可笑。德国飞到英国去轰炸的飞机，到现在止一次总不过几十架，少的时候还不过几架，从两月以来交战所得结果，英法飞机的数量和品质，决不在德国以下，英法联合空军的力量，优于德国，似乎不成问题，而且全靠空军制胜，从专家的眼光来看，也是一件可笑的事。德国的潜艇、袖珍舰和空军，虽然想摇动英国的海上霸权，但是并没有能奏效，固然德国潜艇，曾经深入英国军港，击沉主力舰"罗耶俄克"号，德国飞机，也曾击沉英国的航空母舰。可是这种偶然的惊人表演，不能盖住英国海军一般的威力。德国海岸，被封锁着像铁圈一样，对外交通完全断绝，英国的军队和军火，大批地通过海峡，运到法国，丝毫未受损害。以打击护送办法（Convoy system）为目标的袖珍战舰，尤其令人失望。这样看来，德国战胜英法的希望，似乎是很微渺了。

德国会进攻第三国么？自从英法宣战以后，德国已经深知，除波兰以外，在东欧再向其他第三国进攻，徒然消耗实力，无补于最后胜利的夺取，苏联进兵波兰以后，其势力在波罗的海及巴尔干半岛，大形扩张。为着避免与苏联发生可能的冲突，德国在波罗的海，实行退让。在巴尔干半岛，也暂不愿再有举动，以免有损两国友情。目下中立国家当中，感受威胁者，只有比、荷、瑞士三国。德国会不会假道比利时或者瑞士以攻法，或者假道荷兰以攻英，是一个值得考虑的问题。按事实上来说，法国在瑞士和比利时两国边境，也筑有马奇诺阵线；假道此两国以攻法，不足以影响法国的安全，徒然引起全世界的愤怒。至于假道芬兰一节，德国即无海军力量，即全占领荷兰，亦未必能以之作攻英的有效根据地。况德国此次对于世界舆论，相当重视，与其在第一次大战时所取的态度，完全不同，如空军的不炸英法城市，即是此种态度的一种表现。因此无补实际的冒险行动，暂时似不致实现。德国如果真的进兵比荷瑞三国，恐怕他在进攻马奇诺阵线失败以后，准备作孤注一掷的时候，最早也得到明年夏天。

德国能支持长期战争么？照上面所说的看来，德国要想战胜英法，几乎是不可能，同样地因为德国布有四格弗利阵线，英法联军，想要在短时期以内，攻入德国，也是一件不可能的事。因为认识了这一点，英法的策略，是要想法引诱德国来进攻马奇诺阵线，因而蒙受重大的损失，逐渐把力量销耗完了。急性的希特勒，难免不上这种当。要想不踏上次欧战的覆辙，德国必须具有长期作战的能力。这就是说，它对于粮食、燃料、军火和各种原料品，必需有充分的储量，或者有法可以源源供给。虽说经过若干努力，德国现在所储蓄的若干粮食和原料品，为量很少。本国的资源，缺憾甚多。海外购买，即乏金钱，又无交通工具。除掉钢铁仍可就近从瑞典取得以外，其他各项物品，只有取给于苏联之一法。所以德国的能否持久作战，全看它和苏联的关系如何而定。英法准备三年以内，消灭德国的实力。也许实际上作战的时间，比这期限还要久些。但是苏联停止接济德国的时候，恐怕德国的命运就要判定了。乐观的英国人说，苏联愿意接济德国粮食和原料品，但是必然坚持德国偿付现款，或者以物品交换，而决不至于对德放款，这种看法，未免过分乐观。当苏联西陲新防线区还没有修好，当苏联想要利用德国来消耗英法实力的时候，在某种限制内，对德放款，是一件很可能的事。但是

《我的奋斗》中提到乌克兰的麦田，史达林未必能忘怀。到了相当的时候，苏联难免就不把这纳粹朋友抛弃了。

苏联会出兵么？希特勒成天想，也许苏联为着德苏两国共同的利益，会出兵帮助他对英法作战，但是这种梦想，始终不过是一种单相思。苏联这次大讨便宜，正是因为保持一种假中立，可以随时自由行动。任何举动，使它鲜明地站在德国或者英美的一边，对它都只有消耗能力，并无好处。苏联和德国合作，再解决一两个小国，还有遥远的可能性。苏联为德国而对英法作战，却是断然没有的事。

欧洲将来怎么样？此次欧战的结局，也许几年以后，重演凡尔赛和约的局面；也许英法与德，两败俱伤，不得已讲和。但是无论如何，已被苏联吞并的波兰疆土，无论用武力或谈判方式，恐怕都无法可以索回。同时苏联势力的控制波罗的海，伸入巴尔干半岛，不但粉碎了德国的野心，而且打破了英国维持北欧中立和保持巴尔干现状的传统政策。张伯伦一贯的政策，总想不要苏联过问欧洲大事。现在推演到这种局面，正和张的理想相反。向来被排斥的苏联，一变而〔成〕支配欧洲的主要角色，真可以说是意想不到了。

《云南日报》1939 年 11 月 5 日

从军事技术上推论欧洲战局

曾昭抡

第二次欧战的第一阶段，事实上已经证明为德国方面的优势。两月以来，挪威的占领，荷兰比利时的摧毁，佛兰德斯的包围战，强渡索姆河后的挺进，最后引到巴黎的陷落，这些事实，都表现了德国的军事力量。以前一般权威观察家的推测，现在都证明与事实不符。过去论欧局者对于德国力量的估计，均嫌过低，因此战局的发展，愈觉出人意料，在这种情形下，想要预测将来，也更觉不易。

德国迄今的战果，理由当然是多方面的。从大的方面讲，军事外交，德国处处取得主动地位，英法变为被动，事事慢人一着，结果往往弄得措手不及。从战略方面说，德国作战计划，较为周密，每逢大战的时候，同盟军所遇到的敌人，多半是优势的德军，造成以寡敌众的局面。从军事技术上说，德军拥有较大数量的新式武器（尤其是飞机和坦克军），所以比较利害。同盟国方面，对于这几点过去失败的理由，当然早已认识，并且力求补救。军事外交的争取主动，作战计划的从新订正，诚然是很不容易的事，不过在目前并不是没有办法。现在最需要而且最难克服的困难，还是在军事技术上面，就是说在军队的配备上，因为这事包含着有时间问题。

"德国利于速战速决，英法利于持久抗战"，是现在一般观察家公认的一句话，连德国人也不否认的。德国为什么利于速战速决呢？这次西线大战，柏林方面，业已承认，系以全力出击。参加战斗的兵员，超过二百万，占去全国可能动员的总数六分之一以上。所用新式武器，假若不是全部国家所有，如法国人所传的，至少也占现有总量半数以上。荷比战事发动以后，一月以来，德军一直采取猛烈的攻势，到处突破对方的阵线，收到重大的战果。不过只要略为有些军事常识的人，便会知道，在这种胜利当中，兵员和武器的损失，必然很重大。据法国方面推测，此番西线大战，德方军队的损失，达四十万员以上，飞机坦克车，至少已经损失其总量的半数。此种说法，容或过甚其辞，但是德方损失的重大，确不待言。德国积极备战。迄今已有五年以上的历史。中间除去年波兰战争中消耗一小部分外，其余一概未用。五年的积蓄，拿来作几十天的战斗，用以对付准备比较很不充分的同盟军，效果当然是很大。可是目前德军军备上的消耗，无论是兵器本身或者是弹药，都超过国内的生产量，似乎是一件不可避免的事。即令现在的生产量，超过战前五倍或十倍，这件事仍然是不可避免，因为原料是有限的，工厂的生产量也是有限的，同时避免不了要受敌机的威胁。德军的打算，无疑地是孤注一掷，想以狂风暴雨的姿势，扫过法兰西，正和它扫过荷兰和比利时一般。这着如果做到了，胜利当然是德国的；英国最多只能保守它那岛国，退出欧洲大陆以外。不过战事的演进，也许不会这样简单。假若这着做不到，德国对同盟军在武器上的优势，便会渐渐失去，结果演成长期战争，终久重演第一次大战的结局。最后胜利，这〔还〕是属于英法。

从他方面说，因为武器处于劣势的缘故，同盟军今后若干时期内的挫败，很容易令一般外行，怀疑法国陆军传统的威力。实在这事不过证明法军武器的远处劣势，并不能证法军的无用。一旦法军握着充足的武器，击退德军，并不是一件困难的事，而且德军统帅部，就是最初承认法方抵抗力的坚强，出乎意料之外的。同盟国的苦处，是当初过分大意，准备太不充分。例如英国积极赶造军火，恐怕还是挪威战事失败以后的事，到今不过一个月。美国虽然极愿帮忙，可是觉悟已经太晚，一时还赶不上德国的生产，这样一方面不得不顾及本国的扩军，一方面要供给英法的需要，也感觉穷于应付。

从资源上面来说，大英帝国一国，已经比德国丰富得多，何况加上世界上物产最丰的美国。不过工业动员，究竟需要时间。而在目前白热的机械化战争当中，要支持到半年以上，这需要英法的最大努力，因为现在的战争方式，在有史以来没有先例。

《云南日报》1940 年 6 月 16 日

欧洲第二战场问题（上）

曾昭抡

最近半年来，少有一件事，像开辟欧洲第二战场那样引起全世界的注意。无疑地假如第二战场，能在适当时期顺利开辟，联合国家全盘形势，将要由此好转，轴心国的厄运亦将自此开端。因此，关于此项问题的检讨，有特别提出的价值。

第二战场究竟会不会开辟？大约会在什么时候开辟？开辟以后的效果如何？这是三个可以提出讨论的问题。关于第一个问题，大约没有多少可以辩的地方。不但负此项责任的英美两国，曾由官方屡次证明，第二战场，在适当时机，必将开辟，而且这一着乃是同盟国战胜德国的必要步骤。我们在各方面所能得到的情报，也都提出，英美对于进攻欧陆的准备，正在进行中。现在看来，除非联合国家有更巧妙、更迅速的制胜方法，这一着迟早总会实现。关于第二个问题，可以讨论的也不多。第二战场开辟以后，只要同盟军能在欧陆站住脚，无疑地这事对于轴心国家是一种严重的（或者甚至致命的）打击，虽则我们不可由此期望轴心国立即崩溃。

最令人揣摩不着的，要算第二战场开辟的时间问题了，对于这问题，除开英美苏三国的最高当局以外，恐怕谁也不确实知道，不过根据军事技术以及其他方面的知识，对此倒不难作一种合理的猜测，在八月初某次公开集会场，有人问我对于此事的意见，那时按东线情形，极端危急，开辟第二战场以解苏联倒悬之急，成为英美舆论一致的呼声，然而当时我的回答是，三个月以内，第二战场决不会开辟，现在三个月限期快到了，大约当初的看法并没有看错，其实这事说穿了，也很简单，所谓第二战场的开辟，并不是应不应该的问题，而是能不能的问题。这三个月当中，世界上发生了不少重大事件，欧陆东线上无日不在极端紧张的情形下进行大战。但是对此问题有关的基本因素，并未变更，假如现在再作一次大胆猜测，我愿意说，欧洲第二战场至少需在今年底方望开辟，（实在说来，三四月以前，我之就是这样想），而最可能的时期，乃在明年春末夏初，假如确是这样，许多读者不免失望，我们不要忘记，世界上许多事情，都具有因果关系，因而事件的到临，常常是有一种不可避免性，无论如何，冷酷的事实，其成为决定的因素，远超过个人的感情。

研究第二战场呼声的经过，对于了解此种问题，有莫大的帮助，去夏德苏大战爆发以后，英国立即图谋与苏联取得合作，据事后传出消息，当时苏联方面提出的意见，宁愿在东线单独作战，甚至不必一定接受英方的军火援助，但愿英方迅即在西欧开辟第二战场，以收东西夹击德国之效，当然在理论上，有二战场的显然有利，谁都容易看得到，所以在苏联方面提出这种意见的时候，一部分英国政治家及军事家，也不谋而同地，提出同样建议，这种建议马上受到一般民众热烈的拥护。但是英国当局警告民众说，这种冒昧的尝试，势必引到敦克尔克故事的重演。舆论由此冷下去了。英国对于苏联的援助，限于接济苏方军火及轰炸德国。

到了去年十一月，东线战局，异常严重。在十月革命纪念日的大会演说当中，斯大林委员长，第一次公开提及，切盼西欧开辟第二战场。英国舆论跟着鼓噪起来，结果又被政府压下去。不久北非战场开辟，总算是英国对斯大林的一种答复。实在说来，自从德苏宣战以来，英国策划在埃及边境反攻，业已数月，即令苏联方面不将第二战场问题提出，这着也一定会做。英国军政当局，骨子里究竟不像表面上那样迟钝和漠不关心，北非战场，虽非苏联理想中的第二战场（那个战场应在西欧），可是埃边战事的爆发，对于苏联未尝不是一种安慰。当奥钦勃克部队长驱直入利比亚的时候，苏方也曾说过，英国陆军，在这方面有很大的贡献。

　　正当苏联战局渐趋稳定，利比亚战争顺利进行的时候，珍珠港事件突然在远东爆发了。美国参战，对于全体同盟国，当是莫大的鼓励，不幸因为地理上过于遥远，英美两国对于初期远东大战，感觉招架不及，同时随着冬季的到临，苏联不但能坚守阵地，并且移动反攻，获得不小的胜利。因此第二战场问题，暂时遂无人重新提起。

　　到了今年三月，日本帝国主义的猖狂，已达极点，香港、菲律宾、马来、新加坡、荷印、仰光等军略要点以及资源富庶的地区，先后相继沦陷。甚至印度、锡兰，亦属岌岌可危，然而经过四个月的努力，美国在战时军火生产上，已上轨道。对于其海陆空三军的作战实力，亦具信心。英美两国的看法，始终不忘德国是联合国家敌［最］可怕的敌人。所以在远东局面最严重的关头，美国陆军参谋总长马歇尔上将访英，所讨论主要地乃是关于欧洲战场问题。一直到那时候，英国可说是没有于短期内在西欧开辟第二战场的企图。马歇尔此行，替英国打了气，是英美两国开始正式筹备第二战场的开辟。

　　美国这种态度给了苏联一种鼓励。五月底莫洛托夫访问英美，其主要任务之一，即为商量开辟第二战场的时间问题。苏联之所以采取此种行动，有两种可能的理由。一种是苏联当局，认为德国实力，仍然异常可怕。夏季攻势发动以后，如果仍要独立支持，颇感不易。另一种理由，是由于冬季反攻胜利结束，苏联对于本国实力，不免自信过深。因此认为只要英美在西欧大举进攻，今年内就有击溃纳粹的希望。也许这两种可能性，全在莫洛托夫心中。无论如何，莫氏访问英美的一种具体结果，是英美苏三国，公开声明，第二战场，今年内即将开辟，据现在看来，大约当时所谓今年以内即是指年底。当然他们不能明说须待年底以免为敌人所乘。关于此中情形，德国无疑地可以猜想得到。然而德方对于短期内西欧开辟第二战场的可能性，不能不防。所以西线的防务，马上就增强了。第二战场空气的放出，并不是完全没有的好处。德国一部分兵力，因此被牵制在法比两国；对于东线的压力，多少不免减轻，虽则忧虑世界前途的，对于此等牵制，深感不够。

　　在夏季攻势发动的时候，英美苏三国，犯有一种共有的错误，就是大家都把德国潜在的攻击力量，不免估计过低。这点从后来东线北非，形势几乎同时逆转，可以得到充分证明。到了七月初旬，苏联与埃及两处前线的危机，均达顶点。北非方面，英军自多布鲁克失守后，继续作长距离后辙。轴心军深入埃及，进抵艾尔阿拉敏附近，距离亚历山大港不过八十英里，该港岌岌可危。东线方面，波克将军的部队，在南路全线猛攻。北边在库尔斯克，南边在库朴杨斯克，突破苏联主要防线，进抵顿河，一时联合国家在欧非两洲的形势，均极危殆。尤以东线为德国主力所在，更形紧张万分。当时英美民众，痛感顿河之战，对于世界命运，具有决定性。于是开辟第二战场以解苏联之危的呼声，顿然甚嚣尘上。至于英美当局，彼时确系遭遇一种极大的难题。考虑盟军对德国的实力，不但在七月间绝无开辟第二战场的可能，甚至保持原来年底开辟的计划也办不到。在另一方面不做这着的话，不但在道义上无以对盟友，且恐苏联主力，突告崩溃，以致全盘输却。同时埃及形势，亦不容乐观。为着挽救东线与北非的危局，似须不计成败冒险在西欧发动战事，以吸引对方兵力。对于这种难题，两国政府，多少经过一番踌躇，仍然决定将第二战场的开辟，暂时搁置。有一次邱吉尔首相，特别觐见英王。外间猜想，大致系奏明此事。当时颇传英方将立即在西欧进攻，结果乃证明，事实完全相反。夏季中英美之卒于放弃提前开辟第二战场，主要地是自认实力尚未充足，准备尚未完成，另外一种理由，是英美苏三国当局，自信力都相当强，不像人民那样慌〔张〕，英美两国，不但认为埃及局面，不致过分恶化，而且相信苏联主力，并未崩溃，南路情形，可望好转。这种信念，以后事实证明，确是对的。在这里附带可以提起一点，就是第二战场，苏联对之期望虽最急切，但是在英美舆论鼓噪此事的时候，苏联政府以及民众，均守沉默，后来民众略有反响，亦系追随英美人民之后。此事不但表示苏方对于本国军队的自信力甚强，而且显示苏联官方对于英美暂时无法开辟第二战场的苦衷，具有相当谅解。（未完）

《云南日报》1942 年 10 月 16 日

欧洲第二战场问题（下）

曾昭抡

　　苏联前线形势的恶化，使邱吉尔在八月中旬，飞到莫斯科。那时候南路德军，两路深入高加索，一路酣战顿河河曲，企图猛攻斯塔林格勒。在这次具有历史意义的邱斯二氏会晤当中，苏方对英美按兵不动，正式露出不满的情绪。但是同时苏联对于英美在军事技术上的困难认识得更清楚了。所以在邱氏返伦敦以后，莫斯科方面，显出两种仿佛矛盾的态度。一方面舆论要求迅辟第二战场。另一方面，半官方消息，告诉民众，苏联仍须继续独力作战若干时候。

　　多少为着应付苏联方面的要求，八月十九日，英美及加拿大的联军，在法国第厄普，来了一次白昼突袭。这次所谓第二战场的预演，具有重大意义。其结果对于同盟军的指示，有它有利的一面，也有不利的一面。有利的一面，是指出同盟军确有将相当强大部队，在西欧海岸强行登陆成功的能力。不利的一面，是指出德国西欧防备，非常坚强，殊出一般人预料之外，而其调兵尤为迅速。关于此役详情，英美方面所发情报，始终不够详细。轴心方面传出的消息，是说同盟军约有一师团（一万五千人）登陆。激战一日（据英方说一共不过九小时），结果，除死亡及自动撤退者外，被俘一千五百人。这些数字，事后英国未予否认，同时英国亦自承损失不小，可见是相当正确。德军损失亦颇可观，但似较盟军要小一点。原来最近几个月英国不断猛炸德国工业区，德国毫不抵抗。人们总以为德国飞机绝大部分调往东线作战。剩下留守西欧的空军，异常单薄。殊不知在这方面的德国空军，对英虽处相对劣势，却非处于绝对劣势。平常轰炸时之所以不抵抗，意在保存实力以应更大危机。此与一九四〇年秋季德国猛炸伦敦时英国所采态度，正属相同。第厄普突袭一声发动，德国飞机马上就起飞了。空战及高射炮射击结果，英方损失飞机九十五架，约与德方损失相等。由此一点，亦可见德国在西欧军事力量的不可侮。第厄普一役结束以后，一时盛传类似突袭，将连续发生。德军统帅部，对此亦深感戒惧。然而迄今将近两月，此等预演，未见再度举行。由此可见不但正式开辟第二战场，决不是儿戏；即来一次预演，也是好不容易的一件事。

第厄普以后，第二战场的呼声，大体又告沉寂。也许一般人心目中，以为正式表演，即将登台，用不着再催。一个多月以后，威尔基于九月飞抵苏联。访苏结果，威氏发现，苏联当局以及全体军民，虽则不乱说话，心中却在恳切祈望第二战场迅即开辟。威氏本人，观察实际情形以后，对此深表同情。因此先后再三发表声明，力言此事有迅即发动的必要。他甚至说，英美军事当局，在此点上需要公开刺激，话虽如此，仔细看来，威氏所要求的，也不过是在军事领袖认为最可能的最短期间内，将第二战场展开，而且威氏说到英美军事需要公开刺激一点，正是表示此等领袖，短期内毫无开辟第二战场的意思。他们之所以持此态度，并不是对此事不热心，而是力有所未能。在威氏访苏期间，苏联方面对此问题的批判，以为严冬方始发动，未免过迟。可见英美时刻，原拟仍俟年底，方始执行此议。

威尔基的公开刺激，多少总有点效力。不过其成效范围，恐将限于促进此项计划，令其尽量提前实现，对于解决军事技术上各种难关，则不会有多少影响。因此威氏的话，只可令英美军事当局，对此意志更加坚定，准备更加努力，而并不能将第二战场的开辟，忽略固有的困难而径予立付实施。观乎威氏发表声明以后，英美舆论，虽多予以热烈拥护，政府方面，则仍守沉默，英国当局甚至表示此事无须刺激，即可了然。至于最近苏联当局以及舆论对此问题的加紧逼迫，乃是配合威氏言论的一种宣传工作，并不足以表示苏方态度之今昔不同，也不足以表示苏联在目前阶段中更加迫切地需要第二战场。英美方面的隐衷，威尔基访苏以后，苏联当局，只有更加了解。苏联公民，容或曾因此项支票迟迟不能兑换，而对英美发生某种程度的怨望，在领袖们的心中，这些问题的实情，是很清楚的。

实在说来，苏联前线的危机，至少暂时可说是过去了。形势诚然依旧严重；不过危险的顶点，已成过去。以现在情形和七八两月相比，大体可说是业已稳定下来，比那时候的局面要好得多。希特勒最近演说，也不过说今年将要攻下斯塔林格勒。弦外之音，是今年暂时对苏联没有其他野心。斯城能否死守，现在还不敢说。恐怕守得住的成分要略为外［多］一点。无论如何，即令斯城失守，或者甚至连高加索的格罗斯尼油田也被攻下，对于主力仍然完整的苏联，并不是致命的打击。抗战仍可继续有效地进行。去冬及今年春季德国努力制造储蓄的军火，经过五个月的猛烈战争，大约也消耗得差不多了。德国最近屡次广播，总说十月底以后，苏联境寒冬即将降临，这种宣传的真正意义，是那时候他们的军火供给，已近衰竭正好借口天气下台，由此观来，愈觉苏联至少在今年以内，不致遭受何等了不起的危险，在另一方面，如果以为英美在西欧进攻，可以立解东线压力，那又未免太迟，这事如果七八月间执行，可以相当有效，现在的情形不同，例如斯塔林格勒的保卫战，要想守住此城，全靠苏联自身的力量，自己挡不住的话，两三天以内，就可以丢，靠西欧战事来发生牵制影响，时间上亦是来不及的。

英美迄今未能开辟第二战场，据英国官方解释，主要地是因为运输船只不够支配。这当然是一种重要理由。其他如配备嫌不充分，兵员数目不够，士兵训练尚未达到必须的程度，都是具有决定性因素。在此各点上，现在情形较之三个月以前，已经要好得多，然而尚未达到具有把握的地步，更谈不到对德国有压倒性优势。所以第二战场的开始，迄今仍有所待。到了年底，情形更对盟军有利，此事颇有予以尝试的可能。不过那时东线战事，势将归于沉寂，德国可以调遣大批军队增援西欧，由此增加英美发动攻势的困难。这样看来，如果英美保持一贯的稳打稳扎政策，恐将在苏联谅解之下，于明年春末夏初，方始发动，以便苏方策应，收东西夹攻的效力。到了那时，纳粹失败的命运，便可算注定了。

《云南日报》1942 年 10 月 17 日

论欧洲战局

蔡维藩

　　五月七日美英两军攻克比塞大与突尼斯，轴心军队崩溃，短期间北非战事结束。六月十一至十四日四天之内，连续占领地中海班泰雷利亚岛等四岛。七月十日夜，美、英、加联军分向西西里岛南端登陆，截至廿三日，盟军控制该岛土地近三分之二，攻占其首府巴勒摩城，并俘轴心军四万人以上，同盟军继续前进，轴心军纷向该岛东北墨西拿海峡方面撤退。七月十五日苏军在东欧战场开始发动夏季攻势，七天之间德军损失重大，奥尔勒附近的激战已使德军伤亡在五万人以上。今后一面苏军逼着德军进入奥尔勒争夺战中，使他们廿余万大军深入陷阱，一面美、英、加联军逼着轴心军退出西西里岛，再向义大利半岛进攻，两面这样配合着前进，清清楚楚的日渐扩大盟国反攻欧陆的胜利局面。

　　在全球战争中，同盟国整个胜利基础是由北非反攻大捷奠定的，而北非大捷更为盟国反攻欧陆直接奠定了胜利的基础。在盟国踏上反攻欧陆胜利之途的今日，检讨北非反攻的意义，我们当可更清楚的认识盟国反攻欧陆必胜的理由。

　　去年北非盟军反攻之前，在欧洲，在非洲，在远东，轴心国处处前进，同盟国往往失利；北非盟军反攻以来，同盟国转守为攻，处处胜利，轴心国转攻为守，处处失败。一九四二年是同盟国的危险年度，或也就是世界大战中的重大转变年度。在这一年中，苏联在史城争夺战中，中国在浙赣战区反

162

攻战中，美国在阿留申、所罗门及新几内亚诸役中，皆获有打击敌人的战果；然具有影响世界大战全局转弯重要性的战争则是北非盟军反攻，而直接影响欧洲战局转变重要性的战争也是北非盟军反攻。

北非反攻前，同盟国的情势太严重了！远东方面，日本继续扩大其发动太平洋战争的战果，欧洲方面，德国发动对苏二次攻势，非洲方面，德义大军侵入埃及边境，大西洋方面，德国潜艇广泛的阻挠盟国运输。那时，轴心国决心施两个狠毒的战略：一是以攻击中苏为对象的各个击破战略，一是以切断中苏和英美联系为目的的会师印度战略。这两个战略，无论先后发动，或同时推进，她们全都着眼于完全把握从印度到北非这个广大地带。她们要由此控制整个战局，不容许美英二国保持反攻根据地，他们才易于进而宰割世界。所以，在轴心国这样战略企图中，印非间广大地带的地位格外重要。

从印度到北非是数千里的广大区域，它联系着欧、亚、非三洲，也联系着地中海、大西洋与印度洋。地中海面对南欧全部，由印度洋前进，达于南太平洋，越过大西洋是美洲。分开来看，这个区域含有许多战略据点，合起来看，它是一片战略地带，它虽非尽为文明之区，但都为交战却必争之地，过去几次大战是如此，这次大战也是如此。同盟国完全把握这个地带，中、英、美、苏四国保持密切联系，自然能够控制全局，否则四国联系被切断，德日发生直接联系，轴心国控制全局，同盟国必难反攻。因为这种战略价值关系，同盟国在向任何方面反攻之前，必先完全把握这个印非间的战略地带。

早在一九四一年，同盟国对这方面已经着手准备。在克里特岛争夺战期间，英国赶在中东一带布置数十万大军，德苏战争爆发不久，英苏联合进兵伊朗，美国又经由中东源源接济英苏两国，同盟国乃得先将印非间战略地带的中段稳住。太平洋战争爆发，日本占领区域扩大，但因力量不够，胆量又小，未敢进攻印度。一九四二年夏季起，阿留申、所罗门及新几内亚诸役牵制住日本，使她不能再进，英美尽速加强驻印军力，同盟国又将这印非间战略地带的东段稳住。东段和中段稳住，但从埃及边境到北非的德义雄厚军力，终是对同盟国的严重威胁，因为德义两国占着这印非间战略地带的西段，她们可以由进攻埃及与苏联而策应日本进攻印度的战略。换句话说，北非轴心势力继续存在，同盟国时时感受轴心国企图夺取印非间全部战略地带的威胁。为免除这威胁，同盟国必须完全把握这个战略地带，为把握这地带，同盟国必先反攻北非；这是英美盟军反攻北非的根本意义。一九四二年十一月七日北非盟军开始反攻，经过半年时间，北非轴心势力完全肃清，同盟国把握北非，就完全把握印非间战略地带，也就把握全球战争中反攻轴心国的总根据地。同盟国完全把握它，就有了控制全局与发挥主动战略的地位，由此盟国间可以彼此密切联系，可以策划共同战略，而轴心国则无法相互策应，无法施展远大战略，只能转攻为守，各自作孤单的挣扎。同盟国在北非胜利，其意义远较其他任何方面胜利为重大。敢信今后盟国愈胜利，北非胜利的意义将必愈显得重大。

北非战事结束，印非间战略地带完全入于盟国掌握中，而由中东至北非立即成为盟军反攻南欧全部的根据地，这一带英美百万大军随时可作反攻的先锋。就全球战局说，北非大捷完成了同盟国完全掌握印非间战略地带，进而策划对轴心国全面反攻的战略；就欧洲战局说，北非大捷立即引领盟军肃清地中海，进而反攻南欧。从六月十一日盟军占领班泰雷利亚岛到目前进攻西西里，很可以视为北非胜利战争的延续；所以北非盟军反攻胜利对欧洲战局的影响为最直接。

截至目前为止，盟国掌握印非间战略地带，立于主动地位，配合远东反攻战争，对欧洲施展两个战略，一是加强空袭德国，一是反攻义大利，它们全都有加速盟国在欧洲战场最后胜利来临的重大意义。

先说空袭德国的战略。一九四〇～四一年英国忍痛渡过英伦大空战的难关，一九四二年春季起英美空军力量加强。依照一九三九年拟订的空袭战略，把德国军事生产、交通，以及海、陆、空军根据地等区域，就其性质，分列等级，英美空军顺序前往德国空袭。空袭次数，飞机和投弹的数量不断的增加。今春以来，英美空袭德国的威力已远超出当年德国最引为自满的伦敦大空战程度之上。三月至五月，英美空袭德国军事生产区域所投掷的炸弹计重三万吨。五月廿三至廿九日一周之内，投弹七千五百吨，平均每日投弹千吨以上。五月廿三日夜袭鲁尔区多特蒙德城一小时，投弹即达二千吨之多，这是今年上半年德国空袭英国投弹总数量的两倍。同日空袭杜塞尔多夫城，每分钟投掷四千磅重炸弹五个以上，又投掷八千磅重炸弹多枚与燃烧弹数万枚，这次空袭威力突破已往纪录。廿九日夜袭伏伯特，千亩面积全成废墟。六月廿二日空袭克累腓尔德，出动飞机七百架以上，平均每分钟投掷四千磅重炸弹五枚。英美空军如此剧烈的施展"对德廿四小时轰炸战略"，除摧毁德国军事生产、交通，以及海、陆、空根据地外，尚有军略与政略两方面重大意义。

军略方面的意义。北非胜利之后，英美认识反攻欧陆距离最后胜利时日相当长，损失相当大，加紧空袭德国，削弱德国战斗力，盟军反攻欧陆战争时日缩短，损失减少，自是对盟国最经济的战争。即或牺牲成千万的飞机，亦较牺牲数十万或数百万陆军或若干万吨海军为经济。在现代战争中，空军是"平民式"的武力，海陆军是"贵族式"的武力。在英美飞机生产力激增的今日，以"平民式"的武力，来先获战果，或减少"贵族式"武力损失，皆最经济最合算。看六月十一至十四日四天之内，以四十空军人员牺牲的代价，接连克复班特雷利亚岛等四岛是何等经济合算。再看北非德军惨败，德空军不能赴援自是其失败原因之一，而英美施展"对德廿四小时轰炸战略"，则是德国空军不能赴援的最大原因。往北非盟军胜利与班岛等四岛投降的经验来看，英美空袭德国，在军略方面确有重大意义，并已相当达到加速胜利与减少损失的目的。今后无论战局怎样发展，英美必继续对德空袭的战略。

就政略方面来说，英美空袭德国的意义更重大。根据许多先天条件观察，德国根本不宜发动战争，这一点恐怕只有俾斯麦认识最透彻。在他主政时，德国几位名战略家始终坚持德国不能东西两面同时作战；其实，这就是德国不宜发动战争的要义，因为只要德国发动战争，终必遭受夹攻。可惜从威廉二世起，德国军事当局只捡拾战略名将的皮毛，而未领略其要意；惟其如此，后来一般军事家全部坚持闪击战略的运用，以求速战、速胜、速决，而避免被夹攻的危险。再深刻的观察，我们还可看出德国传统战略中尚有将战场始终放在敌国境内的基本计划，这一点欲足证明德国战略家见解高超。一国作战，战争行为不直接延伸到她国境之内，她的损失究有限度，而她的战斗力亦易于加强。十八世纪的"卅年战争"始终表演于德国境内，结果弄得德国损失到无法计算的程度，德国战略家对这一般历史自然了解。所以上次大战爆发，德国先以闪击战略，把战场放在敌国境内，并且将那些战场继续维持在敌国境内达五十一个月之久。德国之所以能够独自支持战局，她用这样战略当有亟大关系。这次情形却不同了！虽然一九三九年签订德苏协定，置苏联于战局之外，德国专在西欧一面作战，虽然一九四〇年法国战败求和，英国退出欧陆，一九四一年德国转而攻苏，专向东欧一面作战，虽然在英美反攻之前，德国尚想先击败苏联，然后专打抵抗英美一面的战争；可是她未想到盟国首先在所谓"欧洲堡垒"的天空开辟一个剧烈、有计划的大规模战场。这对德国影响太严重了！自拿破仑战争结束以来，德国从未深受直接战祸的打击，战场亦未在德国本土出现，即上次大战延续五十余月之久，最后两月战争才伸入她的国境。这次盟国在德国无屋顶的"欧洲堡垒"上面开辟一个空中战场，把成千成万吨的炸弹向她国境之内倾倒下去，这是直接进攻德国士气与民气的战场。无论纳粹如何宣传"欧洲堡垒"的力量，英美"廿四小时轰炸战略"根本不容许希特勒在德国军民心中建起一个精神堡垒。纳粹德国是打不得败战的，而其军民心理与精神是动摇不得的，英美就要在德国于战场失败之前，施展空袭战略，使其军民心理与精神首先动摇。

在现代战争中，空战地位很重要。这次战争中，英美"对德廿四小时轰炸战略"，事实上已独自造成一个对德战场。英美要在这个战场上继续发挥威力，因为她们要从它求得军略与政略两方面的重大收获。

义大利是轴心最弱的一员，它坐落于北非对岸，恰好作了北非盟军赓续其胜利战争的战场。北非战事结束，六月十一至十四日盟军占领地中海班岛等四岛，先将海面肃清，七月十日英、美、加联军在西西里南端登陆，正式攻入义大利本土。半月期间，轴心军队被俘四万人以上，全岛三分之二领土入于盟军掌握中，盟军继续前进，轴心军纷向东北撤退。料想短期间轴心军将退往墨西拿，重演北非比塞大与突尼斯最后挣扎的一幕，所不同者，德义或能利用墨西拿海峡一般仅及四分之一英里的窄狭海面，救出一部分军队。

西西里岛之被攻克，只是时间问题。将来西西里战事结束，盟军当然进攻义大利半岛。盟军可能同时进攻义大利半岛与撒丁尼亚岛，也可能同时进攻巴尔干。进攻义大利，盟军可能进攻她的西岸，直捣罗马首都。进攻巴尔干，盟军可能先克服克里特岛，或突击巴尔干侧面的保加利亚与罗马尼亚，倘盟军同时反攻义大利半岛与巴尔干半岛，苏军再加强反攻，那就形成盟国夹攻轴心国的战局。

单就义大利方面说，义大利已处于进不能攻，退不能守的地位，她无战的力量，又无和的自由。要使七月十六日罗邱致义民劝和书发生效力，盟军必须迅速进攻罗马，先使法西斯神经中枢发生动摇，或同时反攻欧洲其他方面，首先分去德国援义的兵力。将来攻义战争需要多少时日，虽难断定，但其结束情形大约不外两种。一是盟军向半岛西岸进攻，占领罗马首都，再进而切断半岛南北的联系，即或墨索里尼政府迁往德国，半岛上的正式战争必告中止。一是盟军同时反攻，欧洲其他方面，德国无力兼顾，让义大利单独挣扎，结果必是投降。在这次战争中，义大利本不占很重要地位，她不中途投降，并不一定能分担德国方面多少担负，她投降，也不一定能增加同盟国方面多少便利。即或义大利将来因不能战或不愿战而中途退出战局，除使义大利半岛少受战争直接损失与予德国精神上以相当打击外，对全欧战局尚不足以发挥决定性的影响，因为同盟国胜利结束欧洲战局，仍须有赖于英、美、苏三国军力直接打击纳粹德国的本部，以根除纳粹主义的势力。

现在同盟国即已完全把握印非间战略地带，即已立于全球战争的主动地位，从中东到北非即已全为盟军反攻南欧的根据地，一旦军事运输发展到预期的程度，盟军向南欧沿岸反攻，不成问题。他们可以向法国南岸反攻，也可以向巴尔干反攻，甚至可以取道土耳其向保罗二国反攻，皆不成问题。盟国反攻基础早因北非大捷而完全奠定，所以盟军胜利结束西西里战争，攻入义大利及反攻巴尔干皆只是时间问题；将来配合苏联反攻，形成夹攻德国的战局，将来发动北欧与西欧的反攻，再进而形成围攻德国的战局，也皆是时间问题。

试问将来德国最后失败是不是时间问题？请略论之。

战争数年，德国战斗力依然相当强大，资源依然相当丰富，她的占领区域几乎包括欧陆全部，她的兵力几乎控制欧陆所有国家，可是她不是海军强大的国家，她的"欧洲堡垒"始终未曾片刻摆脱被包围的危险，将来一旦盟军攻入义大利半岛，德国被夹攻的局面立即出现，一旦盟军再向北欧与西欧反攻，德国被围攻的局面立即形成。那时，盟国把德国被包围圈逐渐缩小，德国在内线作战的限制中，向四面作战，同时尚要多分兵力，镇压许多沦陷国家，这会逼使她向四方八面招架。我们相信德国将来不一定失败于将士之不善战，也不一定失败于资源之不充足，但一旦围攻局面形成，沦陷国家反正，德国须要面面招架，全国军力不是调动不了，即是分配不够，而丰富资源来不及造成雄厚的战斗力量，善战部队也来不及发挥战斗力量，结果全部精良军力"冻结"状态就宣告希特勒最后失败。一九四一年的希特勒能以空前的空军战术夺取克里特岛，为什么一九四三年他不能以这同样战术援救北非隆美尔部队？理由甚简单，即是经过英、美、苏三国空军加强的二年期间，德国空军必须侧重防守，结果她的空军分别的"冻结"在德国本部、西北欧、义大利及东欧战场四方面。德国空军一种军力的"冻结"，使希特勒在北非失败，近来英美"对德二十四小时轰炸战略"，又将为希特勒最后失败增添一个德国军民精神溃散的因素，军力冻结与精神溃散是注定了希特勒终必失败的两个基本因素，所以德国最后失败也是时间问题。

英美很慎重，一切按计划走去，反攻战争的进展不会太快，从这次进攻西西里的战略来看，他们也未准备求快，而苏联的夏季攻势很艰苦，东欧方面的进展似乎一时还配合不起，对德夹攻的战略，参合南欧盟军进展程度与东欧气候关系来推想，恐怕真正围攻德国的战局，要到苏联发动冬季攻势时，才得形成。盟国围攻战局形成，沦陷国家相继响应，内外夹攻，空袭加紧，德国军力冻结与精神溃散，终必使希特勒完全失败，而结束欧洲战争。

三十二年七月二十五日　昆明

《当代评论》第 3 卷第 22 期，1943 年 8 月 20 日

全球战争二周年

雷海宗

自从一九四一年十二月上旬日本偷袭珍珠港，原来东西并立的战场混而为一，产生了人类有史以来的第一次名符其实的全球大战。全球战争可以分为三期。第一期由珍珠港事件，至一九四二年的五六月间，这可看见中国过去四年半抗战与过去两年零三个月欧战的继续，大体上是侵略国一帆风顺，同盟国逐步失利与退守的阶段。第二期为一九四二年五六月间至今日的发展，是同盟国在各战场采取零星而有计划的进攻的时期。第三期为今后的阶段，为便利起见，可看莫斯科会议与四强宣言为二三两期的分界线。现在同盟国已有结束战争的全盘计划，眼看就要见诸实施，到德国与日本无条件投降为止。

我们可把战争分为四个战场：太平洋、北非与地中海、苏德、中国与远东，分别讨论。

（一）退守阶段

一九四一年十二月日本不宣而战，由多日前向东开出的航空母舰上起飞一百五十架至三百架的飞机，向珍珠港偷袭，英美在太平洋及远东的所有岛上与据点也同时遭受攻击。美国海军在珍珠港所受的损失非常严重，即沉没主力舰一艘，重伤主力舰四艘、驱逐舰一艘、其他军舰二艘，轻伤主力舰三艘、巡洋舰三艘、其他军舰二艘。在偷袭的时候，港内的军舰共有八十六艘，计主力舰八，巡洋舰七，驱逐舰二十八，潜艇五，其他三十八。偷袭的结果，全部主力舰或沉没，或重伤，或轻伤，暂时全部丧失战斗力。仅次于主力舰的巡洋舰，七只中也有三只受伤。此外并有飞机一百七十七架被毁。当时的情势的确危险万分，日本的冒险家胆量如果再大一点，将可将珍珠港占领，使美国在太平洋中完全无立足之地。

十二月八日，日本进攻马来亚，两日后即炸沉英国两只主力舰。在最初的五个月间，日本的闪击非常成功，菲律宾、马来亚（包括以不可破闻名的新加坡港）、荷属东印度、英属东印度的大部、香港都先后沦陷。所罗门群岛与新几内亚也有日军登陆。澳大利亚岌岌堪危，日本的空军常由西南太平洋的占领岛屿上向澳洲进袭。最后，去年六月初日本又进军北太平洋的阿留申群岛，占领了吉斯卡与阿图。

北非战场，自从义大利在一九四〇年六月宣战后，就呈显一个大拉锯战的状态，此退彼进，此进彼退。日本进攻英美后，德军也开入非洲增援义军。德军东进，到去年六月而情势骤然逆转，六月二十日北非重镇的多布鲁克失守，到七月一日英军已退到艾尔阿拉敏，距离亚历山大港只有七十英里。亚港如再陷落，德军就可经苏彝士运河而囊括整个的近东与中东，这个危险与半年前日本几乎占领珍珠港的危险可谓同等严重，如果实现，盟国的局势就将难以挽回。

在苏德战场，纳粹一九四二年的夏季攻势也收效甚大，克里米亚半岛不守，苏联黑海舰队所依的第一大港塞巴斯托巴尔也于七月四日陷落。德国攻入高加索，占领油田区的计划，似有成功的可能。若果如此，北非的纳粹若再通过苏彝士运河，两路的德军就可在西亚的原野上会师，转而东向，并可威胁印度。

中国与远东的战场也同样的失利。越南早已屈服，泰国也在太平洋战事爆发后而投降日本。日军攻入缅甸，切断滇缅路。一因准备不充，二因人事未尽，到去年四月大势已去。五月，日本由缅甸进军云南境，另一支则作出进攻印度的姿势。

总观上述的情形，东方两个战场到去年五月，西方两个战场到六月，都发展到最危险的境地。但此后机运渐转，进入盟国坚守与初步反攻的阶段。

（二）小攻阶段

盟军第一次的伟大成功，是在太平洋战区。去年五月上旬，珊瑚海上美日之间发生第一次较为重要的海空接触，日本丧失船舰十只，计航空母舰一、重巡洋舰一、轻巡洋舰一、驱逐舰二、炮艇四、供济舰一，此外尚重创敌舰六只，其中航空母舰一只可能亦已沉没。美国方面只损失船舰三只。六月四日，日本海空军又向中途岛进攻，大战三日后，日本又败，损失军舰七只，外有其他军舰多只，包括主力舰两三艘，受重伤。美国的损失为三艘。经过这两次试验后，日本已知美国海军的厉害，美国也开始有了反攻的把握。八月美军进攻所罗门群岛南部瓜达堪那尔岛，岛上有日本建筑将成的大飞机场，被美军完整攻取。瓜岛地势冲要，盟军占领后，可以逐渐向北夺取全部的所罗门，向西攻占新不列颠岛与岛上的拉布尔港，拉布尔是西南太平洋的日本最大海空根据地。日本坚守瓜岛，两方相持，到十一月而发生自第一次大战英德之间的日德兰战役以来的最大海战。大战自十三日至十五日在瓜岛的海外连续三天，日本海军大败，计损失主力舰一、重巡洋舰一、轻巡洋舰二、驱逐舰五、运输舰八，葬身鱼腹的日军估计为三万人，此外受伤的军舰尚有七只。美国的损失只为轻巡洋舰二、驱逐舰六。日本屡次失败，知道瓜岛不能再守，到本年一月底将岛上残余的陆军全部撤退。

同时美澳联军在新几内亚岛上向日军反攻，以便解除日军对于澳洲的威胁。本年三月上旬日本的一个大运输舰队，共二十二只，于开往新几内亚的途中，在俾斯麦海被盟国的空军全部炸沉。日军自此不敢再用船舰接济新几内亚的军队，只用小艇与土人的木船偷运给养。八月六日，日军占领下的空军基地蒙□被美军攻取，盟军的轰炸基地因而前进二百英里。九月四日盟军又在新几内亚之雷区登陆，雷区为新岛北岸日本两大基地萨拉摩与威瓦克之间的最大据点。十六日雷区全入盟军之手，三天前萨拉摩已被收复。十月二日美澳军又占领芬斯哈芬港。新岛的肃清虽仍需时日，但岛上的重要据点大部已落盟手。

在新几内亚战事的猛烈进行中，盟军并未放弃所罗门群岛。日军难抵盟军的压迫，于本年十月上旬由群岛中部的科隆班加拉岛撤退。所岛战事的直接目的，是在打击日本在西南太平洋上的最大基地新不列颠岛上的拉布尔港。十月十三日盟军大规模空袭拉港，炸毁击落敌机一百七十七架，代表该港日空军实力的十分之六，日轮一百二十一舰悉数沉没，包括驱逐舰三只。盟机出征者一百架，仅损失五架，为空前的空战大捷。此后盟军并屡次从空中进袭，每次日军无不损失惨重，可见日本空军的劣势已达严重的阶段。十月二十六日，盟军又在所罗门北部的宝库岛登陆，二十八日在附近的蔡苏尔岛登陆，十一月一日在北所罗门日本最后大据点布肯维尔岛登陆。待所罗门群岛全下之后，盟军就可进攻新不列颠了。

在北太平洋，美国海陆军于本年五月十一日在阿图岛登陆，到月底阿图完全占领，日本守军全部覆没，吉斯卡的日军与日本本部的联系遂被切断。至此日本第一次改变过去一兵一弹也要死守的顽强作风，吉斯卡的驻军利用北太平洋的深厚雾层偷偷撤退，八月十五日美加联军进占该岛时，已不见日人的踪影。阿留申群岛全部克服，日本对阿拉斯加以及加拿大的威胁解除；反之，美国此后可以计划由阿留申而进袭日本本土。

在北非方面，德军自去年七月一日到达艾尔阿拉敏之后，四个月间不能再向前进。十月二十三日，英国第八军偕同友军开始反攻，十一月五日轴心军溃退，名将阵亡或被俘，空军大批被毁。英军很快的进入利比亚境，苏彝士运河四个月来所受的威胁完全解除。

当德军西退的时节，正是盟军在西北非登陆的时机。自十一月七日起，盟军呼应第八军的胜利，发动东西夹击的钳形攻势。英美的三军联合在法属北非与西非登陆，登陆所用的船舰共八百五十艘，大小运输舰五百，各级军舰三百五十，是人类有史来最大规模的登陆战。一星期后，全部的法属西非与北非都已占领，只有突尼西亚仍在轴心的手中。突地在义大利海军的监视之下，英美不能顺利的登陆，由陆地东进又遇到交通困难的问题。机会一纵即逝，轴心不久已有防备，结果是又经过半年的恶战，到本年五月七日盟军才占领了突尼西亚首府突尼斯与要港比塞大。此后一星期内，轴心军全部投降，统帅阿尼姆也被俘。此役的战俘将近三十万，将领十六人，战利品甚多，大炮即有千尊。北非的大捷，使盟国控制整个的地中海南岸，自从三年前义大利参战后就中断的地中海航线，至此又可畅通，四个月始能来往一次的好望角航线不必再绕，船只吨位大为节省，盟国的运输量突然增加。

六月中旬盟军攻占突北的义属三小岛后，七月九日英美加联军在西西里岛登陆。岛上义军抵抗甚微，德军也未能发挥威力。七月二十五日墨索里尼被迫辞职。八月十七日西岛的战役胜利结束。

九月三日盟军攻入义大利本土的南端。当日义大利的巴多格里奥政府已经投降，但为盟军的便利，投降的消息到八日方才宣布。不只陆军投降，义大利相当强大的海军，除少数被德人劫持的舰只外，全部都归到盟方，世界海军的均势骤然改观，地中海成了盟国的内湖，英国的一部海军，也可放心大胆的东开印度洋，远东的战局也面目一新。义军退出战争后，德军大批开入义国半岛，进驻罗马，并劫墨索里尼而在北义建设傀儡的共和法西斯政府。盟军向北推进，十月一日进占南义的大港那不勒斯。同时，南义的空军最大基地福查以及附近的十三个机场也落入盟手。此后盟国空军不只可以控制全义的天空，并可进而威胁南德与巴尔干的所有轴心重地。十月十三日义大利向德国宣战，盟国承认它为共同交战国，不久义军也可参加向北驱除纳粹的行动。

德国在东线的一九四二年夏季攻势，最大的成就就是克里米亚半岛的占领。但这并不是德国最大的目的，纳粹一心一意想要攻取的是史达林哥勒。九月中旬，德军进入史城。德军的计划原想三个星期攻下史城，不意夏季转入秋季，又进入冬季，德军已经深入城内，德人认为苏军按理早当后退，无奈苏军不守常理，死不肯退。英美在北非登陆后，苏联由史城的几个坚守据点也开始发动反攻。由十一月中旬一直恶战到本年一月底，三十万健儿的德国第六军完全消灭。一月三十一日，保罗元帅不顾元帅之尊，也亲自投降。二月二日最后的小股德军也被解决，史城完全收复。三十万人的大军大部消灭，被俘虏的只有九万人，其中包括将军二十四人，其他的军官二千五百人。这是十九世纪德国统一以来德国陆军向所未有的大失败。

窝瓦河上的名城收复后，二月十四日红军又攻下高加索门户的罗斯托夫。此后战事渐趋沉寂。入夏以后，德国又发动新的攻势，但与往年不同的，是夏季攻势一无所得，并且不久就宾主易位，东线的战争变成苏联的夏季攻势。七月上旬苏军开始反攻，八月四日收复纳粹占据两年有半的东战场中线大据点奥勒尔，次日又克复比尔哥罗德，二十三日卡尔科夫收复。九月二十五日斯摩棱斯克城攻下，斯城自一九四一年夏德国攻苏初步胜利后就是希特勒在东线的大本营，由军事上言斯城的收复是苏联本年夏季攻势发动后的最大收获。十月初苏军已进抵聂伯河东岸，七日渡河而西，十一月一日收复克里米亚半岛门户的勃累科普，半岛上德军的退路遂被切断。十一月六日收复乌克兰的首府基辅，至此聂伯河西岸的苏军阵地可谓已经稳定，纳粹坚守西岸的原定计划已被打破。苏联夏秋之间四个月反攻的结果，收复失土二十五万方英里，在芬兰到黑海全长一千二百英里的战线上苏军全面进展，进展的深度在一百八十至二百七十英里间，解放的居民区三万八千，其中较大的城镇有一百二十处。

中国与远东的战场，自缅甸撤守后，滇缅边境始终无大变化。本年八月中下旬间，罗斯福总统与邱吉尔首相在魁北克召开英美两国军政要人的会议，中国外长宋子文氏亦参与一部会商，会中议决设立东南亚洲盟军司令部，委英国突击队总司令蒙巴顿氏为新战区总司令。蒙氏为海陆空三军联合作战的专家，过去曾计划对于欧洲沿岸的多次突袭，对北非及西西里的登陆都有贡献，此次受任新职，显然的是要叫他利用他的丰富经验。不久义大利投降，海军转入盟方，英国的海军一部可以开入印度洋，远东的局面大为好转。蒙巴顿十月十六日由印飞渝，晋谒蒋主席，谈商四日，二十日飞返印度。据事后宣布，中英美三国间已商定在远东对付日本的作战计划。

（三）总攻阶段

莫斯科会议的出乎一般意料的顺利，与十一月二日四强宣言的发表，不只是重大无比的政略胜利，也是联合国家总反攻即将开始的预示。主要的盟国间现在已无政略与军略的不同见解，盟国的实力也已积养到可以大用的地步，小攻阶段的收获也已达到直接威胁西方德国与东方日本重要外围的程度，全球各战场总反攻的时机显然的已经成熟了。如何反攻，是最高的军事秘密，局内人当然不说，局外人也不必妄事揣测，但对于反攻时的局势我们不妨推测一二。

太平洋战场以海战及辅助海战的空战为主。美国海军的主力早已集中此地，远较日本为强大，美国海军的辅助空军，有飞机一万八千架，也大都在太平洋。海空作战，美澳联军都已占得优势。盟军已等于公开声明，下一步的进攻目标为新不列颠岛。岛上的大港拉布尔为西南太平洋的锁钥，为日本在该区活动的神经中枢，拉港一经攻下，西南太平洋等于解决，再下一步就可进攻荷属东印度或其他较大目标，不再似过去一年余以来的对于许多小岛的逐一跳袭了。在最近未来的战事中，纯就战略言，日本已被它的作战传统注定要失败。日本的海军向来受制于陆军。英美的海军有独立性，作战时以消灭对方舰队为目的，帮助陆军作战只是次要的使命。日本自变法以来，历次的对外作战中，海军无不处第二位，整个的战略以陆战为转移，战略的计划也由不明海理的陆军军人决定。此次日本对英美作战，也非例外。日本偷袭珍珠港时，如果肯让海军自由作战，进一步冒险，就当同时开出全部或大部的作战舰队，偷袭成功后，逼迫美国的海军出来交锋，一决雌雄。若果如此，当时美国在珍珠港的舰队代表美国海军的一半，就极有全军覆没的可能，日本就可一鼓而下夏威夷，英美最少在这一世代之内就将没有战败日本的希望。但陆军不容海军如此放手去作，惟恐海军有失，不能再护送陆军向世界各处冒险。一年以来美国逐步压迫，在西南太平洋夺取岛屿，按理日本当由开始时，就拿出较大的海军力量制止，使盟军没有翻身的机会。但这又是陆军所忌。时至今日，日本惟一避免战败的机会已过，美国的海军已全部修复，新的军舰也有增加，日本海军此后即或在西南太平洋冒险决战，也绝无胜利的把握。事既如此，陆军更不会让海军在新不列颠死守。如天夺其魄，使日本海军冒死出来在西南太平洋决战，东方的战事就有早于西方而结束的可能。西南太平洋的结局已可完全看清，今日仍不可知的就是拉布尔一

〔且〕攻取后下一步的发展。

地中海战场与苏德战场渐有混而为一的局势。英美与苏联两方所同意的第二战场必已在莫斯科会议中商定，第二战场一经开辟，欧洲方面的两个〔战〕场就必很快的混为一个战场。过去英美似乎认为第二战场当在地中海北岸（义大利不计）选择适当地点开辟，苏联则认为义大利以外的地中海地带它自己可负全责。英美惟恐西欧登陆，人力物力都要消耗太大。苏联并不反对英美消耗实力，因为苏联自己的消耗已经过重了。这种矛盾的见解，现在都已调协，西方的三强必可通力合作而向德国总攻。总攻的方式如何，我们不必妄测。史末资元帅在莫斯科会议之前，曾声称第二战场将于明春开辟。这到底是烟幕，是疑阵，或是使敌人莫可奈何的实言？

东南亚洲与中国战区是过去一年比较沉寂的地带。反攻缅甸的呼声近来很高。若要反攻缅甸，最少在开始的阶段海空军要重于陆军。英国在印度洋的海军必须先能控制孟加拉湾，控制该湾必须先夺回安达曼群岛。这绝非军事的秘密，而是最简单的军事常识。因为此事过于明显，可能盟国不如此作，而另作别图。究竟如何，当与欧洲局面的明朗化同时出现。

假定一切都能按照计划进行，明年当为全球战争的决定年，可能战争在明年结束，最少可在西方结束。史末资元帅在一年以前就曾判断大战要在一九四四年结束。当时的局面尚不清楚，我们今日大体上可以同意史氏的看法。

十一月八日　昆明

《当代评论》第 4 卷第 1 期，1943 年 12 月 1 日

到东京去的路线

曾昭抡

　　迩来反攻缅甸声中，中国与印度工人，在美国工程师指挥下，正在赶修中印公路。这条自印度阿萨密省作起点的交通干线业经赐名为"到东京的路"。将来缅北军事进展，此路不久当可开通。打击日寇，此为道路之一，殆无疑义。不过至少从英美观点看来，反攻缅甸一举，政治意义，大于军事，击溃倭寇，由缅甸经中国的迂回路线，最多不过可以发展一种辅助攻势。至于欲求从速结束远东战争，势非经由其他路线发动主力攻势不可。

　　一般军事评论家的意见，盟军进攻日本本土的可能路线，计有六条。缅甸路线以外，其他五条，为（一）阿留申，（二）西伯利亚，（三）中太平洋，（四）西南太平洋，（五）马来荷印各路。自地理形势言，自以（一）（二）两条最称捷径。假如苏联能够早期在远东参战的话，自西伯利亚发动攻势，尤属合乎理想。不幸以环境关系，日苏两国之间，迄今仍然保持一种中立状态，而且在德国崩溃以前，此种情形，似乎不致变更。不得已而求其次，由阿留申群岛径行攻取千岛群岛，自北面打击敌人，其距离远较其他路线为短捷。二月初美国海军炮击幌筵岛以后，东京颇感惊惶，谣传美方在阿留申群岛集中大军十万，即将实行在千岛登陆，寻求较中太平洋更为直接之到达东京的路线。然而事隔经旬，美方并未在该方面有进一步的举动。当然此事并不足以指示，美军将不在千岛群岛登陆。实在说来，那件事颇有于短期内实现的可能。不过自现代军事眼光看来，阿留申一路，距离虽近，其他军事条件，却不齐全，因此殊少经由此线发动主要攻势的可能。现代战争武器充实，自系重要因素；但是人员众多，也是决不可少的条件。同时在远东战场上，海空两军，虽为争取主动，获得有利形势的基础，可是最后决胜，仍在乎陆军配备精良，人员充足。鉴于德苏战场以及北非、义大利等战事的教训，足知盟军征服日本，虽无问题，然非以百万军队在该国本土登陆不可。自地理上说，北太平洋阿留申一带区域，终年雨雾寒冷，气候最为恶劣。加以土地贫瘠，出产稀少，集中大批军队，给养极成问题。在此种情形下，冒险进攻敌国本土，胜利殊无多大把握。何况日方海军主力，迄今集中该国本土，其实力不可低估。由此观之，阿留申一线，不过能收一种辅助与牵制的功效，而难于发展成为主力斗争。其牵制方法，则大致将侧重空中攻势。由阿图岛到幌筵岛，计有六百八十英里的距离，自幌筵岛到东京，尚有一千四百英里。迄今轰炸机实行远程轰炸的经验，可以安然往返的距离，单程最远纪录，不过一千二百英里，因此阿图岛收复以后，东京并未挨炸，实因此种战备上的限制。在目前情形下，即在占领幌筵岛以后，由该岛出发，大举轰炸东京，仍嫌不易实现。当然利用航空母舰，进袭敌国中心，随时均可执行。不过大批飞机，常用作有效轰炸，则非有陆上根据地不可。为收到此方面的战略牵制起见，美国可能于短期内设法进攻幌筵岛或千岛群岛中更南的岛屿，但暂时似不致在北太〔平〕洋上，亟亟于与日本海军，寻求决战。近来情报，来回航程可达五千英里以上的 B29 号超型重轰炸机，已在开始大批生产。将来运用这种飞机，自阿图岛随时可以进袭倭国本土。如此即占领幌筵岛一举，在现在阶段中，亦将失其重要性。

由以上所说看来，盟国击溃倭寇，主要势必出之于中太平洋、西南太平洋或马来荷印三条路线。此三线中，或侧重其中之一，或择其二，或三者兼重，则尚可讨论。一年多以前，麦克阿瑟将军，即主张着重西南太平洋一路，经由所罗门群岛，遂向北推进，以攻取拉布尔为目标。由拉布尔再向北行，进攻加罗林群岛，夺下该群岛中夙有“日本珍珠港”之称的土鲁克岛。此种目的一日达到，即由该处径向西行。二千英里海路，收复菲律宾群岛，以作进攻日本本土的准备。此路里程，虽远较取道阿留申一线为多，然而沿途岛屿罗布，停船驻兵，均不成为问题，给养一层，亦属比较简单。

麦克阿瑟此项主张，后来一部分军事家嫌其迁缓。然而〔军〕事家证明在反攻太平洋的大计划中，由澳洲向北施行逐岛推进的战略，在初期实为惟一可行的办法。从前年八月反攻瓜岛时起，直到去年十一月初，事实上盟军所采路线，完全系照此方案执行。去年夏季，中太平洋一路途径较捷之说，渐见抬头。该路系自珍珠港及中途岛，横过太平洋中部，径向西行，第一步收复吉尔贝〔特〕群岛，第二步占领马绍尔群岛，第三步攻略加罗林群岛，以夺取土鲁克为目标。达到该处以后，仍然向西推进，径取菲律宾（此一着与上述西南太平洋一线相同）。自从去年十一月初以来，三个半月事实的表演，显示尼米兹海军上将指挥下循此路线的进展，实为现阶段中盟军的主要策略。昨日中太平洋美国海空军，业已大举袭击土鲁克岛。将来夺取此项重要据点，或将采取自东南两路发动大钳形攻势的方式。

至于由锡兰及印度径行进攻马来及荷印（苏门答腊）的策略，似将成为蒙巴顿勋爵发动大规模攻势所采的途径。不过根据新几内亚战争经验，估计一座大岛，需要实力雄厚的陆军，比较进行不易，所需时间亦长。因此这一着棋，不免要慢一步走。观［关］于近来英军将开澳洲一举，或者英美军队，将先集中力量，夺取土鲁克岛，将日本海军主力布防的洋面，截而为二，以减轻马来缅甸作战的艰苦，亦未可知。

环观目前形势，经过一番大战以后，盟军于今年上半年中占领土鲁克岛，似乎不致成为问题，如此则年底至少可以回到菲律宾。菲岛光复以后，下一步攻势，以香港广州为目标最属可能，到那时候，我国驱逐敌人出境，为期必不在远。

《建国导报》第 6 期，1944 年 3 月 11 日

会攻腾密的途径

张印堂

腾冲密支那确为滇西与缅北之两大据点，两地位置成东南西北向，相距二百公里，人行约需六日，汽车一日可达，直距不及一百公里，关系密迩，相距匪遥。自本年三月中美联军由印度攻入胡康河流域之孟缓以来，为了打通中印公路，节节南下，推进颇速，现已过孟关进入孟拱河流域，占领马拉关，并与敌人激战于卡马营附近，该地只距密城一百二十余公里。此外盟军之一部于五由［月］十七日由梅乐尔少将率领，越过梧门岭，绕行山林中二十日，抵达密城，攻占其南西二机场，现正与敌人在密城巷战中，为时逾周，残敌犹图作困兽之斗，战况颇为剧烈。值此攻下密城迫在眉睫之际，我滇西远征驻军渡过怒江声援，东西夹攻，会师腾密，自为战略上应取之途径。

五月十一日，滇西国军应势出动以来，突破敌人江防，南北长达二百公里，分头过江，大举进攻，初战结果，进展颇速，攻入遮放，占领片马，陷大塘子，夺红木树等，在在都表示着我将士之英勇用命，及盟军之热诚帮助，故能破除一切困难，渡江翻山，而收到伟大之战果。惟各线进展，速度不一，有越过高黎贡山逼临龙川江岸者，如大塘子、桥头、界头之攻下及瓦甸之占领；有驰进小江流域者，如片马之克复；有深入敌人后方，猝击破坏，任务完成，即行撤退者，如我军攻入遮放后，复转战于平夏；有以前进过猛，后援难继，旋为敌人回犯者，如敌人对斋公房—马面关之反扑；亦有

180

仍在江畔与敌对峙者，如红木树之争夺不已等是。关于军事之部署，事关战略秘密，固难臆测，且在此战事紧张之际，亦不应明白宣示，但进攻之各路兵力，配备多寡是否适当及所取途径是否易于推进，固与地形有密切之关系。兹就本战区山川排布之形势，及会攻腾密应取之战略即夫各线进攻之难易，□□而论，固然纸上谈兵，未必有当，然倘若因而奏效致胜，当□□者之馨香祝祷者也。

"审地形而立胜"向为中外用兵之宝训，每一战区之形势与攻守战略关系至巨。如进攻，究以正面直击，抑即绕追围攻，孰为有利，应由地形决择之。且进兵时，有何易路可取，有何捷径可循，有何险阻可避，何处可以诱敌深入，何处可用以藏兵相待，何路可潜入敌人之后方，处处均须视战地之远近广狭险夷为断。故孙子云："不知山林险阻沮泽之形不能行军"，此亦即所谓"非得地形而不战也"。今观腾密战区，地形殊异，东有怒江，水大而流急，浩浩荡荡，形如天堑，无津梁，渡口有限，于敌人严密布防之下，而国军竟能整队渡江顺利推进，确为壮举，将帅之指挥有方，与空军掩护之缜密，自不待言。江之西，高黎贡山巍然耸立，高入云霄，高出江面二千〔公〕尺至三千公尺，海拔四千至五千公尺，由北而南，与江平行，绵延数百公里，形成腾密战□敌人之一大天然屏障。高黎贡山乃横断山脉之主干，素有我国阿尔卑斯之称，山势之陡险，实则远过之。山上丛林密布，易肇难伏。穿山道路极少，仅限于绝高峰峦间之隘口处，可通行之险隘，由北而南，约有八（指战区一带）：吹风丫口，片马丫口，斋公房丫口（即通马面关处），黄心树丫口，老寨丫口，木瓜丫口，茅草寨（为象达、龙陵一路所经之山隘），猛蚌、猛戛间之丫口——山势与丫口，自北而南逐渐降低，拔海由四千至三千公尺间，为过江进攻腾密必经之关塞。过吹风片马可达小江上游之岗房与片马三寨，为奔密城孔道。经斋公房、黄心树及老寨三路，可趋龙江、腾冲；越木瓜丫口与茅草寨，可攻龙陵芒市；经猛蚌、猛戛，便可指向遮放、畹町。通各丫口之山道，虽均甚艰险，但比较言之，确有难易，盖各路线有为溪流侵蚀所成之谷道者，形势较为开展，坡度缓和，通行进攻均较便利。有为陷落所成之断崖绝壁者，迂绕盘旋，特为困难。此次进攻片马与马面关二路之国军，进展迅速，不数日即打通山隘，攻下高黎贡山以西之片马、大塘子、桥头、界头，一则驰入小江流域，一则逼临龙江。但于老塞一路，与敌激战于红木树，争夺旬余，仍在江畔对峙中。按以上各路推进远近不一之原因，除与军力配备强弱及敌人防御□□□除外，□攻□□□不易，亦不无影响。例如过片马丫口之一路，系沿古炭河谷，徐徐上行，仅于近丫口之最后一段，闭塞陡峻难行，马面关一路，亦有谷道可循，通行进攻均较为易；然红木树、老塞一路乃悬崖峭壁，盘桓难行，由下而上，颇有仰攻之苦，故敌人稍事防御，虽集大兵，亦难奏效。

本战区范围广远，东自怒江以西之高黎贡山起，西达印度藏布江以东之阿萨姆区之野人山地，东西约五百公里，间有南北向之山川，并行排列，大者各有五条，但中有尖高山脉，东西横亘，分此战区为南北二部。尖高山脉东自片马斋公房二丫口间之高黎贡山起，西延包□姊妹、琅牙、尖高、顿吾诸峰，于密城附近中断，为伊江所切，成一南北向之河谷平原，形势开阔，过此西往而继起者有其董、卡桑、班多诸岭，直连野人山。尖高山脉之北，有高黎贡、高良工、卡马岭、楷门岭、巴开等山，中有小江、恩梅开、迈立开、胡康打洛诸水，相间并列，除小江下游外，尽成南北向。尖山之南，江山之排布，形势与北部类同，山则有高黎贡、大尖、云峰诸岭，河则有大塘、大西、槟榔、大金沙（即伊江）、孟拱、更底宛（即秦屯河）诸水，俱为伊江之水流。二部虽均有南北向之数条大山川并列，有碍东西交通，但于尖山之北，小江下流，恩梅开之下流适成东西向，形成片马、密城间之自然孔道。尖山以北为中英滇缅北段未定界地及印度之阿萨姆，南为滇西之腾龙诸属及缅甸之密城。孟拱一带，腾、龙、密、八、孟拱为滇西缅北之重地，发展悠久，开化已深，居民复杂，人口密集。此带地形，山势缓和，平原开展，林木稀少，与尖山以北之地广人稀，崎岖多山，濡湿多林者，判然不同。北部居民生活原始，农猎兼营，无集市，除片马、拖角、罗孔三处较便驻军外，其余各地，行军食粮，就地难取，须仰给空运投掷接济，与尖山以南行军便利之情形迥异。

　　越尖山沟通南北二部之险隘山道有七：一为大塘子—分水岭丫口—片马线，二为明光—茨竹坝丫口—拖角线，三为大寨—大小丫口—拖角线，四为阿辛街—班瓦丫口—罗孔线，五为密城—石灰卡—罗孔线，六为孟拱—孟关—孟□线，七为瑞布更—底□—打洛线，由河马林西线可通纽姆法尔与科希玛两地，以上七线为南北二部必经之路。舍此之外，山势连绵，呼应两难，不易通过。此次片马一线之国军，除与马面关一线，连系夹攻尖山敌人之外，更可沿小山下行，直趋密城，与孟拱、密城盟军会师，较为易举。盖此路长仅二百公里，在距离上较马面关、腾、密一线为短，而在地形上，顺江下驰，行军亦较便利也。

　　我军会攻腾密已经两周，兹再就作战经过，与此战区自然形势之相互影响，略作建言，以便避实击虚，舍难取易，而收知己知彼之战果。要而言之，红木树老寨一线，当腾保大道之要冲，敌防严密，地形险阻。我方对之，应仅作牵制性之打击，不宜集中主力，大举进攻，以免徒耗军实。至保山龙陵间之木瓜丫口一线，以有滇缅公路可通，敌人设防运兵均易，故此处为其强固堡垒之所在，自在意中。我对之除严阵防范外，亦应避免与其主力接触。反而言之，今盟方既握有制空权，裨益本区山地丛林战至巨。凡陆上供应困难之战地，敌人以无强有力之空运，用兵困难，而我方则可赖空运投掷，接济作战，如我至马面关一线与敌人之能以持久斗争于高黎贡山以西者，所需辎重给养，大部仰恃空运投给，即为明证。在此山地战言，敌人陆运困难之处有三，北有片马与马面关二线，南为猛蚌线。敌人于此三线兵力单薄，防御空虚，殆无问题。我方于此三线进展虽速，但敌人旋复回犯，恐系我方军力过弱及空援不足所致。为今之计，急应集中主力，乘虚而入，以期早奏肤功，况其地形有利于我，片马小江确为会攻密城之自然孔道，途近而易，前进可取拖角、罗孔、下密城，侧则更可翼护尖山以南之国军，而增强其作战力量。马面关一线，可作进击腾冲之要道，与片马小江一线亦可取得互为维护之联系。至南面，猛蚌、猛戛一线，可专作切断敌人前后方联系之用，按敌人前方之据点，为腾、密、龙、芒，其后方之根据，则为开泰、腊戍，今我进攻莫若取道敌人前方据点与其后方根据中间之薄弱地带，由平戛沿猛蚌、猛戛西进经陇川直趋八莫，以及与前二线包剿腾密之围攻战果，较易收效。根据以上所言，此次国军进兵如能运用妥善，会师腾密，收复滇西缅北，打通中印公路，当可拭目以待矣。

《云南日报》1944 年 6 月 4 日

滇康印缅边地战区与中国

张印堂

为了打通中印公路，以增强盟国援华力量，使我国成为打击日寇之一基地计，滇康印缅边地一带遂成了我敌斗争的重要战场。敌人之死守密支那，与其冒险深入印边，进犯伊姆法尔与科希玛二城，即在阻挠我中印公路之完成。中印公路，势在必通，往昔人所不注意之边陲荒野，形将繁荣，成为国际要道，殆无问题。兹就本区之重要，民族之特征，及其在史地上与我国之关系，与今后我国对此战区应持之方策，略陈于下：

（一）本区的重要性。本区适当滇康印缅之交，地形气候均甚特殊，于中印两国边防地位俱甚重要。际此滇西缅北尚未收复之前，敌人据之，对英印及我滇省，威胁颇大，以是之故，收复滇西缅北失地，乃中英共同之急务。本区除尖高山脉以南之腾冲、龙陵、密支那、孟拱一带，为中英已定界地之外，大部尚属未定界区，人稀地广，纵横各约五百余公里，草木畅茂，禽兽繁殖，为亚洲季风区惟一之未开地，经济开发之基础最为富厚，移民启荒甚为有望，极宜热带经济植物之培植，现有之重要出产，计有珍贵之硬木、铁木及多种之野生胶树，如漆、如蜡、如树浆树等。兽类计有虎、象、熊、鹿及各种猴类等，麝香、鹿茸、熊胆、鹿皮为其特产。矿产有金、玉、琥珀、玛瑙等，早著于世。过去滇西腾冲之繁荣，即多赖经营以上诸特产所形成，战后当因交通之开聚，益形重要。是以此区不仅为战时中印公路要冲，与英印及我滇西国防重地，且于我未来之经济建设，将亦有莫大之裨益与贡献，自可断言。

（二）本区民族之特征。本区居民，名称虽甚繁杂，但在民族种属上，要以藏缅语系之喀钦人为主，分布于小江之中下流者，有浪速茶山两支，分布于江心坡境内者为蒲满人，居栉门岭东西一带之低地者——户拱、孟缓、孙布拉蚌、葡萄等地——住民以惮人为主。惟栉门、巴开拿夏诸山地之所谓野人或钦蒲人者即喀钦族之蒲满人。此外于小江之上流，有名为求夷者，文身刺肤与喀钦异。以上诸族均无文字，语文虽稍有不同，彼此尚可通话。现有由美传教士以英文字母代为拼成之语文，多为一般教徒及所谓少数受教育者所采用，颇著成效。尖山以北未定界地之喀钦诸族，与我滇西腾龙一带山地之山头人本为一族，所不同者，本定界地之茶山、浪速、蒲满、钦蒲诸族，汉化极微，所受其他外界之影响，亦至浅鲜，生活幼稚，仍在刀耕火种、自耘自食、自织自衣之近原始生活中，故有野人之称。惟此区喀钦诸族，农猎兼营，人性敦厚，无欺诈，无抢劫，大有道不拾遗、夜不闭户之古风，该族田地多为一寨所公有，由山官（寨主）分配耕种之，建房种地，邻人合作，互相帮助，并无代价，尚具有原始共产社会之形势。所种作物，以稻为主，玉米次之，且稻谷多采旱种，以雨水丰沛，无须灌溉，地广人稀，十年一种千年休闲者颇多，故地利尚属富厚。喀钦诸族，信鬼神，拜自然，社交自由，天真纯洁，无不良嗜好与颓风败俗，妇女赤胸露背，并不羞惭。与滇缅境内受外界影响已深之喀钦山头人不同，栉门岭两旁低地，惮族与我滇西之摆夷同，业农信佛，较为开化，但无茶山、浪速、蒲满之天真自然。此外于东部之高黎贡与良工山地中，尚有少数之栗粟，系由高黎贡山以东之怒山、碧罗雪山一带新迁去者，与喀钦人少往来，自成一社会，亦以农猎为生，所种多为玉米类荞类，稻谷几无。由以上观之，未定界地之住民，虽甚复杂，但在民族种属上与我滇西土著之山头、摆夷、栗粟诸边胞，血统相同，关系极密。

（三）本区在历史上与我国之关系。滇康印缅边地各部，过去均为我国边藩土属，如腾冲旧名孟缅，为孟缅摆夷地，早设有腾龙三县，下管王岸、盏达、陇川、猛卯、芒遮板诸摆夷土司地。除以上五属之外，有清末割让予英缅者，如北缅惮部、滚弄、腊戍一带之孟野、孟姚、孟羊等地，均为我孟密土司旧壤。麻栗坝、科干原为我镇康县属，麻栗坝土司原籍顺宁，继为英缅科干县长。腊戍以北之新威、孤街、南坎、雷允诸地，原屈［属］我木邦土司所管，与我孟定罕土司系为一家。八莫附近之伊洛瓦底江以东昔马之西，曾为我戎蛮暮土司地。再北于密支那附近，昔董之西，向为我南甸土司旧壤。密城之西又为我孟拱土司地。至尖高山脉之北，则又为中英滇缅未定界地。此段南由尖高山起，北抵西康边界之担康藏山，西接印边之野人山，东达我怒江以西之高黎贡山，均属之。囊昔此一未定界地，实亦为我西南边藩之一部，清末尚属于我，该地之山官亦为我所封，且民众均向我纳粮。按片马在清末原为我登梗设土司地，拖角则为我茨竹隘土司左抚夷所管，罗孔则隶于我滇滩关柴抚夷，事实俱在，历历可考。高黎贡山与恩梅开江之间所谓求夷浪速地，原为我丽江维西所属，小江茶山则为我旧茶山长宣司辖地，恩梅开与迈立开三江之间，所谓江心坡地，即英人称之为三角地带，原为我旧里麻长官司辖地，包有迈立开以西与楷门岭以东之孙布拉蚌一带，及至楷门岭以西孟缓境内之琥珀厂地，即目下所谓之胡康河（即户拱）与打洛一带，连同已经划归英缅之更底宛河流域甘板境内之玉石厂地，均为我孟养宣慰司土地，并包有江心坡西北之葡萄（又名坎底或赫尔茨堡）。总之，密支那之东南诸部，原均为我国木邦大土司之势力范围，至密城之西北各地即为我孟养大土司之势力范围，主权清晰，畛域分明。晚至公元一九〇八年印度测量队发行之缅甸地图，尚止于北纬二五度三五分处，相当于密支那、甘板两厅北界所成之东西线，约与尖高山脉相暗合，再北英人对之并未视为己有。惜我国自清末以来，以历年多事，对边陲地带无暇顾及，于是于一九〇九年英人进占片马，翌年又据罗孔，继于一九二九年复入江心坡，修路、驻防、委官、征捐，并设拖角（后以地震移至罗孔）、葡萄与孙布拉蚌三厅，以期长久控制，并拟于户拱孟缓二地准备设厅管理。过去英人之进抵此地，虽经腾冲士绅之迭次呼吁，并经我外部之数度交涉，终以边情隔阂，实力欠缺，未能圆满解决，致成当前中英未解之边疆悬案。查英人据以上各地，虽已数十年，但从未开发，除美国传教士于此设有少数小学之外，英人在此并未作何教育之设施，更无经济之建树，卒于两年前随缅甸一同沦于敌手。自英人撤离之后，我游击部队曾两度攻入，作有计划之防守编保工作，关系重大。此次五月二十一日我国复大举渡怒江，翻越高黎贡山，重克片马，关系益密。

（四）本区在地理形势上所与西南边陲之联系。本区不仅在位置上与我滇康二省毗连，且在地理形势上，关系尤为密结。北由西康西部之高原起，自担康藏山南部，形如吾人之手背，由北而南渐渐降低，略作东北西南倾，开向印度洋之孟加拉湾，故区内西南部之河谷低地，特别湿热。担康藏山，成东西向，横亘于此未定界地与康西高原之间，形若手指与手背接触之骨节，连绵不断，高出指背之上，海拔达五千公尺左右，形成西康西部高原之自然边范。由此南下伸出之山旅，大者有五，自东而西，平行排列，计有高黎贡、高良工、卡马岭、楷门岭与巴开山，形如人之五指，于五指之中，有如手指之中节，高起兀立之尖高山脉，东西横阻于五条南北向大山之间，过此复分为五，直伸入我滇西腾龙与缅北之密□孟（拱）境内，在我腾龙境内者，如高黎贡、大尖、云峰诸岭等，由北而南，脉络相连。本区之水流，中以尖山之隔，不尽贯通，分为南北二系。尖山之北有小江、恩梅开、迈立开、胡康（应名户拱）与打洛诸水与山并行而南流，南则有西塘、大西、槟榔、大金沙、孟拱、更底宛，分别南下，均注入伊洛瓦底江中，使本区在地文与水文上组成一体。再南北越尖山有隘口可循，正如东西过高黎贡之有丫口然，东由云龙、保山西行经高黎贡山之片马、马面、小平河、木瓜诸丫口，可达小江、腾冲、龙陵各地，南自明光、腾冲北上过尖高山、分水岭、茨竹隘、大哑口、班瓦诸隘，可通片马、拖角、罗孔等地。过去本区与我往来虽难，但仍为其对外交通主要之途径。以是之故，往昔英人由缅北未深入此区之前，与我国之关系虽疏，但为其与外界唯有之联系，故尖山以北之未定界地，直至目前，仍为我腾冲商贩之势力范围。此种关系，乃由其不可分离之地理形势所使然，将来交通发达，关系日密，更不待言。

（五）今后我国对此战区应持之方策。本区北部虽为中英之未定界地，实则我国故土，形如我西南边陲之一大天然屏障，位当我滇康与英印缅之交，在历史上与我既有政治关系，对我未来之国防经济建设，又有如上述之重要，我国今后对此未定界地，究应持何方策，确有研讨之价值。睦邻抚边，向为我国内政外交之大政方针，未来之国策，自无例外。要而言之，往昔清廷之漠然态度，不但丧权辱国，且增国际纠纷，今为中英双方之福利与安全计，迅速定界，确为要途。或由中印双方自有协商划定，或由一中立之国际团体代为勘察，明定疆界。边界定后，应继而积极开发建设，扶起边胞，捍卫边疆，以免再为敌人煽惑驱使，而作不利于中英两方之破坏运动。久悬未定之边疆问题，解决后，同盟友邦之情谊，当可藉以增加，滇康印缅之交通，亦必随之日趋繁荣，中印文化，更可藉此融会贯通。因中英印缅之相互谅解与邦交之敦睦，不仅可以奠定东亚之和平，且造福于中英两大民族者，当更匪浅鲜。

《扫荡报》（昆明版）1944 年 6 月 17 日

现阶段的世界战局

曾昭抡

在抗战进入第八个年的今日，联合国家对于胜利的必能获得，不但更有坚定的信心，而且更有确实的把握。我们现在相信，不但最后胜利，必属于我，而且胜利业已在望，其到临的日期，或者不致十分辽远。在国民政府领导之下，全国军民艰苦抗战七载于兹，到今天方可以自信地说道，我们不久将得到报酬，沦陷地区的同胞们不久将获得解放。

盲目的乐观，本来是一件危险的事。今日我等对大局保持乐观，并不是忽视了湘省阶段的重要性。我们充分了解，如果应付上稍有疏忽，敌人在那方的挣扎，可能予我国以严重的打击，不过从世界全盘战局来看，经过冷静的分析，我们对大局抱乐观，是具有充分理由的。

我们只须将去年今日的情形，与今天作一比较，即可发现今日可以乐观的理由之所在。在一年前的今日，联合国家在世界各主要战场上，可说是刚刚自敌人手中夺回主动。当时北非战事，结束不过两月左右。英美军队，不但未曾开辟西欧第二战场，南欧亦尚未登陆，西西里岛的登陆战，系在"七七"纪念日以后几天（去年七月十日）发动，盟军入侵义大利本土，则在以后两个月（九月初）。德苏前线，那时德军在库尔斯克方面，刚已发动其最后一次对苏联的有效攻击战，苏方阵线尚未完全脱离危险的阶段。那次攻势被遏止后，苏军大举反攻，方得从此走上一帆风顺的国运。远东方面，一年以前，中太平洋战事，根本尚未发动，印缅边境，消息沉寂，〔中〕国战场，敌我继续中相持，敌人正在准备向鄂西蠢动。惟一战争比较激烈的区域，系在西南太平洋上，当时美国军队，正在开始向所罗门群岛发动攻势，美澳联军，则在新几内亚岛，向雷区外围进攻。那些地方，距离东京还是十分辽远。一年以前，假如有一位先知者，预先告诉我们的今天的战局情形，恐怕少有人能够相信。这一年来盟军的惊人进展，许多在当时几乎是梦想不到的。

试将联合国家一年来的军事发展情形，综合叙述几句，我们可以说，陆地上盟军获大进展，是在苏联战场。一年以来，从卡累利阿到黑海，绵亘长达二千英里的战线，苏军均有重大收获。从北端说起，最近一月来，苏芬不但恢复了一九三九年的苏芬边界，并已复占维堡，重新占领芬属卡累利阿的全部土地。稍南一点，列宁格勒苏军，于去冬勇猛出击，第一步使列城解围，第二步粉碎德方防线，越过爱沙尼亚边界，进抵那伐近郊。波罗的海区域，德军现只保有最后的重要据点——北斯哥夫。更南白俄罗斯前线，苏联今已占领全部德方所谓"祖国防线"，进迫明斯克。以上所述中路北路进展情形，成就已属惊人。而进展尤属迅速者，则在南路。该路从第聂伯河进展到聂斯德河罗苏旧界，向西并收复克里米亚，已将南俄全部疆土恢复，一方面更向前进展，攻入罗马尼亚本土，并已进抵捷克匈牙利的边界，静待夏季溶雪，作越过喀尔巴阡山的壮举。

一年来英美在南欧与西欧的成就，亦堪与苏联东西比美。九月初在义大利本土登陆后，义国随即无条件投降，嗣并正式对德宣战，轴心三鼎足，至此折其一。后来经过半年多的斗争，今年六月初，卒将罗马古城光复。随之续向北进，至今日四分之三的义大利土地，已入盟军手中。同时在罗马收复后三日，英美加军队，即在法国北部诺曼半岛登陆，正式开辟各方期待已久的西欧第二战场。该处登陆后不过二十日，要港瑟堡收复，俘虏德军四万人之多。

远东方面，美军在太平洋的收获，同样惊人。麦克阿瑟所部，在西南太平洋上，几将新几内亚及所罗门群岛全部收复，并且收复海军群岛，登陆新不列颠，进占拜阿克岛，至今日业已踏上准备进攻菲岛的途径。中太平洋上，以距离计，进展尤速，自去冬发动攻势以来，尼米兹所部，先后占领吉贝尔特及马绍尔群岛，最近并攻入马利亚纳群岛中之塞班岛。由珍珠港到东京的距离，几已缩短两千英里，日本帝国的支解业已开始。东条政府，为之颤栗。当然在远东战场上，我国在缅北滇西的反攻，其重要性亦不容忽视，缅北敌方三大据点，孟拱加迈，已入我手，密芝那亦日内可下，中印公路的打通不过时间问题。

克恩、明斯克、佛罗伦萨、塞班，与密芝那，为现阶段中盟军五大目标，现在已被苏军围攻的明斯克，距离柏林不过五百八十英里。英军在法国北部进攻之克恩，距柏林亦不过六百英里，盟军自东西两面发动的大钳形攻势，已令戈培兰博士，不得不直告德国人民，此为该国生存之战。同时亚历山大所部逼近佛罗伦萨，亦令德军统帅部急促不安。在远东〖在〗一旦塞班岛完全被占，菲岛与日本本土即均有直接被攻之险。日军在中国战场的挣扎，徒见其心劳日拙而已。

《扫荡报》（昆明版）1944 年 7 月 7 日

欧陆盟军加紧击溃纳粹

曾昭抡

　　自从十一月十六日，艾森豪威尔将军，指挥美英法军队一百万人以上，沿德国与荷、比、卢各国的边界，发动规模空前西线总攻以来十余日中，盟军各路均获得重大进展。以前进距离而论，以担任南翼之美国第七军与法国第一军为最速。此两军均已进抵莱茵河，一度目［已］有越过比河之说，后来越被否认了。在齐格菲防线后方降落德南部的盟军伞兵，企图积极支援法军渡过莱茵河者，一部已为德方所捕，其余则已逃脱。以此情形，实行突破莱茵河防线，似乎尚有所待。巴顿将军统率的美国第三军，攻入了有名的萨尔工业区。此处战事，虽然仍在齐格菲防线以外进行，但是军事已在煤矿与钢铁厂集中地区进行着，德方一部军火制造厂与煤矿场，亦已落入盟军手中。亚琛东北的战区，德国承认其为西线全盘战事锁钥地位，不惜动员其一切人力物力以作顽抗。以此进攻该区的美国第九军与第一军，遇到了最顽强的抵抗，进展颇为迟缓。但最近情形，美军已进抵洛安河，达到科隆平原的边缘，德军在此区有总退却模样。此处两路美军的企图为会师莱茵河西岸之科隆城。目下距离该处，尚有二十英里左右。一旦该城被占领，成为德国工业生产最重要的中心鲁尔工业区，便要震撼了。

　　两星期来东线进展情形，似不若西线那样有声有色。匈牙利京城布达佩斯城，围攻几将一月，仍在德匈军队坚守中。苏联统帅部在此战场的最近一着棋，为在匈境南部逼近南斯拉夫边境的地方，渡到多瑙河西岸，准备迂回进攻匈京。另一方面，苏军已自匈牙利北部，越过捷匈边境，大举攻入捷克东部的斯洛伐克邦的区域。此路进展奇速，有时一日达三十英里之遥。向北进展的部队，不久可望与波兰南部的苏军会师。

欧战的发展，令同盟国人士，皆感觉异常满意。德国的形势，特别在西线，可说是危险已极，可是断定纳粹即将崩溃未免言之过早。至少邱吉尔首相，以为在明年夏季前，欧洲战事是没有希望结束的。

《评论报》第 16 期，1944 年 12 月 6 日

日本之战开始

曾昭抡

　　三年以前，纳粹德国，横行欧洲，侵入非洲，所向无敌。苏联被迫作战以后，初期亦殊失利。这时候英国方面的宣传，却特别指出，北非、东非以外，德国还有另一处战场要应付，那就是"德国之战"，其所指当然是英国皇家空军之加紧轰炸德国。如此使德国后方直接受到战争的毁灭，在第一次欧战中是没有前例的。对于此种宣传的看法，当时颇有人以为不过是一种阿Q的心理。后来事实证明，英方观点，大有道理。今年第二战场开辟成功，以及目前捷报频传，当日大举轰炸德国工业中心，实奠其基础。

　　欧洲的教训，现在已被引用于远东。十一月二十四日，百架左右超级空中堡垒，首次自塞班岛机场出发，猛炸东京。这是作战以来日本京城的第二次被炸。可是以规模而论，较之两年半以前（一九四二年四月十八日）杜立特少将所率轻轰炸机队自黄蜂号航空母舰起飞首次轰炸东京，已经大不相同了。一架空中堡垒，大约能载炸弹十余吨，如此一下子便在东京扔下了千余吨炸弹。这种轰炸，已相当于去年盟机猛炸柏林的情形。此役以后，二十九、三十两天晚间，复来两次规模较小的夜袭。总之一星期中，敌寇京城，被袭四次之多，其损失之惨重，可想而知。德国之战，今已将临结束阶段。日本之战，现在亦已开始。美国空军方面的发言人说，轰炸日本，此尚不过开始。此种袭击，必继续至日本工业毁灭而后已。在第二战场开辟以前，柏林先后被狂炸六十次以后，全城被毁四分之三，人民死伤三四十万。东京拥有六百五十万人口，较柏林尤多。再炸六十次，不知日人将何如。而且接着猛炸以后，登陆不久可望展开，别看日本军阀如此猖狂，他们的末日，也就快到了。

《评论报》第 16 期，1944 年 12 月 6 日

美军登陆明多罗岛（短评）

曾昭抡

菲岛战争，实为美日战争中具有决定性的一幕。两月来雷伊泰岛的激战，确实证明了美海空军对日的优越，以及美国陆军作战能力的强大。在雷岛残余敌军就歼声中，本月十五日，美军又以在明多罗岛西南海岸登陆闻。明岛在菲律宾群岛中部，即在吕宋岛正南。登陆地点，距离马尼剌不过一百三十英里。回忆三年以前，珍珠港事件发生后不到一月，马尼剌即于卅一年元旦陷于敌手。彼时联合国家在远东战场上的军事形势，至为险恶。三年以来，感谢美军特别努力，太平洋上的形势，业已完全改观，战事且已逼近日本本土。麦克阿瑟将军当时离开菲岛，曾经声言，不久仍要回来。不出三年，他现在不但业已移节菲岛，而且不久希望回到马尼剌了。

菲律宾群岛中，以极北之吕宋岛与南端之明答那峨岛为最大，其在军略上的重要性亦最显著，以此日军在该两岛上设防最坚。当秋初美方开始软化菲岛上日方防御之时，日军深信美军拟在明答那峨岛登陆。不料美方仍然一贯采取避实击虚的政策，突于十月中旬在菲岛中部之萨马及雷伊泰两岛登陆，将此群岛腰斩为二，令吕宋及明答那峨两岛同时感受威胁，并失去其一部分重要性。此番在明多罗岛登陆，又系乘敌不备，得以顺利成功。美军战略，确较日本高出一筹，于此又为一明证。

明多罗岛，登陆成功便进军吕宋，最近期内大有可能。菲岛人民对此，异常兴奋。各地游击队，业已群起响应。将来菲岛完全恢复，勇于作战的菲人，无疑将成为攻日的生力军。其在远东战场上所担任的任务，将有类于欧洲战场上的法国。同时一俟明多罗岛完全光复，由菲岛直通中国东南海岸的海上大道，即可打通。尼米兹所主张的在中国大陆对日作战，不久可望实现。（抡）

《评论报》第 17 期，1944 年 12 月 13 日

紧急关头应有的紧急措施

伍启元

桂林柳州南宁先后宣告沦陷，敌人的军队已经直扣贵州的大门，川滇两省都已感受威胁。目前战局的发展，确已到了一个紧急的关头了！

在这紧急的关头中，我们必须采取各种必要的措施，以挽救当前的危局。

当前的危机表面上是一种军事的危机，但实际上却可以追源于经济财政措施的失当。今日的军事危机系由河南、湖南，及广西战事的继续失利所引起的。中国以一积弱的国家，与头等强国的日本对抗了七年，本身受着敌人的封锁，而盟国又不易以甚多的援助租借给我们，因此军事上的失利，原系一件意料中事。但如果我们在河南、湖南，及广西的军队都能像衡阳守军那样坚守据点，抱与防地共存亡的决心，则今日敌军的铁蹄，必无法到达广西的边境，更不用说要进攻贵州了。就是今日敌兵已经深入黔境，进迫百色，如果自今日起我军对任何一个重要据点都能坚守四十七天（像衡阳守军坚守衡阳四十七天一样），则我们可以确实地说，中国可以立于不败的地位。但怎样才能够使敌人每进兵一点都要浪费很多的时间并支付很大的代价呢？我们认为应从提高士兵的斗志与士气着手。

任何的军队，如果士气很低或士兵无斗志，则无论客观的条件多好，这个军队都无法作战的。抗战初期，在救亡图存的大旗帜下，我们无论作战怎样失利，我们总系士气愈战愈高，斗志愈战愈强。但近年间，由于通货膨胀

199

的影响，军队待遇低落，而不守法的军人则舞弊营私，结果士气就受到影响。河南、湖南及广西战事的失利，这系根本的原因。

今日我们如要挽回西南的危机，必须设法提高士气。但提高士气有两件事必要首先做到。一系撤换不守法及已富有资产的军官，因为军官一经发财，就再没有决死的勇气，同时起用未腐化的青年军官，使其指挥军事。一系在前线作战的士兵都得到真正的温饱，做到"士饱马骄"四个字。

这两点在表面上看，似不难做到，但实际上困难却是很多的。关于前一点我们不愿加以论列。关于后一点我们可以略加说明：要使士兵温饱，第一系米，第二系棉衣。今日作战的区域，目前系在贵州，而贵州系米粮不足以供应大军，同时系衣料缺乏的一个省份。因此贵州所用的米，所用的棉衣，必须自外省运去，在这交通极端困难的今日，要大量把食米及棉衣运给贵州前线的士兵，是一件极艰苦的事。

即使米粮及衣料的筹措与运输不成问题，但政府要取得这些食米与衣料，必须先筹得钱，要筹得钱，必须强使有钱的人出钱。因此归根到底，远是一个如何使有钱的人出钱的问题。

根据上面所说，我们认为在这紧急的关头，政府必须强使有线的人出钱，必须使士兵均能足衣足食，必须起用未腐化的军官以指导军事。必要如此，才能提高士气，才能挽回当前的危局。

《评论报》第 17 期，1944 年 12 月 13 日

苏军横扫匈牙利

曾昭抡

　　若干军事家曾经说过多瑙河河谷，是纳粹德国的软腹。远在两年多以前，正当东线尚急，英美苏三国人民呼吁开辟第二战场的时候，许多人都在讨论，何处是最适宜开辟第二战场的地点。在希特勒欧洲堡垒完全完整的当日，若干战略家，以为英美军队，自黑海进攻罗马尼亚，溯多瑙河河谷而上，直捣德国心脏，是一条迅捷的途径，而且自军事上来说，或者比直接进攻设防最坚的大西洋长城，损失可以小得多。别种理由以外，土耳其坚守中立，使盟方舰队无法大举驶入黑海，为此种主张无法实现的一种主要原由。后来事过境迁，苏联对德战局，由危险趋于稳定，由稳定转为大胜。至去年年底德黑兰会议的时候，红军能以单独担负东欧战场的责任，已属毫无疑问。经过该次会议以后，东西南三面进攻纳粹欧洲的大方针，得以确定。英美苏三国担任的战区，亦已分配妥当。罗马尼亚与匈牙利战场，无疑是划归苏军范围。进攻希特勒软腹的试验，责任于是就落在红军肩上了。

　　今年八月中旬，正当波兰中部攻势停顿于华沙附近之际，南路苏军，突向罗马尼亚前线，发动全面攻势。不出数日，德罗军队，迅即解体，罗国随即投降，并转而向德宣战。至九月中旬，罗马尼亚全部领土，除一九四〇年被纳粹压迫割让匈牙利之达琅西里瓦尼亚以外，全部已由苏军收复。苏联军队，并已攻入达琅西里瓦尼亚，多瑙河谷下游一段，被［彼］时已入苏军手中。然而当时红军急切任务，在于迫令保加利亚退出战争，与援助狄托元帅指挥下的南斯拉夫解放军。苏联断然进兵保加利亚以后，进展奇速。保国旋即签立协定，与英美停战。保军并欣然与苏军合作，扫荡滞留巴尔干半岛的残余几十师德军。南斯拉夫的解放，任务较为艰巨。罗、保两国归入盟方以后，希腊已无法可守，阿尔巴尼亚亦难于把握。随着苏军在东南欧的胜利，英美军队，先在希腊登陆，继在阿国上岸。希腊境内，人民解放军，奋起与英美配合作战，很快，就将全国领土恢复。阿尔巴尼亚方面，则至十二月初，始将最后德军，完全逐出。在阿国解放战中，阿尔巴尼亚解放军，建立了堪与法国内地军及南斯拉夫解放军比美的战绩。该国京城地拉那及最重要海港都拉索，即是由该项解放军于十月间克复的。由此人民力量的伟大，又得一明证。罗、保、希、阿四国，既然相继发生问题，欧洲东南角上的德国军队，事实上被夹在苏联、英与美军队之间。眼下唯一退军的路线，是经由南斯拉夫广大的地区，向西北后撤。这条路线上，红军与南国解放军，是不让德寇安然撤退的，于是南斯拉夫境内的大战展开了。保加利亚自德军手中夺回以后，九月底，红军即以由保国进入南国境内。到了双十节左右，南国京城伯尔格来德的争夺战，正式展开。为着掩护大军后撤，德方不惜牺牲，企图在此城顽抗。五十万红军，与南斯拉夫弟兄携手，经过一番最猛烈的战争，终于将德寇这种迷梦打破，于十月中将伯尔格来德解放了。这次胜利，为苏军在十月间最大的成就。自此以后，德军在南斯拉夫境内的残局，已无法可以收拾。目前虽未完全肃清，为期当不过远。

伯尔格来德的解放，无疑是十月间苏军进攻的主要目标。但是同时莫斯科并没有忘记匈牙利。十月中旬，红军不但逐渐肃清了达琅西里瓦尼亚全部，而且攻进匈国本土，企图迫其效法罗、保两国退出战争。匈牙利大部本是一片平原，几乎无险可守。当苏军在该国东境向多瑙河推进的时候，匈国政府果然着了慌。连一向投靠纳粹，助桀为虐的摄政霍尔第，鉴于其本国行将崩溃，亦不得不毅然向苏联求和，这事原来是在苏方预料之中的。可是此事如果实现，奥地利即将立感威胁，德国南部不久亦即可危岌岌，如此对于纳粹的打击太大了。所以此事一声宣布，德方立即发动匈国政变，以武力控制匈京布达佩斯，迫令该国政府改组，并将霍尔第予以囚禁。已失斗志的残余匈军，在枪刺威胁之下，被迫继续与德国共同作战。纳粹德国很明白，即在西线已攻入匈边，义大利盟军已进抵波河流域的今日，多瑙河谷，仍然是德国防御的软腹，莱茵区域以及波兰中部，诚系平原地带。不过此等地方之可能发生战争，早在德国参谋部预料之中，以此设防特别坚固。天然形势不利之处，得到人工补充以后，已成为不易攻略。惟有罗马尼亚与匈牙利战争之急转直下，当初颇出德方意外。红军的利剑，沿着多瑙河河谷，直捣维也纳，一剑插入希特勒的软腹，可能会成为致命伤。当然自今年春天起，德方已经沿奥地利边境，建立防御工事，但是此项防线之能否久守，还有待于匈牙利战场的努力挣扎，俾得有充分时间，布置奥境防御。德方发言人，曾经坦白指出，德军将尽力防守匈牙利，正如防守其本国领土一样，事实上德军在匈境的拼死抵抗，亦殊不下于其在东普鲁士境内作战的情况。

由十月革命纪念日史达林委员长的演说，我们可以知悉，攻克布达佩斯，实为十一月间苏军统帅部，作战的主要目标。实际上参加匈境战争的红军，不下五十余师，其战斗情形之猛烈，即在东线亦不多见。因为德军抵抗异常顽强，布达部未能如一般期望，迅速攻下。然而德军所能做到的，不过是延缓苏军的进展，并未能实质上对苏方战事予以阻挠。布达佩斯的陷落，或者较苏方原来计划，移后了一个月，纳粹军队的终必打败，却是无法可以避免。

在整个的十一月当中，布达佩斯虽几濒于危，但是始终仍为德匈军队所据守。虽然难攻，苏军在匈京外围，则进展甚速。匈国东部，多瑙河以东的据点，先后一一攻下。因逼近匈京一带，过嫌进展迟缓，至月底遂在匈境南部，逼近南斯拉夫边境的地方，渡过多瑙河，在该河西岸北进，对匈京作大包抄。月初以来，苏联军队，在匈国西南部，进展奇效长驱而进抵巴拉敦湖，并肃清该湖南岸残敌。同时布达佩斯城，亦在东南北三面，遭受包围，战事渐逼城郊。匈国傀儡政府，仓皇迁都维也纳。奥境德国伤兵，亦全部撤退。至十二月十一日，大部德军，卒不得冒苏方猛烈轰炸，撤离布达佩斯。此时一般观察，多以为匈京陷落在即。但是德方为着争取时间，巩固奥地利防御，对于布达佩斯，仍然企图作最后挣扎。旬来事实证明，德方留在此城的部队，实力仍属坚强。同时保卫此城的近郊防御工事，证明十分坚固，非短期可以攻下。苏军进薄城郊，对此三分之二被围的古城屡次猛攻，虽陆续获有进展，并迭克城厢附近的外围据点，然迄今尚未能将该城攻克。而且德国方面，一度突又企图对此城增援反攻，但被苏军击退。城内被纳粹控制的匈京电台，对匈牙利人广播，要求其为国死守布达佩斯，令其变成该国的史达林格勒。一面城内德国秘密警察，以自动机枪扫射企图反抗德方命令者，迫其与此城共存亡。在德国与附德的匈国政府，或以此为得意杰作。他们忘记了一宗历史上的事实，那就是类似史达林格勒式的坚守，只有在政府、军队、民众一心一意澈底合作的条件下，方能完成其任务。今日傀儡的匈国政府，与残暴的纳粹德国合作，虐待人民，断送国家前途，如此安能望人民为之效死。在此种情形下，无怪布达佩斯城内匈人，大家都在设法脱逃；而匈牙利游击队，亦在活跃于此城近郊与苏军协力抗敌。匈京之苟延残喘，事实上不过有赖于残余德军之实行自杀战，与四郊防御工事之坚固。布达佩斯在某种意义内，最后或者真会变成一个史达林格勒那种意义，就是此城将成德军的一处陷阱与坟墓。

一面猛攻匈京，同时苏军亦在企图迂回此城。匈京以北，一旬来战事激烈异常。德方深知此举意义，在于直趋维也纳，其事非同小可，因此不惜以大批空军及机械化部队，从事抵抗，并实行反攻。在该方面，战事进入一种胶着状态，双方均少进展。匈京以南，则苏军续向西进。大批苏军，业已涌进斯洛伐克与南斯拉夫游击军间的全部广大地区。德方消息谓七十师苏军，正沿匈境两百哩前线作战，鉴于此线攻势与双方军力，德军完全退出匈牙利，当不过时间问题。

匈京虽尚未攻下，其在战略上的价值，大部业已失却。德国中路军在此线上的下一任务，显然为保卫维也纳。布达佩斯争夺战，日内当可结束。维也纳之战，不久亦将开始。

《民主周刊》第 1 卷第 3 期，1944 年 12 月 23 日

西线德军凶猛反攻卒被阻遏

曾昭抡

今夏六月六日诺曼底登陆之时，欧战究能于何时结束，引起一番热烈的讨论。开辟西欧第二战场，实为澈底击溃德国的必要条件或者至少为达到此项目标最便径的途径，久为美英苏当局以及一般军事家所承认。问题只在如何将此项计划付予实施。英美政府，对于实施此举，具有充分决心及信心。但是当初许多人对于开辟第二战场，能否真正成功，均认为不一定有十足的把握。在登陆的那天，英美领袖人物，均为作此项冒险的战士祈祷。对于此项冒险能否成功，评述时均出以稳重的口吻，甚至认为被迫再作敦刻尔克式的撤退，亦并非不可能。事实上此项万一的准备，亦已包括在登陆计划之中。至于战事究能于何时结束，则在第二战场开辟以前，一般军事家更不敢做过分乐观的猜测。例如一部分英国军事专家的意见，以为第二战〔场〕开辟以后，英美苏三国以全力协作进攻，至少也还要三年，方能将完全打败。此种期限，只有下列两项情形，可以将其缩短。是项情形，一为欧陆被纳粹占领各国，发生民族革命；二为德国内部，发生革命或叛变。半年来发生的事件，指示此两种条件，多少实已具备，尤其以前者为然。法国、西〔希〕腊、南斯拉夫、阿尔巴尼亚的光复，以及现在匈牙利在布达佩斯近郊之协助苏联军队作战，皆系是项事实表现。至于德国内部情形，一般士气及后方民众作战情绪，虽似尚未有何等动摇，但在七月中业已发生过一次谋刺希特勒的事件。今后如果盟方攻势更有进展，纳粹当局对于内部的控制，能

205

否仍然澈底执行，殊有问题。以此看来，战事拖延到三年，大致是决不会有的事。

诺曼底登陆以后，盟军进展，异常顺利。最初数日，德方抵抗，竟是意感不到的脆弱。希特勒的大西洋长城，殊不若事前的坚固。纳粹夸称无法突破的欧洲堡垒，一下子就被打穿了一个洞。在此种顺利进展的情形下，乐观论调，大形抬头。甚至邱吉尔首相，当时在一次非正式的讲话中，也曾提到，欧洲大战可能会在三个月以内结束。当然如此乐观的看法，捷克总统贝奈斯，在六月以前即曾提到过。不过那时相信贝氏之说者不多；到了六月中旬，许多人的看法，方始改变。

八月间，美军横扫法国，德军被迫迅即放弃巴黎。当时纳粹当局，表面上声明退出法都，其目的在于保全此古城。自盟方人士看来，大都以为此说不过是一种阿Q心理，藉此说以掩饰其溃败。现在我们方才明白，野心勃勃的希特勒，始终并未放弃打回巴黎的狂想。我们大家，过去都有点小看这强敌了。事后批判，方知夏末秋初德军之迅速放弃法比两国土地，一方面固因盟方攻势，锐不可挡，更重要的理由，则在于适应军事上的需要。所谓军事上的需要，即是为着对付英美军队的优势武器与人员，德方不得不力求缩短防线，争取内线作战，据设防地带以事坚守。向来采攻势之德国，彼时感觉在西线正如在东线一般，不得不暂时采取全面守势，静候反攻的机会。当初德国以为大西洋海岸，可以坚守无虞，所以在法比两国国境内部，并未布置有设备周全的防御工事，可以抵抗强大机械化部队的进攻。以此大西洋长城即告不守，边境战事又急转直下，德方统帅部队遂决定调整战线，原则上将大部军队，调回本土，以图久守。现代武器的发展，自一方面言，诚然有利于攻方；但在另一方面，据有天险或坚强防御工事的军队，只要士气不坠，给养可以维持，实不难作长期坚守。素来专精于军事如德方统帅部人员者，对于此点，当然有深刻的认识。所以德方军事布置，便是如此着手，德国在西线最坚强的防御，当然是在大战以前完成，专以对付法国的齐格菲防线。其次则为法境亚尔萨斯者的佛日山脉及以前法国所筑马其诺防线。因此德方主力，除已被围歼者外，大部均先后撤回上述各项防线。剩下在比、荷、卢三国者，不是准备牺牲的孤军，便是掩护退却的后方部队，或者是担任前哨与外围任务的军队。可惜此种情形，当时一般人对之缺乏了解。当巴黎光复，法盟国军正达高潮之日，八月中若干预称权威的美国军事家，意〔竟〕认为九月中即可将德国完全解决。九月初旬德军自比利时大举撤退的情形，一时确予一般人以此种印象。许多观察家，以为二次大战，必可于一次大战的停战纪念日（十一月九号）以前，宣告结束，或者至多不会挨过今年圣诞节。甚至设在伦敦的各国流亡政府，均一致以为十月底以前，德国一定会击溃。

不幸事实并不如此。盲目乐观，总是危险的。九月中旬，德军大部业已退入预定阵地。比利时、卢森堡落入盟军中，甚至德国本土亦被英美军队攻入，可是前线却已稳定下来。嗣后盟军诚然在齐格菲防线以外，徐徐续获进展，甚至在数点突破此项历史上有名的坚强防线，但是对德作战，决非短期内可以取得完全胜利。事实是很显然了，亚琛一城，德军坚守数星期之久，即是此点一种明证。在此时期中，邱吉尔首相在英国议会某次演说当中，说到欧洲大战，可能于明年夏季结束。后来十一月中旬，艾森豪威尔将军发动西线大反攻，最初得到顺利进展，攻入萨尔区，威〔胁〕鲁尔区域。彼时一般人又感欧战即将告终。邱相在另一次演说当中，却依然采取慎重的态度。他说，如果要修正以前那次演说中所发表的意见，他应该将明年夏季欧战或可结束一语中的夏季两字，改为晚夏。在深悉军事情形的英方当局看来，显然以为作战前途，仍多困难。

无论如何，德军在十二月中旬，居然能发挥出来一次如此凶猛的大反攻，原系几乎出于一切盟方人士意料之外。正当美国第一军与第九军进抵科隆平原边缘，攻入都伦西郊的时候，德将伦斯德特突破于十二月十五日，以步兵九师，装甲部队六师，共约二十二万五千人之众，突向美国第一军防线，发动主力攻势。美第一军，猝不及防，防线当被撕破达七十英里之宽。三日以内，德军冲入美方防线达二十一英里之深，越德境进入比利时十九英里。一时该处情形，殊形危急。此项空前未有的德军猛烈大反攻，先后延续达十日之久。至圣诞前夕，德军已在比境推进五十英里，前锋进抵缪斯河。

最初五日，盟方几无法招架。嗣后战线始略见稳定，但德军先锋仍在前进。至二十二日，美国第三军，自南发动猛烈反攻，侧击德军南翼，德方攻势为之延缓。继之阴雾天气，顿趋晴朗，盟方空军，大举出动，轰炸德方交通线以助战。二十五日为欧美圣诞日节，亦即艾森豪威尔将军受任西欧统帅的周年。正于是日，纳粹攻势，已在各处被阻，第三军并将德寇击退四英里。西线战事，至此又达转折点。盟军对德大反攻，即将展开。

这次德方大反攻，得到如此成就，原因在于盟军防御未〔及〕德国全。此番挫败，盟国高级当局，自承为西周〔线〕作战以来最大的败绩。今虽幸得转危为安，但以后作战，更须加倍戒惧。想必负责军事者，当已得具有充分认识。

《民主周刊》第 1 卷第 4 期，1944 年 12 月 30 日

一年来世界战局的演进

曾昭抡

一　概述

一九四四年，无疑的奠定了联合国家在欧亚两大战场全面胜利的基础，虽则未能如若干人士所期望于年内澈底击溃纳粹德国。此一年内，最惊人的战绩当推英美两国开辟第二战场的成功。苏联方面一九四一年苏德大战以前的领土，除却拉特维亚及立陶宛一小部分以外，完全光复。英勇的红军，已迫令罗马尼亚、保加利亚、芬兰及匈牙利退出战争。希腊及阿尔巴尼亚在英美协助之下全部获得解放。红军弟兄，与狄托元帅的南斯拉夫解放军携手，解放了南国大部分领土。此外苏军并已攻入捷克东部，在波兰则已越过卡逊线进抵华沙城边。整个巴尔干半岛，除开南、匈两国一小部分土地以外，纳粹势力，业已完全扫清。

在南战场上，圣城罗马的光复，为年中一件极可纪念的事。义大利三分之二的土地，此刻已获解放，义境盟军业已进抵波伦亚附近。至于西线盟军进展的速度，几可与东线比美。在英美法三国联军猛攻之下，配合着法国内地军的响应，法荷西领土，迅告恢复。至年底，法国已几无敌军踪迹。比利时与卢森堡，一度完全光复。不幸年底德军大反攻，又复攻入此两国国土。荷兰东部，一部已入英军手中；西部海岸区域，则仍由德方扼守。一九四四年，并没有将解放的福音带到北欧。丹麦、挪威，迄今仍然哈〔处〕于德军铁蹄之下。残暴的纳粹，明知道这些地方，不久将难镇守，因此正在积极进行计划，如何将此两国的建设事业澈底予以毁灭。这种破坏，也许几十年难以恢复，法西斯帝国主义的罪恶，真是擢发难数。年底法苏两国，成立协定，将来拟以东普鲁士及西里西亚等地，卑予割让卡逊线以东地区的波兰，莱因河区域（包括鲁尔及萨尔区）则划归法国。此项欧洲地图的重画，虽有待于英美的同意，然而关于过去德国屡次发动侵略战争及过分虐待其他民族的情形，或者并不是太不公平。

一年来美军在太平洋上的跃进，可与欧洲东西两大战场盟军的迅速进展，东西比美。开年的时候，美方前哨远小过在吉尔次特群岛与所罗门群岛，现在却已进到马利亚纳群岛与菲岛中部，由美方根据地到东京的距离，一年内缩短了两千英里。中英美军队，合力作战的结果，缅甸北部，复入盟军之手。对于中国作战物资供应问题其□极端重要性的中印公路，亦已打通。从中国基地及塞班岛起飞的超级空中堡垒，在最后两月已对日本本土，日夜予以猛炸。猛烈轰炸之下，日本的作战力量，已在开始软化。正如两年前德国的情形一般。远东战场上惟一可痛心的事，是正当日方所谓海上的"帝国生命线"开始感受美军威胁之际，两年来敌寇渴望大陆交通线，竟被他们打通。我国西南部，亦以此感受进一步的威胁。

二　罗马的光复

前年年底在德黑兰会议当中，美苏英三国领袖，决定了东西南三面猛击纳粹德国的计划，此项计划的着重点，当然在于东西夹攻，而在法国北面登陆，实行开辟第二战场，尤为先决条件。不过当时决定，此举当在六月初旬予以实施，因此最近五个月的日报，除开英美空军日夜不断的轰炸德国日益加厉，以图软化该国以外，军事上的进展，实限于东战场与南战场。兹就义大利战场而论，前年七月初英国西西里登陆成功，随即完全占领该岛以后，九月初，即在德国本土登陆。义大利旋即向盟方投降，不久并对德宣战。义大利本土，为英美军队攻入欧洲大陆的最初一角。义境战争初期，盟军进展奇速。一个多月当中，前进百余英里之远。但是后来军事，即陷于停滞僵持状态。去年一月底，盟军突在罗马以南不远，于德方盖斯打夫防线之后登陆，开辟所谓安济奥滩头阵地。此项登陆成功，最初盟方人士，多以为罗马不久即可攻下。不意德军随即将盟军阻住，并向此处滩头阵地发动猛烈反攻，令该处盟军几濒于危。后来侥幸局势稳定下来，但该处战事久陷于一种令人失望的沉寂与僵持。到了五月十一〔日〕盟军主力，突对盖斯打夫防御，发动全面攻势，将其完全摧毁。至一〔五〕月十五日，此项向北推进的军队与安济奥方面的部队，六月三〔日〕循圣城罗马，即告完全光复。在春天苏联前线胜利频传之后，英美军队，至此日始大建奇功。跟着西欧登陆，便行揭开。配合着盟军在法国北部的顺利进展，盟军攻克罗马以后，迅速向北推进。一月以内，又向北进百余英里。至七月初，又复碰到德方坚强防线，与不易攻击的地形。然而盟军奋力作战结果，卒于七月中东路攻下安科纳，中路攻下阿勒坐，西路攻下里窝那。八月中，中路又将佛罗伦萨攻克，西海岸则进展至比萨。八月以后，义境战争，比较沉寂。可是东部沿亚得利亚海岸仍前进至里米尼，更进而占法恩查。中路前进至波伦领附近，以远程大炮遥击该城。惟西路则无进一步的进展。义境到此三分之二的领土已恢复。插入地中海的腿形部分几已全部入盟军手中，盟方并曾以进抵波河流域为义境作战目标，现在此项目标业已达到。

三 第二战场的开辟

一九四四年六月六日，为人类永不能忘的一天，这天英美军队在法国北部诺曼第半岛登陆成功，决定了希特勒崩溃的命运。英伦海峡，最窄处虽不过二十一英里，但是一直到此次登陆，在有相当海军与海岸防御工事的情形下，仍然无法可以攻破。然而拿破仑与希特勒所不敢尝试的冒险，居然让艾森毫威尔将军所率英美的部队，一举成功。希特勒的大西洋长城即此崩溃。所谓欧洲堡垒，不久连德方也不愿再提。去年七月盟军在西西里登陆的时候，德方于惊□□□连忙说该岛防务，远不如大西洋方面坚强。英美若在西欧作此等尝试，决难在岸上停留过九小时以上渡，正如一九四二年英军空袭第危晋一般。后来盟军又在义大利本土登陆成功，德方的解释，是义大利半岛，根本不在所谓欧洲堡垒范围以内。到了诺曼第半岛登陆以后，盟军顺利进展，纳粹宣传人员，再没有话可说，只好哑口无言。德国所恃以无恐的大西洋长城，至少在这一点业已突破。毫无问题地，欧洲堡垒，不再完整。德国素来惧怕的东西夹击，在此时又复展开。

四　巴黎的解放

诺曼第登陆以后，初期战争，在盟方虽很艰苦，但美军在瑟堡半岛，进展顺利，登陆不过二十天，美军即于六月二十五日，完全占领瑟堡。此一大港的光复，使盟军在法北大规模作战的物资供应问题，得以相当解决。瑟堡占领完成以后，德军向海岸地带的反扑，但趋□□，德边战事，渐达高潮。尤以英军担任的左右的僵持以后，巴顿将军所率美国第三军，以最敏速的惊人行动，向南突击，打破此时沉寂局面。十天以内，法国情形，完全转变，至八月初，美方已抵克恩，嗣即东向南面迅速推进，自南面切断布勒塔尼半岛，数年来不断骚扰盟方大西洋航运的德国潜艇，原来藏匿在法国大西洋海岸各港口者，以此不得不仓皇逃遁。巴顿将军，旋即改向东折，占领□□，由该处一路东取巴黎，另一路则北上，与英加军队合作，围攻法北联军主力。

正当美国第三军往东向巴黎迈进的时候，八月十六日，卫尔逊将军指挥的盟军，突在法国南部地中海海岸，大规模扫荡登陆地点，在吉伦以东，执行此项任务的部队，如由美法军队联合编成的美国第七军。这时候一方面法国正规军，与英美盟军，在法境并肩作战。另一方面，法国境内的内地军，已在各地蜂起，迅速收复失地。同时北进美军，与南下英加军队，不久渐在勒蒙以北的法莱斯附近合围，将德国第七军予以围歼。至八月二十五日，盟军在西线获得空前胜利，巴黎城竟于是日完全光复，德方守军投降。尤其值得注意者，首先收复巴黎者，乃是法国内地军，而非英美军队；首先以凯旋方式，进入法京者，亦非艾森豪威尔，而是戴高乐将军。

巴黎即告解放，法莱斯袋形地带的德军亦被解放。德军在法国境内的军队，乃一泻而不可收拾。该国南部，经美法军队予以扫荡，法国内地军英勇作战，不久全告恢复。法国于是乃由一战败国家，一跃而为欧洲三大强国之一。同时英加军队，将法国北部德方重要防线攻破，迅即进入比利时。美军亦在巴黎东北，大举向前推进。第一次大战中四年鏖战所未能占领的地区，此次竟于几天以内落入盟军之手。战事至此，乃可谓急转直下。

五　西线盟军攻入德国本土

九月初旬，盟军在西线进展，如此迅速，使许多人相信，欧洲战事，于十月底结束，或者最多拖延到圣诞节前。当时谁也没有想到，圣诞以前，德国会发动如此一次猛烈的反攻，使卢比两国为之震撼，致使西线一时颇形危急。在九月上半月，英军自法国曾经攻入比利时，扫荡比境，光复比京不鲁塞尔，攻到列日与那幕尔等处，历史上最有名的要塞，比境德军，大部迅速后撤，仅余极北安特卫普附近一隅。同时美军自法国东北角，一路在色当附近攻入比境，另一路则攻入卢森堡，不久卢森堡大公国，全部恢复。美国方面由卢境攻入德国，稍北则自比国进入德境，围攻亚琛。回顾当日情形，德军之所以大举自法、比、卢三国境内撤退，系因当初万想不到盟军在西欧进展如此之速，以此对于北岸广大地带，未作周密防御布置，前方主要防线被突破以后，即无法可以久守。到了九月初旬，西线战事，又入一种稳定状态。德军虽被迫继续徐徐后撤，盟方已并数路攻入德国本土，但军事进展情形，殊不如当初一般人预料之顺利。亚琛一处边城，即围攻数星期之久，经过最艰苦斗争，方得攻下。在十月中，比利时全境获得解放。一部利用伞兵，英军并攻入荷兰东部。同时英加军队，肃清荷境西南部的些耳港湾下游，使安特卫普一港得以启用，西线盟军供应问题乃得解决。但是荷兰西部海岸，仍在德军手中，成为德方以飞炸弹及火箭炸弹袭击伦敦的基地。

到了十一月初，安特卫普港，已可能利用。盟方一切其它准备，亦已完成。是月十六日，艾森豪威尔将军，指挥六路大军为数超过百万，北自荷兰，南迄瑞士边境，沿五百里前线，向德国与荷、比、卢、法各国接壤处发动全面攻势。是项攻势，连续几及一月，在此期间，不顾德军顽强抵抗，各路均获有相当进展。就中推进最速者，为担任南翼的法国第一军及美国第七军。法国第一军，担任最南一段，首先攻抵莱因河上游。美国第七军，攻入萨阿尔斯省，收复斯特拉斯堡，旋亦攻抵莱因河，后并一部攻入德境，惟美国伞兵降落莱因河东岸敌人后方，企图支援法军渡过莱因河，则并未成功。第七军以北，巴顿将军所率美国第三军，建功尤伟。此军攻占有名的坚固要塞麦次以后，扫荡洛林省，越过法德边界，攻入萨尔河区域，在该区徐徐推进。萨尔区域为德国第二大煤矿区及工业区，其在工业上的重要，仅次于莱茵河东岸的鲁尔区。在正常情形下，萨尔区生产德国全部煤产百分之十，及钢的总产量百分之十一。即以一九四三年的情形而论，那年中虽遭盟军日夜轰炸，仍然生产了七百万吨的煤，与全国百分之十的钢。以此美军攻入此区，其事非同小可。第三军进入此区后，先后攻克萨尔兰亭等好些重要城市，并在萨尔兰亭攻入齐格菲防线，在若干处渡过萨尔河。可是齐格菲防线，确系名不虚传，异常坚固，在此区，正如在北段一般，该线迄今仍然大体完整。

艾帅所指挥的六个军，虽均向前猛攻，然而真大作集中攻击者，实为美国第一军及第九军。贺治期将军所率第一军，所任战线，正在第三军以北，第九军则又在第一军以北，此两路进军目标，为会师于德国莱因西岸的科隆。该城对岸，即系有名的鲁尔区。德方统帅部，认为位在亚琛东北的这段战线，实乃西线战事的枢纽，其得失有关全体战局的安危，故不惜拼其全力以争。鏖战四星期结束，两路美军，均攻抵洛安河，到达都伦附近，进抵科隆平原之边缘，第一军并于十二月十四日攻入都伦。担任于至最北一段的英国第二军，其任务为自荷兰攻入德境，以荷兰境内，逼近德边，位于费士河东岸的密尔，为其初步目标。此路所遇抵抗，亦多坚强。但英军仍得在数点攻抵费士河一部，并越卢此河攻入文罗近郊。

214

六　德军在西线大反攻

百足之虫，死而不僵。据法国方面的情报，第二战场开辟后，半年以内，德军在东西二线，各损失一百五十万人，单就被英美俘虏的德军便达七十五万，据此看来，纳粹军力，至十二月中旬，已较夏季大为减弱。盟军在西线发动总攻的结果，萨尔区域，战事已在煤矿与钢铁厂区域进行，一部煤矿的兵工厂，亦落盟军手中。在北段，则鲁尔区域，亦已感受威胁。在十二月初旬，许多乐观派人士，群以为□德战场，即将以西线胜利，宣告结果，那知后来发现与当时期望，大相径庭。正当美国第七军攻入德境，第一军及第九军攻抵都伦之际，十二月十五日，德国欧洲占领军总司令伦斯德特将军，突然以步兵九师，装甲部队九师，为数共约二十二万五千人之众，发动其准备已久的冬季攻势，对美军第一军前线，实行最凶猛的大反攻。第一军猝不及防，所据防线，顿被撕破达七十英里之宽。德军长驱直入，由德境入卢森堡，更由卢比境数路攻入比利时，一星期以内，伸入比境三十五英里，较之第一军在莱因区域作战三个月进展的距离为尤远，至圣诞节方□已进入比境五十英里，先锋且有一小部进抵缪斯河。一时盟方军政当局，为之震惊。幸有美国第三军装甲部队，自南侧袭德国南翼，至圣诞节前后，稍事前进，已为之展缓。二十八日消息，德军虽仍略行前进，其攻势大体已被阻遏，不过此次挫败，事间，[①] 延迟一个月，将来作战，似乎仍不能不十分慎重，以免再蹈覆辙。

七　东战场的辉煌战绩

由于以上各节所述，可见第二战场开辟以后，七个月以内，盟方军事，除年底一次大失败以外，胜利消息，接踵而来。令人异常兴奋。可是以收复

---

① 　原文如此。——编者注

地区的战事而论，西线成就，尚远不及东线。同时红军在全面作战中，未曾一次败北，尤其是一种空前的成绩。〖年〗我们想到，德苏前线，几乎十二个月作战未停，其当对抗的德军，为数至少两倍于西线，这种战绩，更所令人惊佩不已。仅仅将一年来苏军在主要战役中所获战绩，简略叙述一番，也要占去相当冗长的篇幅。因为篇幅上的限制，现在只好把最重要的几种事实，在此以最简单的方式，予以指出。

一九四三年开头，红军便向德寇发动规模宏大的攻势。是年一月，列宁格勒前线，苏军大举出击，使被围已两年余的列城解围。二月和三月当中，南路苏军出动，肃清乌克兰境内德军，由布格迪进抵聂斯特河，更向西进而入比萨拉比亚，一部并攻入罗马尼亚本土，逼临捷匈两国边境。四五两月，战事比较沉寂，主要收获，在于南路光复罗马尼亚。

配合着第二战场的开辟，六月十日，红军在东线开始进攻。最初一着，系在最北端的芬兰前线发动，一下子就把芬军主力打垮，突袭曼钠林防线，收复维堡，更进而入芬兰本土。随后在德苏日大爆发的三周年纪念日（六月二十二日），红军在中路白俄罗斯前线，发动规模空前的巨大攻势，立即攻破德方所谓"祖国防线"。七月三日，明斯克光复。由此以空前速〔度〕，向西挺进，横扫波兰东部，越过卡逊线，〖日〗进抵维斯杜拉河，达到华沙。同时南路苏军，亦向波兰南部出动，收复罗夫，将德军逐退至桑河及维斯杜拉河，一部并越过维斯杜拉河，在桑多密尔以西建立桥头堡垒。另一方面，北线苏军，攻入立陶宛，解放那〔该〕共和国的大部分，并且强渡爱尼门河，攻抵德境东普鲁士附近。拉脱维亚共和国，亦被红军攻入。

八月中，波兰方面的军事，大都停顿起来，但是该月下半月当中，南线苏军极南端的部队，猛攻罗马尼亚，迫令罗国退出战争，不久该国并向德国宣战。纳粹方面，以此失去普洛耶什特油田。此事对于维持机械化部队，乃一最严重的打击。罗国投降以后，九月初苏联对保加利亚而宣战，迫令保国亦退去战争。嗣后不久。保国与苏联携手，亦对德宣战，与苏军协力，将纳粹军队逐出国土。由保加利亚，苏军进入南斯拉夫，与狄托元帅的解放军携手，十月间收复南国京城柏尔格莱德。

九月中旬，北路苏军，解放了爱沙尼亚，光复了拉特维亚的大部分。芬兰一见形势逆转，对苏求和，并转向对德宣战。十月中，苏军再进而攻入德国本土东普鲁士。一部则越喀尔巴阡山，攻入捷克。同时匈牙利本土，亦已有红军踪迹。十一、十二两月，苏军作战，以扫荡匈牙利为主要目标，一面则越捷匈边境，进入捷克东部。至年底，匈京布达佩斯，已在城中心区巷战，日内即可完全攻占，同时由匈境通往奥京维也纳的大道上，激战已在进行中，德国南部，以此亦已开始感受威胁。一年中进展如此之速，这种事在历史上真是少有前例。

八 美军在太平洋上跃进

一九四三年初，美军前哨阵地距离东京，尚有三千英里以上，由吉尔贝特群岛推进到菲律宾群岛，这样的进展，确是非常惊人。是年二月初，亚太的美军，突然在马绍尔群岛登陆。十天以内，将主要岛屿，大部占领。这一着使美军到日本本土的距离，缩短了一千英里以上。随后历经轰炸与炮击的土鲁克岛与其他加罗群岛，一时美军并尝试登陆。到了六月十六号，尼米兹所部，突然在马利亚纳的塞班岛登陆，至七月中旬，塞班岛占领完成。随着此群岛中的关岛与狄宁岛，亦被美军攻占。至此日本夸耀的海岸堡垒，一臂被斩断，布防最周的土鲁克，亦失其效用，远东形势，为之大变。

塞班岛的陷落，使日本全国下半旗志哀，东条内阁为之坍台，代之而起者为小矶内阁。此时海洋中的日本所谓"帝国生命线"，业已开始感受威胁，于是不得不积极筹谋，在我国境内，打通其所谓"大陆交通线"。另一方面，麦克阿瑟当局，沿新几内亚大举向西北发展。一面占领该岛沿岸各小岛，渐已过□荷印，至九月中旬美军一部在帛琉群岛登陆，另一部则在哈玛黑拉岛以北之摩洛泰岛上岸。菲岛战争已形迫近。

十月中旬，美军果在菲岛进攻。其所进攻者，并非北端之罗宋岛或南面之岷答那峨，而系菲岛中部之萨尔岛与雷伊泰岛，萨岛迅即恢复，雷岛则日军拼死抗拒，至年底始可肃清。十二月十五日，美军又在菲岛南端之明多罗岛登陆成功，日方"帝国生命线"。不久将难于维持。

九　结语

在欧亚两洲各战场盟军一片胜利声中，中国战场上，我方独频受挫折，中原战场、湘桂战役，丧师失地，令人悲痛。全球各战场中，此一战场被视为盟方军事上的黑点，此在我国人士，实宜多事警惕，勿再醉生梦死以度日。

《云南日报》1945 年 1 月 1 日

世界战局与政局展望

蔡维藩

　　去年底，笔者在"一九四四年世界战局展望"一文的结论中说："一九四四年的战局发展，极关重要，这一年盟国将经由一次比一次艰苦的战争，来获得一次又一次的胜利，结果这一年战局发展，将会决定轴心国最后失败时日的力量"。(一九四四年元月二日云南日报星期论文) 果然，这一年来盟国在艰苦战斗中获得足以决定轴心国最后失败时日的胜利。欧洲方面，盟国空军由昼夜轰炸而穿梭轰炸，他们自美苏义三面基地打击德国，软化他的"大西洋长城"，袭击"欧洲堡垒"的心脏，并摧毁他国内外生产工业，既削弱其战斗力量，又动摇其军民士气。西欧盟军登陆，半年期间，他们解放了法比荷三国，又在全面跨越莱茵作深入德国本土的攻击战。四月间，苏联失土完全收复，又深入东南欧。六月苏军发动第四次攻势，半年期间，他们在南欧解放了罗马尼亚、捷克、南斯拉夫、保加利亚，又攻入匈境内，他们在北路解放了芬兰，又一面攻入东普鲁士与波罗的海国家，一面攻入挪威之北。同时英军登陆巴尔干，解放了希腊。德国方面，陆军由占领区的守势战打到他们领土的防御战，空军被削弱到不能招架的地步，唯以"飞弹"泄愤，而特尔皮兹战舰被击沉后，海军毫无活动余地。远东方面，美军一面由新几内亚攻抵菲律宾，一面由吉尔贝特攻抵马利亚纳，另一方面，美空军活动遍及远东大陆与海洋，最近且深入日本本土各大都市的上空。同时缅北中美英联军胜利与中国收复滇西失地，首将打开中印缅陆上交通，以增强中国战斗力量，中美英三国从东南与西南这样同时进展，渐渐打下将来合力反攻日本的基础。日本陆军大半就地死守，海军龟缩不战，空军更是无能为力，海洋运输线将全被切断，海陆又将联系不起，菲岛冒险的海空战损失惨重，而九次增援菲岛又完全失败。眼望着本土将孤悬于海洋，无法避免盟军直接攻击，又眼望着百余万陆军深陷于大陆不能摆脱守死的危险，日本军阀出着走绝路的战略，向我西南蠢动，满想赶在美军登陆上岸之前，拉倒中国，打通大陆全部南北交通线，据守大陆以作长期挣扎。战局发展到这地步，双方最后胜败实已判明，德日岂不自知？一九四三年德国政府始而一再安慰其人民说："一九一八年的命运决不会重演"，转而警告其人民说："德国人民为生存必求战胜"。一九四四年四月五日德国广播转述戈培尔演讲称："今日我们全国所遭遇的考验，其严重程度，至少和一九一八年所表现者相等。"七月十三日德国广播称："情势严重，现在一切临到存亡关头。……此次圣战，顷已变成一个真正总力战，在危难到达吾人可爱国土之心脏前，吾人将使此欧陆变为一个毁灭的废墟，其中仅有的呼号，即为血而呼号是也。"纳粹总部炸弹案发生之后，德国广播不是说"一切动乱分子业已肃清"，即是说"一切结果皆比不上战争失败的悲惨"。一九四三年日本政府对他们人民说："战胜胜负将在一九四四年决定。"又对人民呼吁："政府集中全力，与人民共同争取最后胜利。"一九四四年日政府不断的警告人民，始而说："皇国兴废在此一战"，继而说："吾人须抱一亿玉碎之决心。"美军登陆菲岛之前，日政府已公开表示"情势严重，□非语言所可形容"，又一再警告人民说，"盟国进军日本本土，是可能的。"日本青年团副团长桥本欣五郎曾在东京广播警告人民，他说："日本面临着一个国运所系的严重危机，我们唯一能做的事情，是首先必死的决心。难道我们不能用必死的冲击战术，用一架飞机炸沉一艘战舰，用一架飞机击毁坐着十个人的一架飞机吗？"九月间日本某退伍海军上将且公开指摘日军战略错误，认为除缅甸与苏门答腊两区，理应撤退外，日军不采攻势战略，终必失败。这一年，德日两国的宣传词调，越来越低，而其惶恐情绪溢于言表。盟国当局则始终存着戒惧之心，从事艰苦战争。一九四三年战局虽然大大好转，他们却一再警戒人民不得进行乐观。一九四四年夏，欧洲第二战场开辟成功和美军攻抵太平洋之后，他们才在尽量缩短战争时日的决心之下，开始对着战争结束时日作保守的估计。关于这个问题，苏联官方向来保持沉默，只有九月二十八日路透社透出莫斯科经由民意表现方式一则电讯，它说："苏联一般人对战争何时结束，并不过度乐观。……苏联已准备必要时再经历一战时冬季，苏联人民每思及战争何时结束，未有不同思想及实施德黑兰决议之辉煌方式者。"英美当局也颇慎重，向未轻易揣测战争结束时日。直至一九四三年十一月九日，邱吉尔首相在出席伦敦市长欢宴会的演讲中才说："除非我们在战略上发生严重错误，一九四四年战事将达于最高峰，这是合理的假定。"此后虽第二战场开辟成功，他亦未作进一步之假定。一整年之后，盟军将由东西南三面进攻德国的战略确获顺利的进展，他才在十一月间一次广播演讲中发表"明年初夏欧洲战事可能结束"的假定；可是到了月底，他在国会演讲中，又慎重提出他那一篇广播演讲中"明年初夏欧洲战事可能结束"的"初"字，须予以取消。美国当局态度也极慎重，他们从未对战争结束时日作何假定，只有九月底美国战时情报局很谨慎的综合国务院及海陆军部意见之后，表示有关部门公认日本之无条件投降，至少须在德国击败后之一年半至一年之间。这一年，轴心国对战况发展的惶恐溢于言表，同盟国对战争结束的时日，敢于开始做着保守的假定。将这两方面参合着看，我们确可相信一九四四年的战局发展，实已发挥决定轴心国最后失败时日的势力，而根据一九四四年的战局发展，我们亦可相信一九四五年的战局将有更重大的发展，在欧洲，它将结束纳粹德国的生命，在远东，它将更确定的决定日本最后失败的时日。

战局发展到现阶段，盟国最后胜利绝无问题，很自然的许多政治问题相继发生。由于先欧后亚战略的积极推进，盟国间的政治问题也就先在欧洲出现。芬兰问题虽似已成了不成问题的问题，波兰问题虽似将成为不了而了的问题，波罗的海立、爱、拉三小国问题虽似已为不容国际讨论的问题，战后盟国占领德国问题亦虽似为已确有关国家一致协议解决的问题，可是和平机构会议，因苏联对常任理事投票制度表示异议，而未获圆满成功，国际航空会议，因苏联未参加，美英航空自由主张不和谐，亦未获得圆满的解决，九月间魁北克会议，史达林委员长临时未出席，而宣传已久的罗邱再度会晤，迄未成事实等，皆在指示盟国间确已存在着若干待决问题。最近希腊发生内战，义大利内阁改组，西班牙政情不安，伊朗国会通过禁止对外石油谈判法案等，似将有一国问题或局部情势酿成盟国间政治纠纷的可能。同时，法国临时政府获得盟国承认，法苏协定又订立，盟国政治舞台上又增添了一员活跃角色。表面的看，欧洲政治问题中，旧的未能圆满解决，新的正在滋长，但深刻的看，这些已决和未决的问题，又在透出一种新的政治局面。将来远东局面怎样发展，虽然不能预料，但今日欧洲正在表现的新政治局面之将影响欧洲以外的区域，却可断言。所以，我们瞻望今后的世局，须参考其战局与政局。

先欧洲战局来看。

六月第二战场开辟成功，苏军又在东欧发动第四次对德攻势，德黑兰会议的"盟国从东西南三面进攻德国"，决定乃成事实。由于义大利战场深受地理条件限制，东欧与西欧两战场都具有决定全局的势力。这两战场进展与配合是否密切，简直可以决定全欧战事结束的快慢。

进入秋季，由于攻抵德国本土边境，德军抵抗至强，又由于运输要求过大，困难增加，西欧盟军进展较登陆后两月为缓慢。欲求克服德军顽强抗拒，盟国须先加强后方运输，增厚陆空实力，以造成对德军压倒的优势。从荷兰之奥斯登特，沿比法海岸，转到吐伦，共有二十海港，其中有的仍为德军困守，有的已被破坏，有的不能接受大量货运。最近安特卫普虽已攻占，法比沿岸仍须澈底肃清与修理之后，后方运输大规模加紧，才能适应盟军对德本土反攻的要求。同样的，苏联后方多为沦陷两年以上的区域，苏军欲作全线反攻，尚须有待于后方广大区域的相当整理。现在苏军虽由南路攻入匈境，又由北路攻抵挪比，这个大钳形的形势要发挥对德致命打击，天然要求苏军加强中路兵力，用攻坚战略，对着德国正面进攻。至于义大利战场盟军，须俟东西欧盟军进展到逼使义境德军孤立地步，始能发挥积极作用。一旦苏军发动全线反攻，西欧盟军全部超越莱茵，义境盟军跟着前进，空军又发挥空前的轰炸威力，这四个战场齐头并进，又激励德国"第五战场"展开他的活动，纳粹德国"无条件投降"之日，必不在远。

纳粹德国面临五个战场，岂有不败之理，不过战争达于"堡垒"心脏，德国业有研究的防御战略，似亦有其用武之地：第一，德国内线作战，战区缩小，运输较方便，兵力较节省，坚守的战斗力并不可完全轻视；第二，齐格菲防线与波兰及东普鲁士防线工事，皆有数年准备，盟军前进，亦须重大牺牲，始能越过；第三，战事进入德国本土，纳粹标榜"民族自卫战"的口号，对民族意识旺盛的德国人民，不能遽然断定其毫无效力。盟国欲求由克复这三条件，以粉碎德国防御战略，唯有东西南及天空四个战场密切配合，齐头并进，弄得德国内线条条成为火线，数百万奋战之师完全入于"冻结"境地，才能加速德国最后失败的来临；反之，德军利用内线作战便利，分别缓急应付，倘能逃避其目前溃败命运，以渡过冬季，他们未尝不可延至春季，再摆出一部新的兵力，来多拖延战争时日。

就纯军事来说，欧洲战局结束的问题，似颇简单，但一想及由来盟国间表现的政治问题，我们又怕它或将趋于复杂。盖政治问题，随时解决，固可加速盟国军事进展，如万一不能解决，或解决不当，至少可能阻碍彼此战略配合。请先来其比较显著者言之。

九月间，魁北克会议，史达林委员长未出席，关于欧洲方面若干问题，罗邱二氏未作最后决定，会后传说罗邱史再度会晤迟迟未成事实，邱吉尔首相表示，这是因为军事问题牵制的缘故。这几天又有罗邱史三氏将在新年十二月间会晤的传说，如他们能在最近会晤，许多重大的政治问题皆将商讨，其结果将产生较德黑兰会议更为远大的影响。至于世界和平机构会议与国际航空会议的若干待决问题，有的须在罗邱史会晤中解决，有的须留待将来召集的联合国大会中解决。

芬兰问题有无发生可能，尚不可知，波兰民族委员会与波兰流亡政府对峙局面形成，苏波问题似更复杂，义大利政府改组，史佛卓未加入，美国对英表示异议，希望发生内战，英国干涉，颇遭国内□□□□□□□□□□□，共和党人士准备在法另有组织，国际间盛传佛朗哥辞职，华盛顿方面揣测对西政策将有改变。这些已出现与或将出现的问题，一方面显出盟国间确有若干不相和谐的政治见解，另一方面又暗示他们根据某种协议或正在产生一种新的局面。

苏波纠纷久悬未决，为什么美国突然表示不准备负起保证新波兰边界的义务？为什么邱吉尔与波总理去莫斯科之后波总理立即辞职？为什么最近邱吉尔对下院坦率宣布彼等希望调停苏波间久悬之争论一事已"宣告失败"？义大利是最先投降的国家，而史佛卓是义大利流亡人士中唯一和美国发生关系最久，亦最受美国重视的义大利政治家，为什么这次义政府改组，英政府对史佛卓入阁表示异议，美国舆论对英表示不满，而美政府并未予史民［氏］以有力的支持？苏联是最早承认义大利投降政府的国家，为什么这次义阁改组，美方颇表不满，而苏政府始终缄默？希腊发生内战，英国干涉，苏受人抨击，内战之前，为什么苏军深入巴尔干而绝不跨进希境一步？内战既作，又为什么苏联朝野全部保持沉默？希腊内战之初，美国对英政策批评甚盛，为什么近来逐渐沉寂？伦敦方面既承认"苏方之沉默或为使英方有解决希腊危机之自由"，为什么又断定苏方"在思想上显然同情希腊国内之政局"？最近希腊政府正与共产党领袖人士商洽调停内战。为什么又"就保加利亚人以军器供应马其顿之希腊人民解放军事，向保国盟方作战控制委员会提出抗议"？战前西班牙发生革命，英法苏三国皆受牵连，早些日，苏联政府机关报曾公开表示国际间不应容许仍在袒护纳粹德国的佛朗哥政府继续存在，为什么近来西国政情不安，留法之西国共和党人士表示将另有组织，并发出佛朗哥辞职消息，苏联政府反而沉默无言？又为什么美方有人预测盟国对西政策将有改变？伊朗介乎英苏两大国之间，其石油量占世界第四位。一九四二年一月英苏在伊京德黑兰签约声明，承认伊朗主权独立与领土完整。一九四三年十二月罗邱史于德黑兰会议期间，又发表美苏英三国共同宣言，声明关于保持伊朗之主权独立及领土完整一节，美苏及联合王国政府与伊朗政府完全意见一致，为什么本月六日伊朗国会通过"禁止任何阁员、部长或代理总长，与外国官方或非官方谈判石油让予权问题，或签订石油协定，违者处三年至八年有期徒刑，剥夺公权终身"这样硬性的法案？这些扑朔迷离的现象，颇令人难以捉摸其因果。

究竟上述种种现象有些什么背景？是邱史二氏已在莫斯科会谈中，就着欧洲地图，绘上两道政治线了么？是将西欧和地中海划在英国线内，而将东欧东南欧和巴尔干划在苏联线内了么？是以希腊□□□边界为英苏的巴尔干界线了么？是苏联不闻问希腊内战与不关心义大利内阁改组及邱吉尔宣称调停苏波间久悬之争论一事已"宣告失败"，就是因为英苏双方皆在遵守"绘线的决定"么？是邱吉尔所谓"有史以来之另一次大战……所用之武器……即思想之战"，就是表示英苏业已共同采取现实政策的意义么？是法苏协定签订之后的法国，将作英苏两线间的桥梁呢？抑或留待充实英方线区之用？是斯堪的那维亚半岛与土耳其放在两线之内呢？抑或暂听其立于两线之外？是美英苏三国分区占领德国的决定仍旧保持呢？抑或连带另作解决？如果全是的话，事前英苏二国会否获得美国完全同意？如未获同意，事后美国能否承认这些既成事实？如果美国事前完全同意，或事后完全承认，试问罗斯福政府怎样经得住国会质问和舆论抨击？如果美国未同意，又不承认，试问今后美国怎样继续领导盟国贯彻"轴心国无条件投降"的政策？本月十二日美国新任国务卿斯退丁纽斯在参议院外委会宣布美国对外政策目标中所谓"在运用外交方面，予美国作战部队以全部可能的支持，藉以提早获得胜利"，是美政府已感觉欧洲方面行将影响战局的政治压力么？又所谓"于顾全各国当地之习惯与愿望的前提下，推进国际上自由及民主生活方式之发展"，是美政府暗示不□同意或承认英苏现实主义的政策么？这一切真情究竟如何？笔者不能遽然断定，但信欧洲已有之政治问题中多数逃出不出上述疑问范围之外，否则英国《曼哲斯特导报》何必呼吁罗邱史三氏会晤宁可延缓，英美至少须尽速再举行商谈，并促两国重申遵守大西洋宪章诺言，而名作家威尔斯又何必赶在此时以《邱吉尔必须去职》为题，来严厉抨击邱吉尔？罗邱史三氏不久将举行会议，相信他们这个会谈将为今后欧洲战局发展的重大关键。

欧洲战局虽紧张而尚简单，但其政局似平静而实复杂。今后这两方面而如何发展？彼此有无合理配合？其结果或好或坏，恐将不止于影响目前欧洲战事而已。

远东情形与欧洲不同，大体上，美中两国仍未脱离，分在海陆两面孤独作战的阶段，而政治方面迄无重大问题发生。

由于海陆面积皆辽阔，美国在太平洋，一面缩小海洋对日包围圈，一面切断日本海洋运输线，一面增强空军基地，先以空军软化日本本土，一面加速空中运输，以物资充实中国战斗力量。中国在大陆，一面阻挠日本打通南北直达交通线的战略，一面加强兵力，保持西南我与盟邦共同需要的根据地，一面与盟邦共同致力于打开中印陆路交通线的战斗，一面充分利用盟邦物资，以作配合反攻的准备。由于守海洋，攻大陆的战略，日本决心走绝路，一面以海空军保卫本土，一面以守死的陆军死守海洋据点，阻挠美军攻其本土，或登陆中国海岸战略，另一面以大量陆军打通东亚在陆交通线，将其国内外数百万陆军联成一气，企图先将中国拉倒，再对美英作长期挣扎。未来美日双方是在作时间上的竞赛，因为海洋面积辽阔，美军前进的运输和部署需要时间，因为大陆区域亦广大，日军欲求蠢动成功，也需要时间。由来双方在时间上已竞争了半载，他们再竞赛一季或半载，远东当有新的局面出现。

攻抵中国海岸，是尼米兹和麦克阿瑟协议的战略，也是美国进攻日本本土必有的基本战略。十月美军登陆菲律宾的雷伊泰岛，十二月又登陆它的明多罗岛，显然的，他们要以菲律宾为攻抵中国与进攻日本本土的首要基础。一日再攻占吕宋，美军当将充分利用此基地，以发展其既定战略；同时，美国要加强发挥其对日轰炸威力，于中印与中太平洋基地外，菲律宾与阿留申将为南北两个新基地。一旦四面穿梭轰炸条件完成，美空军也要像对德国那样先在日本本土开辟一个天空战场，消灭日本龟缩的海军，摧毁他的军事工业，动摇他的士气。

英舰队陆续东来，他们以澳印为攻日的两大据点，将与尼米兹与麦克阿瑟作两面配合的战斗。最近美军从明多罗岛西南登陆，而登陆之后，美海军留在菲岛之西控制通达中国航线，似乎美英将有先在南海与印度洋间发动新攻势的可能。从仰光绕到我苏北连云港，美英盟军可能登陆地方本来甚多，唯因须防日本在辽阔海洋的袭击，美英必求准备充分，俾可前进顺利而无后顾之忧。近来日本陆军既然侧向大陆西南蠢动，美英或将先用登陆大陆南岸的〔战〕略，以求尽速造成中美英三国直接连系的广大反攻根据地，倘果如此，今后两三个月当为三国加紧准备时期。第一，中美加紧合作，美国扩大对华空运，中国充分利用作战物资，先将川滇黔三省的完整稳稳保住；第二，中美英加紧合作，扩大缅境与滇西胜利，打开中印公路，并确保其交通安全；第三，美英加紧合作，美军由雷明二岛进占吕宋，并与英军共合削弱菲西日本海空军。这三步全部作到，美英将向大陆南岸登陆，而中国则将向湘桂反攻。

日本当然知道可能竞赛的时间甚短，他的陆军必得加强蠢动，他们要赶快打通南北交通线，要使它畅行无阻，也要向我西南乱窜，更要乘虚而入。他们对黔省蠢动未得逞，可能改向他省蠢动，对西南蠢动再不获逞，可能改向西北蠢动。日本知道情势迫切，既不肯多耗时间，又不敢多费实力，只要我们作到不许日军乘虚而入，两三月后，他们必尝"赶不上"之苦。

春夏之交，远东可能有新局面出现，说近些，一年之内，海洋方面，美英缩小对日本本土包围圈，攻占其外线（台湾、琉球、小笠原等地），软化其心脏，空军的强烈轰炸与疲劳轰炸并用，海军也将不时的袭击，把战争切实送到他的本土。大陆方面，中国南部几省及泰缅越和马来将成为我及盟邦和日军的肉搏战场。同时华北敌工业区域将全为中美英空军经常轰炸的目标。说这些，日本在海洋上必定节节失败，但□在大陆上现有陆军的二百万人，其本国可能再增召一百五十万至三百万人，这约四百万中大半是由"死守"而"守死"的陆军，将来拥来大陆，盟国对日反攻战，在大陆必较在海洋为漫长艰苦，虽然，我们不从这漫长艰苦战斗中澈底打败日本陆军，实在不算打日本。

苏联将来有无参战可能无法预测，战局有无因她参战而起变化，只有留待将来根据事实来验断。

也许由于美英先欧后亚的战略吧，远东方面迄未出现像今日欧洲那样似平静而复杂的政局。然而看了欧洲政局之后，谁都会为将来远东抱着若干担忧的情绪。请将话说回来，今后我们自己振奋，尽力之可能，作到一切为抗战。中美合作获得预期效果，等到英国积极加入战斗，在半载至一年期间，中美英三国先将将来大规模反攻日本的基础打好，也就连带的将将来远东政局的基础打好；如其不然，对日反攻基础另支炉灶，则将来远东政局发展虽不一定较欧洲的复杂，但可能较欧洲为严重。朴实的说，关于这方面，中国责任第一，美国责任次之。

今后一年，各方面发展，极关重要！就目前看，欧洲战局虽紧张而尚简单，政局似乎平静而实复杂。将举行的罗邱史二度会议，乃为决定今后欧洲战局与政局的重大关键；他们决定满意又合理，战事可能加快结束，战后和平也有保障，否则邱吉尔所谓"明夏欧洲战事可能结束"的假定，都恐难成事实，战后和平的表现，将更难令人乐观。远东方面，盟军全面反攻日本的战事仍未开始，国际政治迄无重大变化。今后中国首求确保川滇黔三省完整，兼作初步反攻准备；美英首求肃清菲岛敌军，并消灭南洋与印度洋敌海空实力，再求登陆大陆南岸成功。中美英三国经由这方面密切合作，能在远东东南与西南奠定全面反攻的基础，亦能奠定三国战后外交合作的基础；否则我们三国对日战争皆将更艰苦，而将来远东国际政治如何发展，亦难想象。

今后欧洲战局与政局还是可以影响远东的，至少目前我们确有注意罗邱史二度会议的必要。

一九四四年十二月十七日脱稿

《中央日报》（昆明版）1945 年 1 月 1 日

法兰西的教训

曾昭抡

二次大战，不但时间拖得比第一次大战要长些，中间所发生惊人的事件也多得多。就中最特出者，一为中国居然能作如此长期的抗战，二为德日两国初期的胜利，三为英苏两国的转危如安，四为美国以爱好和平的国家，竟能发出人所不及的军事力量，五为东欧各民族的觉悟与解放，六为法国的败后复兴。此中国际情形，许多均可作我国借镜。法国复兴的经验，或者尤其值得我们注意。

法兰西一国，素来为欧洲一大强国，世界上一重要霸权。其昔日在欧洲的地位，可称与英德鼎足而三，或者最多可以加上一个俄国。就全世界而论，至多还有美国与日本，可与这几个国家分庭抗礼。威廉第一以来的德国，素来目中无人，自以为德国高于一切。可是德国虽然屡次打败法国，对于法国的军事力量，始终未敢轻视；甚至以为德国以外，法国乃是全世界军事力量最大的国家。希特勒在其所著《我的奋斗》一书中，极力强调德法之间，并无利害冲突，企图以此策略，缓和对法作战的危机。齐格菲防线的修筑，其出发点亦系来自同一思想线索。

第二次大战展开，法国终于被迫对德作战。在波兰被德军占领以后，经过一个冬天的沉寂，西线大战爆发了。挪威迅速落入德军手中。跟着德国大军，就不顾国际条约，大举攻入荷兰比利时卢森堡，不久亦进入法境。六星期光景，曾有世界第一陆军国之称的法国，竟在纳粹军队之前，完全崩溃。

巴黎不战而弃守，贝当举国投降，博得一个屈辱的和平。那次惨败，不但法国人梦想不到，别的国家预料不及，抑且多少亦令德国感觉惊异。事后批评，多数时论家的意见，均以为当时法国之溃败，前线士兵与后方人民，均不能负其责。应负此项责任者，乃是多年来腐败无能的政府，知识落后的高级军事当局，与缺乏国家观念的资产阶级。目前主持法国军政的戴高乐将军那时候刚刚开始露出头角。他曾指出，训练陈旧，武器欠缺的法军，断断不能抵抗配备充足的德国新式机械化部队。可是这位年轻将才的议论，当时一般握有大权的老朽错庸，是听不进去的。法北战事，即以武器不如敌人而告失败，巴黎古城，未尝不可背城一战，一显民族精神。可是一般阔官贵人，宝贵个人财产，胜于国家生命，于是遽劝政府撤出巴黎，事遂愈不可为。随后邱吉尔首相，代表英国，劝法国与英结为英法联合国，继续抗战。此议禾〔未〕被接受，多少亦系受此辈阔老的包围。

法兰西本土，在一九四○年夏天，悲惨地沦入敌人之手。其中虽有占领区与非占领区之分，但一切大事，实均不得不听命于德国。庞大的海外殖民地，越南旋被日军侵入，西非北非亦随时均有被纳粹占领的危险。爱国志士，无处容身。法国至此，几与亡国无别。正当此时，戴高乐在伦敦，开始组织复国运动。自由、战斗、解放，是这种运动的三部曲。自由法国成立之初，一切公开活动，不得不限于法国领土以外。当时的前途，是很渺茫的。德国非洲军团侵入非洲，英国与轴心军队，在非洲大陆发生激战，自埃及至利比亚，杀得个三进三出。这时候，自由法国的军队开始参加英军作战，德苏大战爆发，法国空军，又有一部分，协助苏军杀敌。适应此种抗战环境，以争取民族自由为使命的自由法国遂改名为战斗法国。

一九四二年十一月，英美军队在北非登陆。当时代表维琪政府在该处主持军政的达尔朗，事先与盟方有所勾结，旋即举军投降，北非局面因此急转直下。越海来攻的德国军队只得把住突尼西亚东北一隅。此种进展，对于英美作战，因其节省无数人命与物资，价值甚大。然而达尔朗等反动派继续保持法属北非的机构，对于法国复兴运动，却是一种很大的障碍。幸而达尔朗不久被刺，此种局面，乃略见澄清。继之而得北非政权者为戴高乐与吉罗德共同领导的政府。同时战斗法国，亦即改名为法兰西民族解放委员会。吉罗德之为人，本不愧为一爱国分子。只惜其思想陈旧，倾向妥协，与贝当政权下许多人至少不无友情上的联系。此种领导，对于复兴国家，不会有太好的影响；同时与戴高乐那富有进取心与革命性的性格，亦不能互相融洽。于是戴、吉两氏间意见的冲突，不久便发生了。此种争执，不幸后面又有国际背景。此在别国，解决方案一定非常困难。然而经过民主的方式，戴高乐卒将吉罗德自政府要职中淘汰出去。这事不但是戴氏很大的成功，亦足表示吉罗德能复〔服〕膺民主精神，法兰西迅速复兴，由此看来，绝不是偶然事件。同时在突尼西亚战役的最后阶段中，戴氏领导的法国军队，建功甚大，得到英美的崇敬，也是戴氏在本国及国际地位所以稳定的一主因。参战国家的主要任务，在于多在作战方面努力，还是千古不移的道理。吉罗德是一位老牌的将军，以为只要多编军队，仍然引用以前在职的那些军官，便可以作战。以此相反，戴高乐是主张精兵政策的，他以为兵贵精不贵多，兵士人数不妨少些，但是配备务求精良充足，军官人选必须干练有为。他主张排除军队中的维琪分子，淘汰老朽无用的旧时代军官，而代之以知识丰富、果断善战的青年干部。戴氏这些见解，后来证明都是对的。吉氏下台以后，他当然更从这方面努力。法国军队嗣后之所以战绩显著，备受国际崇敬，大部当归于此种政策之采取，去年秋天，法国领土的恢复，法国的贡献一部属于在戴高乐指挥下与英美并肩作战的正式军队，一部则属于响应盟军的法国内地军。后者战绩辉煌，连巴黎也是由他们先恢复。此在别国情形下，很可能会因军队派别问题而引起内部摩擦。然而因戴高乐处置得法，能以宽宏大量，容纳各方面人物，此种莫须有的纠纷，遂未发生。政治方面，在戴氏领导下的法国临时政府，阁员人选之年轻有为，乃该国数十年来所未有。过去那些老官僚，全从政治舞台上被淘汰了。

尤其快人心的一件事，是戴氏去巴黎以后，不但将一切法奸与发国难财者的财产，全部予以没收，并且将此辈人物，一一予以拘捕判罪。此种工作，至今日尚未告竣。凡是发国难财或有法奸嫌疑者，不问其过去地位如何，不管他是政客、富商，科学家或实业家，毫不予以宽恕。反之在德军占领期间，从事抗战工作者，则一律予以嘉奖。

在戴高乐领导之下，法兰西确实业已复兴起来。有人说，目前世界上四大强国，应推美苏英法。回顾开罗会议时期我国所处国际地位，令人不胜惶悚。

我国抗战，至今八年。每届新春，报章对于未来，多有一番预祝。胜利年、决战年，种种名词，都曾用过。然而事到今日，我们并未能与敌寇实行决战，一时更谈不到胜利即将到临。如果今年一定要排一个徽记，作者愿意提出"反身年"一名。我们且不可再自夸，一如过去以"四强之一"自骄；也不可忽视现实，避开目前难题，一味谈战后建设以图超脱。我们应当面对现实，努力解决目前切要的问题，澄清吏治，增进团结，改善政治制度，把一切力量放到前线上去。我们应当反省。我们应当学习法兰西复兴的榜样。

《评论报》第 20 期，1945 年 1 月 3 日

盟军在印缅战场的成就

曾昭抡

　　去年十二月二十七日，缅北索尔登将军总部宣布，自十五个月以前盟方在缅北方面发动攻势以来，中美军队，共已解放缅甸领土三万余方英里，击毙日军二万七千人。此项战果，固有赖于美国第十航空之支援，但是陆上战绩，几乎全是中国军队的功劳，美国陆军参加作战者不多。美方贡献，除以空军配合我军作战外，兼负供应此区盟军弹药给养医药品等的全部责任。同时美国工程师，则随军队进展，修筑中印公路。是项战役，充分表示中美两国军事合作的精神，而中华健儿之扬威海外，尤为数百年来所未有。

　　谈到缅甸战争，我们不得不粗略地追溯三年前一段失败的经验。一九四二年春季缅甸的沦陷，为太平洋战争初期盟方遭受挫折的一部分。那年年初，战争不久就从马来、新加坡蔓延到缅甸南部。新加坡失陷后一月，仰光于三月中旬，亦陷敌手。到了四月底，腊戍突告沦陷，全缅遂不可为。五月初，敌军长驱而入滇西，连陷畹町、遮放、芒市、龙陵，进抵怒江西岸，同时并由龙陵北取腾冲，一时昆明为之震动。幸赖我三十六师，自西昌驰援，阻敌于惠通桥，使敌人不得越怒江寸步，云南局面，乃得转危为安。

　　考该次盟军之失败，主要固因军事布置既未周详，实力尤欠充足，遂致为敌人所乘。然而日人处心积虑谋缅甸者已久，其对于缅人的煽惑，相当成功，亦属一种不容轻视的理由。当然一旦日军占领缅甸以后，横征暴敛、虐政频颁，不久缅人便已发现当初与日人合作之上当，可惜后悔已晚。可是当初敌人侵缅成功，实收政治与军事双管齐下之效。年来形势转变，我们对付敌人成功，也是采取类似路线。

三年前缅战失败当中，曾有一幕英勇的插曲，那就是我国第五军辉煌的战绩。仰光失陷以后，我国接受英方请求，出兵援缅。第五军临危受命，兼程驰援。同古（东瓜）阻敌，棠吉歼寇，为国家争光不少。孙立人将军所部一师，为友军解围，尤令盟邦铭感。只惜在全盘不利形势的大环境中，终无补于缅甸的沦陷。

缅甸失陷后半年余，一九四二年的冬季，英军自印度吉大港南下，反攻缅甸西部，企图夺回阿恰布，不料日军在此方面，抵抗甚为坚强。英印军队，虽曾攻入缅境，收复孟道，但在猛攻巴第础一役，损失不小。激战数月结果，不但未曾攻下阿恰布，连巴第础亦始终仍在敌手。后来雨季将临，作战困难，英方乃又放弃孟道，自动退至印边。缅境战事，又复停顿半年之久。在此项战事停顿期间，温加特少将所率游击队，继续活动，出没于缅甸中部敌后区域，令敌军为之不安。所谓"温加特的马戏团"，对于奠定后来缅境战争的胜利，大有贡献。嗣后丛林战争中作战方法，许多以温加特的经验及其主张，作为蓝本。不幸这位英雄，在去年春天盟军开始总攻时，突因飞机失事殒命，令盟方失去一名良将。然而去年冬天英军在缅甸中部的迅速进展，仍系由当时的游击队，奠其基础。

史迪威将军指挥下的中国驻印远征军，系于前年十月间，自印度境内的雷多，向缅北发动攻势，以打通中印公路为目标。这支军队系由孙立人与廖耀湘两位将军率领，后来分别称为新编第一军及新编第六军。两军后来经过扩充，一共亦不过五师兵力，人数约计五万左右。以数目如此之少的兵力，居然能建那样辉煌的战绩，更加值得令人佩服。缅北地区，人烟稀少，到处都是人迹不至的丛林。同时海拔又高，冬季天气寒冷。如此战场，要算盟军作战最艰苦的地方之一。在此种情形下，初期战争，当然相当艰难。还巧因为地方太苦，敌人防务，并不坚强，我军得以顺利进展。从前年冬天到去年春天，我们逐渐肃清了胡康河谷。由胡康河谷，我们进展到孟拱河谷，这时候我们开始遇见敌人主力了。孟关一役，歼敌最多，那地方终于去年三月八日，被我军收复。

我军在缅北发动攻势以后，前年冬季，英印军队，又在南端，自印境向缅西进攻，与日军激战于阿拉甘山脉。这次战绩，比前一年更高明些。不但孟道迅即收复，巴第砀亦于三月十一日攻下。但是对于阿恰布，仍无办法。而且后来日军攻入印境曼尼坡十邦，此区英印军队，后路有被抄之险，英方乃又不得不放弃辛苦得来的巴第砀。

盟方第三路进攻缅甸，系在中路。三月初旬，英国第十四军的特别部队数支，自印缅边境出发，步行百余英里，渡过更的宛河，在胡康河以南，密芝那与瓦城以西的地区出现，突入日军阵线，抄了缅北前线日军后路。这路奇兵，在战略上当然颇有价值。不过盟方攻缅主力，始终是在南北两路。

在开始自缅北作退却打算以前，日军在此战区，曾图作一番挣扎。正当阿拉甘前线英印军队收复巴第砀以后，我军在孟拱河谷坚决推进之际，敌军突于去年三月二十一日，自缅甸中部，渡过更的宛河，经由秦山区域，越过印缅境，攻入印度极东部之曼尼坡土邦。此举企图，在于攻占伊姆法尔及科希马，藉此切断缅北华军与缅西英印军队的线路。此与英军之突入西康河谷以南的日军后方，意义相似。英日两军，至此可谓互相包抄，互相渗透。为着对付日方此项攻势，英方当时并曾以空运部队，降落日军后方，企图在若干处破坏南北直贯缅甸的惟一铁路线。可是进攻日军，实力殊强，最后攻势尤猛，突入印境以后，连陷泰第姆、塔姆等处，一路攻抵科希马近郊，一路到达伊姆法尔平原的边线。中间有一时期，日军距离印境通往雷多铁路线，不过十英里。幸赖英印军队努力抵抗，并调中国军队驰援，始得转危为安。缅北华军的后路，侥幸始终未被敌人切断。四月中，印东战事，已趋稳定。雨季降临，日军并未能达到其预期目标。另一方面，英印军队，猛烈反攻，卒于逐□将敌人逐退。至八月中旬，英军收复泰第姆，印境遂无敌踪。此一战役，盟方虽一度殊感紧张，但后来结果安然无事，日方反而损失颇大。去年冬天英方发表的一次统计，说是一年来印缅战役中，中国军队损失四万，英印军队亦损失四万，美方不过二千，日方则达六万人之谱。日方损失，也许半数以上，是由于印东一役。盟方死伤，容或超过敌人。无论如何，我们总是得到了胜利，这是一件最要紧的事。

当缅北我军后路正受威胁之际，我方部队，沿孟拱河谷，续向前攻，并未稍懈。缅北敌人主要军事据点有三，即是密芝那、孟拱与加迈。原来自北逐步南攻，一一收复，本无问题。不幸敌军突入印东，我方后路感受威胁。同时雨季快到之前，行军将感困难。在此种情形下，史迪威将军，决计出奇制胜。印境战局平稳后，我方远征军奉令奇袭密芝那。经过二十天的行军，越过孟拱河谷东部的库芒山脉，穿丛林自天而降，突于去年五月十七日，在密芝那飞机场出现，当即将该处机场予以占领。随后美方工兵及一小部分步兵，亦乘滑翔机来到。于是有名的密芝那战役展开了。日军在此处顽抗，如此坚强，巷战数月不退。后来到了八月四日，先后经过八十天的战斗，即将日军守军三千人完全歼灭，密芝那乃告收复。至于加迈与孟拱两处的战事，比较不太猛烈。前者是由我军于六月十八日收复，后者则是在六月二十八日攻下的。

为着支援缅北我方远征军，并且收复滇西失地，及打通滇缅公路，卫立煌将军指挥的远征军，包括十一集团军及二十集团军，为数计达二十万人，于去年五月九日起，先后分六路渡过怒江，往西向日军防地进攻。其攻击目标，按其重要性为先后，依次为腾冲、龙陵、芒市、滚弄。战事发动以后，起初进展顺利，后来则敌人抵抗坚强，不惜以自杀方式死守阵地。此种情形，正与密芝那之战相同。五月十九日，我军克复片马。后来该处又一度陷于敌手，至六月十日始又完全克复。同日，龙陵也被我军克复了，可惜随即又告失守，延至十一月三日，方又克复。八月初，腾冲城已在巷战。一个多月以后，到了九月中旬，城内敌军全部被歼，该城复入我手。十一月二十日，芒市亦告光复。原来预定四处目标，至此已得其三，只剩下比较次要的滚弄，尚在敌手。十二月一日，又收复遮放。由该处我方部队，续向畹町前进，业已逼近该处。畹町一下，云南省境，即可全无敌踪，失地收复，实滇省为最早。

缅北远征军，攻下密芝那以后，次一任务，即为进攻八莫。经过一个时期的围攻以后，去年十一月十八日，我军三十八师，攻入八莫，先后经过四星期的战斗，卒于十二月十五日完全克复该城。自八莫沿该城至南坎的公路前进，该军今已攻抵南坎附近，并于十二月十五日完全克复垒允及彭坎，前一处在南坎以北约五公里。一俟南坎畹町攻下，进而攻取滚弄、腊戌，我方打通中印及滇缅公路，与肃清滇西、缅北残敌的目标，即可完全到达。

去年冬季我军在缅境迅速推进之际，英军在缅甸中部，亦有惊人进展。十二月一日，英军收复平威。三日，克复卡里瓦。十日，占领影道。此等重要据点的收复，令缅北残余日军退路完全被切断。腊戌、瓦城的收复，已成为可能。同时南路阿拉甘的战事，亦已再度发动。

盟军目前仍在缅甸境内，继续迈进。今年以内，缅境完全收复，当不致十分困难。至于此次作战，何以能胜利频传，理由颇多。士兵待遇比较优裕，伤兵立刻用飞机送后方，军队过境秋毫无犯，对于缅人用心联络，皆系一些主要理由，其重要性不下于火力之优势。中国战场将来欲求胜利，不妨以此作为参考。（一九四四年除夕）

《民主周刊》第 1 卷第 5 期，1945 年 1 月 13 日

由马绍尔到菲岛战争

曾昭抡

　　最近四个月来的菲岛战争，乃是太平洋上盟军作战最为有声有色的一幕。一年以前，正当一九四四年年初太平洋上盟军的前哨根据地，系在吉尔贝特群岛，主要供应，则仍须来自珍珠港。美军反攻爪达康纳尔岛以来，至彼时几已一年有半。经过那最初阶段的苦斗，盟方诚已改守为攻，由被动变为主动，并且在新几内亚及所罗门群岛方面，得有重要进展，更进而插足于新不列颠岛。然而新几内亚、所罗门及新不列颠三处，敌人并未肃清。前锋距离日本本土，仍然异常辽远。日军在太平洋大战最初半年中所造成的庞大帝国，东西宽达五千英里，南北长达四千英里者，大体依然如故。所有战事，不过在此海洋帝国的沿线进行。不要说一时谈不到进攻日本本土，连打到菲律宾群岛，仿佛都像一种梦想。当时许多军事家均以为由所罗门群岛打到菲律宾，也许要两年到四年。至于尼米兹所主张横渡太平洋一举，虽然可将时间缩短，却似乎过于冒险。当我们想到，后来实际的演出，不到一年，美军居然已在菲岛作战，一九四四年一年之中，美军在中太平洋上的前线，居然向前推了三千英里，那是一种何等不平凡的成就。回顾昔日情形，无怪今日美国当局以及一般军事专家，均以为太平洋上战事的进展，实际较当初预期为速。年来在此战区，真是一帆风顺。许多人说，美方在太平洋战役的表现，使每一预定日期，均行提前。由前测后，日本帝国的瓦解，或者不至后于德国崩溃太久。

一九四四年初，麦克阿瑟所部在新几内亚作战的地区，距离菲岛，尚有一千五百英里之遥。由中太平洋的吉尔贝特群岛前去菲岛，则不下三千英里左右。至于由珍珠港前去，更要远一千英里以上。两年多以前，当太平洋上反攻开始之时，麦克阿瑟所拟进攻日本的步骤，计分四个阶段。第一阶段，由所罗门群岛施行逐岛进攻，以图夺下新不列颠及新爱尔兰，如此击破土鲁克岛的包围；第二阶段，由此等外围岛屿，向北进攻土鲁克岛，断日本海军主力为二；第三阶段，由土鲁克向西进攻，回到菲岛；第四阶段，由菲岛向西，在中国海岸登陆。最后这一着做到以后，进攻日本本土的基础，方算建立。此项稳打稳扎的办法，当然亦有好处，但是若干战略家，以为过程迟缓，不免将战争时间拉得太长。事实上一九四三年十二月十五日，西南太平洋美军在新不列颠岛登陆一举，指示麦帅一贯采用之逐岛推进的策略，在那时已转变成为跳蛙式战略。同时尼米兹上将所主张横渡太平洋，径直在中国本土登陆的雄图，业已逐渐得势。一九四三年十一月下旬，尼米兹所部自中太平洋发动攻势，迅速攻占吉尔贝特群岛一役，并已证明此种大胆尝试的战略之真正价值。然而一九四四年初太平洋上的军事形势，指明麦克阿瑟的计划，第一阶段尚未完成，而尼米兹所主张的横渡太平洋一事，翻开地图一看，似乎亦只有自吉尔贝特群岛西行，逐步攻克马绍尔群岛及加罗林群岛（土鲁克岛即在此群岛内），而抵菲岛，比较易于执行。如此做去，无论如何，攻抵菲岛，似非短时期内可以达到目的。

一九四四年一月三十一日，普鲁恩斯海军中将所率美国第五舰队，在尼米兹上将指挥之下，闪击马绍尔群岛，执行此项任务的特种作战舰队，拥有强大的海空军实力者，并非就近自吉尔贝特群岛出发，而系来自珍珠港，远越两千英里开阔的洋面，径行在马绍尔群岛中设防最坚之加罗林等岛登陆。战事之进展，前后不过十天左右，马绍尔群岛，已大部入于美军手中，其余□天美军多报捷。马岛之战，于是结束。由于此次闪击，美国海军根据地，向前推进了两千英里。

马绍尔群岛占领以后，次一尝试，按理自应为两路进攻土鲁克，一路由马绍尔向西进兵，一路由新不列颠向北进攻。所以马岛刚一克复，二月中旬，美方海空军，即行袭击加罗林群岛。最初被炸的，是该群岛东端的波那普岛。随即处在此一群岛中心的军事要点土鲁克岛，亦被美方特种舰队，自海上与空中，予以猛烈轰击。当时一般印象，均以为日方海军主力，有一部分藏在土鲁克，若能占领此岛，可予敌人以严重打击。殊不料试探结束，竟扑了一个空。出乎意料之外地，原来无疑藏在此处的日本舰队，业于事先离去。同时土鲁克岛上的陆上防御，却是非常坚强。以此牺牲许多战士，夺取此处暂时不复成为日方海军根据地的岛屿，似乎不大值得。于是美国进攻日本外围的策略，随即有了基本的改变。为着调整战略，麦克阿瑟和尼米兹，同时回到美国，与罗斯福总统及军界首脑人员会商，将过去所拟作战方策，予以修改，并使中太平洋与西南太平洋两大战区的行动，得到更好的配合。这次会议的一种具体表现，在于根本放弃了夺取土鲁克岛的企图，改由南北两路，抄过加罗林群岛，径趋菲岛，至于军事人员的调动，则主要有海尔赛海军上将之调任第三舰队总司令。海氏原任南太平洋美国舰队总司令，这位干练人才调任新职，对于后来争取菲岛战争的胜利，大有关系。

马绍尔群岛大部攻下以后，除却美方海空军对加罗林群岛的袭击，太平洋上战事，一时入于一种暴风雨前夕的静寂。经过两个半月比较沉寂的阶段，中太平洋与西南太平洋两方面部队所担任的任务，业已划分清楚，并且得到适当配合。同时一切准备，均已完成。于是麦克阿瑟所部，在西南太平洋发动大规模攻势。在新几内亚北部海岸，日军当时在此岛的主要根据地威瓦克以北九十五英里之艾塔普，仍属澳洲代管部分；一为荷属新几内亚，洪伯尔特湾之荷兰蒂亚港，一为该港以西二十英里之塔那马拉湾。迄该时止过去一年零八个月的新几内亚战争，盟军活动范围，大体限于该岛东部，至此乃越过迈当及威瓦克而延及此岛北岸。荷兰蒂亚等处登陆以后。盟军迅速大获全胜。当时日方虽曾调集万余大军（其中一部分系在不久以前自我国华北区域调去南洋），反攻荷兰蒂亚，但是并未收效。恰巧澳军亦于此时，收复迈当。至此新几内亚战争，大部已结束。剩下只有数万日军，至今日仍然困守威瓦克一处据点，但在全盘战局上几不发生作用。荷兰蒂亚等处的占领，使麦克阿瑟所部，得以迅速沿新几内亚北岸，向该岛西北角伸延，占领海岸地带及近岸重要岛屿。就中最重要的战役，一为西南太平洋盟军于五月十七日在新几内亚北岸威德克岛之登陆，一为五月二十七日在拜阿克岛（此岛位在新几内亚西北部之基尔文克，东距威德克岛三百五十英里）之登陆，一为七湾，□月一日在奈姆福岛（在拜阿克岛以西一百英里）之登陆。凡此三役，皆得顺利成功。惟在拜阿克岛一役，日方抵抗，较为顽强。由拜阿克岛及奈姆福岛前去菲岛，距离均不过八百英里左右。此等成就，不但实际结束了新几内亚战争，而且造成了由南面绕过土鲁克，经过菲岛的形势。麦帅所担任的任务，至此已完成第一个阶段。

二月初战领马绍尔群岛大部岛屿以后，中太平洋上美军前哨，西去土鲁克岛，尚有一千英里左右。但是此群岛中日方所筑海空根据地，不久旋被盟方充分予以利用，作为进一步攻击的准备。四月下旬，正当荷兰蒂亚登陆声中，尼米兹所部，攻占马绍尔群岛西端的乌哲隆丛屿。此一丛屿，位在加罗林群岛东端波那普岛东北二百六十六英里，土鲁克岛以东六百四十四英里。这次举动，仿佛指示美军仍有夺取土鲁克岛的企图。然而嗣后战役的演出，表示情形并非如此。原来自南北两端绕过土鲁克的基本策略，在去年春天的海军将领会议中，早已决定了。由北面绕过加罗林群岛，第一步势必夺取马利亚纳群岛。此次大战以前，即会有军事专家，表示意见，以为循此路线进攻日本，最为便捷，而塞班一岛，实为这条路线的关键。果然不出此种预料，六月十四日，在尼米兹领导之下，普鲁恩斯海军中将，指挥着美国第五舰队中的第五十八特种混合舰队，在马利亚纳群岛中之塞班岛登陆。一直到那时候止，日本海军，为着保全实力，在吉尔贝特、马绍尔与土鲁克等役，宁甘退让，不肯出而应战。此种龟缩政策，其用意在于缩短战线，退到距离己方重要基地较近的地方，迫令对方交通线拉长，如此造成一种形势，使海上决战时，对日较为有利。马绍尔群岛，究竟位在日本帝国防御系统的外围，丢了还不要紧。当战事延及塞班岛，问题却严重了。塞班岛不但是日方一处重要海空军根据地，而且是日属南洋各岛屿的心脏。日本控制此等岛屿的政治中心——南洋厅的首府——即设此岛上。因此在塞班登陆以后，两年来一向退缩的日本海军，居然出而应战。日美海军，于六月十九日，在菲律宾群岛以东的海面，菲岛与马利亚纳群岛之间，发生了一次猛烈的遭遇战。这次海战，双方舰只，并未直接交锋，仅由自航空母舰起飞的飞机，猛炸对方军舰。经过几小时的短促交战，日方舰队大败而归，仓皇遁回台湾海峡。该次海战大败以后，日方海军，即又采取龟缩政策，任凭塞班岛上三万日军，作无益的自杀战。经过二十余日斗争，美军卒于七月九日，完成塞班岛的占领。马利亚纳群岛中四座最重要的岛屿，按其重要性的次序，为塞班、关岛、狄宁岛及洛泰岛。塞班占领以后，尼米兹所部，随即于七月二十一日，在关岛登陆。二十三日，又在狄宁岛登陆。狄宁很快就攻下了，关岛却经过一番最激烈的战斗，方将日军歼灭。

马利亚纳群岛的占领，具有极其重大的军略意义。日本处心积虑数十年，并且战争初期胜利，辛苦筑成的所谓海洋堡垒，由此一举，左臂已被斩断。塞班岛与关岛，皆筑有良好的海港与空军根据地，正好供盟军使用。塞班岛距离东京，不过一千四百四十九英里，比起由土鲁克去东京的里程来，要近得多。塞班岛登陆之次日，一九四四年六月十五日，美国超级空中堡垒首次出动，由中国西部基地出发，径飞日本本土，轰炸门司、八幡、小仓等地。那次是作战以来日本本土的第二次被炸；第一次为一九四二年四月十八日，杜立特少将所率，自黄蜂号航空母舰起飞的轻轰炸机之首次轰炸东京。七月九日占领塞班岛后，美方即在岛上，积极建筑超级堡垒的基地。后来在十一月二十四日，大队超级堡垒，首次自塞岛起飞，轰炸东京，这是东京被炸的第二次，也是自塞班岛起飞轰炸日本本土的第一次。那次轰炸的成绩，因为用的是大队自陆上基地起飞的超级重轰炸机，其所予日本的损害，当然要比杜立特少将那次大得多。同时塞班岛上的基地，也比中国西部基地要好得多，不但距离大部日本工业中心要近些，而且超级堡垒所需汽油，可由海运源源接济，不致发生问题，因此随时可以出发轰炸。中国基地的情形则不同，中国本身是不产油的，同时一架超级堡垒，飞往日本一次，销耗汽油太多，自印度运输如此多的汽油来很麻烦，结果只好由超级堡垒本身飞往印度去运油，来回几次以后，运够后方始出动一次。因为这种限制，最初自中国基地出动的时候，平均每两星期只能出动一次。后来频率逐渐增加，但是还不能如塞班岛基地之能以随时出击。自从塞班岛基地开始使用以来，日本本土，经常被炸。自去年十一月二十四日至十二月二十四日，最初一个月中，日本每星期总有好几次被炸，其投弹数量（包括由塞班及中国基地出发的袭击在内），平均每日五十余吨。此数较之德国所受，诚然很少，但是这还不过大举轰炸日本的开端。目前美国方面，一月能生产超级堡垒百余架，等到这种飞机造得够多了，汽油与炸弹也都准备好了，同时基地也日益逼近日本本土，那时候，三岛必然要遭受纳粹的厄运。

除作空军基地以外，塞班岛上同时也有极优良的海港，而且那些海港，早由日方经营好了，可以停泊大批大型舰队。因此这岛占领以后不久，尼米兹的总司令部，即有一部移驻该岛。关岛距离菲律宾，比塞班更要近些，岛上海港，也和塞班岛一样好。原来由美国建筑的海军根据地，在此岛一度为日军占领的期间，日方把它扩大改良了。美军回到关岛，正好利用此种设备。后来在菲岛战争当中，关岛实际成为美方主要的根据地。去年年底，传说尼米兹已在此处成立前方总司令部。在未来远东战役当中，此处无疑更将显露其重要性。

尼米兹所部攻克马利亚纳群岛大部重要岛屿以后，在形势上已自北面绕到土鲁克以西甚远。此举配合着麦克阿瑟沿新几内亚西北海岸的成就，造成了进攻菲岛的大钳形势之可能性。本来自马利亚纳进攻菲岛，亦未尝不可，但是自新几内亚西部去，更要近得多。由后一路去（即自西南太平洋去），次一最可能的目标，当推帛琉群岛与哈尔马黑拉岛。五月中美军登陆的威德克岛，北距帛琉已不过六百九十五英里，后来占领的拜阿克岛与奈姆福岛，更要近些。到了九月中旬，马利亚纳战事，已告结束；西南太平洋上，美军主力攻势，又发动了。九月十四日，麦克阿瑟所部，突在摩洛泰岛登陆。同日，海尔赛所部第三舰队，亦在帛琉群岛中之最大与最重要的岛屿帛璃琉岛登陆。摩洛泰岛，属于摩鹿加群岛，为哈尔马黑拉岛东北的一座小岛，位在帛琉群岛（该群岛在加罗林群岛以西）西南六百五十英里，北距菲岛不过三百英里左右。此两岛登陆成功，便由西南太平洋进攻菲岛的小钳形攻势得以造成，一路由帛琉西攻，一路由摩洛泰北去。日军在帛璃琉岛上，防御至为坚强，抵抗尤为激烈。先后经过七十四日的恶战，最后至十一月二十七日，方将岛上日军肃清。同时在十一月中，此岛附近一小岛，又为日军夺回，由此可见日方抵抗之烈。摩洛泰登陆一举，当初多少出于日方意料之外。敌人事前以为美军登陆之处，必在哈尔马黑拉。可是登陆以后，日军迅即驰援，战斗亦至猛烈。在美军获得其所需基地以后，日军仍然派遣强大部队，两次登陆该岛北部，就中第二次系在十一月中雷伊泰岛战事最为激烈之时。迄今此一小岛上，日美两军，仍在对峙。

帛琉及摩洛泰岛战事告一相当段落以后，去年十月十九日，西南太平洋美军，果在菲岛中部登陆。雷伊泰、明多罗、吕宋乃是菲岛战争的三部曲。关于此项战事演进情形，异日当另撰文以述。

《民主周刊》第 1 卷第 6 期，1945 年 1 月 20 日

苏军解放华沙

曾昭抡

　　苏军在东线发动攻势不到一星期，居然解放了波兰国都。即在西线捷报频传之今日，这乃是最令人兴奋的消息。原来在去年七月底，红军业已逼近华沙城郊。当时一般观察者□□苏军在夏季攻势中进军的惊人速度，群以为八月内华沙城即可克复。不料军事情形，并不如此简单。当时华沙之所以未能攻下，一方面系因华沙乃是自古东欧作战必争之地，德方在该处所建防御工作过于坚固，攻夺岂非易易。但是更重要的理由，则在于正因六七两月中苏军进展迅速，须有时间以作整顿布置工作。交通线过于拉长，军队未得适当修整，为来自兵家所最忌。此点可以解释，如何在驰抵华沙城郊以后，军事仿佛突然停顿起来。去年八月以来，为着避免无谓牺牲，苏军曾经几作尝试，企图自南北两面，包抄此城。此第尝试，虽然多少得有成就，但终未能达到最后目标。入冬以后，东线战争，集中在匈牙利前线。至于波兰境内，则一时大体处于一种沉寂状态。该处苏军积极作发动冬季攻势的准备。此类消息，苏方虽力守沉默，柏林则特予广播。今日华沙攻下之速，正乃昔日准备充分所致。

　　此次华沙之解放，系由苏部比卢布林临时政府领导下的波军共同完成大业，这点值得特别注意。此种情形，与伯尔格来德的光复如出一辙。更重要的一点，是流亡伦敦的波兰政府，以此更加显得落空了。（抡）

《评论报》第 23 期，1945 年 1 月 24 日

从华沙到柏林（上）

——苏联冬季攻势进行曲

曾昭抡

第一次世界大战，虽然德国卒归失败，但是德国军人以及一般受着军国主义麻醉的德国人，对于那次大战中德军在初期所获若干重要胜利，常常引以自骄。于是遂谓该次大战的失败，并非在军事上战败，而是最后上了威尔逊总统的当，轻信美国将主持公道，结果为协约国所骗。对内则说，第一次大战德方之失败，其咎不在于军人，而在于一般发国难财的犹太人，他们剥削人民的结果，酿成革命。这套理论与这种心理，予纳粹主义以发酵的理想园地。希特勒之所以突然兴起，善于运用此点，无疑是一种最重要的因素。德国和日本一样，打仗是向来不认输的。他们两个侵略伙伴，一方面彼此互相标榜，一方面各自称为世界第一陆军国。德国在一九一八年，明明是因弹尽兵穷，内部又发生动摇，无法再继续战争，实在是澈底被击败了。可是它绝对不肯承认这点，总要找些别的理由来解释，此种情形，确实是掀起第二次大战的一种主因。一九一八年停战时，德军仍在法比境内作战，这点正好给他们那种似是而非的解释一种表面的证明。德国人那套说法，不但他们自己，大都深信不疑，甚至别的国家，也有许多不明国际局势者，以为那种解释不错。关心战后和平的专家们，许多主张，欲求解除将来德国对世界和平的威胁，非澈底铲除普鲁士传统的军国主义不可。至于如何铲除德国的军国主义，若干人主张，派遣受过特殊训练的美国各级学校教员，战后赴德国任教，以便将军国主义的思想，运用教育方式，从根挖去。这种办法，如能真能生效，当然很好，怕的是徒然引起德国人的反感，所得结果，将与所希望者背道而驰。比较最实际的办法，恐怕还是澈底在战场上击溃纳粹军队，攻占德国本土，决不接受任何有条件的投降。只有这样，才能使德国人觉悟，德国并不是高于一切，挑起战争并不是一件好玩的事。关于此点，现在一部分美国时论家，已作如是主张。艾森豪威尔在西线指挥作战的成就，也在朝这条路上走。然而对于纳粹最有效的教训，实莫过于这次苏联在东线发动的冬季大攻势。

第一次大战中各次战役，德国最引以自豪者，莫过于一九一四年兴登堡大败俄军于坦能堡一役。那次战役，帝俄军队，一下损失了九万人。事隔三十一年，坦能堡在此次冬季攻势发动后第十日，已入红军手中。在这有名的古战场上，纳粹军队，连招架也来不及，一下子就把地方送掉了。埋葬着昔日德国军阀尸骨的所谓"荣誉的庙宇"，今日已被苏联军队占领，这真是历史上的报应，也是对于纳粹侵略者一种莫大的讽刺。穷兵黩武的希特勒，现在业已亲尝其侵略主义的后果。初期胜利的骄盈，目前已为绝望与恐惧所替代。最可怜的，就是一般无辜的德国民众。他们一时不慎，受了希特勒的骗，从事侵略战争。结果此刻横在他们前面的事实，是败亡无可避免，东普鲁士与西里西亚将要划归波兰，鲁尔与萨尔两大工业区也许要割让法国。信任独夫政治的下场，对于民族国家，真是十分悲惨。

宣传已久的此次东线大攻势，是在一月十二日发动。攻势揭幕至今，名城迭克，成绩十分惊人。为着明了此番攻势实况，我们须将过去形势，加以检讨。柏林莫斯科之间，最便捷的进军路线，是经过波兰大平原。这条路不但距离最近，而且自东至西，千余英里，几乎全是一坦平阳的平原地带。如此地形，即在昔日，使用步兵骑兵，已远较在山岳地带作战为方便。今日机械化部队发达，此处更是交战的理想场所。征之史乘，若干次具有历史重要性的战役，皆在这条大道上发生。就中最重要的几次，较早者有十三世纪蒙古人之入侵欧洲。当时蒙古骑兵，扫过今日的欧俄地区以后，进入波境，大败波兰武士，更向西进而入德国，攻下里格尼兹。要不是恰在那时，突以国丧班师，恐怕连德国也要有一时期为蒙古人所统治。德国人对于七百年的里格尼兹一役，至今仍然懔然在怀。那有名的里格尼兹古城，位在德境东南角的西里西亚境内，该省亦即为此次苏军进攻目标之一。沿着蒙古人所走的大道，德国今日又再度深切地感受来自东方的威胁。自从十九世纪中年〔叶〕俾斯麦助德皇威廉第一统一德国以来，八十年中，德国政府与军事专家的见解，始终以为德国对列强的斗争，是在西方，至于东方的威胁，可以无虑。因此法德边界，向来防务谨严。第二次大战以前，该处更有所谓齐格菲防线或"西墙"的建筑。经过如此设防，德国西部与卢、比、荷、法等国接壤的地带，虽然也是一片平原，但颇不虞被侵。反之，德国挟其优势武力，倒可以越过边界，随时侵略别国。第一次及第二次大战初期作战情形，即是此点明证。德国如此自骄，甚至对于新兴的红军，也不介意，这样卒至酿成历史的错误，冒昧进攻苏联。今日情形，看得很清楚，对于德国的威胁，主要是来自东方，这是当初德方所万料不到的。

说到柏林莫斯科间广大平原上的大会战，我们必须特别提及历史上两次有名的坦能堡大战。第一次是一四一○年的坦能堡之役。在那次会战当中，全国东侵的条顿民族武士，在此处被波兰与立陶宛人打得大败而归，如此确定了斯拉夫民族在东欧的地位，遏止了条顿或日耳曼民族向东的反渗透。此事以后五百年，发生了第二次有名的坦能堡大战，即上文所提及一九一四年兴登堡大败俄军一役。这次战役的意义，从一种观点看去，可说是正与一四一○年之役相反。这次是俄军西侵被阻，斯拉夫民族向西发展因之亦被阻遏。时至今日，东普鲁士大部已入苏军手中，战后此地且不致必将划归波兰。斯拉夫民族向西推进的历史潮流，终于无法制止。一代英雄兴登堡元帅下葬之坦能堡，今日落入苏联手中，将来论历史者，或不免让此事为一种历史上的转折点。

第二次大战的经过，重新说明波兰战场的重要性。在《我的奋斗》一书中，希特勒很明白地指出，他那造成第三帝国的企图，主要拟以侵略苏联完成其目标；他是垂涎着乌克兰的谷仓，与高加索的油田，为着实行此种东侵政策，最便捷的途径，当然是取道波兰。当波兰政府最后拒绝与纳粹合作，反而与英国缔结军事协定的时候，德国侵略波兰，根本是无法避免。所谓但泽及波兰走廊各种问题，不过是一种借口。一九三九年九月，德军进攻波兰，掀起第二次世界大战。其进军路线，计分南北二路。北路先攻但泽及波兰走廊，继乃直趋华沙。南路则自德国东南部的西里西亚，越过德波边界，进取克拉科。试观历史，进军路线，往往先后如出一辙。当时德军首先攻入波境，系在西里西亚边界。此次苏军冬季大攻势中，高尼夫元帅所部，首先攻入德境，其越过德波边之处，亦即四年半以前德军越境攻入波兰的地方。同时在北面，苏军通过波兰走廊，攻入德境，其行军路线，亦大致与当时德军进兵路线相同，不过所走的是与那次路线相反的方向。

一九四一年六月，德苏大战爆发。当时德方攻势，虽系自波罗的海迄黑海，沿千余英里前线，分南北中三路，同时施行猛攻，但其主要攻势，实系侧重中路，亦即由华沙经过波兰东部，进攻白俄罗斯，企图通过此线，直取莫斯科。这一着当初是很成功的，后来发生顿挫，方转而多致力于南路攻势。中路战事对于德苏大战的决定性，德国人知道得最清楚，所以此路防务，布置最为固全。自从一九四一年年底以来，经过两年多的恶战，德军在各路，均被迫后退，中路方面，亦非例外。不过直到去年夏初第二战场开辟的时候，白俄罗斯仍然几乎全部握在德军手中。该段防线，德方认为牢不可破。配合着第二战场的开辟，不久红军即在东线，发动了空前规模的夏季攻势，四十天左右的战斗，德军在中路的防御，完全打垮。德军夸称的"祖国防线"，一击即被撕破。有名的布格河防线，也没有能阻止红军勇士的征蹄。到了八月初，苏军事实业已进抵华沙城郊，波兰战场，当时大抵已抵达到德苏大战发生以前的状态。（未完）

柏林还有几天

曾昭抡

　　对于苏德双方军事情形异常熟悉的一位军事评论家凡而纳先生，几月前在美国杂志上发表过一篇论文，里面强调地说，德国过不了冬天，一俟苏联的冬季大攻势发动，加上英美军队自西面夹击，纳粹军很快就会崩溃。此文发表〔时〕的西南线战局，大体趋于稳定。一般不明白苏军情形的，均以为这时候，正值东夸□，绝对无实现可能。可是自最近东线战局急转直下的情形看来，凡而纳的这种说法，过分议论，至少不是完全狂妄。

　　自从一月十二日，苏军在东线发动冬季攻势以来，两星期中，名城迭克，波兰故土，便全部恢复。东普鲁士土地，亦大部入红军手中。此次攻势发动以前，苏联前线距离柏林最近之处，系在华沙对面，计程约有三百三十英里。短短的两星期当中，朱可夫元帅所部，业已由华沙进抵波兰极西部的波森，前去柏林不过一百三十七英里。由华沙至柏林的路程，现已缩短三分之二。同时较南一点，高尼夫元帅所部，亦已越过德波边界，深入西里西亚工业区，进抵波省首府布累斯劳城下，并沿三十七英里前线进抵柏林以东的最后天然防线奥德河。军事进展如此之速，真有点令人难于相信。

　　柏林之得失，关系欧陆全盘战局甚巨。德军对于柏林，究竟还能守若干时日，这是大家担心的问题，无疑纳粹当局，必将拼其全力以守奥德河防线。柏林寿命之短长，亦将由奥得河一战而决定。如果战争能在此□河畔停住，德方可有时间在该河西岸积极设防，企图作长期抵抗，否则苏军一追过河，柏林势难久守。此次苏军如此猛进，大出德方统帅意料之外，如此情形，奥得河一线是否能以久守，大有问题。一般看来，如果没有意外顿挫，多则三个月，少则一个月以内，英勇的红军，恐将在柏林城头，高插胜利之旗。东线战事，势将成为决定纳粹败亡的主要因素，此点在今日似乎已经没有问题了。（抡）

《评论报》第 24 期，1945 年 2 月 3 日

菲岛战争的演进

曾昭抡

　　美国反攻日本的进军路线，最初有麦克阿瑟逐岛推进，回到菲岛的主张。后来又有尼米兹横渡太平洋，径趋中国海岸的壮伟计划。（参阅本刊第六期）去年夏天攻下塞班岛以后，复有人主张由该岛北取小笠原群岛，再由小笠原直攻日本本土。至于其他战略，如取道北太平洋，自阿留申群岛进攻千岛群岛，或由印度缅甸，经由中国大陆，达到海岸，虽亦曾有人作此主张，其实现的可能性，似乎较小，不值得特别予以考虑。上述三种策略中，麦克阿瑟的计划，后来虽然经过修改，仍然系以攻下菲岛为一重要目标，且系此次战略无法省去的一个步骤。尼米兹的计划，可能不必经过收复菲岛一个阶段，但是仍以采此步骤为最稳妥。惟由塞班经过日本本土的计划，则根本不必经过在菲岛及中国登陆的阶段。由此看来，进攻菲岛与否，以前实为美国攻日策略中一个大关键，后来战事演进，率于采取这一着棋。将来谈战争史者，无疑将认为这是最聪明的一着。

　　一九四四年一年当中，美军在太平洋上的进攻计划，迭经修改。这种修改，乃是几次重要会议的结果。最初于一月九日，美方重要将领，在旧金山集会，商讨加强对日作战。那次会议，决定了进攻马绍尔群岛。一月底，美军在此群岛登陆，迅速获到胜利。随后二月中旬，美国海空军，猛击土鲁克岛，发现原在该处的一部分日本海军主力，业已撤离，因此登陆土鲁克的预定计划，大有修改的必要。为着重新计划战略，尼米兹与麦克阿瑟，都回到美国，与该国海军当局会商，决定了沿新几内亚海岸向西北推进，绕过土鲁克，径趋菲岛的战略。同时远越大洋，进攻马利亚纳群岛的策略，大致亦系在是项会议中，作初步决定。五月九日，美国舰队总司令金氏，又与尼米兹及海尔赛举行会议，进攻塞班岛的计划，至此大约已有具体决定。六月中旬，塞班岛登陆成功。七月中，塞班占领完成，美军嗣又先后在关岛及狄宁岛登陆。至八月十日，关岛全部光复，马利亚纳群岛的战事，告一段落。彼时尼米兹所部，由关岛西取菲律宾，与麦克阿瑟所部之自西南太平洋西北向菲岛推进，其可能性几乎相等。正当关岛战争继续进行之际，罗斯福总统，突于七月底行抵檀香山，召集高级海军将领，举行重要军事会议。尼米兹、麦克阿瑟、海尔赛均到该处与会。次一步骤首先由麦克阿瑟进攻菲岛的基本策略，于此完全决定。嗣后太平洋上美国一切动作，皆系朝此方向努力。

九月十四日美军在摩洛泰与帛璃琉两岛之登陆，可视为对菲岛外围的进攻，在此事发生以前三日，美国海空军，已进袭菲岛中部。原来在马利亚纳战争结束以后，美军会对菲岛南部民答那峨岛的达佛港，迭次予以轰炸。但是以特种舰队实行向菲岛进袭，这尚系第一次。此次进袭规模宏大，自九月十一日起，攻击继续三日之久。进攻岛屿，为菲律宾群岛中部的尼格罗岛、宿务岛与雷伊泰岛。此役结果，计共击沉日方船舶一百七十五艘，击毁日机五百架以上。连上随后展开的在摩洛泰与帛璃琉两岛登陆，进攻菲岛的前奏曲，可说是揭幕了。后来美军卒于首先在菲岛中部登陆，于此亦已露其端倪。摩洛泰与帛璃琉，为进攻菲岛的踏脚石。所以在此两岛登陆成功，其意义非同小可。无怪是项战事展开，日军拼死抵抗，至为顽强。至于九月十一日进袭菲岛中部一举，当时虽颇轰动一时，不久旋被其他战绩所淹没。今读本年年初罗斯福总统致国会咨文，方知该次进袭所得成功，对于嗣后迅速攻抵菲岛具有绝大关系。当时美方计划，原拟再占领若干岛屿，然后进攻菲律宾，以策万全。至九月十一日一役，率领第三舰队下的特种舰队实行进袭菲岛中部之海尔赛上将，作战归来，报告罗斯福总统，说是根据他那舰队进入菲岛海面及中国海东北部猛击日军的经验，直接进攻雷伊泰岛，似属可能。麦克阿瑟将军得到此篇报告以后，亦认直接攻菲岛为可能之事。尼米兹上将，对此旋即拟就调遣军队的计划。此项任务的执行，事先既了解为麦克阿瑟所部的职员，麦氏旋即与尼米兹，细商此事。这种距离辽远的往返讨论。不到一月完全竣事。至十月三日，金氏及其参谋人员，与美国海军部长福来斯特尔及太平洋区各军事领袖（尼米兹、麦克阿瑟、海尔赛、普鲁恩斯等），又在旧金山举行重要军事会议，完全决定了由西南太平洋直接进攻菲岛的具体计划。此后不过两星期左右，菲岛战争就爆发了。说到各次军事会议，我们应当特别提到九月十一日起罗斯福与邱吉尔首相在加拿大魁北克城所举行的会议。一年前为着商讨进攻欧洲问题，罗邱二氏，曾在魁北克一度会晤。这次乃是第二次魁北克会议，其所讨论，大致偏重远东战局。澳纽两国代表，被约参加讨论，只是把中国遗漏了。魁北克会议所讨论的，恐怕是限于进行太平洋大战的大政方针。至于具体执行进攻菲岛的计划，则显然是在十月三日的旧金山会议中制定的。由于此种有历史的叙述，我们可以看见，尼米兹所部，虽然没有直接参加进攻菲岛一举，对于制定进攻计划，尼米兹的功劳，却是很大。

菲律宾群岛，在由侵略造成的庞大日本帝国中，成为神经枢纽的一环。有了菲岛，才能保护海洋上日方所谓"帝国生命线"。这条生命线是由日本本土作起点，经由中国海，通过台湾，及菲律宾与中国东南部海岸之间，直达荷印、马来，与中南半岛。菲岛一旦被盟军收复，此项交通线，即有被切断之虞。因此三年前日军攻下菲岛以后，立即在此群岛上积极设防。所筑防御工事，异常坚固。驻屯陆军，为数可观。飞机场总数，据称计达九十余处之多。海军方面，不但菲岛海面，经常泊有一部海军主力，而且菲岛距离台湾甚近，后者乃若干日军最重要的海空军根据地所在之处，由该处随时可以调遣主力舰队，增援菲岛。因为敌人方面的军事布置如此周全，进攻菲律宾，殊不如一般预料之容易。欲求登陆成功，予以相当程度的摧毁；同时台湾与菲律宾间的交通，至少暂时予以隔断。嗣后美方所采策略，即系循此途径。一切布置安当以后，去年十月十日，美国海空军，猛袭琉球。旋于十二日袭台湾，十三日袭吕宋，规模均极宏大。参加此各役的特种舰队，有海尔赛所率第三舰队，与米齐尔海军中将所率第五十八特种混合舰队，后者乃是属于普鲁恩斯所指挥的第五舰队之下的。经过此一串海空方面的闪击，菲岛日方海空军根据地，受创甚巨。台湾及琉球与菲岛间的交通线，一时亦为之中断，以致美军在雷伊泰登陆的时候，最初期间，日方竟无法增援，所以菲岛登陆战很顺利地得到成功。

说到菲岛形势，普通一般军事家，多以为欲守菲岛，其着重点在于北守吕宋，南守民答那峨。这两岛一北一南，可以控制群岛全部了。两端守住以后，别人要想攻击菲岛中部，是很不容易的。同时民答那峨与吕宋两岛，在此一群岛中，面积最大，可以驻屯大批陆军。对方进攻，即令登陆成功，尚需与陆上主力决战。而且在此两岛上，不但空军基地林立，重要海军根据地亦复不少，最著者有吕宋岛上之卡维特及柯里几多尔，与民答那峨之达佛港等。有了这些海空军根据地，辅以为数达几十万的精锐陆军，日本方面，以为固守菲岛，绝无问题。当然从去年尼米兹与麦克阿瑟进军的方向看去，敌人亦早知菲岛战事，迟早不免发动。但是他们的猜测，以为美军首次进攻之处，必为距离美军前线最近之民答那峨。美方那次轰炸达佛港，尤令敌人得此错觉。假如不然，叫美军可能登陆之处，或将为吕宋岛之北端之马尼剌湾。殊不料战事揭幕以后，美军登陆之处，即不在南端之民答那峨，又不在极北端之吕宋，而是在菲岛中部的雷伊泰与萨马两岛。美国方面，近来常自夸说，每次登陆，皆在敌人所未料及的地点，所未料及的时间。这种说法，多少有点道理。

在猛烈袭击琉球、台湾，与吕宋岛以后，美方特种舰队，随即猛击雷伊泰岛。跟着在去年十月十九日晚间，美军就在雷伊泰岛登陆了。当时菲岛与台湾的交通，一时虽被切断，短期内日方舰队即将驰援，乃是意料中事。所以美方作战诀窍，在于争取时间，于极短时间内以强大部队登陆，如此方可以固守滩头阵地，静待增援。这一步骤，美方做得很好。登陆开始以后，最初二十四小时中，美军登陆者，达两万人之众，大批配备，亦于此项简短期间内，运到岸上。在此种情形下，滩头阵地，很快就已站住。不久雷岛机场以及岛上大部土地，落于美军之手。数日以后，美军又自雷岛渡过狭窄的海峡，登陆于萨马岛。规［萨］马岛上，日方设防不坚，亦未多事增援，因此不出几天，至十月二十八日，遂为美军完全占领。雷伊泰岛的恢复，后来却经过两个多月最艰苦的斗争。

雷岛登陆成功，日本认识战局已入异常严重阶段，一面声称必以全力死守菲岛，一面连喊时局严重。日本军阀，从新加坡调回来一位救星，山下奉文大将。这位于三年前攻下新加坡的英雄，在日本人心中，得有无上的敬仰。日方把他找回来指挥菲岛军事，一面便对该国国内，大作宣传，说是有了山下大将，一切便有把握。同时一向采龟缩政策的日本主力舰队，被迫又出来再向美国挑战一次。自从六月十九日，为着援救塞班岛，日本海军，与美方舰队，在菲岛海面发生第一次大海战以来，日方舰队，销声匿迹已达四月之久，这次因为战局前途，对于日本十分严重，不得不出面再度应战。此次有名的第二次菲岛海面大海战，是在去年十月二十三至二十五日之间发生的。美方参加作战的海军，为海尔赛所率第三舰队与金开德海军中将所率第七舰队，后者是掩护美军在雷伊泰岛登陆的。此次会议，日方系倾全力而来，采取攻势，来势甚为凶猛，一时美军颇感危险。然而经过三天大海战的结果，美方率大获全胜而归。日本主力舰队，虽不会"玉碎"，却已受了难于恢复的重大创伤。号称日本国宝的两艘四万五千吨超级巡洋舰，武藏号被击沉，太和号受伤。美国海军控制菲岛海面的局势，于是造成。

菲岛战争的胜负，实际上在去年十月的大海战中，业已决定。以后这种发展，几乎是必然的结果。马尼剌今已恢复，菲岛战争大体可算是结束了。

迎接美军登陆东海岸

吴 晗

　　以雷霆万钧的攻势，慎密周详的准备，实践重返菲岛诺言的麦克阿瑟将军继雷伊泰岛明多罗登陆之后亲率三军，果然重返菲岛，只用廿六天的时间，光复菲律宾的首都马尼拉。美日的伤亡比例，为六与一之比。菲政府已经宣称，不日回马尼拉。壮哉美军！壮载麦克阿瑟！壮哉菲律宾人民！

　　和菲律宾人民仅隔七百五十海里的中华民国的人民，在遥听马尼拉光复的捷报之后，除了衷心庆祝之外，不禁感愤万端。感的是人家有出息，有办法，说话算话，帮忙的人行，被帮忙的也行。愤的是自己不争气，几年来仅在等待胜利，话说得太多，不但诺言，甚至于指天赌咒，然而，在举世捷报欢腾的季节，洛阳、郑州、长沙、零陵、柳州、桂林、南宁一大串名城全达到消灭敌人的任务，依预定计划，转移新阵地了，接着是曲江、坪石、遂川、南雄、赣州……又是一大串。敌人的企图，湘桂路通了，粤汉路通了，大庾岭的陆上运输也要通了，中国被切断为两半。至于桂境战事，从敌人圆满完成抢夺路轨的阴谋，我军克复独山，乘胜追击，到了河池，敌人的坚强据点以后，似乎就陷于胶着状态，这一战场的大小地名，从此退出了新闻的报道圈了。

　　面对着同一敌人，相处在同一地球的角落的两个战场，一个是以美军为主力，菲岛游击队为向导的，百战百胜；一个是以自己的陆军为主力，美空军和技术人员为辅佐的，却无役不败，无战不溃。一个是景况喧腾，一个是

257

情形黯淡，两面一对照，真是使人悲从中来，欲哭无泪。

第一阶段过去了，第二阶段呢？

根据过去的事实，美国是一个守信义的国家，美国人民在提供诺言之后，跟着的是行动的实践。美军在结束吕宋战争之前，第二步必然是在中国东海岸登陆，而且，魏德迈亚将军曾经宣称，这个比诺曼第登陆更伟大更艰苦的计划已经拟定了。

当前，菲岛的战事已近尾声，接着来的美军登陆中国海岸的，已经是屈指可待的事实。中华民国的人民在紧张的心情下，欢迎美军，然而，也是在惶惑的心情下，欢迎友邦解放军的到临。

紧张，不成问题，每一个中华民族的子孙，都在屏着呼吸，在注视，在倾听惶惑，惶惑的是我们的海岸线全在敌人控制之下，我们的友军究竟应在何处登陆？其次，友军的海上和空中运输线过长，登陆地点如接近敌人本土，在未澈底毁灭敌人的海空军以前，运输的安全与否是否能有把握。最后，最重要的是我们如何迎接，如何配合我们的友军，作有效的主力的贡献。

第一第二两点，我们相信尼米兹将军、麦克阿瑟将军、魏德迈亚将军等负责任的友邦军事首领，必定已经在罗斯福总统和马歇尔将军、金氏将军的同意之下，一如魏德迈亚将军所说，计划已经拟好，只等选定的时间，中国长达七千里的海岸线，敌人无处不守，兵力一分，也就随处可以登陆，而且也可以同时或先后在多处登陆。对于军事的技术问题，我们无能为力，也无从为力，揣测妄度之说，最好暂时不谈，反之，我们应该出力，而且可以出力的是第三点，我们如何迎接友军，如何配合友军的问题。我们先要"尽其在我"，出一分力气就会有一分的成绩。

当前的问题可以分作两方面，第一是正规军的配合。我们号称数百万的国军，在新的军政当局统筹制度之下，能否负起总反攻，全面总攻，一直打击敌人，打到海边，打出几条交通线，在海岸上，迎接我们的友军的任务。如其不能，再次，我们要问能否举行反总攻，反攻到一些有利地区，配合友军的登陆攻势，内外夹攻，切断敌人正面反面的交通，从而予以消灭。这两个迎接的方法，具有一个共通的前提，即刻窒息敌人，在东战场站住脚跟，不使敌人再往东一步！

第二是人民和非正规军的配合。我们的沿海地区虽然尽沦敌手，但是大部分地方还是有我们人民的军队在活动，一部分地方并且在事实为我们的人民的军队所控制。我们的人民和军队具有坚毅的勇气，过去和现在随时予敌人以打击，这一个伟大无比的力量，假如能够合理地予以利用，付予以迎接友军配合友军的任务，其战果之辉煌，我们相信，是可以比美于欧陆的任何一个被解放的国家而无愧色的。

然而，不论是正规军和人民，或是人民和非正规军，或者三个力量的综合，成为盟国打击敌寇消灭敌寇的主力，都有一个共通的先决问题：政治的民主。这是一个万能的锁钥，有了它士兵才能有合理的待遇，军官才能享受纪律的制裁，从而提高军心士气。有了它，才能使人民万众一心，各党各派的力量都能为国效力。有了它，才能使我们的友军不必顾虑和我们沿海地区的军力配合，圆满完成任务。

个人的力量是渺小的，一群人或一种人的力量是也是渺小的，只有全体人民的力量，才是不可毁灭，不可战胜的伟大无比的力量。我们具有这力量，可惜的是从来没有用过。在盟军登陆中国东海岸的前夕，我们要求，这一力量，应该用政治的民主锁钥，加以应用，不要经过时限，更不要走错脚步，使我们这一代成为中华民族的罪人。

我们要高呼，壮哉盟军，壮哉中国军人，壮哉我中华民国人民！

《评论报》第 25 期，1945 年 2 月 10 日

从华沙到柏林（下）

曾昭抡

　　去年夏季攻势展开以后的东线中路军事形势，已如上述。八月中旬，正当中路攻势陷于停顿之际，南路苏军，发动闪击，迅速迫令罗马尼亚退出战争。九月进入保加利亚。十月攻入南斯拉夫，与狄托元帅的解放军携手，解放了南国首都伯尔格来德。同时北路方面，九月中，红军解放爱沙尼亚，光复拉特维亚大部分土地。芬兰一看形势逆转，赶忙对苏求和，继而对德宣战。苏芬两军联合作战的结果，不久便将德军完全逐出芬兰领土，苏军并进而攻入挪威北端。中欧方面，红军于十月间，即由罗马尼亚攻入匈牙利，于十一月初即攻抵匈京布达佩斯附近。由于南北两端德方附庸国之先后被迫退出战争，原来绵亘长达两千英里的东线，至此时缩短了一半。为数以百万计的红军，于是更可以集中力量，打击德寇。自从去岁十月底以来，约计三个月光景，苏军统帅部用兵策略，侧重击破德军在匈牙利的防御，如此一面威胁南斯拉夫境内残余德军的退路，一面可以沿多瑙河谷西上，进而威胁维也纳以及德国南部。早已看到此点，所以当匈牙利战争发生的时候，立刻提出口号，说是德军将要防卫匈国，如同防卫德国本土一般。事实上他们在这方面所作努力，亦不亚为其在东普鲁士所表现者。以此苏军进展，大为延迟。匈牙利步罗、保二国后尘，向苏联投降的企图，很快就被纳粹军队的铁蹄镇压下去，匈京跟着树立了十足的傀儡政权。经过两个月最艰苦的战争，不管德军抵抗如何坚强，到了去年年底红军卒将匈京布达佩斯四面合围，并且攻

260

入城内，进行逐屋争夺的猛烈巷战。同时匈国境内三分之二的土地，已入苏军手中。向北则越过捷匈边境，攻入捷克东部（斯洛伐克邦）。布达佩斯争夺战，其猛烈程度，有过于史达林格勒一役。德方也想效法苏军为史城解围的故技，派遣有力援救部队，自外大举反攻，企图与城内守军会师。本年一月初旬，匈京以西及其西北反攻的德军，使用大量机械化部队，来势如此凶猛，眼看逼近布达佩斯，令苏方亦为之忧虑。然而英勇的红军，终于不辱使命，将德方援军挡住，使其不克会师；一面则在布达佩斯城内，加紧围歼残寇。同时匈京西北较远处，苏军在多瑙河北岸，迅速向西推进，攻抵捷匈边境要镇科马诺近郊，一面威胁德方援救部队的后路，一面并有进窥维也纳的趋势。年初以来，匈牙利战场上，双方以主力相搏斗，各有进退，互争主动。经过两旬的斗争，结果证明主动和胜利仍然大部是关于苏联的。

年初红军之积极肃清布达佩斯，以及其沿维也纳大道进军，显示苏方统帅部计划，或将如一部分战略家所主张，经由多瑙河谷，一剑插入希特勒的软腹。可是即在那时，亦有许多军事家预料，红军将在波兰境内，发动空前规模的中路大攻势，其重要性甚至会超过匈牙利战役。果然英雄所见略同。嗣后苏方秋季攻势展开，结果如此惊人，令迄今苦战未休的匈境战事，亦大为之减色。

去岁八月，波境〔苏境〕苏军停顿在华沙近郊以后，一般反苏分子，均以为苏军故意停顿在此，并非由于军事上的困难，乃系基于政治上的理由，故意将此处军事拖延，以免流亡政府指挥下的地下军，得在波兰境内占有势力，使卢布林民族解放委员会不易掌握政权。同时鉴于进攻东普鲁士的战事，停顿在东普鲁士边境，久无进步，此辈反苏人士，又露其轻苏心理，说是德国防御力量十分坚强，红军根本就打不进东普鲁士，也攻不破维斯杜拉河的防线。这些反苏论调，今天看来，十分可笑。现在大家知道得很清楚，此次惊人成功的苏军冬季大攻势，其所以成功之如此大而且速，实在是因为有了五个月的积极准备在后面。华沙的命运，事实上可说早就决定了，不过其实现延续了几个月。准备时间极长而实际作战时间则殊短，这根本就是第二次世界大战的特征。没有去年秋季以来中路军事的显似停顿，根本就不会有这次那样划时代的丰功伟绩。交通线拉得太长，军队过于疲乏，这是向来用兵者所深忌。因此去夏攻抵维斯杜拉河以后，中路苏军，停下休息整编，整理交通线，布置防务，再图作第二步打算，实在是一件最自然的事。尤其想大规模攻入德国本土，长时间的准备与布置，使人力、物力得以集中发挥效力，实在有绝对的必要。这样便可以解释去年八月以来波兰战事何以大体陷于停顿。

说到华沙与东普鲁士战事一时陷于停顿，不过是大体如此。事实上去年八月以后，这两处的战事，也并非完全沉寂。以华沙而论，该处战斗，先后亦曾经过三个阶段。第一阶段，当红军于八月初疾驰而抵华沙城郊，大家以为此城即将攻下之际，德军经过整编，出乎意料地守住了维斯杜拉河防线，并且实行有效反攻，将苏军击退若干距离。第二阶段，受着波兰流亡政府指挥的鲍尔将军，率领他所谓的爱国军，在华沙城内暴动起来，占领了此城一半以上。此项地下军，虽得英美空中接济，经过几十天的血战，卒为伤势兵号与配备的德军所压倒，最后鲍尔将军终于被迫〔向〕德军投降。在此阶段中，苏方以华沙城防御甚强，一时不易攻下，乃在此城以北及以南，渡过维斯杜拉河，企图作大包抄以下此城。是项尝试，仅得有局部成功。维斯杜拉河西岸的桥头阵地，确是建立起来了，可是企图攻下华沙一举，始终并无成功模样。虽然如此，八月中华沙南面，维斯杜拉西岸重要铁路中心桑多米次之占领，对于后来粉碎此河防线，实有相当贡献。第三阶段，苏军实行在正面向华沙反攻，于十月间，经血战后，占领了与华沙城隔河相望，位在维斯杜拉东岸的鲁拉加，使华沙岌岌可危，变成了一座死城。至于东普鲁士方面，原来宣传红军于七月底即可攻入。这种传说，不料久未兑现。德国大举动员民众，沿东普鲁士边境筑起坚强的防御工事来，同时动员一切能以调遣的兵员与大炮，积极增援此线，使进攻成为不易。后来在十月当中，年轻英俊的契尔尼柯夫斯基将军，方才统兵大举攻入东普鲁士，成为最初自东方攻入德国本土的将领。这位将军所率第三白俄罗斯前线部队，进展如此之速，一时竟有直捣东普鲁士首府哥尼斯堡的气概。但是这种攻势，不久仍然被德军挡住，此处战事一时又沉寂起来。直到这次冬季大攻势展开，东普鲁士的德军防线，方被粉碎。在此我们还应特别提及，华沙以南，高尼夫元帅的部队，在去年夏季，业已进抵距离克拉科不过四十英里的地方，可是随后战事就在该处停顿下来。

在这次冬季攻势发动以前，苏德两军相持的前线，北起波罗的海（立陶宛与东普鲁士交界处），南迄布达佩斯绵亘计长八百英里，约以波捷边境之喀尔巴阡山脉为中心。苏方重兵，为数约计三百五十万之众，分由五位有名的将领率领，分布在此线北段，即由波罗的海到喀尔巴阡山脉的四百英里前线上。这五路大军，由北至南，列举之，为（一）契尔尼科夫斯基上将所率第三白俄罗斯前线部队，（二）罗柯索夫斯基元帅所率第二白俄罗斯前线部队，（三）朱可夫元帅所率第一白俄罗斯前线部队，（四）高尼夫将军所率第一乌克兰前线部队，（五）彼得罗夫上将所率第四乌克兰前线部队。至于此段前线以南（即喀尔巴阡山以南），苏方主要作战部队，为马林诺夫斯基元帅所率，在匈牙利前线作战之第三乌克兰前线部队。按照德方估计，匈境作战之苏军，总数约达七十师左右，即百余万人之多。第三白俄罗斯前线以北，立陶宛境内，尚有巴格米扬元帅所率第一波罗的海前线部队。

这次有史以来最有名的苏军冬季大攻势，是在今年一月十二日发动的。此次攻势，规模如此宏大，打破了历史上一切纪录。攻势发动后不过几天，德方报道，曾指出此次攻势规模之大，超过了苏德大战中以前各次。这次苏联军队，是由北至南，全线猛攻。匈牙利前线，马林诺夫斯基所部，激战迄今未停。其最大成就，为于一月十三日，完全解放了围攻已达三月有余的布达佩斯城。其次则为攻克捷克境内几座重要城市。在北面，巴格米扬所部，亦于一月二十九日，攻下米美尔，完成了立陶宛的解放，并使围困在拉特维亚境内一隅的大量德军，归路完全断绝，只余束手待缚之一途，否则即将有全数被歼之险。以上所述几种成就，诚然已属战绩辉煌。然而此次主力攻势，实在波罗的海至喀尔巴阡山一段前线，此段前线上，五位将领，均建奇勋。就中尤以朱可夫、高尼夫以及罗柯索夫斯基三位元帅，功绩更为惊人。在攻势发动以后，朱可夫元帅，首先粉碎了维斯杜拉防线，于一月十七日即将华沙光复。同时高尼夫所部，迭克波兰南部名城，攻下克拉科，进入德国东南部的西里西亚工业区。罗柯索夫斯基与契尔尼科夫斯基，一自南面，一自东北，深入东普鲁士，粉碎了有名坚强的马苏里安湖防线。于是东普鲁士四分之三以上的土地，迅即落入苏军手中。剩下只有首府哥尼斯堡附近的袋形地带，以及若干要塞，仍在德军手中。原驻东普鲁士的三十四师德军，在罗柯索夫斯基与契尔尼科夫斯基（按契氏已于二月十八日，前线指挥作战受伤去世）所部夹击之下，业已破碎不全，行将走上消灭的途径。同时在东普鲁士得手以后，罗柯索夫斯基所部一支军队，通过波兰走廊底端，进入德境，目下正在但泽与斯德汀之间，向波罗的海喀尔巴阡山流域，向西进展甚速，并且向南越过此条山脉，攻入捷克境内。

由维斯杜拉到奥得河，由华沙到柏林，这是朱可夫元帅的成就。占领西里西亚工业区，攻入布累斯劳，并在该城东南大举渡过奥得河，那是高尼夫元帅的伟大贡献。这两位将领的部队，现在业已会师。下面进攻柏林的朱可夫所部，两周以前，久已进抵距离柏林不过三十英里左右之处，现在只待高尼夫所部在南更得进展，同时并由朱可夫设法攻下斯德汀，便可会师进攻柏林。红军进击的目标，显然主要不是柏林城本身，而是保卫柏林以及其他重要德国城市如布累斯劳等的纳粹。柏林陷落，或者尚须相当时间，但是到那时德国也就完了。

《民主周刊》第 1 卷第 11 期，1945 年 3 月 3 日

苏军攻迫维也纳

曾昭抡

三月下旬，西线英美军队大举渡过莱因河以后，数路并进，势如破竹，一时竟令东线军事进展，为之减色。不过在〖足〗目前阶段中，东西两战场，相距不足二百英里，互相呼应，实已联成一气。最近两星期来，柏林正面攻势消息沉寂。北路则罗柯索夫斯基所部第二白俄罗斯前线部队，于三月二十八日攻克波兰走廊之琴尼亚港，三十日攻下但泽港。这两处重要波罗的海海港及其袋形地带以内大量德军的解决，对于澈底击溃纳粹，实为一种不可磨灭的战绩。然而最近红军最大的贡献，实为自匈牙利向奥京维也纳的大进军。

自从去年冬季以来，在匈牙利境内进行恶战的红军，计为两路，包括七十师大军，总数约达一百万有奇。较北一路，为马林诺夫斯基元帅所部第二乌克兰前线部队。在南一路则为托布金元帅所部第三乌克兰前线〔部队〕。去冬在匈境的军〖进〗展，大部归功于马林诺夫斯基。年底攻入匈京布达佩斯以后，今年年初，德军突然猛烈反攻，企图为匈京解围，但卒归无效。二月十三日，布达佩斯残敌，卒被肃清。当波兰战场苏军冬季大攻势发动以后，匈牙利战场，一时不复受到一般注意。此时期，德军不顾本土被侵，仍在匈京以西及西北，迭次猛烈反攻，企图夺回这座中欧重要都城，结果始终为红军所遏，未能达到目的。

到了三月二十号，按兵不动已数月的托布金元帅，突然在匈京西南，发动规模宏大的攻势。数日以内，沿六十五英里前线，突破德军前线，伸入达七十英里之深。同时马林诺夫斯基所部，也在匈京西北发动攻势，迭克要城，进展甚速。至三月二十九日，托布金所部，越过奥匈边境，向维也纳进攻。四月三日，业已攻占维也纳新城，该处北距奥京不过二十二英里。此城以南，则已攻抵阿尔卑斯山之□茂山口，进到距格拉次不足十二英里之处（此乃拿破仑以来外国军队第一次在奥境攻抵阿尔卑斯山）。一路并已攻抵维也纳西南四十二英里之斯束林。同时马林诺夫斯基，亦已迫近位在捷匈奥三国交界处之多瑙河上捷地重要城市布拉的斯拉发。一旦该城攻下，即可沿多瑙河河谷，长驱进攻奥京。似此情形，维也纳的光复，指日可期。

由布达佩斯到维也纳，是两星期来红军自匈牙利进攻的结果。此次攻势发动以后，红军前线距奥京最近之处，约有一百英里，现在则不过二十二英里。在此期间内，托布金所部，进展百余英里之多。南路苏军在德奥边境与巴顿将军所部美国第三军会合，似为迅速结束欧洲战事的一着好棋。（抢）

《评论报》第 32 期，1945 年 4 月 7 日

美军登陆硫球群岛

曾昭抡

　　二月十九日美军在硫球岛（即火山列岛中之诸岛）的登陆，使太平洋上的大战，进入新阶段。经过二十四天的血战，美方于三月十四日，在岛上火山（擂钵山）山影之下，举行正式升起美国国旗的仪式，正式宣布占领此岛及火山列岛的其他岛屿。残敌的扫荡，继续了几天。嗣后，日方自己承认，岛上日军，于三月十八日，对美军作最后一次攻击。这样此座面积不过八个方英里，约略仅相当于昆明市区一座小岛，作战竟整整达一个月之久。岛上守军，总数不过二万四五千人。作战期间，并未得到任何增援，甚至未曾得到日方海空军的协助，结果居然抵抗如此之久。日军二万多人，完全战死，无一被俘。美军方面，阵亡四千一百八十九人，受伤一万五千三百○八人，失踪四百四十一人，总计亦约达两万之多。当然此中受伤将士，大都业已返防服役，而且因为近来医药的进步，以及医护工作之组织完善，以美国方面而论，伤兵得以保全生命者，竟可高达百分之九十七。因此美方损失，即在硫璜岛一役中，实际亦不过相当于日方四分之一或五分之一。可是此役损失之重大，在太平洋各战役中，自从一九四二年秋季反攻所罗门群岛，乃是首屈一指。在麦克阿瑟将军指挥作战之各次战役中，美日两方的死伤比例，经常是一比七至一比十。因为这样，完全占领硫璜岛，虽然在军事上是一种很大的成就。三月十五日尼米兹元帅就任硫璜岛军事总督之职，也可说快意于一时，然而此役损失之惨重，却不容讳言。硫璜岛的战事，无疑对盟国是一次最大的教训。在此我们应该特别注意，先后登陆进攻琉璜岛的美军，共达三师之多，为数四万五千人，约双倍〖篷〗于岛上日军。挟着海空军的绝对优势，还有优势兵员，以及压倒的武器优势，这次战役，仍然是如此艰苦。由此可见，将来进攻日本本土，会要碰到何等困难。当然琉璜岛上依山筑成的防御工事之异常坚强，以及日方系采守势，对于日军顽抗之拉长，大有条件。不过日本人那种"玉碎"的精神，也确是增加军事困难的一个重要因素。受着硫璜岛的教训，美方重新检讨进行远东战争的战略，乃是一件非常自然的事。

马尼剌攻下以后，麦克阿瑟元帅的任务，显然是继续扫荡菲岛日军，恢复菲律宾共和国的全部领土。这种工作，两个月来，他做得很好。现在菲岛范围以内一切大岛，均已先后有美军登陆。多数岛屿，残敌业已肃清。自从去年十月登陆雷伊泰岛以来，日军在菲岛战役中的损失，已经超过三十万以上。光复菲岛的任务，不久在麦帅手中可以完全完成。正如收复菲岛的责任当初是分配给麦克阿瑟一般，进攻琉璜岛与琉球群岛的策略，是交给尼米兹元帅执行。去年八月马里亚纳群岛战事结束以后尼米兹所部，除开第五十八特种混合舰队曾在登陆雷伊泰岛前夕参加轰击台湾琉球以外，按兵不动，先后几达半年之久，直到登陆琉璜岛，方又大显身手。此后初期，美方死伤惨重，异常惊人。所以在战事已有把握之后，尼米兹旋即专程回到华府，与罗斯福总统及海军高级当局，商讨远东战局及未来战场。讨论结束，当时虽未曾披露，但是进攻琉球一举，显然是那次军事会议所决定。果然在琉璜岛战役完全结束不过一星期左右，琉球群岛的登陆战，就发动了。

琉球群岛登陆成功，是一种极不平凡的成就，正如去年十月登陆菲岛以前美方先以海空军大举袭击台湾琉球及吕宋岛，藉此以断绝各该岛对菲岛中部雷伊泰岛的交通，以便登陆雷伊泰岛得以顺利成功一役，此次美军在登陆琉球以前，首先以强大舰队，远趋日本内海，以期创伤日本海军，并阻其于短期内自该国本土增援琉球。参加此役的美国舰队包括第五舰队司普鲁恩斯海军上将所指挥的战斗舰队，与密契尔海军中将（即有名的第五十八特种温合舰队的指挥官）所指挥的快速航空母舰特种舰队。由此两大舰队组织而成的强大快速特种混合舰队，于三月十八日，驶近日本本土的九州岛，以一千四百架航空飞机，袭击九州岛，集中轰炸该岛上各飞机场，至少达八小时以上。此项对九州岛的袭击，先后历时一日以后，次日，三月十九日，这一千四百架飞机，更进而猛炸设在濑户内海里头的日本主力舰队，并炸神户港埠及日本最大海军根据地吴港，以及九州、四国两岛。九州岛南部及四国岛内海部分，均在被炸之列。两日作战结果，一共击落及击毁日机达四百七十七架之多，内在地面击毁者二百七十五架。第二天的轰炸，使日本舰队主力藏匿处之吴港，受创颇巨；日方舰队，亦颇有相当损伤。计击沉小货船六艘，击毁主力舰一艘或两艘，航空母舰两艘至三艘，轻级航空母舰及护航舰二艘，重巡洋舰、轻巡洋舰各一艘，驱逐舰四艘，潜水艇两艘，护送驱逐舰一艘，及货船多艘。此外地面飞机库、修理工厂、军火库及储油设备多处，亦被炸毁。美方空军损失轻微，舰船更无一艘损失，仅有一艘受重创，亦安全回返基地，另外尚有几艘，略受轻伤，仍能继续作战。

十八、十九两日对日本本土的攻击，当时一般观察家的意见均以为其目的不过在于向日本海军主力挑战，并进而摧毁其一部实力。谁知其真正目的，实在于临时隔断日本本土与琉球的交通，以作登陆琉球群岛的准备，使日方于短时间内不得重整。这是美国战斗巧妙的地方。在日方未曾料到的地点，于我们未曾料到的时间，实行登陆成功，于此又多一次例证。

十九日大举袭击日本内海以后，美国舰队，突然掉头南行，疾向琉球群岛驶去。日方对此，初以为美国大致系驶返关岛基地，除略派空军袭击外，未多予以注意。不料自二十三日起，美国飞机，即向琉球群岛海军基地，予以袭击。到了二十六日，日方广播，即称美军业已于二十五日登陆琉球。

琉球群岛位在中国海外，自北至南，伸延于日本本土（九州岛）与台湾之间，可分北中南三部。南部岛屿，称为先岛群岛。中部岛屿，位在北纬二十六度至二十五度之间，其中又可分北中南三部，其北部为伊鲁［平］屋岛，南部为庆良间岛，中部则为冲绳岛（亦称大琉球岛）诸岛。此次美军进攻，系集中琉球群岛的中部。其最初登陆地点，为庆良间诸岛及阿嘉敷两岛。日本广播，说是三月二十五日上午七时半，即已登陆。美方公报，最初一星期中，未予证实。后来在四月一日冲绳岛登陆成功，方始同时宣布，三月二十六日，业已开始占领庆良间岛。日本方面，并传美军于三十一日，已在先岛群岛及神仙岛。

冲绳岛的战事，刻在顺利进展中，似乎不像硫磺岛那样艰苦。日本本土，今已岌岌可危。

《民主周刊》第 1 卷第 16 期，1945 年 4 月 9 日

红旗高插柏林城

曾昭抡

去年十一月十七日，在十月革命纪念日的演讲当中，史达林委员长，曾经提到，红军将在柏林城头，举起胜利之旗。那时候由东线到柏林的最近距离，还有三百三十多英里，虽则苏军的攻击力量，用于对付纳粹德国，业已屡试不爽，但是实现这种预言的可能性，在彼时仍觉颇为遥远。尤其是当时东线攻势，停顿在华沙门前，令人对德军剩余的战斗力量，不敢予以低估。然而事实推进的结果，刚刚约计半年以后，史达林所期望的伟大成就，居然兑现，红旗今日居然高挂在柏林城，纳粹则处在断气的前夕。日内即可完全肃清的柏林，乃是苏联带给旧金山最好的礼物，也是红军献给今年"五一"劳动节一束最有价值的鲜花。时至今日，纳粹与法西斯主义，业已全盘失败，民主政治重行抬头，社会主义战胜了，劳工阶级在唱着凯旋歌，为这世界唯一的社会主义国家祝福。四年来最艰苦的斗争，今日引到了成功的顶点。到处扫穴，击毁希特勒匪徒的心脏，这种成就，使世界上残余的法西斯势力，一起战慄起来。以前三个轴心强盗的京城，罗马已于去年六月四日，为美兹〔英〕军队所复，十一个月以后，柏林又为苏联所解放。揽之目前世界形势，未来一年中，接下来成为法西斯主义中心的东京，大致亦可攻下。全世界重见光明，为期当在不远。

民主战胜独裁

欧洲各国中，最重要的国都，当推伦敦、巴黎、柏林与莫斯科四处。通过此次大战火一般的试验，伦敦与莫斯科屹立未动，由此可见英苏两国人民之伟大，与民主政治之可贵。巴黎一战，不幸于一九四〇年六月，沦陷德寇之手，至去年八月，方始恢服［复］。今天轮到柏林要陷落了，一九四一年冬季，苏军曾将德寇遏止在国都门前，这是今日纳粹德国所欲仿效而未能。"领袖高于一切"的哲学，究竟敌不过人民的力量。看到今日柏林城中到处白旗飘扬的情形，足见在法西斯主义压榨下的民众，约久不会和这些暴徒合作的。

柏林的重要性

柏林之在德国，虽不若巴黎对于法国之重要，但其重要性超过一个普通国都，则毫无疑问。柏林是德国神经枢纽与交通中心，也是该国一座极其重要的工业城市，除电机、机器、化学等等工厂以外，并有相当重要的军火制造工业。纳粹执政以后，虽以南部巴伐利亚为其发祥地，对于纽伦堡、慕尼黑、贝兹加登等处，特别重视，然而柏林之为全国行政首脑部所在地与军略上一处最重要的据点，始终并未变更。过去几度柏林遭受威胁，纳粹当局，曾经迭次声明，对于此城，终将死守到底，同时防守布置，亦确系异常周全，自认为牢不可破。即在最近几天，柏林已被攻入，第三帝国行将瓦解，德方广播，仍然说，德国控制的土地以内，有两座城市，决不能让其失守。这两座城市，一座就是柏林，另外一座，是捷克京城布拉克。由此种种，可见纳粹当局对于柏林如何重视。虽然如此，这处纳粹的巢穴，仍被苏军攻入，于此更见红军力量的雄厚。

纳粹估计的错误

一年以前，攻陷柏林，在同盟国方面，不过是一个辽远的希望。当时盟方前线，在东线及义大利战场，均约有七百五十英里左右。去年第二战场在法国北部展开，苏军旋亦在东线发动规模宏大的夏季攻势。到了七月三日，苏军光服〔复〕白俄罗斯首都明斯克，前去柏林只有五百八十英里。同时英军在法国北部克思前线，则距德京约有六百英里。从那时候起，东线苏军，与西线英美军队开始作到柏林去的竞走。究竟鹿死谁手，军事家以及一般人士，群相猜测，先后得过数次不同的结论。最初大家意见，多以为红军将首先攻抵德京。百余年来，德国方面，深深感觉，对于德国的威胁，来自西面，东方则不足虑，所以对于西线防御，布置极为周详，而对东面则素来忽略。日耳曼民族，向来只对盎格鲁撒克逊民族与法兰西民族，具有相当崇敬，对于东欧各民族，则异常鄙视。就则在第一次大战以后，新兴的苏联，在各方面表现优异的成绩，德方此种态度，并未变更。一直到二次大战发生以后，德军在莫斯科、列宁格勒、史达林格勒三次战役当中，未曾获逞，在贝城一役反而吃了大亏，方始认识红军的力量。在那些战役之前，德国军事当局，一向对苏方军事力量，估计很低。因其估计如此之低，所以事先对于东方，只图进攻，未作防守的打算，直到二次大战初期，什么防御工作，都谈不上。相反地，德国对于法国陆军，一向有一种传统的敬畏，第一次大战以后，尤深知欧洲大陆一旦有事，不但法国必将参战，英美两国终久亦必卷入战争旋涡。为着尽量避免东西两面同时作战起见，希特勒在所著《我的奋斗》中，极力强调东进政策，而对西方则声明并无领土野心。当然英法卷入战争，是必然的。所以纳粹德国，一面在东方采取攻势，一面则力图加强西线。希特勒上台以后，片面撕毁瓦尔赛和约，侥幸未受国际干涉，乃即模仿法国马其诺防线，沿法德前线，造成铜墙铁壁的齐格菲防线，如此布置了一重牢不可破的"西线"。此次大战结束，显示较之马其诺防线，齐格菲防线确是青出于蓝，更要坚固得多。如此防线，一直到去年夏天，柏林以东，德国境内，是没有的。诚然自从一九四一年冬季尝过红军的反攻力量，德军统师部，已凛然于苏联军力之不可侮，不得不改弦更张，在东线攻守均采，于防守时期，采取所谓"弹性防御"，布置很深很大的防御系统，以及所谓"刺□式的堡垒"。史城大战以后，更加在东线采取全面守势，苏联境内建筑所谓"祖国防线"，以作最后抗守的依据。去年夏季攻势发动，苏军一下子就把德方"祖国防线"突破，这是德军统战部所万想不到的。

柏林道上的回头

明斯克攻下以后，红军长驱而入波兰，接着便将波境布格河防线突破，疾驰而抵维斯杜拉河，到达波京华沙的对面。去年七月底，苏军一面逼近华沙，一面抵东普鲁士边境。东线到柏林的最近距离，由明斯克的五百八十英里，缩短到华沙近郊的三百三十几英里。那时候德国境内，柏林以东，虽然没有什么重要的防御工事，连东普鲁士边境的防御，都是临时大举征工，赶修起来。以此情况，彼此许多人的意见，以为苏军继续西进，直取柏林，大有可能。殊不料后来事实□出，并非如此。七月底到达华沙附近以后，中路波兰境内的战事便大体停顿起来。此中理由，一部分系因德军整编反攻结果，一时将苏方攻势遏住。更重要的理由，则因苏军进展过速，需有时间整理休息，布置交通给养，以作下一次大攻势的准备。这样从东方进攻柏林，暂时就停顿起来。

当东线中路军事暂时大部归于停顿之际，西线盟军，在法国境内，得有惊人进展。八月初巴顿将军所部美国第三军在边境大举推进以后，跟着就是八月十五日盟军在法国南部登陆，与八月二十九日巴黎之光复。巴黎先华沙而光复，在八月初还〔是〕一般人所想不到的。法京收复以后，德国军队，仓皇自法比两国境内撤退，英美大军，迅即开抵德国西部。当时西线盟军，距离柏林不过三百多英里，竟较华沙前线的苏军为更近。看到九月初盟军横扫西战场的情形，当时一般观察家，多以欧战即将结束，决定纳粹的崩溃者将为西线，首先到达柏林者将为英美军队而非苏联。但是不久旋又证明，此等说法，过于乐观。退守西墙的德军，不但未曾崩溃，反而在去年年底，发动一次极猛烈的反攻，伸入比利时卢森堡，令盟军阵线一时几为之动摇。

苏攻势停顿原因

经过九个月的积极准备，苏联军队，在今年一月中旬，发动了空前规模的冬季大攻势。一月十二日发动此项攻势以后，长驱直入，势如破竹，横扫东普鲁士与波兰西部。不到一月，由维斯杜拉河抵奥得河。至二月初旬，朱可夫元帅所部第一白俄罗斯前线部队，在正面西距柏林已不过三十英里左右。此时一般观察，均以为朱可夫元帅所部，必将马不停蹄地直捣柏林。不料事实演变，又使这些过分乐观者失望。剩下距离不过三十英里的时候，苏军进展，突然在奥得河上，又停顿了下来。此事当初有点令人莫明其妙，后来才知道，进攻柏林之所以突告停顿，其主要理由有二。一为在克里米亚会战（二月四日至十一日），美苏英三国，决定了东西两面同时进攻柏林的最高策略。要等到西线攻抵易北河之际，东线方自奥得河发动总攻。第二点系因当时柏林正东的苏军前线，过于突出，任意轻进，后路不免有被敌人包抄切断之虞。同时苏方前线之后，尚有十来处袋形地带，内有大量德军，从事疯狂抵抗，其实力不容忽视。在军事上为策安全起见，苏军一方面自北至南，需将战线拉长，另一方面对于各处袋形地带的德军主力，必需一一予以歼灭。这两件事，都是非常艰巨，尤以后者为甚。此外尚有一种较为次要的理由，就是在去年夏季东线大败以后，德京以东，柏林门前，德军筑成了专防红军，类似齐格菲的防线。该项防线，亦如后者之具有防坦克的（龙齿），其突破需要相当力量与准备。但是无论如何，一旦苏军进攻，柏林立可攻陷，似为一般军事家所共信。红军将首先攻入柏林，也少有人怀疑。此等猜想，现在都已实现。在进攻柏林的停顿期间，德方会利用此次机会，将柏林的防御工事，大事增强。可是现在情形，证明是项努力，徒劳无功。

希特勒丧钟响了

二三月当中，苏军在东线中路的成就，虽不如冬季初期之有声有色，但是对于最近大胜利的获得，实有莫大关系。在此期间战线大体拉直了，袋形地带的德军，大部业已肃清，重要城市，如但泽、哥尼斯堡等，大都打下来了。二月八日西线盟军大举进攻以后，进展神速。两月以后，美国第九军已于四月十一日进抵易北河，次日即在马格德堡以南，渡过此河，建立桥头堡垒。跟着在四月十四日，东线大攻势即行揭幕。

红军进攻柏林外围以后，不到十日，即于二十二日，攻入柏林城。至二十五日，德京已四面合围，一半入于苏军之手。红旗今日高插在德国议会的废墟上。希特勒的丧钟确已响了。

《民主周刊》第 1 卷第 19 期，1945 年 5 月 3 日

德国无条件投降以后的远东战局

曾昭抡

欧洲第二战场开辟以后刚好十一个月，纳粹德国于军事全盘失败之余，卒于被迫在五月七日，正式向美苏英三国作无条件的投降。同盟国方面，特定八日为欧战胜利日。德国掀动二次大战以来，迄今五年又七个月。在最初阶段中，世界全［前］途，感受法西斯主义的严重威胁，联合国家几濒于战败。经过这几年的努力，终于转危为安，摧毁了这种野蛮的侵略主义，从新奠定世界和平的基础。当旧金山会议正在进行讨论建立世界和平机构的时候，德国无条件投降的消息传来，使令全世界人民，为之振奋。

德国投降以后，联合国家惟一作战的目标，即为日本。日本是不是会半途投降，成为许多人心中的疑问。鉴于日本外相东乡斥责德国投降的语调，似乎敌国正在努力想作和平讨探，但是盟国方面，早已认清日本帝国主义的本质，此种和平攻势，势难生效。在远东大战仍将继续到底的前提，目前最大问题，即为对日大攻势，何日可以展开。欧战结束以后，英美军队，均将局部复员，但是盟方军力，如此雄厚，局部裁兵以后，所余部队，移来亚洲，以之对付日本，绰有余裕。此列问题，在于大量军队及配备，自欧洲移到远东，究需若干时间。一般军事家的意见，以为此项移动，需要三个月到六个月。同时为着收容如此庞大的主力部队，必需建筑大量的营房、仓库、飞机场。如此看来盟军向日寇实行大举进攻，最早当在今年八九月，迟则可延到年底。但是攻势一旦展开，战争的结果，也许并不在远。盟军在武器上

277

所占绝对优势，早经事实证明。日本素来引以自豪的，在于其拥有五百万至一千万的陆军，认为盟国无此大量军队，对之作战。殊不知今日情形，并非如此，单尤美国一国准备拿来对日作战的部队，即达六百九十万人之多，加上中英两国的军队，总数很容易超过一千万。一旦盟军在中国海岸登陆，日寇迅速崩溃，殆可预期。

除非是日本及早投降，苏联在战争末期，终必对日作战，此乃一般观察家的共同意见。红军在远东的实力，早就可观，德国投降以后，苏联无疑亦必将主力东调。陆上交通，虽较海上为迅速，但是布置对日攻势，亦需相当时间。苏联果真参加对日作战，事先必以与英美取得密切联络。大约美军登陆中国之日，或者即苏联对日宣战之日。如此两面夹攻，形势有类于第二战场开辟以后的欧洲军事局势。在该项情形下日本虽具有地理上的优势，实难在［再］支持一年。从军事眼光看去，明年以内，世界大战，当可完全结束。甚至明年夏季，即可宣告胜利，亦未可知。

未来远东战场，太平洋上，美国仍将负起主要责任。印度洋的军事，将由英国主持，而辅以法荷澳等国的军队。但是在中国战场上，中国军队必需负起最大的责任来，这是目前大家所应当努力的一件事。

《海鸥周刊》创刊号，1945 年 5 月 26 日

论盟国在欧洲必胜与速胜的战略

蔡维藩

本月八日，德国宣布全体无条件投降，全国成了盟国占领区域，千万军队将为盟军战俘，希特勒生死虽莫辨，希姆莱行踪虽不明，这一众杀人犯被打得像流寇四散匪样子的逃窜或藏匿，终是死多活少。将及六载的欧洲战事，这样胜利结束，同盟各邦莫不欢欣鼓舞！

这次大战是十足的全球战争，欧洲是这全球战争中的半个战局。为慎重打击敌人计，盟国早在一九四一与一九四二年间决定了"先欧后亚"的战略，其理由姑不赘论，其目的则在于尽可能削弱东方日寇攻势力量条件之下，首先击败德国。她们要有必胜与速胜的把握，把德国澈底击败，迅速击败，曾为战略决定费了很大的苦心。盟国在欧洲能获这大胜利，其原因当然甚多，若仅就战略而言，一九四二至一九四三年反攻北非与今年东西南北四面围攻德国本土，实为全局发展之主要战略；前者是盟国必胜的战略，后者是盟国速胜的战略。

盟军反攻北非，是从一九四二年十一月七日美军登陆北非开始的，一九四三年五月七日美英合力肃清敌军，胜利结束北非战事。美、英、苏三国大事［举］四面围攻德国本土，是根据今年二月克里米亚会议决定新战略发动的，五月七日德国投降，盟国胜利结束欧洲全局战事。从北非反攻最后胜利到欧战局结束（一九四三年五月七日至一九四五年五月八日）整整两年，这两年，盟国在欧洲胜利发展实以反攻北非的战略为起点，而以围攻德国的战略为终点；前一战略的成功，奠定了盟国必胜的基础，后一战略的成功，造成了盟国速胜的局面，这两战略的关联处，须从其各自战略意义上去了解。

北非反攻战略是在一九四一年十二月第二次罗邱会议中草创的，而在一九四二年六月第三次罗邱会议中最后决定的。由于切实认识北非战略价值的重要，美英当局决定这战略，并以全力来完成这战略。请从北非地理条件来看它具有的战略价值。

北非非文明之区，但它联系着欧非二洲，又联系着地中海与大西洋，天然形成两洲的桥梁与地中海大西洋间的孔道，这样地理条件使它成为自古以来交战国将必争之地。这次大战是全球战争，北非战略价值更大，从北非向东看去，数千里广大区域，具有支配与影响全球战局的战略价值。分开来看，它含有很多的战略据点，合起来看，它是一片广大的战略地带。它联系欧、亚、非三洲，也联系大西洋、地中海及印度洋，这样地理条件使它成为这次全球战争中交战国的必争之地。同盟国能完全把握这地带，中、美、英、苏四大盟国保持联系，终可合力反攻东西两面轴心国家；反之，轴心国能完全把握这地带，中苏和美英被隔开，各别受攻击，同盟国就失去合力反攻的根据地。因为天然条件关系，印非广大地带实是这次世界大战全局中唯一主要根据地，盟国在向其他任何方面反攻之前，必须先求完全把握这个广大根据地。

一九四一年十二月七日，日寇偷袭珍珠港，原是轴心共同战略中一个最狠毒计划的开头。回想到一九四一与一九四二年间，德军一面攻苏联，一面犯埃及，而日寇在半年之内席卷中太平洋、西南太平洋，及南洋，又准备再犯澳洲与印度，谁都惶恐。因为德日是在计划会师于印度或伊朗，假使一九四二年德军由埃东进，日寇由印西上，会师成事实，她们稳稳的握住印非间广大地带，又远远的将中苏和美英隔开，那样真将有叫人不敢回忆的危险。幸而日寇心虽大，但胆小力不足，向后看看澳洲，看看太平洋，看看中国，站在印度洋中徘徊起来；又幸而德海军力量不够大，一步跨不到地中海对岸，死盯住克里特岛打争夺战，英国始而抢先部署中东军事，继而联合苏联进兵□兰。日寇不攻印，这个大战略地带的东段仍在盟国掌握中，英苏合力卫戍中东这广大战略地带，中段首先稳住，并形成德日会师大梦的一有力障碍。然北非隆美尔庞大生力军一日存在，德国总有一日由埃东进的可能，而亦有对日犯印一日的诱惑，同时同盟国也有时时感受轴心可能发展会师战略的威胁。为免除这样威胁，同盟国必须完全把握北非战略地带，为把握这地带，必须抢先反攻北非。从全局作这样观察，我们便易了解盟军反攻北非之重大意义。

一九四二年十一月七日美军登陆北非，英军由埃反攻，两面对攻，整整六个月，次年五月七日美英军肃清隆美尔大军，战局为之一新。盟军掌握印非战略地带的西段，德国不敢向其中段尝试，日寇更不敢作犯印企图，他们会师大梦完全粉碎；他们完全把握印非间这数千里广大战略地带，也就把握全球战局中反攻轴心总根据地。自此以后，同盟国把握了它，共立于战略的主动地位，彼此联系，相互策应，可以顺利的策划反攻战略，也可以合力的控制整个战局；轴心国失去了它，各立于战略的被动地位，彼此无法联系，无法策应，发展不出共同战略，只得各自孤独挣扎。正因这一大转变，盟国由此转守为攻，轴心由此转攻为守，我们知道在现代战争中，能攻者才能守，能攻者才能胜。北非战事之后，轴心国只能守，盟国转守为攻，这就是因为北非反攻战略已为盟国奠定必胜的基础。同盟国站在这基础之上。由北非而义大利，由东欧而东西欧夹攻，处处从容计划反攻，处处依照计划反攻，轴心阻挠不了他们，更抵御不了他们攻势。由于先欧后亚战略的推进，盟国在北非成功的必胜战略，先在攻德战场上充分发挥作用。

先有了必胜战略的成功，再求连胜战略的实况。一九四三年十二月德黑兰会议决定东西南三面进攻德国的战略是第一步，今年二月克里米亚会议决定东西南北四面围攻德国是〔第〕二步。德黑兰会议之后，东欧苏军加紧南路攻势，西欧美英军登陆西欧成功。一九四四年，东西两战局盟军距离仍甚遥远，而实际配合作战亦只有自六月起的半年时间，义大利战场盟军因受天时与地理限制，一时攻不入大陆区域。这一年盟军收获只限于消耗与〔牵〕制德国军力范围之内。欲求击溃德国主力，以加速其最后失败，盟国尚有待于克里米亚建立更完善计划的新战略。

　　克里米亚会议决定的新战略，是盟军自东西南北四面围攻，计划澈底，配合严密，这远较德黑兰决定的战略为完善。这战略，除东西继续夹攻外，尚有两大特点：一是北面盟军东西对进，切断德国海洋通路；一是南面盟军东西对进，切断德国中部与南部联系。随着克里米亚会议之后东西战线盟军全都□重南北两端攻势的实际发展，我们时时窥出这个特点的意义，从三月起，西欧盟军跨越莱茵上下游，东欧盟军北路攻但泽，南路由布达佩斯攻维也纳，显然在北面要断绝德国出海交通，在南路要断绝德国中南部联系，更要断绝义境德国数十万大军的归路。南路盟军发展关系较北路为重大，等到四月中旬，苏美军先后进入捷克境内，德国中部与南部被分切为二，德国没有游击战根据地，也没有足能远击的□境数十万大军，就在这时，苏军攻入柏林，德国既无死守首都的雄厚军力，又无打游击战的希望，全国士气动摇，这就形成盟军连胜的局面。至四月下旬，德军只能就各孤立战场挣扎，进入五月，他们在绝望中相继解散，或就地投降，八月德政府以邓尼兹名义宣布无条件投降，不过是形式的表示，藉以完全结束欧洲战局，而使盟国宣布"欧洲胜利日"。今年二至五月四面围攻战略成功，盟国乃获今日连胜的战果。从北非看到德国本土，这两年战局顺利发展，清清楚楚指出这两大战略的价值，也清楚指出盟国在实现战略上合作的意义，从北非到德国，盟国从胜利靠盟国合作，从欧洲战场到远东战场，盟国胜利仍须靠盟国间合作；今后由战争到和平，全自由人类胜利仍需盟国合作！

《海鸥周刊》创刊号，1945 年 5 月 26 日

闽桂捷音

曾昭抡

在德国无条件投降，英美军队开始大举东调声中，福建广西两省，我军捷报频传，这是值得令人兴奋的消息。旬日以来，桂省前线国军克复河池、金城江，向宜山进迫。福建海岸则先后收复福州、马尾。综观中国战场，近来敌人不但在湘西豫南，毫无所获；反而在闽桂两省被迫后撤。在盟军行将登陆中国海岸之今日，此后我国西南大后方，当可高枕无忧。不过如何积极准备反攻，与盟军取得具体配合，则尚有待于加倍努力。

此次闽桂之捷，一半界〔由〕于我军前方将士的功劳，一半则由于敌人自动后撤。此种情形，与三十年我军之收复南宁，以及最近英军之收复仰光，颇多类似之处。去年秋季，盛传美军将在福建海岸登陆。因此日本军队遂积极侵占我闽浙沿海城市，以便顽抗。近来美方策略变更。琉球岛战事得手以后，美军下一步骤，颇有径在上海附近或苏北登陆的趋势。至于登陆闽浙，在此点似以成为一种不必要的迂回，在战略上殊不必要。为了应付此种新局面，传闻日方已将重兵四十师团之军，布防江苏海岸，以防美军登陆。同时在德国失败以后，敌人深感为着持久顽抗，有缩短路线，集中力量，以图决战的必要。缅甸以及闽桂一部地区敌军的后撤，其原因即在于此。未来数星期中，大致余闻所谓"大陆交通线"本身以外，华南若干地区，敌人势将陆续后撤。最后泰越、马来、荷印以及整个华南区域的日军，可能大部先后撤去，其基本企图，则在决战于华北平原。到那时必有一场恶战。如此看来，目前因闽桂战事顺利而感觉以后可以一帆风顺，未免太早一点。（抡）

《评论报》第 37 期，1945 年 5 月 26 日

美军下一攻势的揣测

曾昭抡

苦战已达两月以上的冲绳岛（大琉球岛）战事，已濒结束阶段。月来猛烈轰炸结果，已将日本本土的主要工业城市予以毁灭，并令五百万日本人无家可归。各方面传来的消息，都表示太平洋上下一次大规模的攻势，正在积极准备中，在相当期间内，行将展开。这次大攻势，其规模必将越过远东战场上以前各次战役甚多，而且一旦发动以后，对于整个战局，将具决定性，其意义与去年诺曼第登陆之对于击溃德国，颇多类似之处。

目前日军据守的区域，准备顽抗到底者，一为该国本土，一为中国沦陷区，尤其是华北与东三省。至于泰越荷印等处，虽仍集结有大量日军，对于决定胜负，关系颇小。以目前形势观察，将来肃清南洋敌寇，主要将由英军担任，而以法荷澳等国军队为辅。太平洋方面，则仍将由美军担起大部责任；英国的贡献，暂时恐将限于以海军支援。至于中国战场的战事，过去美方一度期望我国负起最大责任，现在情形，似乎已有变更。除开苏联将来大有参战的可能性以外，对于亚洲大陆的决战，美国亦在准备担任主角。击败日本，必需一方面澈底占领日本本土，另一方面完全解决中国境内的日军。二者缺一，均不能说解决了日本问题，因为无论在本土或者在我国的东三省与华北，日军一定会顽抗到底的。美国既然认识了此点，而且准备担任起来这双要的责任，美军登陆日本与登陆中国，皆势在必行，问题只是孰先孰后。

几年来美方高级将领及一般战略家的意见，大都主张先在中国登陆，在大陆上建立根据地，然后进攻日本本土，过去尼米兹与麦克阿瑟，都是这样主张的。但是自从去年下半起，另外一种新的主张，开始抬头。那种主张，便是直接进攻日本本土。今春硫磺岛占领，琉球群岛登陆成功，此种可能性，大形增加。虽然有些人以为占领日本本土以后，远东大战即可结束，或者最多需要于结束阶段中在中国作一次象征式的登陆；但是多数熟悉远东情形者，均以为无论迟早，中国战场上必有一番恶战，东三省可能成为最后大决战的地方。现在美国两派不同战略的主张，老派主张先在中国登陆，然后进攻日本本土；新派则主张先日本而后中国。这两种战略，各有利弊。先在中国海岸登陆，比较稳妥，而且人员损失比较可以轻些，可是战争时间多少不免要拖长。另一方面，直接进攻日本，虽然比较危险，尤其人员损失可能惨重，但是可以速战速决。美国当局究竟会采取哪种战略，一时无从探悉。日本方面也以为这两种可能性都有。大约苏联参战与否，对此大有关系。万一苏联始终不加入远东战争，美军直接进攻日本本土，似乎可能性相当大，如果苏联参战，则美苏两国大军，配合进攻中国境内的日军，最能收互相呼应之效。而且在那种情形之下，为着政治上的争取，美国亦必亟于先在中国海岸占得根据地。如此看来，不久即将举行的杜邱史三巨头会议，可能对此事发生一种决定的影响。

无论是进攻日本本土，或者登陆中国两岸，琉球群岛，势将成为美军发动攻势的前进基地。事实上以地理形势而论，目前登陆日本，比登陆中国，来得更要容易些。由冲绳岛到日本本土九州岛的南端，距离不过三百二十五英里。按据一年半以来美军在太平洋上作战的经验，横渡此等距离，非常便当，登陆成功，当不致成为问题。无论日本军民如何拼死抵抗，要想阻止美军登陆，实不可能。冲绳岛乃是日本帝国人口最稠密的地方，设防也特别坚固，然而美军进攻此岛，还是相当顺利。

由冲绳岛到中国海岸的最近距离，约计比五百英里稍多一点，较之由菲律宾群岛到福建海岸，缩短有限。可是冲绳岛的占领，不但使直接进攻日本本土尤为可能，而且使进攻中国沿岸大形便利。由菲律宾出动，最可能的在华登陆地点，限于华南；具体言之，即在福建、广东两省海岸，或者至多往北可到浙江省省境。苏南登陆之困难，一为台湾方面的日方海空军根据地，所予威胁太大；更重要的一点，则为华南距离日军主力所在地过远，在中国交通不便的情形下，自福建、广东向北推进至华北平原，距离过远，需时过久，敌人可随时调兵应援，最为兵家所忌。琉球群岛一入美军掌握，形势完全变更。今日美军进攻华南，虽然仍有可能，但是已无必要。由琉球直向西越过中国海，即到我国江浙两省海岸。台湾日军，对于此种行动，亦虽发生牵制作用。此刻多数专家观察，均以为美军在华登陆地点，大抵将在上海以北，上海附近登陆，颇有可能。东北在连云港一带上岸，似乎更属有利。由琉球直趋山东，所〔可〕能性也不小。山东半岛伸入海中的情形，有点令人想起诺曼第。不过无论是在上述的哪一处地点登陆，因为地系一带平原，不像福建海岸全系山地，上岸以后，美方机械化部队，即可大肆活动，可能很快就将日方南北交通线割断。这样，不但华南及南洋日军后路将被切断，华北平原展开大战，以求速战速决，亦指日可期。

因为预料美方将实施此种战略，日本方面，已经开始将华南驻军大举撤退，据说仅拟死守广州一地，藉以保持其南洋方面的海上联络。同时敌人动员数十万人修筑的江浙两省海岸工事近日已告完成，敌方打算，当然是在那些地区从事顽抗，但是一旦美方大攻势发动，结果仍将归于无效的。

《评论报》第 40 期，1945 年 6 月 23 日

攻日进入新阶段

曾昭抡

　　依赖初期侵略所得胜利造成的庞大帝国，延长了日寇顽抗的时间。自从一九四二年八月美军反攻所罗门群岛以来，两年之中，盟军在太平洋上，虽然不断获得胜利，但是日方所损失的，始终不过是些外围据点。直到去年六月美军登陆塞班岛，冲入日方所谓"海洋堡垒线"，敌人方才感觉真正的威胁。正当那时，从华西基地起飞的超级空中堡垒，也第一次光顾日本本土。嗣后在十月当中，菲岛战役展开。十一月下旬，由塞班基地出发的超级堡垒，又大炸东京。至此日本军阀，亦深悟类似德国的命运，行将到临。空中轰炸，势将日益加剧。同时本土被侵的可能，亦在预料中。

超级堡垒软化日本

　　今春以来，形势更加急转直下。马尼拉光复以后，菲岛敌军，大势已去。硫磺岛与大琉球岛的占领，尤令直接登陆日本一举，以前多数军事家认为不可能者，随时大有实现的可能。二月中旬，在登陆硫磺岛前夕，美国特种混合舰队，驶近东京湾，以航舰飞机，大举轰炸东京，以阻敌方增援。三月中旬，为登陆琉球群岛作准备，又以特种混合舰队，驶近日本本土，并且大举猛炸九州、四国，及日本内海重要城市与海军根据地等，并予日本舰队以重大打击。嗣后在琉球岛作战声中，美方超级堡垒，复对日本本土各重要工业城市，作有系统的毁灭。经过若干次猛炸以后，东京已失其成为轰炸目标的价值。继之如大阪、名古屋、神户等几座最大的工业〔城市〕，亦先后趋于毁灭，暂时无多予轰炸的必要。嗣后接着挨炸的地方，大部为一些十万人口的城市。利用轰炸以软化日本，已类似去年上半年德国的情形。登陆日本本土，以此益显可能。

登陆前奏——炮轰日本本土

七月十四日起，美国第三舰队，猛烈炮轰日本本土。此次攻击，迄今将近两旬，仍在日本沿岸各处，继续进行。美方混合舰队，始终未曾离开日本海岸。海军炮轰以外，并有大队航舰飞机，大举轰炸。同时英国海军一部分主力以及空军，亦参加美军一同轰击。超空〔级〕堡垒的远距离轰炸，亦仍继续进行。以轰炸炮击的猛烈程度而论，已与去年英美军队登陆诺曼底前夕的情势不相上下。此种海空攻击，假如延续下去，到了一定期间，软化程序已够，登陆日本本土，似将成为必然的趋势。无怪乎尼米兹元帅的谈话，认为攻日已入新阶段。在美英海空军猛攻之下，事实上日本本土，已与海外各地相隔离。一旦美军真在日本登陆，中国境内的几百万日军，势将无法驰援。这点连日本军人，也都承认。不过我们不要忘记，去年诺曼底登陆以前，盟军曾对德国及法境，作三个月的猛炸，所以目前马上希望美军登陆，不免略嫌过早。

登陆中国亦属可能

在猛攻日本声中，上海也受了两次空前未有轰炸。一部美方舰只，并曾驶进浙江海岸，攻击日方船舶。似此情形，美军下一步骤，或为登陆中国海岸，亦属可能。

登陆日本本土，还是进攻中国海岸，至今还是一个谜。也许波茨坦会议的结果，对此会有决定的影响。

《民主周刊》第 2 卷第 4 期，1945 年 7 月 31 日

国际关系

论欧洲各国请英美善意保护

雷海宗

九月二十四日伦敦电讯："第二届同盟国会一议，今日在伦敦召开……各代表呼吁英美能于战后对欧洲采取善意之保护制……确保德国不再挑起另一世界战事。"

上面的一段消息，埋在紧张变化的全世战讯中，并未惹得一般人的注意，也未引起关心世局的人的评论，但在将来的历史上，很可能要比年来世界报纸上所大书的许多战讯，地位要重要多多。这简短数言中所表示的一种心理与认识，在十九世纪是不可想像的，在第一次大战时仍不可能，连到一九三九年时仍然不会成为实际政治中的一个节目。数百年来在欧洲国际关系上的一个坚定不移的原则，就是政治主权的绝对性：任何的一个国家，都有绝对自由自主的权利，绝无一国肯自动的牺牲自己主权的一丝一毫。但今日欧洲许多国的政府，大概也□□□□□的政府，居然出于自愿的请求英美将来对他们要采取善意的保护制，在心理上与精神上是如何重大的一个转变！

由国际心理上看，这件事诚然是一个大的转变，但由国际实情上来讲，转变并不太大，只不过是一个客观事实的公开认识与正式承认而已。年代过远的，且不必追溯。专就十九世纪而论，许多自认为独立自主的国家，无形中实际是受英国的保护，奇怪的是，这种局面不仅被保护的小国不明了了，连英国也不自知。英国在执行最高国策时，无意中保障了许多小国；而一般英国人的性情又有些古怪，非到万不得已时，对于一个比较复杂的问题，向来不肯把前因后果与旁及的影响，想出一个清楚的路线，所以英国人自己并不感觉他们最少自十九世纪以来对于别人曾经尽了一个莫大的义务。施惠的人既不自觉，受惠的人很自然的也无动于衷了。挪威、瑞典、丹麦、荷兰、比利时、葡萄牙诸小国，能在德、义、法、俄各列强虎视眈眈的欧洲大陆立足，并且能使各自的人民安居乐业，在社会立法与日常生活上往往能达到相当美满的境界，主要的是因为英国在大陆上绝无领土的或政治的直接野心，同时也不容许任何其他一国把这些小国作为野心的对象。而英国在海上的绝对权威与工商业上的超绝力量，又使它有能力执行这种政策。所以一般的小国，虽然绝无自卫的力量，在十九世纪却大致能够坐享自由与太平。这些小国，因为无需直接参加国际的纵横捭阖，无需耗力于军备的过度扩张与国际的种种阴谋，反倒可以完全致力于内部的发展，以致专由内政言，它们往往比任何大国都能近乎理想。荷兰可做一个例证。在十九世纪晚期与二十世纪初年，荷兰在全世界是公共卫生最发达的国家，人口的死亡率在世界各国中为最低，国民的平均寿命在全世界为最高。关于每个国民的平均收入，荷兰亦处在最高级中。荷兰的教育也特别发达，在如此小的一个国中，竟有三个国立大学与三个私立大学，三个国立学校在全世界的最高学府中都是负有声誉的。在远东荷兰拥有一个广大丰富的殖民帝国，但十九世纪中惟一可以威胁这个帝国的就是英国，而英国对于自己的帝国已经感到满足，并无向荷属东印度扩充势力的野心。到十九世纪晚期以后，德国与日本两个新兴的海军国骤然盛强，惟一使它们不敢向东印度侵略的，就是英国的海军，荷兰自己在此方面可说是没有丝毫的自卫力量。

英国的无形保护制，并不限于欧洲。新大陆各国也无不享受英国的庇护。北美合众国在十九世纪初期曾经宣布门罗主义，但实际它在当时并没有执行此种政策的力量。十九世纪惟一可以向拉丁美洲侵略而门罗主义担保人将对它感到莫可奈何的，就是握有海上霸权的英国。相形之下，北美合众国海军的威力真是微不足道。但英国可说是自动的接受了门罗主义，甚至可说它也积极的拥护门罗主义，因为真正防止欧洲各国向中美南美拓展的，并非门罗总统的一纸宣言，而是大英帝国的强大海军。中南美各国百余年来尽管内政多不透明，各国互相间尽管时常捣乱，但始终并未感受外力的严重威胁，无形中也是受了英国的海权之赐。直到十九世纪与二十世纪之交，门罗主义发布者的美国，才有能够对付欧陆强国的海军实力；直到第一次大战时，它才有了可与大英帝国相比的海军。但是迟到第二次大战的今日，在英伦面对灭亡危机的今日，中南美各国以及北美合众国才澈底的认识它们过去以及现在是依赖大不列颠到如何的程度。美国现在领导新大陆各国，尽全力去帮助危机中的英国，就是因为它们已经有了此种认识。英国的保护，有如阳光或空气，平时不仅并不感到它的可贵，甚至连它的存在也容易忘记。一旦阳光被遮或空气将尽时，人们立刻就会明白它是生活的一个必需的条件。

英国百余年来劳民伤财地维持一个强大的海军而施惠他人，当然并非出于舍己为人的心理，连最自是的英国人也不会如此的自辩自矜。真正的原因甚为显明：这种比较和平的政策，是对整个十九世纪间惟一高度工业化国家的英国最为有利的，它的商业与金融的势力借此可以蔓延全球。但无论动机如何，最少在结果上是使许多弱小的国家得到一种不劳而获的安全。然而十九世纪大致稳定的局面，并不是国际的常态，而是暂时的幸运状态。法国革命以前欧洲所保有的侠义精神，钩心斗角的十九世纪尚未完全忘记，国际的关系虽然唯利是图，惟力是视，但些微的封建时代的精神仍然使小国不致感到随时亡国的威胁。除英国海权的基本条件外，此种残余的封建精神是各小国的最大保障。若无此种精神力量的辅助，英国的海权未必能够十分顺利的维持国际的秩序。世事推移，一进到二十世纪后，中古以来的侠义精神渐趋消灭，德国最足代表新的野蛮精神，但其他各国内部也都有变质的趋势，十九世纪以上的玉帛相将与国际揖让的作风，到今日已经成了陈迹。不宣而战的新作风是新的野蛮主义的最佳象征。由此点看，希特勒可说是历史命运的操持者。正如拿破仑一样，他个人，甚至他所创造的政局，可以完全失败，但他所遗留的长久影响是不可磨灭的。经过希特勒的一度翻天覆地的活动，旧的欧洲已经无再度恢复的可能。希特勒若果获胜，未来的局面当然可不必谈。英美如果胜利，它们即或自动的愿意恢复一九三九年以前大小各国完全独立自主的十九世纪式的国际局面，也必定不能办到。最近同盟国会议中各国代表的请求英美将来采取善意保护制，可知即使英美要摆脱责任，小国也不容许它摆脱。从前任何小的一个袖珍国家都要坚持它的绝对主权；现在大小的一群国家居然甘心情愿的要求英美保护，这是如何可惊的奇变！多数的小国与较弱的国家，明白过去它们无形中受有英国的保护。德国代表一种新兴的霸道的力量，若不把它打倒，它们将来只有受它的"恶意保护"。即或把它打倒，若不早作预防，将来难免要有第二个并且尤恶的希特勒兴起的可能。惟一或可避免此种噩运的办法，就是把十九世纪隐覆的事实，公开的承认，并且定为正式的制度，以便把它的功能加强。现在北美合众国已与英国并驾齐驱，同为世间的强国，而在血统上、传统上与精神上，英美又为一系相传的姊妹国。所以各弱小的国家呼吁英美两国将来对他们要合同采取"善意保护"的制度。罗斯福与邱吉尔的大西洋宣言，虽不无宣传的意味，但大致是诚恳的。然而他们主观上无论如何的诚恳，客观的情势将来会使他们不能把他们的宣言中恢复各国独立自主局面的一点，不折不扣的实现。今日英美的远见之士，多已明了此点。时常有人讨论战后世界如何改造的问题，但至今尚无大家一致的见解。详细的办法，当然须度情察势，非今日所能预定。但一方面观察英美民族的特性，一方面顾到世界大局的实情，大体的轮廓或者不难推测。

将来胜利的英美，大概在名义上仍承认欧陆各国独立自主的地位，实际上对与它们一般的内政大概也不会多加干涉。但国际间必会产生以英美为重心的一个超然政府，一个赋有维持国际秩序的责任的政府。陆军大概仍由各国自理，但军队的数量与军备的种类恐怕要受限制。至于海军，战斗舰、航空母舰与潜水艇恐怕要成为英美所专有的舰种。其他的舰种，他国可以配备，但吨数也必受限制。最后，压倒优势的空军必操英美之手，别国只能各备有限数量的飞机，但无论海、陆、空的军力，都要受英美重心的国际政府的统制与监视。

经济的活动也必受统制。原料的分配，工业的区分，商业的流通，恐怕都要由太上政府去设计。这个问题当然比军备问题复杂得多，军备统一，比较容易实现，经济统一，却要大费经营。

以上的推想若能实现，并不是说欧美的世界从此就可太平无事，这不过是西洋文化的一个新发展，并不是黄金时代的来临。我们今日所不能见到的甚或不能想像的许多问题，一定会很快的发生。战乱也不会由此消灭，不过方式或要改变而已。我们中国对于欧美这种新的局面，无论是处在合作、对立或中立的地位，我们对它的关系，一定只有比过去更要复杂。我们对于国际问题的警觉，必须比过去与今日还要提高，方能应付未来的欧美世界。

《当代评论》第 1 卷第 18 期，1941 年 11 月 3 日

日本几个根本错误

蔡维藩

　　明治维新之后，日本变成侵略国家。一八九五年她战胜中国，一九〇五年她战胜俄国，一九一四年于青岛之役，她战胜德国。三战皆胜之后，她几以侵略远东为其全部外交政策。"九一八"事变以来，日本的□□面目完全暴露，她侵略中国，又侵略列强，几年期间，得寸进尺，欲望愈来愈大，她妄想征服中国，进而独霸远东，更进而称霸于全部太平洋。这些妄想多半是她自己往三战侥幸胜利产生许多错误的心理和行为所养成的，在我们几年抗战期间，她简直在错误中打滚，最近她竟会错误到听从德国指挥向英美挑战，进而向远东所有国家挑战的地步。日本的错误实在甚多，本文姑先指出她几个根本错误。

　　第一，日本是岛国，向海洋发展自是其天然途径；可是明治维新之后，她走上来就蓄意侵略朝鲜，结果酿成中日战争与日俄战争，两战皆胜，她便大唱其"大陆政策"。远东大陆方面幅员最大的国家一是中国，一是俄国，海洋方面势力最强的国家一是英国，一是美国，日本只宜于向海洋方面求商业的发展，偏偏海洋方面英美两国不允许她独占，她不宜于向大陆方面作武力的侵略，偏偏大陆方面中俄两国皆为她战败。这好像上天故意引领她走入歧途的样子，叫她不敢走她应当走的海洋途径，而诱惑她走上她不宜走的大陆途径，虽然，日本自己却满心愿意认这歧途走去，始终不肯降低"大陆政策"的热度，这样执迷不悟铸成她国策上的根本错误。这次法国战败之

298

后，德军过不了英吉利海峡，英国人说："列强中真正懂得海军和海权优越重要性的国家只是日本，可惜日本偏发展其所谓'大陆政策'。"这句话本来是用来讥讽德国的，可是连带的也嘲笑了日本。近来日本更不度德不量力了，她既要实现"大陆政策"，又向海洋侵略，所谓"南进"、"北进"叫得满天响亮，可是真的"进"起来，她却处处碰壁，结果促成大家对她"群起而攻之"的局面，而她自己还在喊叫"被人包围"，其实这全是她自己犯了根本错误的自然归宿。

第二，日本人向来以为他们自己认识中国最清楚，而他们的军政当局尤其惯于在欧美人面前作这样自夸的表示。其实，日本最不认识中国，数十年来，日本对中国侵略活动往往是基于他们这种"认识中国最清楚"的错误施展出来的。

从一八九四～九五年中日战争起，日本这种错误的表现可以分作几个时期来看：（一）中日战争前后，日本专以李鸿章为其活动的对象，她以为抓住李鸿章，威胁他签订和约，中国问题便可解决，国际干涉她不预防，中国人民反对她不承认；（二）满清被推翻，日本专以袁世凯为活动对象，她以为抓住袁世凯签订"廿一条"，中国问题便解决了；（三）袁世凯既倒，日本又以为抓住北洋军阀，分化中国，中国问题便可解决；（四）国民军北伐，国民政府成立，北洋军阀大都覆灭，日本抓住几个残余军阀，她以为抓住他们分化中国，中国问题终可如意解决，"九一八"事变之后，她更这样做法，也相信这样可以成功；（五）几年中，中国并未分化，日本遂在华北利用制造"政委会"、"冀东自治政府"、"华北五省自治运动"一类伎俩，希图分割中国，结果处处证明日本既不能分化中国，也不能分割中国；（六）从"九一八"到"七七"事变，日本分化与分割中国的伎俩全都失败，"七七"之后，她才转过来专以国民政府当局为对象，时常威胁他们，恫吓他们，她以为他们抵挡不住，中国问题便可完全解决；（七）国民政府当局不屈服，"八一三"全面抗战局面展开，她又以为三个月时间攻陷中国首都，强使国民政府屈服，中国问题便可解决；（八）首都失陷之后，国民政府领导全国继续抗战，日本抓不住国民政府当局，也抓不着北洋军阀，结果她只好抓了几个汉奸，组织几个伪政府，满以为这样可以分化国民政府，可以欺骗中国人民和列强，可以实现其"以华制华"的妄念，这是数十年来日本犯的一连串错误，最近她且因承认伪政府而丧失其对中国宣战权利，则是她错误中之尤甚者。然而日本自始至终看不见中国人民，不相信中国人民是一个民族，不承认中国人民的力量是中国的基本力量，直到如今，她依然不承认我们抗战数年是中国整个国家与民族力量的表现，却是她的根本错误。

第三，日本气派小，目光短浅，识见幼稚，胸襟狭窄，处处希图偷巧，她不是想不劳而获，就是想拿小本钱讨大利益，"九一八"之后，她以卑鄙伎俩侵略中国，就想不劳而获，"八一三"战争爆发，她扬言三个月征服中国，就想拿小本钱讨大利益，这充分表现她在政策上的错误。欧战爆发，她想尽其□□英美侨民的能事，法国战败，她趁机打劫越南一些权利，这尤其表现她在错误政策中幼稚的识见，狭窄的胸襟与偷巧的心理。近来她的错误更加深入，她效法德国，始而威胁英美，继而恫吓英美，现在且闪击英美，满以为这样可以吓退英美，独霸远东及太平洋，以偿足其"不劳而获"与"拿小本钱获大利"的妄念。其实，这些皆是她的根本错误。"三个月征服中国"的错误，已叫她被百万大军和数百万战费深陷于中国泥沼而不能自拔，现在她对英美闪击的错误，将叫她深陷于太平洋而招覆亡之祸。但她自己不承认这些是错误，她不相信她对中国不能不劳能获，却相信这是由于英美从中作梗所致，只看见德国在西欧闪击一时的侥幸胜利，却看不见德国终在东欧遭受的惨重损失；她只知道盲从德国的指挥，对英美闪击，却不知道德国同时在东欧败退，一面撤兵，以求保存实力。对中国她已错误，对英美依然错误，而盲从德国指挥，对英美闪击，则尤其错误；不度德，不量力，不知己，不知彼，专门投机取巧，一味盲从德国，实是日本另一根本错误。

上面日本几个根本错误必须彻底纠正，太平洋才得太平。纠正她这些错误，则是今日中国与太平洋反侵略国家的主要使命！

我们对于苏联应有的认识

曾昭抡

战争可说是一个国家的试金石。这次大战的结果，中苏两国，表现惊人的军事与政治力量。胜利在望的今日，遥望未来世界局面，势必由中美英苏四大强国，负起领导提携的责任，奠定永久和平的基础，殆无疑义。由此看来，此四大国间的相互合作，关系世界前途甚大。而欲求合作圆满，实非对此各国情形，具有深切的了解不可。迩来对于英美情形，国人研究者颇多。惟独对于苏联，我们所知道的，未免太少。我国与苏联，接壤数千里。该国未来动向，对于我国前途，关系尤其重大。作者不揣冒昧，就其平日见闻，试撰此文，以供读者参考。或者抛砖引玉，能由此而唤起国人对这方面的注意，则私心深所庆幸。

自从一九一七年发生十月革命以来，迄今将近三十年。对于一般人士，苏联始终是一个神秘的国家。此次大战，我们与之同为战友，因此颇有机会，得一察该国实情。当然在若干方面，我们现在对她的认识，已较清楚。但是同时对于许多人，该国其他方面的情形，仿佛更加神秘起来。比方说，苏联何以在屡败之后，能于去年及今年两次大反攻中，发挥出来如此惊人的力量。她的很大一部分领土沦陷以后，何以始终没有吉士林式的傀儡政府出现；虽则至今仍有许多人，以为苏联的政治统治力量，相当脆弱。诸如此问题，在未加详细研究以前，是很不容易回答的。

二次大战爆发以前，世界各国人士对于苏联的看法，主要可分两派，各走极端。采取折衷观点的，反而很少。这是一种非常稀奇的现象。两派当中，一派认为苏联根本是一个纸老虎，一弄就破，所以必然经不起战争的试验。所谓五年计划等等，都不过是一种宣传资料。另外一派，将苏联看作天堂，以为她平时不啻极乐净土，战时则必能发挥无匹威力，予打击者以三倍的打击。两年半的德苏大战，证明两种看法，都不正确，第一种错得更加厉害。在苏德大战最初阶段中，德军乘胜猛进，一日数十英里。当时许多对苏联有成见的人们，都以为苏维埃政权，将如纸扎房屋一般地倾倒。然而几个月后，战事推演的结果，迫令头脑最顽固的观察家，都不得不承认，苏联实在是一个非常强有力的国家。

一九四一年十月，当苏京濒于危境顶点的时候，有一次我和一位朋友，在外面散步，偶尔谈及欧洲战局。那时候一般朋友们，都确认莫斯科迟早一定失守。因此那位朋友便问我说："你认为莫斯科还能守几天。"我的回答是："根本不会丢。"当然这句话不免引起一番争辩。最后我告诉他，大家不必再辩下去，且看事实证明。后来事实的证明，比我当初所预料的情形，还要好得多。再有一次，前年秋季，当史达林格勒巷战甚烈之时，另外一位朋友对我说："史城恐怕要靠不住吧！"我说："那还不一定。"结果后来苏军辉煌的战绩，更是大出意料之外。

当然上举两例一类的预言，幸而言中，也可以说完全是碰巧。不过一般说来，多少明读苏联情况的人们，对于苏联 ［德］ 战争，始终并不怎样悲观。例如史城战事将要发生以前，一位合众社的美国记者，自莫斯科发出一篇通讯稿，里面说道，史达林格勒，据他看，也许永远不会失守。他所以如此说的理由，第一系因史城乃以该国领袖名字命名，其意义与列宁格勒相等。此等城市的坚守，不但具有战略上的意义，而且具有重大的政治意义。第二种理由，使这位美国记者相信，史城决不会失守，是因为他亲眼看见，在史城与古比雪夫及莫斯科间的三角形地区内，苏方确实屯结有数百万配备齐全的军队；同时满载装军火等等的卡车，在公路排成一字长蛇阵，绵亘若干英里之长。

我们现在对于观察苏联，应学那位美国记者的榜样，抛开自己一切情感，试作严格客观的观察。这样不但对于战事前途的推测，可以具有把握；对于战后合作问题，尤能有所贡献。

如果从此种观点看去，我们首先不得不承认，今日的苏联，确是一个有力的机体，一个团结的国家；他的政府是一个受人民拥戴的政府。因为国内种族的复杂，过去红俄对白俄的斗争，以及托派活动所引起的内部纠纷，许多人迄今误解，以为苏联内部的团结尚有问题，政权不见稳固。殊不知情形，今非昔比。士隔三日，尚需刮目相看。何况二十余年来，不断努力，埋头建设的新兴国家。对于上述意见最好的否定答案，就是两年多以来该国境内沦陷区的实际情况。假如因为种族或政治上的原因，一部分人民，对于政府极端不满，何以在德军铁蹄蹂躏下的地区，如白俄罗斯、乌克兰等，始终找不出一个吉士林来；相反地，在那些沦陷区里游击队始终在活跃着。苏联政府发行的公债，虽则破天荒地，并没有半文利息，可是发行以后，几天就抢卖一光；其抢购情形的热烈，殊不下于美国，而且许多消受者都是沦陷区的人民。史城大歼灭战以后，随着军队往西进展，大批农民，扛着锄头，扶老携幼，紧跟着部队后面走，高呼着"往西去"！他们是在企图回到自己的田园，马上从事耕种，为自己兼为国家生产。军队在前线作战，视死如归，也不是偶然的。我们只需忆及，沙皇时代的帝俄，人民在后方还是想逃兵役，在前线也巴不得开小差；目前这种进步的情形，确是惊人的。当然任何冷静的观察者，决不相信，苏联就是今世的乌托邦。我们也不敢说，苏联人民，百分之百地满意他们的政府，不过苏联人民对其政府拥护的程度，并不逊于英美，似有充分理由，可以相信。

苏联人民之所以拥护政府，实因其对外足以御侮，对内政府相当开明。该国对于波兰等国的行动，是否恰当，读者不妨自下判语。最低限度，我们可以说，苏联境内，完全没有帝国主义存在；政府对于国内各种民族，确是一视同仁，尽量于以最平等的待遇。欧洲大陆上许多国家，老是闹着少数民族问题，尤以东欧各国为甚。对此苏联目前是显然的例外，在这国度里，根本无所谓少数民族问题。不但原来土著的各种民族，得以保存自己固有的风俗习惯、语言文字，以及各方面的文化，并得与俄罗斯人享得同样的政治平等；即是由外移来的民族，加犹太人等，亦享有同等待遇。当然许多观察家的观点看去，苏联人民所享受的政治自由，不如英美。秘密警察制度，仍然存在。宗教自由，殊嫌不够。另组政党，更属犯规。凡此等等，皆其缺点，我们不必为之辩护，但望其能以陆续改良，日趋完善。不过同时我们不要忘记，任何政府，其天然职责，皆可以"保境安民"四字概括之。从老百姓的眼光看去，安全重于自由。苏联政府，无论如何，对于"保境安民"四个字，大体确已做到，所以自然受到民众的拥戴。至于在社会主义制度下，人民所享受的经济平等，殊有过于英美，尤为其见长之处。

我们更需认识，今日的新苏联，不但是一个工业化的国家，而且是一个高度工业化的国家。这种情形，在此次大战中，更形加强了。一般未曾仔细研究的观察家，每每过分重视几十年前的情形，而忽视目前实况。他们总以为苏联工业化的程度，较之美国及西欧各强国（英、德、法等），迄今仍然相差甚远；而且工业区域，偏于欧俄西部，其余地域，则人烟稀少，文化落伍，交通不便，产业不发达。殊不知经过三次五年计划之后，该国全国情形，早已改观。例如国防工业，规模最大者，首推钢铁。苏联在一九三七年时，出产铁矿二千八百万公吨，取得世界第二位，为量仅次于美国之三千七百万公吨，占到全世界产量四分之一。后来有一度，竟越美国而夺得第一。每年产钢数量，在第二次大战前夕，达二千万吨左右的水准，次于美国及德国而居世界第三；较德国相差并不多，较英国则略多一筹。其他重要产业中，一九三七年时，苏联所产小麦及甜菜糖，均居世界第一位（后者系夺去德国的领导地位），棉花居第四位，石油居第二位（仅次于美国）。诸如此类事例，可举者甚多。论者只需一查过去业已公布的统计数字，即可知苏联在各种产业上，虽在若干方面不如美国，但较之其他强国，则大体并无逊色。当然在德苏大战初期，以武器数量而论，苏逊于德，乃系事实。但嗣后以美国租借法的实行，与其自身在后方努力增产，至今日形势业已完全改变，德国反占下风。

英美协助苏联军火物资，对于东线大战，诚然具有决定胜负的重要性；但是苏联决不是专门依赖别人，而系自身亦具有巨大的生产能力。在战事最危迫的时候，国际路线，容量不大，美国军火大量增产，亦方开始未久。如果大部依赖英美供应，当时战事，恐怕根本就没有方法可以维持。

一部分土地一度沦陷，对于新兴的苏联重工业，无疑是一种重大打击。就中尤以乌克兰被敌人占领两年多，不得不谓之为一种致命伤。然而苏联的战时生产，不但未因此减少，反有增加。列宁格勒与莫斯科，在一九四一年的围城时期，始终昼夜不息，加紧生产打击敌人的军火。列城一区，为该国主要重工业区域。在此点上，其固守实具有极端重大的意义。固有的工厂以外，一部分沦为战区的地方，事先已将工厂拆卸，移到后方开工。另外许多新添工厂，则在大后方迅速建设起来。苏联政府，自作战前数年起，即已停止公布生产数字，但是非官方的资料，间或还可得到一点。例如在一九四二年春天，据一位英国专家估计，苏联全国军火生产量，较之战前，实已增加三四倍。尤其可注意的一件事，是许多迁移或新建的工厂，是在乌拉山以东，距离前线一千英里以上的地方。

中亚细亚，早经定为国防工业区。那里的居民，并不仍然是些游牧民族，以渔猎为生，像许多人所想象的。事实上在此区域内，战前已经有很新式的灌溉事业，曳引机厂，与大规模矿场。在那里许多小村庄，早就已经普遍地电气化。当然在战事初发时，乌拉山以东，甚至欧俄东部，仍嫌铁路稀疏，货运不畅。这种情形，在战时许多业已改正。

最后应该提到的，是我们决不可以为苏联经过此次大战以后，元气大伤，暂时不能成为一个名符其实的第一流强国。当然不可否认地，此番恶战，该国在人员与物质两方面，损失均极惊人。以人员而论，军民死亡失踪，迄今已不下五百万人之数，将来还要增加。可是此次损失，并不大于革命以后的几年。历史告诉我们，十月革命后不过二十五年左右，苏联一跃而成为欧陆第一军力国。俄国仿佛一只硕大无朋的北极熊，冬天一觉睡醒以后，其恢复之迅速，力量之庞大，确是十分惊人的。

《当代评论》第 4 卷第 8 期，1944 年 2 月 11 日

盟国争取中立国

蔡维藩

在现代战争中，军事与外交必须并重。无论交战国军事胜利领着外交前进，或外交胜利领着军事前进，或军事与外交胜利并进，它们在决定战争最后胜负主□具有同等重要的势力。

这次大战开始，盟国军事准备固不充分，而外交努力尤其落在轴心之后。头几年，盟国军事失利，外交努力不够，是其主因之一。一九四一年，苏美二国先后加入战争，盟国力量加强，一九四二年夏季之后，军事方面进展确较前为快，但外交方面还远赶不上军事。即迟至今日，轴心集团事实上已告瓦解，德日二国已分立于东西两面开始其最后挣扎，而几个中立国犹有不中立行为，可见盟国在外交方面努力尚嫌不够。

现在中立国是土耳其、西班牙、葡萄牙、瑞士、瑞典。此外尚有两个维持特殊中立地位的国家：一是苏联，她是盟国领袖国家之一，她和日本维持着两国远东方面的中立关系；一是爱尔兰，她是英帝国内具有和加拿大同等地位的国家，她和轴心维持中立关系。请分论之。

在上述中立国中，瑞士最不成问题。无论在军事上，政治上，或经济上，她皆不足以援助交战国，而其自身文化水准相当高，民主政治也发达，国内没有给予交战国利用的因素。在这种安定的内在与外在条件之下，瑞士能够保持其传统的中立地位，同时也能博得交战国对她中立的同情与尊重。

葡萄牙和英国合作关系亟悠久。一六四二年英葡条约规定："英王和葡王同意，两国永久合作，维持和平，并永不加入有害于对方之任何战争、谈判、或条约。"一六六一年英葡条约规定："英王允约，现在和将来保护所有关于葡王之殖地，以抗拒葡国的敌人。"三百年来，英葡二国始终在这两个条约精神之下，维系着友好关系。这次大战发生，葡萄牙因环境关系，宣布中立，英国必谅解，即或其中立含有对英善意成分，他国亦必认为意料中事。去年北非战事结束，地中海局势对盟国日渐有利。十月英葡订约，葡国允诺英国借用葡属亚速尔群岛，这予盟国以军事上便利。此约签订之后，葡国等于对全体同盟国维持最善意之中立，而其地位天然的影响西班牙，这是盟国在争取中立国的外交上一大成功。

佛兰哥的西班牙，是由轴心国扶持起来的，她不会自动的立于像葡萄牙那样有利于盟国的中立地位。可是她供给德国物资，购买美油转让德国，又派遣"蓝衫军"助德战苏，义大利投降，她又扣留义之停泊西境的军舰和商轮，她简直是假中立之名，行帮凶之实。义大利投降之后，德国更须西班牙帮凶，而西班牙亦更使气力。今年一月七日，佛兰哥且发表演讲称："五年之战争，已非人类精力所能支持，全球各地还有厌战之势，无益于战争，更引起普遍之痛苦。"又说："西班牙人民之力量、勇气，与意志，及军中之高涨情绪，已足确保人民之安全与吾人之自由与独立。余敢向国人保证，吾人有反抗坦克与飞机之方法，即吾人陆军之热诚、精神，与力量是也。"谁的精力不能支持这战争？谁引起这战争之苦？西班牙人准备对付谁？盟军准备抵抗谁？佛兰哥发表这篇含糊其词的演讲，是什么意思？美、英、苏三国对他皆不耐烦，先后提出警告。战争发生不久，美派史学家斯教授任驻西大使，即有意致力于改善西班牙政府的态度。这次三国警告之后，美国首先出面，和西谈判，这当然是得着英苏二国同意的。美西初步谈判不无效果。二月三日，西班牙阁议之后，立即发表公报，重申西班牙严守中立政策，并允留西之义舰仍复自由。然这距离"严守中立"仍太远。美国乃一面实行对西石油和石油产品禁运，一面曾同英国对西班牙提出具体要求。三月初，西班牙政府同意：禁止钨沙运输，要求轴心撤退驻唐吉尔全部外交代表，释放留西境内义国商轮十三艘中的十一艘，并解散苏联战区的"蓝衫军"。双方尚未正式签约，西班牙又于四月中旬夺取盟国存在摩洛哥的石油。西班牙政府太不讲信义。美英两国对西班牙施加压力，告其务必遵守谈判规定，切实履行中立义务。四月后半月，美英和西班牙间的情势颇严重，事后西班牙政府在公报中公开承认。幸而本月初西政府让步，与美英签订协定，同意限制对德输出数量（五六两月，其量不过四十吨，六月之后，每月不过四十吨），驱逐西属北非境内轴心特务人员出境，释放义商轮五艘，另移交盟国五艘。此外，西班牙政府表示愿将所余义之船舰问题留待公断，同时亦表示愿撤苏境全部西班牙军队。美英方面则取消对西石油禁运。美英由此得以纠正西班牙之不中立，自是其外交成功，不过今后西班牙能否严守中立，或能否进而采取对同盟国善意中立政策，须视她是否遵守协定，是否服从义轮问题公断结果，是否自动撤清苏境西军以为断。

土耳其中立也是异乎寻常的。她于一九三九年和英国成立的同盟关系依然存在，而美英给予的物资，她全部接受，然而她是中立的。二次开罗会议，土总统与罗斯福及邱吉尔会议之后，国际人士对土参战问题，揣测纷纷。一月英军事代表团去土谈判，要求土耳其依照英葡亚速尔协定，缔结两国协定，容让英国借用土耳其空军基地。不料双方谈判五星期之久，终因土耳其以盟方援助物资不足，与自身恐惧首遭攻击为理由，拒绝英方要求，谈判中止。更不料土耳其对德输铬迄未停止，而一二月的数量且较去年同期为大。土耳其是和英国有同盟关系的中立国，她不敢卷入战祸，或不敢租借基地，皆有可以免解释的理由，唯其一手接受英美物资，一手输铬去德，未免太不能自圆其说。三月初，美英停止一切援助物资运给土耳其，并要求土政府停止输铬往德。四月十七日，土耳其政府照会美英两大使愿意接受美英要求。二十日土外长向国会宣称，政府慎重考虑盟国提出要求之理由，并已决定自二十一日起凡输往德国及其他轴心国之铬一律停运。于是美英对土外交获得一部分之成功。土耳其和盟国的关系实与其他中立国不同，而其今日之环境又远非非洲战事与苏军南路胜利之前可比拟，她为何这样对待美英二国？只是怕战争呢？抑或另有所恃？这颇费解。

瑞典情形多受战争环境影响，她之态度颇能得人谅解。将来北欧方面盟国军事有进展，瑞典改变态度，不是难事。

爱尔兰的态度和政策，大半由于英爱间数百年不睦关系所致。爱尔兰总理狄凡勒拉就是一生从事爱尔兰独立运动的领袖之一。倘目前自主、农民及工党三党联合反狄运动成功，狄凡勒拉下野，爱尔〔兰〕政策可能变更。

至于说到苏联和日本维持的中立关系，老实说，它是盟国合作的"美中不足"之点。平心而论，苏联不对日宣战是一事，而对日维持何种态度的中立则是另一事，二者必不可混为一谈。虽然，由来与今后苏联和日本维持中立关系，究为有关几个盟国利害之事。其影响如何？联〔待〕留诸将来历史家来示定。

盟国争取中立国的外交进展实太缓慢。即至今日，他们在争取西、葡、土，三国方面就未获得完全成功。土耳其迄未履行英土同盟规定，也未满足美英迫切要求。西班牙除尚未履行完毕最近协定规定外，尚因协定中有关之一款的技术问题，正和美英商咨中。关于葡萄牙方面，四月中旬德国尚派贸易代表多人赴里斯本，商讨两国物资交换出售，葡国商业报纸满载德国出售物品广告，并说明四月与五月交货。美英对爱尔兰谈判，迄无进展，而盟国对苏联继续保持对日中立关系，似乎不便过问。截至今日，盟国争取中立国的外交成绩，尽在于此。总而言之，中立国之不肯加入盟国阵容，或不愿改取对盟国善意中立政策，自有其自身之原因与理由，但就盟国方面来说，大家努力几年，成绩不过如此，似不能不叫人承认盟国自身间的关系犹未达于澈底合作程度。

云南《民国日报》1944 年 5 月 21 日

苏联与远东战争

曾昭抡

在太平洋战末期中，苏联是否会参加对日作战，这是大家关切的问题。一位美国军事家曾经估计过，对日作战，如果没有苏联参加，德国被全击溃以后，也许还要六年，才能把日寇澈底打垮。但是假如苏联参加同盟国作战，则只要两年，战事便可结束。当然对于世界大战的发展，谁都不是可靠的预言家。以上所述数字，我们不必看得太认真。可是苏联如果参加联合国家对日作战，解决日本的日期，可以大行提前，这是谁也不会否认的一件事。问题只在苏联是否愿意，是否真会参战。

我国抗战，七年有半于兹。自从卢沟桥事变以来，关于日苏战争行将发生的传说，颇有传闻，有时甚至系来自权威方面，最初我们是希望苏联对我，拔刀相助，径行对日作战。在中苏邦交化比较敦睦的抗战时期，许多人以为这事是很可能的。后来这种希望仿佛很少，于是转而希望日本攻苏，迫苏联应战。结果此事迄今亦未实现，而且自目前情势看来，似乎殊少可能。过去种种猜测之所以均告失望，最主要的理由，在于我们太重主观，而把客观因素忽视了。我们因为自己战事危急，于是希望人家打出来，替我们解围。这是一种卑贱的心理，也是一种无益的妄想。我们既然和敌人打起仗来了，一切都得自己承当。一个国家，帮助另外一国作战，除非是事先两国之间结有军事协定，乃是一件很难期望的事。尤其是中苏两国邦交，始终并未十分上轨道，这种事更别期望。任何国家，政府的天责，是在可能范围内，避免国际战争，除非有不得已的理由，或者对于国家确实有益，大致不会冒然作战。日苏战争之所以迄未发生，主要由于双方均不愿轻于作战。日本当然是一个好战的国家，不过同时它也充分认识尊重实力的重要。红军实力，以及西伯利亚戒备森严的情形，知道得最清楚的，莫过于日本。因此经过一番考虑以后，日本军阀，卒于恃时放弃北进，而改采南下政策，冒险对英美作孤注一掷。另一方面，苏联看得很清楚，日本不但未必真敢攻苏，而且即便打进来了，在西伯利亚闹一阵，亦不足为国家大患。世界强国中，有资格而同时有意威胁苏联的生存者，只有纳粹德国。因此自大处着眼，不得不集中力量以对付希特勒，而对日则采取妥协敷衍的态度。在此种双方均不愿战，或者至少不愿轻易启衅的情形下，日苏中立协定，得以成立，得以继续有效。

时局变迁，史达林格勒一役以后的苏联，在国际地位上，比前大不相同。以前一般有见识的时论家，均以为日本可能进攻苏联，苏联则不致以攻日本。此时再看，后一可能性，并不是没有。同时国际上的争取，亦愈行积极。一面中英美三国，都希望苏联在相当时期，可以参加对日作战。另外一面，德国也曾数次勾结日本，怂恿其进攻苏联。在史达林格勒战役最危急的当□，此种可能性，似乎不少。但是海上业已开始感觉□国压力的日本，卒于不理会希特勒那一套，继续对苏联保持中立，集中全力对英美作战。由此一见敌人外交政策的慎重。嗣后德国在东线的军事形势，日形恶化，为着减轻此方面的压力，勾结日寇，更加积极。纳粹当局发动日本时一种动人的话，是说苏联终必参加同盟国家，对日作战，所以日本不如先发制人，以免将来为人所乘。可是至今日方似乎并未为此说所动。有些人以为在战争末期，日本也许会铤而走险，实行剖腹，疯狂地向苏联进攻。这种猜测，并没有合理的理由，令人相信。在美英两国实力压迫之下，日本军阀最可能走的一着棋，是以主力向我国进攻，企图解决所谓中国事件。对于苏联，与其视它论实有进攻，无宁说它会极力设法保持这个中立国，以便将来对英美求和时太有一第三者来作转圜。

至于苏联之所以迄今未在远东参战，一方面固因对德军事仍在猛烈进行，不宜分散力量。另一方面，则或因苏联根本并不需要对日作战。苏联之愤恨日本军阀，与中英美三国，殊无二致。十余年来，东三省方面，关东军阀时可进攻苏联领土，亦该国当局之所深悉。不过在目前情形下，英美既决心对日作战到底，美军凯旋入东京，终不过时间问题。一旦三岛为盟军占领，日军对苏的威胁，即自然解除，届时红军可不发一弹而达其期望的目标。去年库页岛使用权利之收回，即是此种坐收渔人之利的一种实例。

一部分美国时论家，以为苏联在远东决不甘于退处次要地位，为着能与英美并驾齐驱，势必对日作战。这种看法，似乎并不正确。无论在欧洲或者远东，苏联均不愿屈居次要地位，这诚然是事实。但是，领导权的争取，主要是看谁有实力。苏联参加远东战争，固然可以确保该国在此区域与英美平行的地位，可是如果迟不参加，又何尝不如此。美国可以踏平东京，但战后决不会长期在亚洲维持一支强大的军力。东亚大陆上，能有一百万以上最新式的机械化部队，长期驻扎者，若干年内，只有苏联一国。如此看来，东亚的平衡，特别在大陆上，是握在谁手里，那是显而易见的。苏联一时诚然不能希望在中太平洋上和美国争霸，但在北太平洋以及亚洲大陆，实有很大的发言权，实属毫无疑问。而且在这些区域内，他的地位，决不致以其未参加远东战争而致低落。我们也不要忘记，德国崩溃以后，如果苏联积极保持中立，远东战争，也许会拖延一个相当长的时期。在这种情形下，英美实力，将继续大量消耗，而苏联则得有机会，得以休养生产，同时还可争取日本民族的感情。也许这种作风，实比参战为更有利。

然则苏联是不是绝对没有对日作战的可能？这倒也不然。问题要看我们这些同盟国家，如何去争取。假如美国能说服他，参战较不参战为有利，苏联或许欣然参加。关于这方面，几年来美国方面的工作，颇有相当成效。罗邱史二次会议中，可就此事会成一种议题。同时我们不要忘记，中国如果走上了正确的外交路线，也可在此方面有所争取。

昆明《正义报》1945 年 1 月 7 日

闲话波兰

费孝通

新年假日，三台山乡居的草坪上，慵懒的围坐了一圈约来闲谈的朋友们。滇池的波光浮起了西山的苍茫，远望着船帆点点，使人领会到人世间和平的可贵，晴朗的阳光，谁也不免有一点陶醉。此清晨早春的幻觉，只是天空里往返不绝的盟机，无情的暴露这动荡世界之真相。

不知是谁提起了我老师马凌诺斯其教授，这又勾起了我去年一年中最惬心的事来了。前年年初我已接到马老师病故的消息，据说是死在美国耶鲁大学。后来我得到了到美国去旅行的机会，心里想，我到美后第一件事必要去老师墓上献一次花，不管他会不会领我的情，也算是自己了却一桩心事。到了纽约，我见到了马老师的好友林登教授。我开口就说，"真是不幸。若早来一年，我也许还能见马老师一面！"他低头若有所思："你是明白你老师的人，这几年他真是悲惨！"我一面在听他说下去，一面却想起了我七年前离开伦敦时的一切。那天晚上我接到马老师的电话要我去见他。见了他，他很悲愤的和我说："你快动身罢，明天就走，若是战事一起，你留在异国，会使你受不了。我不知道这个黑暗时代会有多长，我们也不一定能再见。保重你自己，我总希望世界上的人有一天能在和平的空气中自由生活。"我已记不起我向他说了些什么话。当时我实在并没有体会他的话的严肃。那时，我还没有知道战争是怎样残酷，亡国是怎样惨痛，在海外流亡是怎末一回事。当然，我一直到现在还是心存侥幸希望这一生□致亲尝一些人生的苦

313

酒。

林登教授在继续他的话："自从他的祖国波兰被东西强国再度瓜分后，他在美国的生活差不多改了样。你知道他在战前几年精神的消沉和身体的多病，到了美国，刺激太深，像他那种多情的人，天天在报上读着同胞被惨杀的记述，他怎能受得了。他改变了，兴奋得异常，他早年那种活力又出来了。我们大家希望他经了这一度精神上的重生，一定在人种学上放一异彩。他对于生活似乎又发生了深刻的兴趣，好像有一番事业刚开始。你知道他以前的太太死了之后，精神一度没有恢复过，可是波兰的亡国却在他心上反映出坚决求生的毅力。他又结了婚，在纽约创办了个波兰的大学！！"林登教授停了一下，"可是，他的身体还是不成，更受不了他那种劳苦和兴奋。就在他那个波兰大学成立的一天，他十分的高兴，在会上发表了一篇动人的演说，回家，血管破裂，死了。"

我从林登教授家里告辞出来，沿着海德孙河慢慢走去，凉风吹来，才记起我连马老师墓地何在都没有问清，又不知为了什么，我一直没有勇气问这个问题，甚至总是寻找各种理由避免去耶鲁大学，虽则林登教授说他是死在纽约的。叫我怎么有这勇气呢？连在梦里见了他，还会脸红，说什么去扫祭？

因为闲谈到了马老师，波兰的前途又就成了谈话的中心。有一位从城里来的朋友打断了我扫兴的回忆插口说："昨晚我听广播说是莫斯科□出来的波兰民族委员会已经正式成立政府了，你看波兰会不会被苏俄兼并了？"

我们在乡下，已经几天没有看报，广播的消息是否可靠自是问题，可是波兰成立政府本是意料中的事。自从艾登宣布邱相和史达林莫斯科会议的结果，英国调解波兰问题的企图失败，伦敦的流亡政府的代表亲去莫斯科和解放委员会磋商未得同意之后，波兰的局面暂时已成定局，可是我们所关切的倒并不是英苏间因波兰而引起的歧异，而是造成这现局的潜在力量和从这件事里所宣示国际政治的动向。我个人相当怀疑波兰会被苏俄兼并，而使兼并成为事实，我还是觉得这事的意义和以往瓜分的性质有异，所以我接着说："波兰是在这次纳粹统治的暴力下，惟一没有产生伪政府的国家。"这一点并不是偶然的，每一个民族有他特殊的民族性。民族性造成于该民族的历史。每一个人在生活中，在日常经验中，累积着该民族在特殊环境里所形成的价值和态度。这些价值和态度一到每个人的生死关头就像菩萨一般冲动的表现出来，表现的时候好像是很自然，因为它们是超出于利害的打算，不在理智的范围之内。我们自己一遇到危险就想逃避，一遇到强力就想逆来顺受，也有我们的历史背景，每个人的反应自然得不必考虑，不必用劲。可是在不同历史中造成的别个民族，所接受的价值和所具〔有〕的态度，可以和我们相差很远。波兰的历史是一部瓜分史，是一部愈压迫愈有反抗能力的历史。他所以能一再瓜分就因为能有瓜分不了的民族性。这种超乎利害计算，可以说是死心眼，非要说自己的言语，唱自己的歌才觉得生活有意思的成见，在我们这种逆来顺受惯了的人是莫明其妙的。我们有人会因为怕家乡糜烂，人民痛苦，而采取权宜之计，迁就暴力所造就的亡国秩序，成立伪政府。可是在那些死心眼的人，却是觉得这种承认暴力是永劫不复的错误，人可以死亡，人间可以变成地狱，理想却永不能被蹂躏。所以华沙的大屠杀，杀不出一个顺服的亡国奴出来。

波兰是个不切实际的民族。若是有一辈把生活看成唯一目的的人住在这欧亚之交的走廊里，早就被别族同化无遗了。你想，这一片贫瘠的大地的身上不易发生一个强有力的军权，国境四周没有天险可实际是一个孔道。在这种地域里，要立一个独立的政权，享受不受人干涉的生活，在事实上是千难万难的。若不肯低头，杀戮受难也就会成为家常便饭。从一七七二年到一七九五年不到三十年中，波兰边界变改了三次，可是这并没有减低波兰人民要求独立自由的意志。那些在衣食之外别无理想的人，必然会说一声"何必自苦若此！"可是他们却另有所怀。

波兰人崇拜的英雄就是那种知其不可为而为之的不切实际的人物。他们喜欢讲的那一个查开甫斯基的故事就是一例。在十七世纪时回教徒攻入波兰，这位查将军领兵去抵抗，一看面前的敌人漫山遍野而来，人家劝他退却。他说："我老了，我不能再学习用背向敌人。我死后，只要在墓碑上刻一句我从小就学会的俗语：'为国而死是多甜蜜。'我就高兴了。"

一个眼睛里有着比生命还甜蜜的理想的人，它是知道什么是叫美的。波兰是音乐的国家，音乐家每个国家都有，可是选举音乐家出来做一国元首在历史上只有波兰一国。贝特瑞斯基是波兰民族的第一任首相，代表波兰参加凡尔赛和会，更让我们这种学而优则仕的民族所不易明白的是，他的政治生涯并没有减弱他音乐上的成就。他在一九二一年重又回到他的理想事业，以音乐家□其才。

亡国流亡而不厌其苦的原因就在他们觉得，在衣食之外还有更高的境界，更美的去处。他们的爱好自由独立并不是想积聚武力去称霸掠夺，而是因为奋斗本身是一种甜蜜，追求理想是一种活力。我怀念我的老师，他毕竟是个波兰人。他在祖国危亡之际，不像我们自己在百乐大道上沉迷酒色的权贵，而会活力再生，甚至积劳逝世。这是在他们血里流出来的精神。我除了惭愧，更有何言？

"这种不产生伪政府的波兰民族，不得到独立和自由大概是不会有和平的。"我接着回答我座右的那位朋友。

又有一位朋友批评我说："我不能同意你的话，在莫斯科组成的解放委员会怎能不算是伪政府呢？"

"这一点我固然不知道，若是我说现在成立的政府并不是共产党的专政，因之不能说他们是莫斯科的代理人，你可以说这不过是史达林惯用的烟幕。我们不在波兰，也不在莫斯科，自然不是最好的评判者，我也不主张因为自己爱好那一种政治见解而带了有色眼镜去论列是非，所以我并不敢说现在这个政府是否是个伪政府。可是有一点我却相信的，就是莫斯科若为了自己一国的利益去维持一个波兰人民所厌恶的政权，那是莫斯科的错误，因为这个政权一定会被弃于人民。这个民族是不怕强力的，他会反抗，不论反抗的对象是谁。莫斯科若引起近邻的反抗，他会因之失去全世界爱好自由和独立的人民的同情，而走上纳粹的覆辙。"我补充的说。

"可是莫斯科的手段高明，他会蒙蔽波兰人民，使他们盲从走上名是独立，实即亡国的道路。"那位朋友又接着说。

"我相信自己不应该参加关于波兰问题的讨论，"我抽了一口烟，"因为我一讲到波兰，总不免有一些感情作用。也许我太相信波兰人民的精神，以致我会忽略了现实政治。让我们等事实的演化再看罢。假若苏俄真是不惜走上纳粹的旧路，则我们这一生大概也不容易见到光明的日子了。波兰自是一个很好的试验。可是为苏俄着想，假定他真是如你所说的是要兼并波兰，他是挑了个很困难的对象了。"

阳光下的闲谈，不久又转移到了别的题目上去了。望着湖光山色，这样美丽的世界是否曾有和平的一日？愿我老师的话有一天实现，不论地球上哪一个角落的人，都能在和平的空气里自由干活！

《云南日报》1945 年 1 月 7 日

美英外交关系

蔡维藩

　　一九四四年五月间，纽约时报驻英记者，就半年期间英国舆论对外交的困惑，作了一个撮要的报告。其中一段是："英国一般人根据这次大战经验，为'强国'这个名词下了一个定义，即是一个大国，因遭遇另一大国攻击，而从事大规模战争，他能凭其自身力量单独抗拒敌人。这才是真正强国。今日有这样力量的国家，只是美苏二国。英国的力量，必须有赖于英帝国的完整，他是有再［条］件的强国。"我们根据这次大战经验，似乎可以修改的说，美英二国均是有条件的强国，而且是具有一个天然的共同条件的强国，此即美英共同需要彼此合力作战之条件，不过英国还须有"帝国完整"的另一条件。就美英二国说，他们平时合作，各自安全有保障，他们战时合作，共同战斗必胜利。就国际方面说，美英二国平时合作，和平可以稳定。他们战时合作，他们的敌国必定失败。如无另二国力量与美英二国相等，日□像美英这样合作的局面出现，美英二国合作，无论平时或战时，其力量确无敌于天下。美英二国平时合作的程度往往不及战时合作的亲切，而平时他们无论如何不合作，一到战时，他们又必定合作。这就是笔者认为最值得注意的一个有趣味的国际问题。

　　姑就两次大战之间的美英关系来看。如所周知，一九一七年美国参战前后，美英间从经济与财政到军事与外交，合作如何密切。巴黎和会中，威尔逊总统与劳合·乔治首相合作如何亲善。可是和约签字之后，美国退出欧

318

洲，不加入国际联盟，不出席赔款委员会，不签订已经议定的美英同盟协定，也不再支持英国对德及对欧洲政策。如此说，这都由于美国国会不批准凡尔赛和约的立法束缚所致。那末战后美英二国在与他们自身直接有关的战债偿付与海军缩减两大问题上为何又不合作，且又相互争执？赔债方面，英欠美最多，战争不久，美英双方在对欧战"出钱出力"的理论上争辩多年，后来英美签订偿付协定，英国仍须逐年本利照付，毫无优待。一九三一年，由于世界经济恐慌，美政府提出一九三一、二年"缓付计划"（战债赔款及一切国际债务本利停付一年），并建议召集赔款会议与裁军大会，解决德国赔款问题，停止军备竞赛，减轻各国人民负担，挽救世界经济危机。英法接受建议，一九三二年洛桑赔款会议与日内瓦军备会议相继召集。日内瓦会议，虽因德国要求平等未获成功，但洛桑会议，则因英国极力鼓励法国，成立等于全部取消赔款的协定，而告圆满结束。不料，洛桑会议之后，美国仍旧索要战债，本利一律照算。欧洲国家多表不满，法国一文不偿付，英国勉强作了"荣誉偿付"，逐期酌付若干。英国对美甚不愉快。一九三四年美国会通过詹森法案，规定美政府不能与旧帐不清的国家发生国际债务关系，这使英国更不愉快（这项法案，迄今仍存在，去冬美国国会中有人主张取消，尚未正式提出讨论）。海军减缩问题，从一九二一年华盛顿会议到一九三〇年伦敦会议，美英间始终未获满意解决，他们虽都能够摆出一个对付日本的五～五～三比例，但他们自己坚持的主力舰及巡洋舰吨位比例不同的主张，始终没有满意的协调，那两次会议期间和前后，双方无论反映出来的见解，相互诋毁类似敌对国家间无情的抨击。再看到对日政策，美英二国简直各行其是，从斯汀生不承认主义到英日协定，美英两国可说是"风马牛不相及"之至。然至德波战争前夕，美国外交即公开支持英国。法国战败投降以后，美国以大量物资接助英国，并以军舰护航，后来美赠英驱逐舰五十艘，英以大西洋根留地租给美国，双方皆系同盟关系，亦未签订军事条约。一九四一年美日谈判将决裂，英方邱相公开宣布，倘美国被迫对日宣战，英国决在美国宣战后一小时之内对日宣战。果然珍珠港事件发生，美英相继对日宣战，美又与德义二国互宣战，美国遂正式参加全球战争。自此以后，美英合作益加密切。除物资源源输往英国外，美英双方从北非到义大利，从欧洲到远东，从大西洋与地中海到太平洋与印度洋，军事合作程度之深与范围之广，决非其他任何国家所可比。半年以来，美英在西欧战场的合作，尤为圆满，举凡物资分配，军力部署，统帅部组织，及战略与战术运用，俨如出自一个国家。而英国新来远东舰队，且完全交给美方指挥。有人说一九四〇年敦刻尔克之役以后，如果希特勒敢冒险抢渡海峡，而又获成功，英政府迁往加拿大，美英合作，很有达于两国联邦程度的可能。今日观之，此说更可信。回想战前美英二国那样不合作，再看战时他们又这样合作，吾人更信美英二国确能做到"兄弟阋于墙，而外御其侮"。虽然国际间能共安乐者多，能共患难者甚少，美英二国关系却与常例相反，他们似难共安乐，而必能共患难，这实令人起一种"奇妙"之感。

近来美英关系表现则更令人感觉"奇妙"！

去年八月间，魁北克会议召集，史达林临时未出席，罗邱二氏会商中，未能将欧洲问题作最后决定。十月间，邱吉尔首相去莫斯科，与史达林委员长会商多日，似确定许多问题，并就欧洲给出一张新的政治地图。邱相返英不久，国际间传说罗邱史二度会商将举行，这表示英方有以邱史协议征求美方同意而成最后决定的必要，不料，罗邱史二度会商，并未即成事实，而欧洲政治问题，连续发生。希腊发生内战，苏联军队决不跨入希境一步，官方亦不表示意见。义大利改组内阁，史佛卓被摒在外，美国朝野对英于涉希义内政，皆表不满。关于波兰问题，邱相返英后，而声明调解苏波纠纷，已宣告失败，仅向波兰表示昨日接受苏联提议，美国官方对此不作同意表示，而舆论则大加抨击。法苏成立同盟，英国支持，美亦赞助，可是英法准备再进一步成立同盟，以完成英法苏三国同盟体系，美国则称为"太快"，而表示异议。这表示邱史的新政治地位，并未获得美国同意，大约即因此一点，罗邱史二次会商迟迟未召集。这两月美英间意见都颇分歧，美国官方虽力避公开批评欧洲政治问题，但其舆论却有明白表示，他们深恐英国乘着战争结束之前，重视帝国交通线安全，赶与苏联割分范围，重行成立欧洲"极权政治"制度，感觉迷惘，表示不安。最近美国众议员奥康斯基氏且拟发表演说，吁请罗斯福总统，除非联合与能对作战目标一致，①则美国召回在欧洲前线军队，并拟提出美国作战目标预案。英国方面极盼美国发表对欧具体政策，但同时又表示希腊等问题，可在罗邱史会商中讨论，并于卢布林与波兰临时政府后，随着美国宣布继续承认波兰流亡政府。英国这种矛盾行为，显然期待美英在欧洲政策上有所协议。六日罗斯福总统致国会咨文，大半系对欧洲而发。他肯定表示，美国决定遵守大西洋宪章，并否认盟国间经由波希问题树立"强权政策"的恶例。这一来，美英关系在对欧政策上显有一种不短的距离。然就战事方面来看，美英合作不但依旧继续，且更密切。英国新来远东的舰队交由尼米兹指挥，而西欧北面美军两军交由蒙哥马利统率，这似乎表示美英间在外交上虽不完全一致，但在军事上却是合而为一。战前美英关系虽然是平时合作，或不合作，战时必定合作，这已够令人感觉"奇妙"，而近来她们关系表现，则是外交或有参商之处，军事则必并肩作战，这更令人感觉"奇妙"！

是以美英关系就是这样"奇妙"。外人欲认识其关系，即须认识这样的"奇妙"。

美英皆是成功的世界帝国。经历史背景到一段利害关系，美英二国首有其合作的自然条件，违反它们，美英皆必失败。这是大前提，余则多为表面文章。这一点，美英自己认识清楚，外人也须认识清楚。比如说，印度问题，这是最叫英国易起敏感的问题。美国对此问题，官方是间有表示的，舆论且有批评的，美政府且因罗斯福某私人代表在英发表评议印度问题，接受英国抗议，将他召回的，可是外人如果跟着美国来评论印度问题，那就犯了错误。再说，英国之"先欧后亚"战略，美国舆论对此亦首[曾]有不满表示，前年美参院五位议员视察太平洋战场之后，舆论曾指摘政府不应将大量物资输往他处，而反忽略美国太平洋上，自己战场的需要。西欧第二战场开辟之前，美国舆论甚且对于欧洲战场上美英兵力分配上发表甚多不满的意见。可是外人如果跟着美国评论英国，"先欧后亚"战略之不当，那又犯了

---

① 原文如此。——编者注

错误。这等于说，甲乙两人发生争辩，并且争辩不休，可是第三者两［丙］从旁一插嘴，甲乙二人可以立时转脸，把丙痛骂一番。这虽是亲俗的比喻，但似颇能说出美英关系的"奇妙"处。以往，就有过国家不认识或不大识她们这样的"奇妙"关系，而犯过严重错误的。两次世界大战中德国就犯过这种的错误。一九一四年的"时间表"中，一九三九年的"闪电战"，德国作战皆要"快"，其目的之一，即在于战争快到美国赶不上救援英国地步，迅速获最后胜利。如美国终于一九一七年与一九四一年赶上，而使德国失败，德国不会不认识美国，终必救援英国，但总以为美国的救援，不致赶得那样迅速，所以我们可以说，德国还不太认识美英关系。日本则更不认识它。战前日本大倡其南进政策，但同时又图分化美英，从国策到行为处处玩弄其"扬美抑英"的手腕，满想拉住美国，摒弃英国，恐怕到了太平洋战争的前夕，邱吉尔首相说出"倘美国被迫对日宣战，英国决在美国决战后一小时之内对日宣战"这句话之后，日本还不认识美英关系，这真是"其愚不可及也"；再透彻些说，假设今日欧洲政治局面，遇着英国必须在美苏之间有可抉择，这只是假设我们敢说英国必定择上美国和它站在一边，因为即或对最恶劣假想，一九四一年德苏战前态势的恢复，究没有一九四〇年退出欧陆那样危险。以上几种说法，笔者认为可以权当说清楚美英关系的奇妙。如果人们把他们这种奇妙认识清楚，也应把他们关系间的奇妙表现，视为寻常。

虽然美英这种关系亦有流弊，至少我们可以说，他们这种关系，尤其是在平时对于一般认识不够或认识错误的国家，往往发生诱惑性的作用。不问他们是真实不合作，或是姿态不合作，或表现往往诱惑着有野心的国家，以为有机可乘而酝酿灾祸。上次大战前，德国就曾受过这种诱惑。这次战前德日同受诱惑。这不是说，美英有意这样诱惑外人，而是说他们关系上的表现，无形中发生诱惑作用，并收其恶果。谁都承认美英平时尽管不大合作，或甚至发生争执，一到战时他们必定合作，今日我们也看出美英在外交上确有参商之处，但在战场他们依然并肩作战，可是等到战时再合作，战祸究已不免，自己招祸，虽无意祸人，外人亦一同遭祸。假设美英二国始终澈底合作，平时亦如战时合作，不仅政策上没有不合作，行动上亦没有不合作，既不作不合作的姿态，亦不犯不合作的嫌疑，我们敢说许多战争危险可以消患于无形。倘再在积极方面讲求全面合作，他们简直可以领着世界走上和平的康庄大道。在其他二国较美英为强大与较美英能合作局面出现之前，笔者相信这样论断是正确的。说到这里我们为世界远大前途着想，不仅希望一般国家须认清美英关系的本质，勿犯错误，徒自招祸，亦且希望美英自身平时如战时的合作，免得无意中诱惑他人犯错误，同遭祸患，更希望他们放弃小利小害，澈底合作，根本打断侵略者的妄念，合力领导世界，奠定久远和平。

总而言之，美英外交关系，实和他国间关系不大相同，无论其自身关系表现如何，"兄弟阋于墙，而外御其侮"这句话，他们确能随时做到，这是其两国间关系之本质所在，其他多为表面文章也。为世界和平前途计，我们希望美英关系的表现，勿再引人误解，希望其多在积极方面讲求远大合作，以巩固世界和平。就目前言之，英国在这方面似须较美国多负责任多加努力，而将举行之罗邱史二度会商，或将为对英之一次重大考验。

《云南日报》1945 年 1 月 14 日

美国声明对南斯拉夫态度

曾昭抡

华盛顿传来消息，美国官方，对于南斯拉夫内政问题，顷已发表声明，批准狄托与苏伯西奇所成立的协定。在三巨头二次会议声中，这是一件值得欢迎的消息。南斯拉夫问题，为欧洲各国重大政治纠纷之一。其严重性虽不及希腊及波兰，但亦殊不可轻视。此事件万一处置不得法，可能会引起英美与苏联的分歧，甚至要影响到未来世界和平计划。从前英美与苏联对南斯拉夫的观点，距离颇远。经过前年年底的莫斯科与德黑兰两次会议以后，英美对于南斯拉夫国内抗战情形，得有更正确的认识，双方观点，乃渐行接近。一年以来，英美苏三国均在期望设在伦敦的南斯拉夫流亡政府与狄托元帅在国内所领导的民族解放委员会，早日结成举国一致团结的联合政府。狄托、苏伯西奇协定之所以得到顺利成立，国际上的影响，殊不在小。最近南斯拉夫国王彼得，为反动势力所包围，一度企图罢免苏伯西奇，否认此项协定。后来终以此种反动作风，为环境所不许可，不得不于苏氏辞职之后，再度命其组阁。其所以如此转变，一方面系因即在伦敦的南斯拉夫人士，亦大多数拥护此项协定，另一方面，则或因受着英国方面的压力。

英苏两国对于南斯拉夫问题的看法，久已一致，其态度的表现，亦甚明显。美国方面正式表示态度，则此次尚系第一次。由于此番声明，英美与苏联之间一种可能的争执，不复存在。南斯拉夫之走上民主政治，也不会再有问题。

　　由于其对南斯拉夫问题的声明，我们可以知道美国对于一般国际问题的看法。波兰、希腊等问题的解决，将来或者不一定像意料那样困难。同时我们也得到一个教训，只有自己内部团结的国家，才能得到国际上的尊重。（抡）

《评论报》第 25 期，1945 年 2 月 10 日

阿剌伯联盟成立

曾昭抡

月初邀请参加旧金山会议的请柬发出以后，立即有在会议中组成两种联合阵线的酝酿，一为英国所倡导的大不列颠联合国联合阵线，内中包括联合王国（英国）、澳洲、新西兰、加拿大及南非联邦，可能还有印度，如此形成一种六票集团，以支持敦巴顿橡树会议及克里米亚会议所商妥的世界安全建议案，并保卫大英帝国的领土主张。当然此处所谓印度，系指目前由英国控制的印度政府。如果让印度人自己推选的代表，出席旧金山会议发言，他们的利害，不但不与英国一致，恐怕还有若干背道而驰的地方。无论如何，英国和上述几个自治领以及印度政府，现正业已开始，对于其在旧金山会议中所持态度，保持接触。四月中旬，还预备举行一次非正式会议，作为旧金山会议的准备。在前一次会议中，此项联合阵线，或将正式完成，旧金山会议的讨论，据称将不涉及各国领土问题。然而英国对于此点，仍然感觉忧虑。其所以要结成联合阵线，其一部分理由，即在于此。月初艾登外相，曾作直率声明，说是英国正在旧金山中，决不容其殖民地现状地位，有任何变更。由此看来，英国在未来和会对于结束殖民地的态度，业已完全明朗化，过去美国方面若干学院式的讨论，希望在南洋造成国际共管等局面者，已无法再提。战后印度的前途，能够得到英国屡次允诺给予的自治领地位，已经可算是十分幸运。英国此种态度，当然鼓励法国与荷兰，对于远东地，采取同样的作风。果然荷兰外交部长克利芬斯，于本月十八日，行抵巴黎，与戴高乐将军会商。克氏公开使命，虽为与法比卢三国，签定经济互惠协定，但对于远东殖民地问题，亦曾与法国有所协商。越南人民争取独立的愿望，似此将完全成为泡影，荷属东印度，也脱不了以前的命运。世界虽然大体说来，是一个进步的世界，中间却仍有波折与停顿。远东殖民地，丝毫未得解放，不免是二次大战的一种重大缺憾。目前我们所能希望的，是在世界舆论监督之下，未来越南与荷印人民所受待遇，可以比较改善。

英国对于埃及，具有传统的利益。因此在旧金山会议中，英方亦颇期望埃及和英国集团站在一条阵线。不过情形并非如此。多年来因受英国牵制，埃及王国，实质上不过是一个半独立的国家。对于逐渐觉悟的埃及民众这是一件不快意的事。此次大战发生，最初埃及虽守中立，但是该国境内，英军云集，随即与利比亚方面的轴心军队，发生战事，杀得个几进几出。此种事实，当然无法可以避免。可是同时在一部分埃及民众中，反英而亲轴心的倾向，相当盛行。一九四二年夏季战事逼近亚历山大港的时候，联合国家在中东方面的整个局面，发生动摇，埃及人民，对此却并不感觉过分关切。及后盟军形势好转，埃及人曾经屡次表示意见，希望此次大战结束以后，能以脱离英国的羁绊，成为完全独立的国家。最近埃及应英美苏请求，对德日宣战。消息一经公布，前任总理玛赫，立即为亲轴心分子所刺。此种事件，足以指示，埃及人民，并非无条件地站在联合国家方面。即其对轴心国家宣战，亦不过藉此取得出席旧金山会议的席位，使其在未来和会中，得以赢得更澈底的独立。在此种心理支配之下，埃及当然不会加入以英国为主体的联合阵线。相反地，一部分也是为着准备参加旧金山会议，包括埃及的汎〔泛〕阿剌伯议会，已于三月十七日起，在开罗开会。他们的目的，是在旧金山会议中，形成一种阿剌伯国家的联合阵线，为他们的共同利益而奋斗。说到国际的集团，大不列颠联合国以外，苏维埃联邦，实际上也可以说是若干国家或民族的联合，特别是在前年修改宪法以后。此外南北美洲方面，以美国为中心的汎〔泛〕美洲会议，近年来已经成为一种重要的国际集团。这会议可说是执行门罗主义的一种机构。"美国人的美洲"，是不容别人干涉的。现在又形成了阿剌伯国家的集团。这些国家，论宗教全为回教，论人种大都以阿剌伯民族为主体。领土相接，利害相同。论理早就有成立联合阵线的必要。过去此等国家，国力不强，文化落伍，致受他人宰割。不幸又地处近东及中东，当欧亚非三洲交通之要冲，以此益成为国际势力角逐的场所，为他国所利用，往往弄到互相对立，可谓不幸已极。二次大战的解放力量，把这些阿剌伯国家唤醒了。他们现在业已实行团结起来，企图争取合理的国际地位。不过这次泛阿剌伯大会，土耳其、伊朗和伊拉克，都没有参加，不免有点美中不足。从共同利益说来，这三个国家，与此次参加阿剌伯大会者，颇有许多相同的地方。如果它们也参加了，中东与近东结合成为一气，在国际上将成为一种不可侮的力量。

这次参加泛阿剌伯大会国家，计有埃及、约旦、叙利亚、黎巴嫩、沙特阿剌伯及也门各国的代表二十八人。出席代表，包括这些国家的内阁总理及外交部长，可说是阿剌伯国家的一次空前大会。除上述几国所派正式代表以外，巴力斯坦的观察员，亦会出席。大会于三月十七日开幕以后，当即开始作阿剌伯联盟的准备。联盟宪法，于十九日，在准备委员会当中通过了，立即送交阿剌伯人民大会，由该会于二十二日，予以讨论通过。经过此次会议的结果，阿剌伯联盟，业已建立起来。参加联盟的几个国家，凡出席旧金山会议者，在该项会议中，自必成为一种联合阵线，争取他们的共同利益。在实行对德日宣战以接〔后〕，仍然被摈于联合国家之外的叙利亚与黎巴嫩两国，显然在国际上是受着一种不公平的歧视。这点就是阿剌伯联盟斗争的第一个目标。关于这个问题，埃及外长，拟与参加大会的各国外长，于二十二日，举行讨论。我们祝望他们对此问题的主张，得到国际的同情与接受。战前叙利亚与黎巴嫩的土地，原系由法国为国际代管。不过代管办法，原即包含在适当时期扶植成为独立国家的意义，如伊拉克即系一例。何况此次大战当中，叙利亚与黎巴嫩的独立，业已获得许多国家的承认呢。

未来世界中，已有国家的界限，一时仍然无法可以打破。但是大家亦已开始明白，一个小国，在战时要想单独地维持独立，实属不可能。这种国家的出路，只有两条。一条是在平时维持绝对独立，战时则与邻近大国缔结同盟，合力御侮。最近艾登外相演说，谈到只有小国联合强国，以保障彼等之共同利益，世界始有和平，即是此意。另一方式，则系若干小国，结成一种多少具有永久性的联盟是〔体〕，此次阿剌伯联盟〔即〕是。在此方面，我们应当特别提到法比荷卢四国于本月二十日在巴黎所签署的经济协定。此次协定的内容要点，为这次四个国家，决定在经济领域内，彼此互相咨询、互相协助，共同交换物资，藉以促进国际贸易。今后有关粮食供应、工业生产，及调整运输等问题，四国之间，设立经济合作机构，经常保持联络。这可说是西欧联盟的一种初步尝试。大欧罗巴联邦的计划，过去虽曾有此主张，距离实现之期尚远。巴尔干、中欧、西欧等几个集团的逐渐形成，对于未来欧洲和平，亦可有很大的贡献。团结是目前最时髦的思想，不但对各国内政如此，对于国际关系亦如此。

《民主周刊》第 1 卷第 14 期，1945 年 3 月 27 日

日本努力争取苏联继续中立

曾昭抡

　　远东战争还要拖延多少时候，关于苏联参战与否。此时日本知道得很清楚，同盟国家也知道得很清楚。当四月初苏联宣布废止日苏中立协定的时候，一般观察家的意见，均以为苏联在远东参战，不过是时间问题。不幸罗斯福总统突然逝世，使国际合作失去一座最重要的桥梁。近来英美对苏联的关系，因波兰问题及旧金山会议中种种争执，殊不若当初期望的圆满，关心世界前途的，都以为这是一个可虑的事。但望三巨头会议，不久可以举行，由之得令英美苏的关系，重新圆满。

　　在这种情势中，日本对于继续争取苏联中立，最终努力不断。最近消息，指示日方将不惜任何代价，防止苏联在远东参战，甚至割让库页岛南端及千岛群岛，亦在所不惜。此种尝试，足见日本内阁之深谋远虑，与盟国若干方面之卤莽破裂，正成一种对较。敌人争取苏联，惟恐不固，我们方面，则听任反苏谣言的传播，□□不□。例如最近所传苏联要求满洲朝鲜台湾的谣言，其事本出岛外，其传播之速，诚然是反苏分子一种有计划的行为。战争前途艰难正多，联合国中间的矛盾则日益显露。安得再有一位罗斯福一般的大政治家，把全世界民主势力更加密切连系起来。（抡）

《评论报》第 39 期，1945 年 6 月 9 日

二战人物

西西里岛战争 墨索里尼下野

蔡维藩

七月十日夜，盟军往西西里岛南端登陆以来，进展甚速，半月时间，占全岛土地六分之五，俘轴心军队十万人以上，截至廿五日，轴心主力仍向东北撤退。照这样趋势来看，无论德国怎样增援，盟军之将肃清全岛轴心势力，本只是时间问题，顶多德义残余军队退往西西里东北角蕞尔一隅，重演五月初在突尼斯与比塞大的最后挣扎一幕，或利用墨西拿海峡仅有四分之一英里的最窄狭海面，撤退一部分军队。不料，廿五日墨索里尼突然辞职下野，义王发表诏书，宣布自己负起指挥三军之责，并任命巴多格里奥为首相，于是国际视线立即转移，而西西里岛战事似乎不像过去半月那样惹人注意。

墨索里尼辞职，意王诏书与新相文告，除"每一国民必须各守职责及其战斗岗位"与"战争仍进行中"外，语多空洞，而国际方面情报尚不详尽，究竟墨索里尼辞职真象若何，是否即为义大利单独媾和之先声，目下皆难论断。但有几点值得吾人注意，姑略述之：（一）墨索里尼辞职下野，许多原因早经注定，但最具直接影响之原因，料必产生于七月十九日第五次希墨会谈。北非战事结束，盟军继续反攻，义大利首当其冲。六月十一至十四日盟军连克地中海班岛等四岛之后，义大利本土之被进攻，本是时间问题。不料七月十日盟军在西西里岛登陆，进展亟快，倘无德国充分援助，西西里必不守，而义大利半岛亦必被攻。义大利情势危急，想墨索里尼必曾面向希特勒提出甚大救援的要求；同时，因东欧战事紧张，巴尔干情势严重，及德国迭遭空袭种种关系，希特勒必不能允诺合力助义，而当面拒绝。非然者，墨索里尼继续获得希特勒支持，至少尚可压倒他本国人士的反对，而勉强挣扎。果如所料，则两轴心国间显然已有裂痕，而义大利续与德国并肩作战的可能性自必甚小，甚至没有这种可能性。（二）墨索里尼辞职下野，巴氏任首相，法西斯政治制度与墨氏政治命运同归于尽，这颇与当年奥相梅特涅失败，整个梅特涅制度同时告终的情形相类似。墨索里尼是法西斯主义的始祖，是独裁政治的"发明人"，是侵略恶魔的急先锋；今墨氏如此下场，这必予一般实行与仿效法西斯独裁与侵略主义与制度者，以空前打击。（三）义政府改组，新相巴氏文告中所谓"战争仍进行中"，多半是一种且战且和准备谈判的姿态；不过盟国坚持"无条件投降"，他们这种姿态不会有多大效果。（四）"共战共和"早为联合国一致之协议。倘义大利决心退出战局，而与盟国接洽和议，盟国和她怎样接洽？怎样接受义大利停战要求，才算不违背"无条件投降"？盟国间在应付义大利问题上面，又怎样才可保持"共战共和"原则之完整？这些问题是对同盟国与联合国的初次试验，恐怕它们也许是今后最值得我们注意的问题。（藩）

《当代评论》第 3 卷第 22 期，1943 年 8 月 20 日

论将才

曾昭抡

现代战争都是全民战争，将来亦必如此，在此等战争中，胜负之决，在于动员全国人力物力，将一切精神与物质上的力量，都拿出来，予于适当配合与运用。过去那些狭窄的个人英雄主义，在今日已失其价值。虽然如此，将才在取得胜利中，仍然占有极端重要的地位，这是不容否认的。以欧陆战场为例，苏德大战中，初期德军节节胜利，占据苏联领土甚多。然而自去年斯大林格勒歼灭战以后，竟一蹶不振，几乎弄到每战皆北。胜负之数，何以先后相反，如此之甚，其中理由颇多，如兵员日趋衰竭，素质亦日益低落，武器在数量及品质上均由优势转为劣势，皆是重大理由。可是一般军事家的意见，均以为苏联年来之所以大获全胜，实因战略高超，调度有方，每令敌人措手不及；换句话说，就是自将才方面言，目前苏联实高于德国一等。在今年年初苏军攻入波兰旧界的时候，当初许多人都以为德国之所以大败，系由于众寡不敌，兵源不继，后来中立国方面传出消息，才知事实并不如此。当时波兰境内，德方后备兵，为数甚众。人与器械，两均不成问题，其所以败退，看来是在战略上失败了。

三年以前的今天，朱可夫将军，是一个少有人知道的名字。八个月以后，至世界都知道他就是拯救了莫斯科的英雄。莫斯科保卫战，不过是这位将军一生大事业的起点。跟着他就率兵出击，在中路击退德军二百英里，从此一蹶而就为苏联统帅部里一位首要人物。后来斯大林格勒的保卫战，有他

335

的一份。其他重要战役，每当朱可夫的名字出现时，胜利多半就有把握。今春受命指挥第一乌克兰战线部队以后，三月初发动攻势，立即将西乌克兰境内德方所建坚强防线攻破。一个月左右工夫，攻下温尼沙，渡过普鲁特河，进入罗马尼亚境内，到达捷克及匈牙利的边界，一面则逼近罗夫，在未来的欧洲堡垒攻击战中，他无疑将担任攻破希特勒东欧的主角。一旦盟军在西欧登陆，这位苏联元帅的名字，在东战场上又将照耀一时。一员大将如何能左右国家的命运，由此可见一斑。

在另一方面，南路德军总司令曼斯坦将军，在丧失五十万，失地数百里以后，德方统帅部，不但不将其予以谴责或撤回，反而奖以最高荣誉的勋章，可见良将之不易得。所在军事人才素来众多的德国，要找几位第一流的将才，也很不容易。自古以来，谈军事者，类皆不主张轻于易帅，其理由即在于此。明末防边，卒归失败，今日评往事者，多以为时常易帅，实为失败的一种重要原因。对于此点，西洋人一般见解，大体亦与我们相同。未来中国建军，对于将才的培成，似宜多予注意。

直至最近，我国向来主张用儒将。严格从字面上讲，自然此种主张，业已过时。我们决不能希望，抱着一部四书，指挥现代机械化的战争。可是儒将的基本思想，是不错的。要成一员名将，首先要有军事人〔天〕才，同时需有丰富的学识。至于狭义的军事学知识，还是次要的事。因此以军事全部委之军人，是不是最聪明的办法，似乎颇成问题。

英美方面，也有与儒将思想相近似的观念。在英美制度下，海陆军的部长，类皆不以现役军人充任，往往用的全是文人，英国在海上数百年，海相向来是这类的人选。此种制度的建立，其目标固在于防止军人专政的流弊，但是也藉此发现军人以外的军事天才。现在掌握英国大权的邱吉尔首相，无论友人或敌人，谁都承认他是一位世界上罕见的军事大家。邱氏少年时候自军官学校出身，但一生做的，大部是文人的事业，凭他那种天才的作风，要想按部就班地在军队中爬到很高的地位，恐怕很不容易，惟有在英国制度之下，他才能在第一次大战中，以一位三十几岁的青年，军职一点也不高，居然一跃而就任海相，于是他的军事天才方能表现出来，于是此次他乃能负起拯救英国的大责任。

时代愈变化，战争愈复杂，将才的造就亦愈难。拿音乐来作比方，古代大将，单枪匹马，挺身而出，向敌人挑战，好像一人独唱。后来军事组织渐趋复杂化，指挥官好比一个军乐队的领队。到了今日，武器如此复杂，配合如此困难，兵员如此众多，当大将者的责任，可说好比指挥一个交响曲的管弦乐队了。鉴于此种复杂性，新时代的将官，训练是很不容易的，至少不可以军事课程为已足。同时在人选方面，似乎也要扩大一点。大政治家、大企业家，或者大科学家，很可能成为较军人出身者更好的军事家。

《云南日报》1944 年 5 月 14 日

美国政治的内幕

——论华莱士的政治出路

费孝通

"中国在华盛顿政治人物的眼中，快要成为一条畏途了"，我有一次和一位美国朋友在闲谈中，曾这样笑着说："你瞧瞧多少负着政治使命代表罗斯福总统到中国来的要人，回国之后就销声匿迹，甚至遭了乖运？早先的居里，及威尔基，已经很久没有在报上看到过他们的名字了。威尔基是死了，而且是死在他平生最得意的时候。华莱士呢？丢了副总统不算，总统要他做商业部长，参议院竟然否决。这样看来，谁还敢来中国？把一生政治前途，换重庆的一席鱼肴，似乎不太值得。"

"纳尔逊不是还可以吗？"他又驳我说。

"太太都离了婚，还说是很得意？对不起，我也再得补充一句，离婚在中国也时常认作不幸的。"

"你太迷信了，而且，你不该在这时就下定论，华盛顿的官场，比重庆复杂得多，这样好不好，我和你赌一下，四年之后，白宫的新主人，若是没有到过中国来的，我就输你一千元国币。"

我想了一想，威尔基已死了，假如他赌也不一定会输。何况一千元国币，在目前说，倒不值多少鸡蛋。所以我就说："一言为定。"

为了这赌约，我对于华莱士的前途，不能不特别关心。第一个问题我要问的，是华莱士不能担任副总统是什么原因？

338

当华莱士来华的消息，从白宫里传出来的时候，很多报纸（大多数是同情于共和党的）指出，这是罗总统想在大选之前，让华莱士立一些功，在报纸的大标题上多露露面，好连任副总统。这论调似乎很有问题，华莱士这个使命，并不是容易见功的。（这一点罗总统当然明白）而且华莱士名义上是到中国来，可是实际上在苏联勾留的日子特别长。他还用了俄语对苏联工人演说，热烈的情绪甚至比在中国时更高。为了要连任副总统而在大选前远走国外，老□美国政治活动的人看来，该是不合传统的做法，非但是多余，而且是不讨好的。若是罗总统心目中只有大选的话，派华莱士在竞选时出国，很可能说有意要和华莱士□台了。

据报上的消息说，罗斯福总统到了最后一刻才同意杜鲁门出任副总统。有人说，这是罗总统怕在竞选时受华莱士的累，说来好像华莱士是只不祥之鸟，同他打火，连传统都会对不上似的，这也是似是而非的论调。这次罗斯福四度演讲，是得力于 C･･O 所领导的劳工选民的拥护，而 C－･O 和华莱士是最亲近的。若说怕华莱士的出面而引起大企业势力的恐惧，因之竞选时罗斯福所遭遇的反对，可能会增加一些，这种说法还有一点理由。但是副总统究系一种次要的位置，除非使人相信，罗总统身体实在太坏，不会终任，谁做副总统也决不会成为决定投票者的严重因素。

可是事实上，伴罗斯福竞争却是杜鲁门，不是华莱士，这是出于罗斯福不喜欢华莱士么？又不然，华莱士从中国回去，在白宫里，谈了半天，没有出来，出来时，很高兴，他决定放弃竞选副总统后，又特别卖劲，发表拥护罗斯福的演说。即便不说他们两人更形亲热，至少还是好得很。——于是，为什么华莱士准备失业，自然是一件不易解释的谜了。

看我们先这样做定：华莱士退出白宫大副的位置，是出于他们两人同意的，而且在同意的时候，已经商量好了华莱士今后的职务。为什么会同意拆火呢？最近，事才渐渐明白了。

十月二十一日华盛顿的访员，读到了两封信，一是罗斯福给商业部长琼斯的，一是琼斯复罗斯福的，两封信都是由琼斯交给访员要他们□□发表。

这是美国现代史上重要的文件，也正是罗斯福连任之后，国内政治上第一步重要的举动。罗斯福照例用了极亲热的口吻，用"亲爱的詹士"开始向琼斯写下一封要求他把本兼各职移交给华莱士的信，信内除了感激他多年辛勤的功绩之外，他说："亨利·华莱士对于任何他认为可以担任的职务，都是胜任的。在他努力拥护和出力的大选胜利后，杜鲁门这话向他说了。他回答我：他想他一定能在商业部里尽最大的能力，这个位置对他十分适宜。所以我想他应当担任这职位。"

从一九四〇做到现在的商业部长詹士·琼斯接到了这封信自然不很高兴，当即复了一函："亲爱的总统先生：……你说亨利能胜任商业部长的职位，你也同意他十分适合这位置。总统先生，我具有对你一切的敬意，但是我一定要表示异议，我不能赞同你们两位的意见。"他说了一些客气话之后，更透露的接着讲："我对于我的职务很满意，因为我一直得到机会和你的信任。我得到这信任，因为我一直忠于所交付我的责任。你现在要把这一切的责任，转交给一个对于商业及金融毫无经验的人，我相信，商业及金融界的人士一定不易谅解的。"

从这两信看来，罗总统是询华莱士的要求，将以商业部长一职给他作为他出力于竞选的报酬。这是华盛顿传统的政治，但也是很难获得一般人民拥护的旧制。因之，琼斯把这两信发表后，舆论哗然。可是罗斯福真的是要以政府要职，作为报党〔答〕功酬，而调任华莱士的么？在我看来，大为不然。

罗斯福是美国历史上仅有的政治家，他的眼光看得很远。美国已经在这次战争中，走上了世界新秩序的领导地位，不论在军事上、经济上都超越世界上任何国家。这里却伏下了一个巨大的危机。和这强大的地位一同加到美国头上的，是一个严重的责任。他眼看上一世纪英国也有过这地位，可是英国的政治家囿于帝国的利益，种下了两次大战的基本原因——强权政治和帝国主义。罗斯福在今年送国会的咨文中，有一段话说得十分清楚："在未来的世界中，强权力的误用，像包涵在强权政治一词中的用法，绝不应成为国际关系的决定要素。……在一个民主世界中，和在一个民主国家中，一般权力一定要联系于为公共谋福利的责任。完全主义和孤立主义，或帝国主义，或强权政治相同，都可以障碍国际和平的道路。"

罗斯福对国内的人说这话，是因为在美国确是有走上强权政治、帝国主义的可能。谷春帆先生在一篇旅行观感里，也说到从经济的实质看去，美国已获得了类似英国在十九世纪的地位了。生产力膨涨的结果，在私人谋利的经济中，是最易引起向外扩殖，加以这次战争，已把亚欧两洲的经济摧残殆尽，美国的大企业家，扶其过剩的资本，大可一举而控制世界。"美国世纪"有它的可能性，可是它若是重演"英国世纪"的旧剧，不但于世界的公共的福利没有补益，而且北方的大熊，一旦扑出来时，显然是无法抵御。

美国走上哪条路？帝国主义呢？还是世界主义？美国的优越地位，将用来建立一个"美国世纪"呢？还是一个世界的"平民世纪"？从罗斯福的政治眼光看来，只有走第三〔二〕条路，世界才可有和平，美苏之间才能取得协调。可是要使义〔美〕国走上这条路，他不但自己得领导向前，而且还要在国内政治上用工夫，使拥护这条路线的人，能有发挥能力的机会。

这里罗斯福有两件事必须做到：美国不必剥削别国人民，亦能繁荣。换一句话说，他必需保证在战后美国不致因生产过剩而发生不景气。再换一句话说，他一定要保证一切美国能做事的人全有职业。若是他不能做到这一件事，他的政治主张会被人民所遗弃，他的反对党，倾向于"美国第一"的帝国主义集团会抬头。第二件事就是他明白他决不能再做第五任总统。在一九四八年的时候，必然会有一个十分激烈的竞选，他的事业也决不能这四年中完成。一九四八年可能是一个世〔界〕和平机构确立的时候。若是反对党上了台，可以使他功败垂成，美国可能走回头路，未雨绸缪，他得及时造就几个可以后继的人才。在美国政治上要成为一个领袖，不是靠私人的关系，而且得有所建树，才能获得国民的信任。在罗斯福脑中必然在打算，谁能确认他的事业，眼中若已有了人，该给他什么机会来表现。（未完待续）

《云南日报》1945 年 2 月 28 日

战争罪犯确定

曾昭抡

联合国家所组织的战争罪犯委员会，于四月一日晚间，在伦敦正式宣布，希特勒及其他重要德人，为此大战的主要战争罪犯。同时并首次宣布，日战争罪犯的初步名单，业已拟定。该项报告中，特别强调，德日两国首脑决不能略予宽赦。德日两国罪犯以外，名单中并包括有以前法西斯义大利政府中的人物，此种名单的拟就，可说是法西斯主义者与军阀的总清算。

惩办战争罪犯，乃是二次大战的一种特质，也可说是新时代一种进步的现象。过去几千年来，世界上不断有战争。此中理由，虽不单纯，少数个人英雄主义者，想藉掀起战争以成名，似为一种相当重要的因素。最矛盾的一件事，是一方面大家都认战争的发生为不幸；另一方面，对于此辈发动战争的人物，不但不予以惩罚，反而予以崇敬。拿破仑与威廉第二，对此就是很好的例子。这种作风，无疑只有鼓励战争随时爆发。过去惩罚战败国的方法，诚然有割地赔款等处分。但是这些处置，受罚者皆系平民，而罪魁反得逍遥法外，真是太不公平。由此看来，此次确定战争罪犯，不但是一种比较公平合理的处罚，而且对于防止战争再度爆发，多少亦不无帮助。

德日两国首脑人物，其罪孽不仅限于掀起大战，使全世界多数人民陷于厄运。其大批屠杀与战争并无关系的平民，尤令人发指。此种残暴，打破有

342

史以来的记录。为着替那些无辜被杀的老百姓复仇，我们也有清算这些罪行的必要。（昭）

《评论报》第 32 期，1945 年 4 月 7 日

杜鲁门总统就职以后的世界局面

曾昭抡

一代巨人，世界和平柱石，盟国民主领袖罗斯福总统，不幸于四月十二日，以脑溢血症，突然与世长辞。噩耗传来，举世为之哀悼。罗氏逝世不过十秒钟，白宫即将此讯公布。当晚副总统杜鲁门氏，即按照美国宪法，继任总统。罗氏遗体，于十四日运抵华盛顿，举行简单肃穆的葬仪以后，即于十五日在纽约海德公园生前故居下葬。凡此种种，均足充分表现民主国家的典型作风。以地位而论，罗氏不但位居元首，而且是美国人所公认为林肯以来七十五年未有的最伟大的人物。在此美国处于领导地位的世界里，罗斯福总统，突然逝世，不但对于美国人民是一种重大的打击，对于全世界也是一种莫大的损失。如果此事发生在一个政治稍为不上轨道的国家里，短时期的秘不发丧，以便作一切必要的布置，势难避免。假若更不上轨道，则争权夺位之事，必随之而来。至于身后哀荣，多少不免铺张，亦属意料中事。然而今日美国作风，完全与此不同，这点最值得我们钦佩和效法。总统去世不过十秒钟，白宫就把噩耗公布了。这是美国政府对于人民的诚实，这表示美国政治非常上轨道，政府不因任何人事上的重大不幸而稍告动摇。罗氏简单的葬仪，和他连的人□，充分表示美国战时生活的简朴，与民主国家的习俗。要是一个比较不民主的国家，免不了就要兴师动众，玩什么奉安那套臭把戏。在一个真正的民主国家里，没有人是高于任何人，即令他是国家元首，同时也是全体人民衷心拥戴的领袖，也不能例外。同时战时生活的原则，是要大家甘苦共尝，大人物不能例外。死后亦不能有异于生前。在此种哲学支持下，于是罗氏遗体，经过一番非常简单朴素的仪式，便下葬了。这位民主政治的领袖，九泉之下，如果有知，对于此等作风，亦必含笑默许。罗斯福总统，是美国的一位伟大领袖，谁也不怀疑，但是民主国家对于领袖的推崇与服从，是有一定限度的。领袖对于人民，当然多少能发生一种领导作用，但是他的主要任务，还是服从人民，执行人民的意志，为人民服务。所谓"一个领袖"、"领袖至上"一类的哲学，乃是典型的希特勒式，最为民主国家所厌恶，或一个民主国家里，领袖无所谓至上，只有大家愿意共同顾守的宪法，才是至上。所以罗斯福先生逝世以后，杜鲁门先生，便以副总统的资格，按照宪法，继任总统，马上就职，丝毫没有问题。杜氏就职以后，美国各报，不分派别，一致吁请全美人民，拥戴新总统，俾得完成罗斯福未竟的任务。与杜氏为反对党之共和党少数派参议员四十人，亦特致书杜氏，表示信任，此种精诚团结的情形，亦系民主国家的特征。有民主而后有真正的团结，这是我们应该特别注意与效法的一点。

民意决定国策

对于一般平常不十分留心美国政治的人们，杜鲁门先生的名字，不免有点陌生。但是我们必须牢记，美国总统权虽很大，国家却是一个典型的民主国家。在这么一个国家里，国策是根据民意而决定。因此杜鲁门代替罗斯福一事，对于美国大政方面，一时不致发生重大影响。假如我们留心考察美国政治，便会发现，杜氏是一位很好的政治家，和一位非常干练的行政长官。在一个政治不上轨道的国家里，每次谈到政治，人们总要问，谁来做领袖？一位领袖下了台或者死了，谁来继承他，继承人是不是领导得起来？这种说法，仿佛在一个庞大的国家里，几万万的人口当中，除开了两个人以外，就找不出一位合式的领袖一般。此等不合理的情形，在一个民主国家里，根本就不会全有。在民主政治的陶冶下，全国成千成万的国民，每个都有成为全国领袖的可能。"领袖慌"的现象，根本是再滑稽也没有的一件事。

两种不同作风

杜鲁门总统的个性，与罗斯福氏大不相同，甚至可说，是完全相反。罗氏是一位非常富于热情与幻想的政治家。他一生追求着崇高的理想。在政治生活上，他是一位异常善于演说的人物。相反地，杜鲁门却是冷静沉默寡言，具有经济头脑，而非梦想者。每逢处理政务，他总是潜心听取各方面的报告，加以客观的分析，然后以公正态度，决定处置的方法。假如对于处理政治，罗斯福可说是具有艺术家的天才，杜鲁门却是具有一种科学家的分析与客觉［观］的态度。从思想与作风方面来说，罗氏曾经自承稍偏于左。他确是美国一位前进的政治家。相反地，杜氏是倾向保守，或者也可以说是稍偏于右的。如此情形，去年大选时，这两位人物，配合起来，一正一副，的确是非常圆满的一种配合。不但对于竞选如此，对于维持一种稳重而又进步的国策，也是这样。杜鲁门氏一生事业，最了不起的第一段，是一九四〇年以后的政治生活。在此期间，他主持参议院下属的战争调查委员会，替国家节省了很大一笔预算，由此声名才陡然升起来。

对美国内政的影响

就任总统以后，杜鲁门氏迄今尚未曾发表过他的内政方针，将采中庸之道而稍偏于右，较之罗斯福氏之居中而稍偏于左，颇有修正。例如罗斯福始终极力主持的新政，前几年杜氏虽然也是百分之九十九赞成，但是近年来颇为一般资本家所不满，以此罗氏生前亦备受责难，现今杜氏上台，不免将对新政多少作一偏修正。政府及总统的随从人员，一般预料，不久将有局部的逐渐更调。部长当中，预料最先辞职者，将为财政部长摩根索、劳工部长柏金斯、农林部长魏卡德等。华莱士是否愿继任商务部长，亦尚可怀疑。至于海陆军的两部部长，新总统似乎无意予以更换。国务卿斯退丁纽斯，亦可能留任，至少亦必留任至旧金山会议结束以后。首先更调的人员，恐将以前任战时动员局局长贝尔纳斯，代替罗斯福的密友贺浦金斯，为内政外交问题最密切之总统私人顾问。按照美国宪法，各部部长，仅对总统负责，而由总统单独担负宪法上的责任。过去罗斯福总统，对于此项观念，发挥尽至。所以其所用政府人员，均系色彩不浓，执行总统命令的人物。相反地，今据一般预料，杜鲁门总统，将予政府人员以较大的自由，故将选择个性较强的人物。同时今后国会中人士，预料将较罗斯福时代，更多与总统接触。

对世界有影响吗？

美国内政，我们对之诚然很有兴趣。该国内政情形，将来也可能会影响到整个国际关系。但是目前世界各国所最关心的，还是现阶段的美国外交政策与作战计划。在这方面，杜鲁门总统，在几次演说与谈话当中，业已鲜明地表示他的态度，使全世界为之欣慰。本来罗斯福对轴心国作战到底的决心，及其建立世界永久和平的愿望，不仅是他个人的思想，而且是代表美国全国人民的意志。所以新总统上台，势不致有所变更，何况杜氏乃是罗斯福的好友与同党。杜氏对于进行大战，强调作战到底，非迫德日无条件投降，或则全部被占，决不罢休。为着便利军事进行，他还特别提出保证，美国租借法案，将继续执行，直至德日无条件投降或者完全败北而后止。对于创立国际和平机构，以保障战后世界和平，杜氏表示，将继承罗氏遗志，努力完成此项大业。他也充分了解主要强国间竭诚合作的重要性，表示愿与邱吉尔首相、史达林委员长及中国蒋主席会晤。在柏林行将攻下，东西两线行将会师之今日，一般预料，邱史与杜鲁门三氏的第一次会晤，要能将在欧战结束及旧金山会议闭幕以后举行。此项三巨头会议，不仅为美国所希望，亦为英苏两国所切盼。或者不出今夏，即将实现。

美苏寻求谅解

罗斯福总统之丧，并不影响旧金山会议开会日期。此项具有历史重要性的国际会议，虽然以前有过展期的传说，但是后来仍然决定，于预定日期（四月二十五日）按期举行，美国国丧，对此点亦不发生影响。因为刚刚接事，杜鲁门总统，公务过忙，已决定不出席此项会议。大会主席，因此将由斯退丁纽斯担任。苏联人民外交委员会委员长莫洛托夫，最近决定，亲自率领苏联代表团，出席旧金山会议。此事不但对此项会议增色不少，而且在国际上认为一种重大事件。原来旧金山会议召集之，发源于克里米亚会议，因此美苏英三国，实为是项会议的发动者。后来各国发表代表团名单，莫洛托夫竟不出席，改由苏联驻美大使葛罗米科率领该国代表团。各方聆讯，以为苏联对这次会议表示不热心，大感失望。于是英国方面，也表示外相艾登，在旧金山作短期周旋后，即将返国，不俟会议之完毕。今日莫洛托夫忽又准备出席，实系罗斯福总统去世，有以促成之。此事之实现，传说是史达林应允杜鲁门请求的结果。罗氏去世，可能影响两国外交，所以亟愿寻求谅解，乃系显然的事实。

世界是一个进步的世界。罗斯福总统，虽然不幸于此重要关头，与世长辞，他的工作、思想与伟大的人格，永远将留在人间。

《民主周刊》第 1 卷第 18 期，1945 年 4 月 23 日

大独裁者的下场

曾昭抡

　　一星期内，墨索里尼枪毙，希特勒战死，美苏会师，义大利北部获得解放，德国乞降，欧洲大战大体已告结束，这是多么令人兴奋的消息。欧洲两个魔王，死于同一星期，法西斯的黑［黑］影，从欧陆地图上退下去了。大独裁者的下场，原来如此。世界其他角落上过去有过独裁劣迹的，一齐战栗起来，为着自己未来的结局而悲哀，对于将来妄想施行独裁的，这也是最有效的警告。

　　卓别林主演的《大独裁者》一曲［部］电影，据说墨索里尼曾经看过一遍，希特勒却没有看完。在那电影中，主角独裁者亨克尔，最后被自己手下的爪牙，误认为逃犯，抓进集中营去。这种富有讽刺性的结局，较之墨索里尼所经历的，据今日看来，可说是非常温和的处罚。几年前那幕电影在中国放映的时候，纳粹凶焰正高，仿佛类似电影中的结局，可能性很辽远。然而到了今天，以前难于想象的情形，都实现了。

　　义大利北部民族革命的爆发，成为二次欧战末期饶有剧意的一幕。原来久告沉寂的义大利战场，在柏林之战发动以后，也展开了新的局面。四月十六日，亚历山大元帅所部地中海战区盟军（包括英国第八军及美国第五军），对义北德军，开始总攻。自从一九四三年底德黑兰会议决定东西南三面打击德国以后，义大利战场，即已成为盟方攻德主要战场之一。今春克里米亚会议结果，对德军事，更加强调东西南北四面打击德国一点。至于去年八月以来，义境军事之所以停顿半年以上，不过是配合全盘战略而出此，并非忽视南战场的重要性。本年春季，亚历山大元帅，且曾专程赴南斯拉夫及匈牙利，先后与狄托元帅及托布金元帅，会商战略。其所得结论，无疑为与南斯拉夫解放军会师于义南两国边境，与托布金所部红军会师于奥国境内或义奥边境。果然红军攻下维也纳，深入奥境，嗣在柏林东面发动总攻以后，义境盟军，即于上月中旬，大举进攻。其第一步目标，为攻取波伦亚。去年秋季，盟军原已攻抵此城附近，但是一直未能将其攻下。大约此城正面，不易进攻，德方防御，亦殊坚强。此次进攻，系自东西两面，予以包抄。在盟军巨大力量之下，波伦亚在四月二十一日就攻下了。此城一下，义北平原（波河流域）的门户，便行洞开。接着在二十三日，大队盟军，在多处渡过波河——义大利全国最大的河流，二十四日，占领该河南岸要城斐拉拉。同时越过波河北进的军队，向前迅速进展，于二十六日攻占布伦纳铁路南端重要城市米罗纳。正在米罗纳攻克声中，义大利爱国志士，在义境北部，大举起事，迅速地迭占名城。此种恢复国土的有声有色情形，较之去年八月法国地下军的成功，毫无愧色。米兰、都灵、热那亚，全在二十六〔日〕这一天光复了。前两处不但是义国北部最重要的工业城市，而且是该国全国最重要的此项城市，盟国久欲夺下而未能者。热那亚一城，则为义北西岸最重要的海港，其在军事与商业上的价值，均属极大。此数重要城市，全靠从外进攻，无论盟军武力如何雄厚，总需相当时间，才能将其攻下。今于一日之中，全告解放，由此愈可见人民力量之伟大。

米兰一告解放，义国之爱国志士，立即于二十七日，在米兰成立解放委员会。解放委员会第一件大快人心的行动，就是大举搜捕法西斯党徒，并将其重要领袖予以处决。原来义国全境，大部多系山地，颇为贫瘠，惟独北部平原，农产丰富，工业亦最发达。前年九月初，英美军队，登陆于义大利本土，该国随即投降。当时北部各城，如米兰、都灵等，亦曾群起抗德。不幸那时德国实力，尚属十分雄厚，盟方大军，一时亦无法进展至如此辽远的地方。结果义北民众的爱国抗敌，遂为纳粹军队所摧残镇压，屠杀甚惨。已被拘禁的墨索里尼，旋由德方以伞兵救出，送至义北，设立傀儡政府，如此延长法西斯统治对于义大利人民的灾祸。此时情形，义大利人民虽恨之刺骨，一时竟无如之何。然而一个国家的人民，是无法可以澈底征服，或长期压迫的。所以到了盟军大举进攻义国北部的时候，那里潜伏的革命势力，便爆发了。义国投降以来，迄今一载有半。在此期间，该国虽亦对德作战，但是士气消沉已极，对于击败德寇，几乎毫无贡献，其成绩甚至尚不及附属英国第八军的一支波兰军队。因其如此，许多时论家，曾为义大利叹息，认为义国民族的复兴，前途已无希望。及至最近柏林战事发生以前，方传义国共产党，志愿组织游击队，助盟军抗敌。今观义北爱国志士的惊人事业，方知大家过去对于义大利民族，估计太低，其错误正如以前之低估法兰西民族。在适当领导之下，义大利人还是有办法的。

义北爱国志士的行动，如此敏捷，如此有力，不但使墨索里尼领导的傀儡式法西斯政府立告崩溃，该项政府所辖法西斯军队也随之解体，而且给德国驻军，也来个措手不及，纷纷缴械投降，或则被歼。在此项大变动当中，原来是些懦夫的法西斯领袖，只有逃亡之一途。他们想逃到瑞士，准备拿历年搜括得来的大批金钱财宝，长住外国作寓公，度奢豪的残年。可惜民众不饶他们。在瑞士政府拒绝墨氏夫妇入境的情形下，墨索里尼、巴伏里尼（义大利法西斯党书记长）和法里那希（前法西斯党书记长，被捕时任墨索里尼派驻义境德军总部的军事代表）——这三位法西斯的首脑人物——均于二十七日，在逼近义瑞边境，科摩湖上的尼索地方，被民族解放军捕获。墨索里尼夫人与法西斯党的重要军事领袖格拉齐阿尼，亦旋即就擒。这几位元恶，经人民法庭审判，即当众枪毙，二十八日运抵米兰，陈尸街头示众。这种示众的习惯，在西洋久已没有了，拿来对付这种提倡反动思想，实行暴政，祸国殃民，把世界引到倒退道路上去的法西斯党徒，似乎并不为过。

以一生罪恶而言，墨索里尼尚不如希特勒之甚，但是他死得比希特勒更惨。墨氏罪孽，虽较希魔略次一筹，但是他却是法西斯主义的发明者，所以他的惨死，也许更是富有意义。原来在一九四三年九月，墨氏已为义国政府所拘捕，准备予以审判处罪。当时如果如此执行，或由英美将其提交国际法庭，予以裁判，然后予以处决，均足大快人心。然而无论如何，终不如在义大利人民手中执行裁判枪决，来得那么恰当，那么痛快。如此看来，当时墨氏得以逃走，未尝不是一件好事。虐待人民的人，在人民手中受到处分，真是报应不爽。墨氏尸体运抵来米兰以后，愤怒的群众，或对之辱骂，或予以吐唾，或对面部拳击，或予以脚踢，甚至有一位妇人，对之连放五枪，为其被杀的五个儿子报仇。这种人民的公敌，其死有余辜，实为一般所公认。据说被捕的时候，墨氏面色枯黄，满露害怕的样子。想起当年在罗马阳台上大声咆哮，气态不可一世的情形，令人不胜今昔之感。

比起墨索里尼来，希特勒算是死得比较好的。关于希魔毙命的情形，现在尚不知其详。根据片段的记载，苏军攻入柏林以后，希氏仍留柏林，指挥城内德国军民，拼死作战。后来大约是在三月二十九号，于柏林城内动物园总部指挥作战时受了重伤，旋于五月一日毙命。作战失败以后，希特勒的下场，总不免一死。这样死去，在他自己总算是合算，只可惜德国人民给他害惨了。

《民主周刊》第 1 卷第 20 期，1945 年 5 月 10 日

不怕死与不爱钱

伍启元

在过去中国的社会中，曾认为军人不怕死和文人不爱钱，系两件难能可贵的美德。到了今日的情形下，一方面因为军人也要经手许多管理的事，一方面因为战争已成立体的战争，无论系军人或文人，都应具有"不怕死"和"不爱钱"两种美德。

抗战以来，军人中具有"不怕死"和"不爱钱"两种美德的大有人在，但最能发扬这两种精神并在国际上博得好评的，要算戴故师长海鸥先生了。

"死"并不一定系一件很英勇的事，但在可以逃死的情形下而不畏死，那就真是一件英勇的事。没有贪污不一定就有廉洁的美德，但在贪污普遍流行的风气中并有许多机会去舞弊图利的环境而能不去谋私利，那就真是具有廉洁的美德了。戴故师长在缅甸作战时，中外人士在同样的情形下，逃生并不肯以死报国的十分普遍，独戴故师长及无数士兵能英勇地把他们的生命贡献给世界和他们的祖国了。戴师长在缅甸作战时，正系滇缅路上发财的最好机会，不少的人利用各种势力而走私经商营利，独戴师长和少数人士能不受这些恶势力的诱惑，廉洁自爱，成为军人的模范。从这一个观点说，戴师长确系中国抗战期中最伟大的军人之一。

不怕死与不爱钱是两件似是无关而实际上关系甚深的两件事，这可以分开三点来说。第一，只有不爱钱的人才能不怕死。一个贪污舞弊经商营私的军官，他的全部精神都放在"金钱"的上面，他的整个干部都不会有心情去作战，他必不会系不怕死的。第二，只有不爱钱的人才能作战。一个吃空的军官，其部属无法得到温饱，一遇敌人，必望风而逃，不敢应战。一个不敢应战的部队虽要死不会有死的机会。第三，只有不爱钱的军队才能做到军民合作。一个爱钱的军官，他所指挥的部队必然系扰民的，扰民则军民的感情不好，军民的感情不好则遇到作战的时候，军队怕受人民的报复，就只能先行逃走，那也就没有"不怕死"的机会了，戴师长因为系不爱钱的，所以能取得民众的合作，得到部属的信任，所以能不畏敌人的强大力量，英勇应战，终达到"杀身成仁"的地步。

较戴师长后死的人，每人都应反躬自问："我是否不爱钱？我是否不怕死？"假使每一个军人和文人对这两个问题都能有肯定的答案，则中国的前途系光明的。在这同盟国已将在华登陆的时候，我们如要在反攻上占我们应有的地位，必须先使所有军人及文人做到"不怕死"及"不爱钱"两点。但我们真能做到这两点吗？

《海鸥周刊》创刊号增刊，1945 年 5 月 26 日

武器军工

中日战争中使用毒气问题之检讨

曾昭抡

    平津失陷以后，日本图占我国领土，更加积极。不意我国发动全面抗战予以坚强之抵抗，日军为求速胜，一切新式战术，凡在其能力可以实施者，莫不引用。即令违反国际公法，或有背人道，亦在所不顾。自八月中旬以来，敌方在南北前线使用毒气之消息，载之报纸，已数见不鲜。平心而论，此种消息，或因前线士兵一时错认事实，未必均系确报。但敌人对我迄今至少曾经用过若干次毒气攻击，则系属实情，征之外籍医师之证明，可以了然。幸我方早有准备，敌方所用数量亦不多，故对于战局，并未发生大影响。同时日方亦屡次诬我使用毒气作战，惟关于此点，彼方始终并未能提出确实证据，以日人之惯于作假宣传，恐对此点置信者，除日军外，别无他人。然目前在此方面之重要问题，尚不在何方确曾使用毒气与否，而在毒气战争，将来是否会大规模使用，与其效力如何。国人对此，不乏兴趣，因此特就个人见解所及，约略言之。

    自国际公法上言，战争禁用毒气，始于一九〇七年之海牙协定。及后欧战爆发，德国首先违约，他国随之弛禁，此约遂成具文。一九二二年华盛顿会议，重新明白规定，禁用此项兵器。嗣后在国际机构下，是项问题，又复数度提出。虽各国专家对于此点之意见，始终未能一致，但自法理上言，使用毒气作战之非法，迄今尚属不可否认之事实。日军首先对我施用毒气，违约之责，实无可逃。虽然，关于禁用毒气之条文，在大规模作战时，必不能

357

生效，早已为各国军事学家及科学家所预料。大战以后，以至今日，欧美各强国，积极研究及制造毒气，未尝稍间。只要此项战术，对于作战确有重大帮助，不仅素无国际信谊［义］之日本，不惜采用；即文化程度远较日本为高之欧西各国，恐亦将不惮毁约。故在中日战争继续延长局面下，日军将来必大规模采用毒气，殆为必然之事，吾人不可不备也。

关于毒气效力问题，国人鲜有正确之印象。有认为极端神秘，触之必死者。有认为不过如此，不值注意者。实则两说均走极端，都非正确。毒气为欧战中新兴之一种武器，正与坦克车同。自军事科学之眼光观之，每种近代武器，各有其威力之范围与限度。毒气之引用，并未使他种武器变为无用；但因其某种情况下，效力特宏，已使近代战术，发生相当变化。未备化学兵器之军队，即是设备不完全之军队，其缺陷正与无飞机或坦克车之军队相类似。至毒气战争，在何种情形下，最能发生效力，乃系一种专门问题，不必详述。自一般言之，此项兵器，在游击战中之效力，比较低微；而在持久的阵地战中，则威力殊大。对于空旷地区或后方城市之效力不大，而对部队密集之战壕，则具有重大威胁性。以天气言，极端寒冷之地区，不适宜于用毒气；而温暖之处，则殊适宜。由此观之，上海战区，除在雨季时节外，实为实施毒气战争之良好场所。沪战为我国存亡所关，对于此点，尤不可不特别注意。至日军使用毒气之所以迄今未收大效，乃因其用量尚少。对于真正大规模的毒气攻击，消极防毒，几于完全无效。日人之尚未大量使用，大致系因其国内目前尚未准备到此程度。世界各国中，真能大量生产毒气者，现只有英美法德义五国。义国近来对日本之侵略行为，深具同情，故即令日本一时不及大量制造，其能获得供给，可无疑问。我国抚身自问，不得不及早决定对抗。对付毒气之惟一有效办法，实只有我方亦以毒气反攻之一途：此理正与飞机为对付敌机之最有效方法，其理相似。至若徒知斥责敌人毁约不人道，而不谋对抗之方策，此乃宋襄公式之行为，殊不足称道也。

《大公报》1937 年 11 月 7 日；

又载《国闻周报》第 14 卷第 45 期，1937 年 11 月 22 日

现代战争的武器

曾昭抡

虽然大部分所谓"主义",都说"和平"是它们最后的目标,可是真正和平的到临,在现在还和两千年前一样辽远。翻开人类的历史一看,整个的就是一部斗争史。人与人间的互相屠杀,时断时续地,在那里进行着。在这种斗争当中,武器的使用,当然占据着显著的地位。因此不谈战争则已;要谈战争,就得明了作战时所用的武器。

(一)最初的武器

杀人的武器,最初系由对付禽兽所用的武器深化而来。在没有历史记载的古代,世界上人类不多,还没有互相屠杀的必要。那时候的大问题,是人与兽夺食。好些野兽(尤其是在上古时代繁殖的那些种类),体力比人强壮得多,要是专靠徒手肉搏,人类对付它们,完全没有得胜的希望。但是人类赋有比较大的大脑,能用智力来补助他们体力上的不足。最初利用石头,以后改采铜铁,他们造成一些工具,可以伤害禽兽;由之求得生存,并且猎取低级动物,拿来当作食品。这些工具,逐步改良,便演化成为我们熟知的原始式的武器——刀枪剑戟,弓箭斧钺,等等。

原来造这些武器的目的,是用来对付四周的禽兽———一方面自卫,一方面狩猎。可是在它们的演化和改良进行当中,地球上若干部分,人类慢慢增加起来。在人口较密的地方,因为利害的冲突,人和人渐至演成互相杀害。

杀兽的武器，因此就用作杀人的武器。这些原始的武器（其中最重要的，是刀、枪、剑、斧和刀［弓］箭），在社会组织比较个体化以后，成为执行战争的主要工具；经过几千，几万，或者甚至更多的年数，并没有很大的改良。

（二）中古时代火器的发展

在西历一三二〇年左右，一位德国和尚，发明了步枪的制造。那时候最初制造的枪，比起现代步枪来，当然是异常地笨重可笑。但是枪的发明，是"火器"（fir arms）的开始。世界上的武器，从此开了新纪元。由那时起，到现在不过六百二十年。但是在这短短的时间内，武器的突飞猛进，令以前几千几万年，完全失色。最初的枪，比起现代步枪来，除开形状笨重以外，有两处主要的不同点。第一，当初的枪，是前膛枪，子弹从前面装入，使用时颇费事。现在的枪，却全是后膛枪，子弹自后面（即下端）装入，比较省事，而且装子弹耗时甚少。第二，当初的枪，枪管里面，是光滑的圆筒形。现在的枪，里面刻了两道来复线，因此子弹飞出作抛物线的时候，同时得了一种旋转的动作，结果瞄准要好得多。

在步枪发明前后，开始了炮的使用。最初的炮弹，多少模仿箭的形状，前端似箭头，后端带有金属制成的羽毛。这种怪炮弹，很快地就发现不合用，因此所用圆形炮弹，用铁、铅、青铜或石头制成。但是这些炮弹，乃是实心的。到了一五八八年，才有人改用里面装有火药的炮弹。一七八四年，沙拉拍拉中校（Lieutenant Shrapnel），又发明了开花弹。最初的炮和枪一样，全是前膛炮，而且炮身里面完全是光滑的。现在的炮，却全是后膛炮，炮身里面也刻有来复线。

职业的作战者，对火器的效力，认识得很快。步枪发明后不过三十年，在一三五〇年左右，火器在欧洲的使用，已经相当普遍。到了十六世纪当中，那时枪炮所必需的黑色火药，已在欧洲大规模制造。十九世纪的下半世纪，军用炸药，起了很大的革命。硝化纤维制成的无烟火药，经过将近四年的试验和研究，终于将黑色火药作发射药用的地位，取而代之。至于炮弹里所填充的高炸药，始而由黑色火药变成苦味酸 Picric acid；继则在上世纪之末，再变而改采 TNT。

比起二十世纪来，以前五六百年武器的进步，似乎是很迟缓。但是实在说来，十九世纪的进步，也就足够惊人。在拿破仑战争时代（十九世纪初年），海军作战，开炮需在八百码以内，方能命中。到了一九一七年，两船就是相隔一万八千码，仍然可以作相当准确的射击。

（三）第一次欧洲大战与新式武器的使用

在第一次欧战爆发的时候（一九一四），前线炮火，虽说异常猛烈，但是双方所使用的武器，主要地限于步枪、机枪和各种口径的炮。（内中机关枪一项，还是在日俄战争的时候，方才大规模地使用。）在四年半的空前大战当中，这些武器的制造，得着重大的改良，尤其在炮一方面。射程数十英里的巨炮，创立了远距离作战的纪录。炮兵射击的技术和大炮的瞄准，也得有重大的进步。同时在轻武器方面，新发明的迫击炮，对于近距离作战，证明异常有效。但是那次大战中武器上惊人的杰作，是下列几种新武器的发明和使用。

毒气的使用，打破阵地战的僵局，令坚固的防御工事成为不一定可靠。烟幕和纵火剂，增加了敌人的烦恼，并且对战术的修正，很有贡献。飞机与齐伯林飞船，将战争的区域，从平面展成立体，令后方变作前方。英国人最初介绍的坦克车，横冲直撞，往往使死守阵线，成为不可能。摩托化部队，同样地增加战争的机动性不少。最后在海战方面，一九〇四年一位法国海军工程师发明的潜水艇，被德国大规模采用，给了世界第一海军国（英国）莫大的威胁。

（四）第二次欧战中所用的武器

第一次大战停战（一九一八）以后，只安静了二十一年，去年便又爆发了第二次欧战。由第一次欧战到现在，武器上有了三方面的进步：第一是新武器的发现和应用，第二是旧武器品质上的改良，第三是武器数量上的大大增多。和一般人所得印象不一样，从专家的眼光来看，除开磁力水雷一项以外，所谓新武器的成绩，并不十分惊人，对于以往各次战役，尤其不是决定的因素。武器品质上的改进，英美德苏等国，均有显著的成绩。例如飞机一项，现在军用飞车［机］的速度和续航力，都比第一次欧战时代，进步了很多。现在的飞机，最远航程可达六千英里。驱逐机每小时的速度，已达四百英里以上，最新式的美国飞机据说可达七百五十英里。不过因为各国对于品质改进，都已注意已久，德国对英法，在这方面也并没有优势。此次德国在法比战场获胜，武器上的优势，无疑地是一种极重要的因素。德国武器上的优势何在？就在数量上的绝对优越。法国还未溃败以前，红星报曾经指出德国在飞机及坦克车上之绝对优势，为同盟国担忧，后来果然灵验了。

（五）新武器与新战术

上段已经说过，此次欧战当中，真正新颖的武器，并未占着显著的地位。战场上胜负的决定，还是依赖第一次欧战当中业已用过的那些武器，就中最重要的，当然是飞机和机械化部队。这两种近代武器，虽然是在第一次大战中，首次使用，而且得到很好的效果！可是那时代的战略家，还不知道怎样去利用它们，经过二十年的期间，人们方才研究出来，学会了怎样去利用它们，收到重大的战果。对于这点，德国人的成就，似乎最大，这就是德国战胜的一种主要原因。换句话说，利用飞机和机械化部队作战，并不是此次欧战的发明。但是使用飞机和机械化部队作战的战术，却是在这次方才达相当完善的程度。拿第一次欧战的情形，和这次法比战场的高度机械化战争相比，完全没有比较的余地。从军略家和军事技术的眼光看来，以前使用这些武器的战术，实在是幼稚可笑，根本就没有能怎样发挥它们潜伏的效力。这次法国全线溃败，竟是如此出乎意料的迅速，令全世界惊诧不已。所以弄到这样，原因诚然是多方面的，但是其中最重要的理由恐怕还是在战术和军事技术上面。一九四〇年的法国人，和一九一四年，并没有重大的区别。当日的英雄，贝当和魏刚，此番仍然是军事上的领袖。法国人民事前的戒惧，刻时的爱国心，也不见得一定弱于前一代。但是何以在二十年前，一条防线，往往能守几个月，而这次却是一败涂地。此中理由，戴高乐将军说得最好。在一次伦敦谈话当中戴氏说道，法国此次挫败，主要的原因，是为拿着一九一四年的战术，去应付一九四〇年的战争。这句话真是一针见血。假如德国还是拿着一九一四年的方法，来进攻法国的话，我们有各种理由相信，西线大战，也许至今仍然滞留莱茵河上和比国边境内。法国这次投降，并不足以证明该国族的衰落。问题是随着新武器而到时刻的新战术，将整个战争的形式改了面目了。

第一次大战结束后，据说一位参加战争的英国将军对人批评，说那次战争，专门作阵地战，仿佛两个人打架，四只手扭在一起，头顶着头地死斗，大家都弄得不进不退，实在僵得很。如一方能把一只手抽出来，向对方突击，实行运动战，结果一定要不同得多。从此番经验看来，那一席话真是不错。上次欧战的僵持四年半，无疑地是因为过分地重视阵地战，不曾多多地使用运动战。至于何以会弄得那样，一方面也许是因为双方主持军事的当局在战略和战术上，犯着同样的错误。但是更重要的理由，是因为当时各交战国武器准备的情形，还够不上执行一种极有效的运动战。对于打破沉闷的僵局，当时自然也曾很做过一些尝试。毒气的发射，坦克车的试用，末期中摩托化部队的日趋重要，都足表现这种倾向。可是不久毒气的功效，就被防毒面具中和；坦克车和战车可用平射炮击毁。结果弄得仍然回到阵地战的局面。那时候双方所用军用飞机，数量不够多，性能也不够好。坦克车也犯着同样毛病。加上使用这些新武器的战术，还没有研究到一种比较完美的程度。这样当然是不能得到更好的结果的。

到了此次西线大战，情形却完全变了。凡是留心观察此次战事的经过的，都可以发现下列几种惊人的特点。第一，传统思想认为威力最大的大炮，这番退居次要地位。第二，一般战术家以为很有用的毒气，完全未用。第三，飞机、坦克车和摩托化部队，发挥了惊人的威量。第四，坚固的防御工事，几乎归于无用。甚至以前认为无法攻破的马奇诺防线，最后也在一两天之内，就被德军攻破。第五，双方前线死伤，都并不重大。在法北战事当中，虽然德国步兵冒着炮火，蜂拥前冲，但是据法国方面的估计，打到巴黎，也不过死伤四十万人。比起上次欧战当中，德国一共损失了七百多万的战士，相差甚远。第六，胜负的决定，异常神速。重要战役，大都以闪电站的方式，很快地就解决了。以上所述各种新时代战争的特征，假若加以根究，实在是由同一理由而来。理由便是飞机和机械化部队的大量采用，造成所谓"闪电战"；这种高速度的机械化战争，有效地打破了阵地〔战〕的僵局，完成了战略上所需的运动战。根据合众社记者的报告，这种战争，每次真正作战的时间，实在甚为简短。在这简短的时间内，双方均以大量飞机进攻。空军破坏力的伟大，在此项情形下，屡试不爽。大举轰炸以后，跟着就用大批坦克车随着冲。以前各次战争中，使用坦克车，一次最多不过几百辆，这次却动辄出动一两千辆。一帮铁怪物，在战场上横冲直撞，遇着劣势的对方时，大有所向无敌的气概。平射炮虽然能把它们击毁一些，但是并不能阻止它们大队前进。另一方面小队的机器脚踏车、战车和喷火坦克车，对于破坏敌人后方的交通中心，发生很大的效力。以前机械化部队必需和步兵配合起来，方能收到效果。现在改用大批的这种部队，结果它本身就具有独力作战的能力；在短时期内，不必一定等候步兵前来。如此作战，当然大炮失却威力，防御工事失掉效用，毒气也成为不必要，不需遭受重大损失，便可进占敌人的地区了。

作者向未迷信德国的武力，更不是希特勒主义者。但是德国此次充分地采用新武器配合了适当的新战术，以致在西线大获全胜，却是一件各国都领受到的教训。

《战国策》第 12 期，1940 年 9 月 15 日

近代战争中的人力与武器（上）

雷海宗

　　人力与武器，精神与物质，士气与装备，何者较为重要，这是古今兵家所常讨论的问题。在今日的科学战争之下，这个问题尤其为一般人所关心。注重精神的，称对方的意见为"唯武器论"；注重武器的，又称反对方面为空谈之士，赤手空拳或步枪机枪何能抵御飞机大炮？

　　两种意见都有极端的提倡者。杜黑主义认为武器至上，尤其空军至上，相信大量的飞机可以单独致胜，澈底的歼灭对方。另一种推崇武器的说法，可以戴高乐在一九三四年发表的《未来的陆军》一书为代表，主张法国废征兵，改采用澈底机械化的职业兵制，以十万人为准。相信十万精兵虽未必能横行欧洲，但最少可以保卫法国。比较保守的军人，仍重视人力，尤其是步兵。但出乎一般意料的，是在各方面都最不保守的苏联，也有同样的看法。一九四一年一月苏联参谋部所主办的《红星报》中有一篇论文，特别提出今日战争中步兵地位的重要，认步兵为其他兵种取胜的必需条件，炮队、坦克、飞机的行动，都须以步兵的目标为指针，因为只有步兵能到对方的堡垒或工事中击败敌人。

　　两种说法各有道理，若不走极端，可说都是正确的。极端的唯武器论，只有在殖民地战争中才可实残［践］，少数赋有近代武器装备的兵士，歼灭武器落后或毫无近代武器可言的乌合之众。这是典型的殖民地战争。杜黑主义在义大利征服阿比西尼亚时，算是证实。但今日世界上多数的大国，尤其

365

是欧美各国，文化程度、机械技能与经济力量大致相等，杜黑主义是没有实现的可能的。在此种情形下，胜败之数要决定于武器发明的速度、武器制造的优劣，与武器数量的多寡。戴高乐的学说也是一偏之论。一般认为纳粹建军，完全抄袭戴氏书中的方案，可法国不听他的建议，以致亡国——这个看法只有一半是对的。德国采取戴氏澈底机械化的主张，但并没有废除征兵制，所征的兵反而多于法国。一九四〇年时，法国动员五百万人，德国动员加倍，达千万人。可见在武器日精的今日，人力，人的数量，仍有它的重要地位。至于《红星报》的论调，也只是站在某一立场说理，并非无条件的唯人力论或唯精神论。武器或许厉害，但一个地方的攻取与占领，最后必须步兵。没有步兵，其他的兵种最多只能扰乱对方，破坏对方，而不能攻占对方。红军实际是非常注重武器与装备的，并且，许多方面是新战术的先驱，例如在德军之先，红军已注重机械化与降落伞队的战法。《红星报》的说法应当与此类现象参看，而不可断章取义。

实际今日的战争既需数量充足与技能高超的人力，又需数量充足与品质优良的武器，两者缺一不可。工业落后的国家，难在今日立足；人口太少的小国，在今日更难生存于天地间。在大规模的陆战中，只有苏德之战双方都曾呈显此种两者兼备的情形。所以至今为止，苏德之战可说是叫我们认识近代战争真像的惟一例证。一般讲来，苏联的空军、坦克与大炮，在质量上并不劣于纳粹，在数量上有时超过纳粹，只在作战的经验上德国略占上风。远在一九三六年德国早已知道苏联的武器可与自己相比。英法方面实际对此也非不知，只是保守成性的军事首领故意的闭目不视而已。去年夏秋之际，纳粹在东线的胜利，大半由于战事初起时德国以全力进攻，而苏联措手不及，一时动员的人数与物力少于德国。但苏联所以没有一败涂地的，就是因为根本上它的武器在数量上与质量上都可与纳粹一拼。德国闪击苏联，其规模的庞大，与来势的凶猛，在人类历史上是空前的。去年夏季希特勒用在东线的军队，超过一年以前战败法比荷卢的军队，约有一倍之多。在第一次大战时，德国用于东线的尚未超过全部军力的三分之一，并且只有一九一五年大进攻的一次曾经用过三分之一的兵力。在一九一四年战事初起时，德国用以攻俄的只是全力的八分之一。但一九四一年夏间纳粹把他机械化部队与空军的大部分都拿到东线去使用。苏联屹不溃败，真是一种惊人的奇迹。一直到去年，可说只有苏联的参谋部真正明了纳粹的战法，并且肯及时准备抵抗的策略。闪电战是一种预先清楚设计的战法，要冲破对方的某一防线，需要多少坦克，多少飞机，多少大炮，多少机械化的步兵，这些兵力要采用何种战术，方能达到目的——凡此一切都须预先确定，然后才进攻。法国失败，由战术言，就是因为它对德国这一套全不了解，当然也毫不预防。苏联的参谋人员熟知德国的把戏，纳粹所计算的，他们也都计算到，并且进一步的计算抵抗之道，同时他们又有充足的人力与武器，叫他们能够尽量的抵御。闪电战是一种突破、包围与歼灭的战术，在西线这个战术步步顺利，但在东线纳粹始终没有得过一次大规模包围歼灭的机会。在无力反攻的局面下，对于纳粹式闪击战的惟一防御与击破的方法，就是在充足武器与足够人力的先决条件下去实行深纵的防御战术，单层或三两层的防线是无济于事的，一经突破，全线就都被包围，成了袋中之鼠。防线必须一层又一层的向后伸延，使全部防线没有被整个突破的可能。敌人每突破一线或两线，两翼与后面就缩紧迎击，如法炮制的使突入的敌人成了袋中鼠，早日将他消灭。法国的失败，其他一切不计外，在前方的主因就是因为在任何一点都只有稀薄的两三道防线；如此的应付闪击战，是十稳的自杀之道。苏联明了此理，对此早有布置，深纵的防线，由波罗的海到黑海，由苏波旧境到莫斯科的外围，是没有间断的，所以才能达到消耗纳粹精锐的目的。近代战术的布置与近代武器的构造，有许多可以沟通之处。军舰与坦克是进攻的利器，但同时也要装有厚甲，免为对方射穿。深纵的防御术与此同理，在今后的战争中，单线的防御是不可想象的，正如薄甲的坦克车或主力舰是不可想象的一样。

《中央日报》（昆明版）1942 年 7 月 10 日

近代战争中的人力与武器（下）

雷海宗

闪电战的一个必要条件就是"快"，时间一长，就不成其为闪电战了，七十年来速战速决是德国战术的一贯作风。普法战争，色当决战的胜利是在作战的第四十八日，这已是具体而微的闪电战。第一次大战时，德国在战场初创俄军的坦恩堡之役是在战争的第二十五日。第一次马恩之役，德国几乎取得最后胜利的第一大决战，是在战事过后的第三十二日。此次的大战，纳粹灭波兰，不过半月，灭法国，也不过一月。但去夏攻苏，不只未得速胜，并且根本没有得过一次歼灭大量苏军的机会。这对纳粹是一种莫大的打击。闪电战取胜的机缘只有一次，此机一过，不能再来，以后就只有去作无限期的正面□战，这是纳粹所最畏忌的局面。所以不论将来的发展如何，纳粹在东线算是失败了。

去夏的苏德之战是人力武器大致相等的一种决斗。今夏希特勒发动新的攻势，最少暂时颇为成功。利比亚已经全部攻取，塞巴斯托巴尔港也已陷落。对于塞港方面，德国除集中坦克大炮外，几乎全部第一线的空军都调来使用，而自己后方的要地反倒任英国屡用千架以上的飞机去轰炸。这是不顾一切，人力武器大量集中围攻致胜的一个显例。至于北非沙漠的战事，真相至今不明，连邱吉尔在本月二日国会下院的应辩中也自承不知："六月十三日以前，战事尚在相持阶段。然至六月十三日战局乃发生变化。当二十五日上午吾人约有坦克三百辆，迫至黄昏时分，除轻型之司徒口式坦克车外，仅

368

余坦克七十辆。吾人对于敌军则不克予以相当之损失。余对于该日战事何以失败，并无所悉。余仅能以事实向诸君报告。"内中人如邱氏者既然不知，吾等局外人当然更感渺茫。但由三年来欧战的经验来看，此次的关键必在武器。本可与敌人相持的英军，一日之间而庞大的坦克队几被歼灭，这一定是德国有了意外锐利的平射炮，使英国的坦克车完全失效。我们如此说法，当然只是凭空的推断。但除非将来事实证明英国将领方面有不可想像的错误，或士兵方面有更难想像的疏忽，德国使用新的法宝，是惟一可能的推断。假定此种推断是正确的，埃及的战局若要在短时间挽回，只有依靠优势的空军，因为地面上的缺点是一时无法补救的，大量的新式坦克车绝非一口气可以吹来。大量的劣等武器，正如大量的血肉之躯一样，徒供无谓的牺牲而已。去年双方的武器不相上下，今年德国在利于机械战的沙漠中似乎先走了一步，英国眼前只有吃一个大亏。

由以上种种的推敲，关于人力武器的关系，我们似乎可得一种尝试的结论：武器非常重要，但武器不能代替人力，武器愈多，所需的人力也愈多，武器愈精，所需的人力也愈要智巧机警。若要偏于一面，由表面上看，似乎武器应当偏重，但若追根究底，人力仍然重于武器。武器而无人用，是死物，甚至徒然资敌。武器是人力表现的工具，甚至可说武器是人力的一部，武器就是人力。人力与武器的关系是有机的，并非机械的，人力与武器是一种力量的两端。武器的发明，靠科学的程度与整个文化的活动。武器的创造，靠工业化的水准与技巧的发展，武器的运用，靠一般国民达到的机械知识与整个社会中的机械意识。完全或大部靠外来的武器，只可作为一时的权宜之策，绝非长治久安的百年大计。一个民族必须能自己发明，能自己制造，能自己运用各种新式的武器，才算是真有武器的民族，也可说是才算有人力的民族。

《中央日报》（昆明版）1942 年 7 月 11 日

抗战期间我国兵工业之进步

曾昭抡

　　缅甸沦陷，迄今已逾半载，然而我国长期抗战局面，并未因此而受影响，近旬来浙赣前线，且捷报频传，令人兴奋。当初一般人所忧虑的因军火耗竭而致军事难于支持，看来显系过虑。当然中印间航运，对于支持抗战，多少不无帮助，可是加尔各答飞来的飞机，除载空军所需汽油而外，其他物资，所带有限，较之昔日滇缅路畅通的时候，相差甚远。同时我国迄今之所以始终不屈，军民忠勇，纪律严明，诚然是重要的因素，但是假设在物资上完全无法应付，亦断难有此成绩。此中之谜，在于我国抗战以来军火的自给与补充问题。

　　当然我们不必讳言，一直到目前阶段，为着支持近代战争，我国对于军火一项，始终未能完全自给，而须一部分仰赖于盟友的援助。不过我们可以说，五年抗战的结果，虽然不少地方沦陷，中国在这方面自给的能力，不但未曾减低，反而只有增加，这大概是一般人所预料不到的。在初期战事当中，沿海一带沦陷甚速，一般损失，殊为重大。很幸运地，因为政府措施得当，设在那些地区的兵工厂，均得及时撤出，机器设备，损失甚微，其中数厂，搬得最为澈底，设备材料以外，一切零星物件，甚至房子里面的钢窗等等，概予搬出，不久即在后方从事新建起来。现在国内军火生产的数额，不仅能够赶上战前标准，而且一般说来，大约超越战前三四倍之多。

　　以目前我国军火制造业与战前相比较，除产量增加外，另有两点可以特别注意，第一是工厂地点的移动，第二是工厂的分散。战前国内兵工厂，也和其他各种工厂一般，大部集中在沿海几省，而且厂数不多，出产采取集中的方式。跟着战事的转移，这些兵工厂，都已搬到后方，继续工作，其中绝大部分，设在西南大后方几省。因为过去敌机常来轰炸，政府很早就认识，继续集中生产，易成目标，所以搬到后方的时候，立即决定采取疏散的方式，将原先少数几个厂，分成几十个厂，散布各处，藉以减轻轰炸时可能的损失。这种政策实施以后，得到很大成功，敌机虽然屡次来炸，结果损失非常轻微。诚然其中亦有几次直接命中厂房，但是若以轰炸的次数，与所受损失来比较，这种损失，可说是微乎其微。例如重庆附近某某数厂，敌机飞来轰炸，先后不下数十次，然而始终没有一次炸中要害。其所以能得到此种成绩，一部分固因工厂分散的关系，另外一种理由，则是因为建筑此等工作，采用了合乎防空的原则，一厂之内，房屋尽量分散，同时加以伪装，并且利用天然形势，以作隐蔽，而免目标过大。此等消极防空的办法，即在战后，亦有保存的价值。

数量增加以外，我国兵工业近来另一方面的进步，为制造品种类的增加。步枪、机关枪、迫击炮，以及这几种轻式武器的弹药，构成我国战前军火生产的大部分。现在除维持这些产品的制造以外，高射炮弹、反坦克炮弹、飞机炸弹，等等，均在大量制造，甚至高射炮，也已经开始可以自制。有几所工厂，里面安的是最新式的机器，其生产情形，除产量较少外，和德国、美国等新式工厂，并无区别，任何人有机会看看那些工厂里自动车床工作的情形，便会感觉仿佛到了外国的兵工厂一般，由云南所产磷矿制造燃烧弹里面所需的黄磷，是最近一种有价值的尝试。

兵工材料的自给，似乎是一种更重要的问题，多个国家，都不能做到完全自给，只可在平时将所缺材料，预先储存起来，德国日本，都是如此，甚至英美苏等国，对于一部战争材料，亦不得不事先存储。我国因为工业素不发达，对于此等材料的缺乏，感觉尤为敏锐。政府在此方面，亦会略作存储。例如一部分兵工厂所用特别钢、活性炭，等等，仍是战前或开战后第一二年所存，德国材料炮弹、飞机炸弹所装高炸药，大部系在战后经由滇缅路运入。此等材料，大都尚可支持两年，足以渡过目前最严重的难关。至于使用较多的钢铁、铜、锡，则现已自行采冶提炼，不久可以达到完全自给的阶段。

兵工厂里须用的工具钢，以前一律须来自外国，不但为价甚昂，而且外国对之需要亦殷，并不亟于出卖。此种问题，现在亦已完满解决，钨钢、锋钢（即高速工具钢），及金属纯钨，目下在重庆均已能自行制造。世界上产钨量，素以我国居第一，可惜以前是将未炼的钨矿，运到外国，让别人炼成钨钢或工具钢，以高价重新卖给我们，这种不合理的事，今后不致再发生了。

抗战五年，我国在各方面，得有不少的进步，如果知道事实，可使我们大为兴奋，兵工业的进步，即是一例。

《民族与国家》创刊号，1942 年 12 月

战争的科学

曾昭抡

我们常听见人说，现代战争，是一种"科学的战争"。对于若干人，"战争的科学"，或者显得有点新奇。其实仔细看来，现在的战争，不只运用近代科学的发明，产生作战工具，以求取得胜利，而且进行战争的方法，本身就是一种高度有组织的科学。在西文中"军事科学"　（military science），这个名词，已经用了多年。"战争科学"或者"战争的科学"，似乎是这种科学更恰当的名称。因为西洋人所谓"军事科学"，其所包括的范围，不免有点嫌过于狭窄。

战争之或为一种科学，正和物理、化学等等之为科学一般。而且不但现代战争是一种科学，自古以来即是如此。不过和其他科学一般，时轮愈向前转动，这种科学的科学化程度愈高。什么是科学呢？科学的门类，尽管不同，但是无论哪种科学，在两个基本的立足点上，完全一致。这两点，第一是科学以因果关系为基本立场，第二点是科学并不包含道德因素。这两点也可说是测定某门学问是否为一种科学的尺度。用此种尺度去量，战争不成问题地是一种科学。

对于不是研究自然科学的人，上段所说两点，也许有加以解释的必要。对此我们不妨举几个例子。自然科学之注重因果关系，大概是一件大家熟知的事。从许多个别事实的观察，科学家归纳起来，得到一些表示因果关系的定律。此类定律，发展到最高的完美程度时，可用数学公式或方程公式代表出来。特别值得注意的一点，是这类定律当中从不包括有道德的因素。假如有人勉强要把这种因素牵入，往往就会得到荒谬的结论。比方说，牛顿发现的"万有引力"定律，告诉我们，一个位置比地面高些的物体，因为地心吸力的关系，总有降到地面的倾向，一有机会，马上就会落下来。现在假定一片悬崖顶上的石头，因为某种缘故，忽然松动起来，发生山崩的现象，这些石头，一定遵照物理学上的定律，循着某种固定的抛射线，自上面掉下。这时候如果崖下站有一人，而他所站地位又正在石头下落抛射线以内，他一定会被打伤或打死，不管这位先生是孔夫子、甘地，或者希特勒。假设有人说，掉下的石头，会因为下面站的是圣人而拐弯，我们一定会说，这人不是迷信就是发狂。因果关系之不可避免性，乃是一切自然科学共有的通性。自然科学以外，其他科学，因为因素比较复杂，大都不能将因果关系，如此简单的表示出来。但是这种差别，不过是程度上的不同，而不是种类上的有异。经济学告诉我们，物价高低、工价涨落、工人失业等等问题，全都受着供求定律的支配。至于工人是否应该因此种定律发挥效用而致失业，并不在经济学这门科学范围以内。我们应不应该有这种定律，更不成为问题，因为这条定律，根本就是经济社会一种必然的现象或因果关系。

战争的情形，也正是如此。当前年年初，德国向希腊、南斯拉夫宣战的时候，凡是研究战争科学的，立刻就知道，这两国的悲运，无可避免。战争定律的发挥效用，绝不管作战的是穷凶极恶的希特勒，或者是为祖国自由而战的希腊人。像一切科学的勇敢的战士。可是当几十万机械化的德国军队滔滔涌入的时候，这情形就仿佛"螳臂当车"，万无一侥之理。区区几万英军，配备既不周全，增援又极困难，也是无补于事。当时不少的观察家，以为英希联军，可以侥幸获胜。这种猜想，如果不是出自虚空的希望，便是表示这些先生们，根本不懂战争的科学，把希望寄托在迷信或者道德观点上。

这次世界大战，迄今所发生的结果，从表面上看来，许多都是意想不到。但是如果我们能以科学的，冷静的头脑，去分析所能得到的事实，便会发现，这些结果，并不足奇。世界上根本就没有奇迹，不管是在自然科学上或者战争上。所有的结果，都是必然的，甚至不可避免的结果。只要我们能用研究自然科学的方法，去研究战争，便不难化神奇为腐朽。一切误解和错误的推测，都是不明了事实，或者由不科学的分析得来。德国迄今所得到的胜利，以及苏联对于纳粹侵略有效的抵抗，对于明了两国国情的人，早就可以期望得到。只有素来不研究苏联问题的人，才会对它的军力，表示惊奇。

迄今一般时论者当中，流行一种错误的见解，总以为前年冬季气候的提早来临，救了苏联的命。这种看法，实在幼稚得很。第一，德国在东线停止进攻，是在十二月十号以后，那时早就该冷了。事实上冬季在莫斯科前线并没有提早降临，那不过是德方宣传部的一种吹牛。第二，冬季对于作战诚然有相当障碍，但并不能阻止机械化部队进展；而且在俄国境内行军最困难的时候，并不在隆冬满地冰雪的时期，而是在阴雨降雪与次春解冻的时候。拿破仑攻占莫斯科后之所以一败涂地，并不是因为冬季来得太早，或者冬天过冷，而是因为那年融雪较早。近来苏联放映的许多影片，充分证明，在最冷的天气下，飞机坦克，照样要以自由活动，毫无阻碍。去冬德军会在十里泥泞之中，一度攻下罗斯多夫，何以地面冻硬以后，反而攻不下莫斯科呢？这决不是纯因天气太冷的缘故。据事后苏联方面的报告，前年十二月初旬，德军先头部队，一度达到距离莫斯科不过十公里的地点，这距离比由沙坪坝到重庆市区还近。要是天气是惟一障碍的话，逼一口气，一点钟以内，也就到了。然而在兵临城下之际，德军终于退却。当然天气也是一种因素，但是并非最重要的因素，而却是德军统帅欺骗外行之一种下台的好借口。据现在看来，前年德国之所以亟亟于寻觅冬季宿营地，一部分系因苏联主力并未摧毁，另一方面则因德国所备军火渐渐衰竭，因此该国统帅部认为继续猛攻是一件不聪明的事，不如休息几个月再来。德国官方广播，曾经再三坦白地承认，当初把苏联力量估计太低，所以未能达到预期的结果。大约他们当初以为至多三四个月，便可将苏联击溃，所以军火等等，都是按这种计划准备。不料初期胜利以后，忽然断壁，弄得没有办法，遂借口天气下台。德国对于战争科学，研究最深。但是犯这种类似的错误，此番并不是第一次。第一次大战发动的时候，德国也满以为三个月便可击溃法国；一切准备，都是在这种假定上做的。不料巴黎攻不下，弄得相当狼狈。其与此次德苏大战不同之点，是那次不能将责任推诿到天气上去。我们还可注意到一点，就是在第二次大战当中，德国曾经屡次利用冬季休息，以求军火之得到充分的补充。波兰战争以后，过了一个冬天，方始占领丹麦挪威，进攻荷比法。法国崩溃以后，又过了一个冬天，方才攻占希腊、南斯拉夫，后来又对苏联发动战争。丹麦挪威，也许冬天太冷。对于荷、比、法、希腊等国，至少可以不必等春季来发动。德军统帅部知道得太清楚了，五十年代的战争，销耗军火，数量过于巨大，像张伯伦、达拉第辈的准备不足而贸然作战，乃是一种极端愚笨的事。

我还要再申说一句，如果我们想求到胜利，切不可过分重视道德的因素，因为事实上那是不可靠的。要是道德是一种决定因素的话，像德国和日本这种残暴的国家，真是恶贯满盈，早就应该绝子灭孙，何以至今他们并不亡国；而且事实上如邱吉尔首相所指出的，迄今轴心国所获得的成就，仍然多于联合国家。我们二十八个联合国家，诚然是为自由独立而战，为人道，为正义而战。这是我们崇高的目标，也是我们足以自豪的一件事。但是如果以为这是我们可以战胜的理由，那就未免错误，因为这事和制胜并没有直接的因果关系，战争科学乃是根本不包含道德的因素的。在另一方面，假如我们说，联合国家，地大物博，人口众多，资源与军火生产量，均超过轴心国若干倍，所以最后必可获利，这句话是合乎科学的逻辑的。自古以来的战争，结果向来是多工具优良的军队获胜。惟一其他的条件，是训练要优良，战略要卓越。在这两点上，多数联合国，似乎还有加倍努力的需要。

当然我并不鄙视道德，在这里只是说，道德在战争科学上，不能成为一种因素。每个人，每个国家，都应该为崇高的理想而生活，不惜牺牲去维持它。只是在争取胜利的过程当中，不要过分信赖道德的力量，而须致力于取得胜利的因素，如武器配备，军队训练等。当然我们以正义的立场去鼓励军心民心，这种办法，在精神上也可收到宏大的效力。

我们的国家，目前正在从事于有史以来未有的大战。每个国民，衷心无日不关怀此次战争的演进。人类究竟是富于感情，对于这样有切身关系的事，难怪其不重感情而轻事实，无意中任偏见驾凌冷静的分析。过去许多推论时局者所得谬误结论，大都由此而来。对于将来作此等推演的，奉劝把头脑冷静一点，科学化一点。去岁六月初在昆明，曾经参加一次学生中间的时局讨论会，有人提到日苏战争问题，要我发表意见。当时全国各家报纸，盛传日本即将进攻西比利亚的消息。我却说，三个月以内，日本决无进攻苏联的可能性。到现在三个月的限期早已过了，敌人却仍然未见有北进的显明象征。提到这件事，我并不以为自己是预言家，我只是试做一个研究战争科学的学生。

《三民主义半月刊》第 2 卷第 3 期，1943 年 2 月 1 日

新型炸药发明的可能性

曾昭抡

　　大战在继续着，战争猛烈的程度，有日益加增的趋势。有些国家，始终在夸耀着，还有秘密武器，未曾拿出使用。这种情形，配合着报纸上有时披露的惊人消息，使人们惶恐了。在这次大战结束以前，是不是会有效力惊人的武器出现呢？一般未加研究的人，大都不免要说，那是很可能的。专家的意见，却以为这事不怎么容易。近年来科学与技术，如此高度发达，一切可在战场上发挥效力的工具，差不多早已都运用了。许多武器，在设计与制造上，无疑在不断进步，而且往往进步得很快。比方说，今年造出的飞机，在式样与性能上，比去年出品就要好得多。要是拿它与十年前的产品相比，那真可说是有天渊之别。不过飞机究竟还是飞机；不管改良怎样大，终久不是一种完全新颖的发明。上次世界大战中，飞机、坦克、潜艇、毒气等的引用，确是货真价实的新武器。此番大战期间，像那一类发明的机会，似乎不多。虽然如此，我们不能说，可能性是完全没有．如果要研究这种可能性的话，不妨从机械与化学两方面的观点去看。在这里所要提到的，限于化学方面的一部分。

　　化学对于武器一种最重要的贡献，在于炸药的发明与运用。人类使用炸药，迄今约有七百余年的历史。就中最初六百年，所用全是一种炸药，就是所谓"黑色火药"。其他一切炸药的使用，都是最近百年内外的事（参考一）。黑色火药，乃是一种无机混合物；其中所含三种组分（钾硝，木炭，与硫磺），单独均不能（至少不容易）爆炸。惟有在适当比例混合之下，方能发生爆炸现象。十九世纪初年以来发明与引用的炸药，却与此完全不同。它们大都是单独能够爆炸的化合物，或者至少里面含有此类化合物的组分。从化学结构上说，绝大多数是含有硝基的化合物。这些物质，比起黑色火药来，爆炸力大得多，因此得有高炸药之称，以与黑色火药之称为低炸药相别。半世纪来，化学家在硝基化合物、硝酸酯与其他氮化合物中兜圈子，设法寻求爆炸力更大而安全性亦佳的高炸药，结果成就颇属有限。几十年来，我们始终没有找到比 T. N. T 或苦味酸这两种标准高炸药力量大得多的东西。当然比它们好过百分之一二十的爆炸力的物质，曾有若干发现。可是因为别方面的条件不太适宜（主要地因为制造成本嫌高），这些较新式的炸药，并没有能怎样大规模替代 T. N. T。至于力量大过百分之五十以上的物品，则迄今始终未曾发现；而且将来发现的可能性也不太大。如果我们的研究，不脱离上述范围，假如想要找那类东西以外，我们必需在含有硝基的物质以外，设法寻求。

去年德苏大战正酣的时候，德国在南路发动夏季攻势，尽量使用其所有一切新发明。当时报纸上载过，德国曾经使用一种炸弹或炮弹，里面装的大约是压缩空气。爆发以后，令若干苏联兵士，丝毫不露伤痕，猝然死去。这种消息，一时认为颇足惊人，后来却又不听见说了。从科学眼光说，这种记载，大致殊欠正确。压缩空气膨胀后产生的物理变化，其所发出的能量，远不及由炸药爆炸（一种化学变化）所得出的数量。科学与技术高度发展的德国，对于此点，当然认识很清楚，决不致犯这种幼稚的错误。此类炸弹，即令偶尔用过，亦不过示奇取巧，以收心理上的功效，在军事科学上不能认为何等了不起的发明。

一类较有希望的新炸药，乃是有机液体与液体氧气的混合物。原来现行炸药的特点，在于爆炸时能量发出甚快；每克发出的能量，却并不见大。在下列表中，上半（注：原表为竖列，故称"上半"，现应为"左侧"）示出几种重要炸药的爆炸热量（heat of explosion），下半所示为几种普通燃料的燃烧热量（heat of combustion）：

炸药	爆炸热量（每克发出卡数）	燃料	燃料热量（每克发出卡数）
硝化甘油	一四七八	汽油	一一〇〇〇
硝化棉	一一〇〇	柴油	一〇〇〇〇
T. N. T.	九二四	苯	九五〇〇
雷汞	六八五	煤	五〇〇〇至八〇〇〇

由表可见炸药的爆炸热量，比一般燃料的燃烧热量要小得多。当然炸药爆炸，不假外助，即能单独进行；燃料燃烧，则需氧气。然而即将所需氧气算入，燃料燃烧所发出的能量，仍然要比炸药大得不少。问题只在使燃烧非常迅速，成为一种爆炸，同时在别方面，适合军事条件。关于第一点，现在用不着愁。液体氧气炸药在开矿上的使用，最近二三十年来，已经获得很大的成功。第二方面的问题，不怎样简单，对此一时仍然没有多少把握。然而运用汽油液氧混和物的火箭与火箭炸弹，试验结果，业已得有相当成效（参考二）。这次大战当中，虽来不及使用，将来运用此类炸药的武器，却很有发展的可能性。

参考资料

（一）曾昭抡：《炸药工业发展的过程》，军政部兵工署第五十三工厂月刊第四期，三至五面（一九四三）。

（二）《火箭炸弹》，世说第十五期，四至五面（一九四二）。

第二次大战中几种重要科学发明

曾昭抡

　　当我提起大战中科学新发明的时候，读者无疑会联想到杀人的利器。四年以来，在那方面进步，的确不少。不过本文将要提到的发明，即是偏重救人一方面。当然目前交战各国，大家都在高喊"军事第一"。任何科学工作，至少暂时大抵均以争取胜利为目标，因此与战争发生不可分割的关系。然而其中若干发明，在战事停息以后，势将继续运用，为谋人类幸福。这些发明，也可说是这次大战留给人类社会的一种遗产。

蒸馏的淡水

　　向来对于航海的人，饮水是一种最严重的问题。水，水，水！到处都是水！这就是一幅海洋的图画。可是无穷尽的海水，因为内含盐分过高的关系，完全不合饮用，对于解渴，可说是毫无用处。唯一方法，可从海水制出合于饮用的淡水来，是经过蒸馏手续。这种手续，在岸上执行，十分便当，在船上却嫌太不经济。因此向来习惯，从小小的救生艇，到庞大的车舰商轮，一概是带着淡水走。每到口岸，立予补充。一旦接济不上，问题就严重了。平时航行，凡事可以事先筹谋。无论如何，水总想法带够。所以除开遇着特殊意外事件，不致感受威胁。战时情形大不相同。敌方潜艇与轰炸的威胁，在航程中随时可以发生。万一所乘船只，不幸击沉，大部分人员，虽可分乘救生艇逃命，可是除非于短时间内获救，在海中漂流的期间，饮水如何可以支持，却成重大问题。还巧因为科学发达的结果，这种难关，现在有法可以渡过。一位英国科学家发明，利用一种特殊设备，在救生艇上，随时可以自海水制出淡水来。方法还是用蒸馏，原则上并没有什么新奇。不过使此事由理想进到可以实行，确是相当了不起。英国海军，认为这种发明，乃系这次大战中最伟大的发明之一。平时航海，亦并非毫无危险。遇有意外事件发生，此项发明，在和平时代，可以救全许多生命，正如其在战时对海军为一有价值的帮助一般。

新时代奶油

西洋人的正常生活每餐都离不开奶油。目前在希特勒铁蹄下的欧洲各国人民，久已和奶油绝缘。一旦欧洲获得解放以后，他们一种迫切的要求，无疑是要奶油。从营养与心理两方面来说，他们确是需要这宗食品。不幸得很，在经济尚未臻于平等的现代世界，奶油产量，平常就不够支配，数十年以来，奶油代用品，早已盛行欧美，其在营养上的缺陷，近来亦因维生素的加入而获得相当补救。然而迄今奶油真假仍不难辨别，假如钱包许可的话，人们永远愿意多花钱吃真奶油。这种心理上的成见，很不容易克服。在西欧第二战场行将开辟之今日，英美两国，早已想到如何解决被解放后的欧洲之粮食问题，对这方面两国科学家正在积极研究各种食品的代用品，以期协助其政府解决是项难题。一位美国化学家，新近发明一种奶油代用品的新配合法，将油脂糊精、盐、水等物，和在一起，并拼上少用［量］真奶油以得之。此项产品，据说不但营养价值，相当于天然奶油，尝起来味道也完全一样。如果经过化学分析，决不会知道它是一种代用品。诸如此类的研究工作，不但对于战后临时救济工作，具有价值，即令和平可以永远保持，此事在民生问题的关键上，亦将大有帮助。

减重的提浓食品

上次大战当中，一九一七年时，德国潜艇，猖獗异常。有一个时期，竟令英伦三岛所存粮食，仅够数星期之用，使英国大感饥饿威胁。这次战争，特别是在今年以前的一个阶段，潜艇猖狂不亚一九一七。然而这次英国方面，粮食虽紧，并不像上次那样感觉恐慌，此中原由，一部分亦在于科学的贡献。当然目前交通工具，远较以前为发达，空运办法，尤可争取时间。这种情形，对于解决粮荒，殊有帮助。不过随着战事规模的扩大，军火与制造原料的需要量，大形增加，以此运输量增进，并不足以解决一切。与此相辅而行者，运输吨位的经济利用，为一不可缺乏的条件。在食物运输上，此点已由脱水食品与提浓食品的采用而达到。本来此种尝试，在战前业已露头。例如中国所产鸡蛋，大量出口，西人嫌其海运时所占吨位太大，收集后，在我国口岸（如天津等处），将其经过一种真空处理，脱去一部分水分，以减轻其重量，藉此节省运输吨位。运到外国以后，任此等局部脱水的鸡蛋，从新吸上些水，回到原来重量，乃当作食品使用。此种例子，可说是脱水食品的一种最初例证。此次大战当中，为应战时需要，这种办法，业已普遍实施。不但鸡蛋如此，水果蔬菜等等，凡能经此处理而不致将其品质变坏者，一概如此运输，由此撙节极可宝贵的运输吨位。至于所谓提浓食品，系将人类所必需的营养材料，浓缩状态下，制备出来，以求轻巧易运。运到目的〔地〕以后，或即在此项状态下服用，或则掺入别种营养价值较低的食品中食之。美国远征军，在前方作战的部队，大都身上带有此等提浓食品，以免在战事紧张时挨饿。同时美国接济英国的食物，许多也是在此种状态下运去。虽则此事系因配合战时需要，应时而生，这种办法在平时的价值，也是很显然的。例如一处地方，发生饥荒，运粮接济，一时缓不济急，大可运用此法，假助空运，将脱水或提浓食品运去以救急。对于土地辽阔，交通不甚发达的中国，此法价值尤大。

缩影的邮件

与上述运粮方法相类似的事件，有邮件的缩小寄送。去年春夏盟军在远东失利以后，东西两半球间，人民彼此通信，皆由航邮。因交通工具，不够支配，英国属地与其本国间的许多邮件，系用摄影方法，将其缩小，令其轻便易寄。现在许多外国专门杂志，也用此法摄成小型软片，寄到中国，以供我国学术机关参考。此事对于增进我国学术研究，大有帮助。

以上所举数则，不过此次大战中几种重要科学发明的例子。其他方面，可以举出者，尚有不少。由于此等例子，我们可以明了，科学的发明，大体说来，是造福于人类的。至于战争的不断发生，那是我们应当从各方面而竭力予以防止的一件事，与科学的发达，并无直接关系。（完）

《扫荡报》（昆明版）1943 年 11 月 4 日

新武器与新战术

曾昭抡

从军事技术眼光看来，假如第一次大战的特征，是新武器的发明；第二次大战的特点，可说是新战术的运用。上次大战武器的新颖为决胜一种重要因素；此次大战，则武器的数量及其有效使用几乎可以决定一切。当世界上最有能力的科学家都在埋头各为其祖国效劳的时候，当然惊人的科学发现并不缺少。但是此次大战中所用过的种种新武器，没有一样像第一次欧战时最初引用的几种武器（飞机、坦克车、潜水艇、毒气等），那样使战争方式发生根本的改变。空军的发达，使战争由平面进度到立体。毒气和坦克车，令防御工事的固守，根本发生问题。潜水艇的出现，使海军船只，自水里所受威胁，较之在水面所受到的尤大。在这些发明旁边，第二次大战中所发现与引用的各种新武器，几乎可以说无足称道。交战的主要强国在战争进行当中，时常放出空气，说是发明了某种效力惊人的秘密武器，准备使用以对付敌人。然而此类消息，大都并无下文；或则即令用上，也并不见得怎样了不起。按现在情形看来，大致在此次大战结束以前，怎样了不起的新奇武器，恐怕不见得会出现。理由很简单。武器的发明，在上次大战中，业已达到一种将近顶点的阶段，使这方面新的发明，国［机］会不多。而且目前主要交战国家科学如此进步，即令对方能发明一种比较十分新奇的武器，对方在短时期内设法将其破掉，并不太难。像上次大战中，德国首次使用毒气，或英国首次使用坦克时那样，凭藉新奇出人不意收得惊人战果，此次战争当中，从未有过，将来也不见得会有。

虽然如此，如果有人说，此次战争的演变，比较平凡，不若上次大战那样演出许多惊人的事迹，也不免笑。相反地，此次大战的推演，其结果往往出人意料之外。上次大战，虽然空前，并未绝后。甚至可以说，与此次战争相比，上回所谓许多奇迹，不免显得有点平凡。在第一次大战的情形下，敌人越海进攻克里特岛，几乎是一个不可能的事，这次却居然成为事实。同样地，希特勒认为金汤之固的欧洲堡垒，被同盟军一攻，就上了岸。凡尔登的大战，在史达林格勒保卫战之前，也宛如小巫见大巫。既然新武器的发明，在此次不见怎样太出色，那么这些惊人结果，从何而来？我们的回答是，新战术的引用，乃是决定的因素。现在作战的国家，所用大体仍是大家业已熟知的武器，（谁都知道，飞机、大炮、坦克车、潜水艇，正是此次作战所用的主要武器，可是这些利器，在第一次大战中，全都用过了）但是用的方法，大有进步，以致引到惊人结果。我们可以说，若干引用不久的武器，以前各国并没有知道如何可以将其作为最有效的运用，现在方才开始学会。举例来说，从现在的眼光看去，第一次欧战时代的人，可说并不知道怎样将空军作有效的运用。他们对于坦克车、纵火剂、烟雾剂等的应用，也是同样笨拙而且幼稚。当然四年以来，主要武器在式样与设计上，进步甚大，此事大足影响其用途。然而具体来说，在战争史上，这次大战中战争技术的主要进步，实在于旧武器的新用法；换句话说，就是运用已有武器配合新发明或改良的战术而进行战争。

说到新战术，读者马上会联想到闪电战，一点不错，闪电战术，确是此次大战的主要特点，不管是海陆空处［任］一方面，现阶段的重要战役，大都是闪电式的。四年半的第一次欧洲大战，双方掘壕死守，寸土必争，彼此纠缠不清，不进不退。事后若干军事专家认为这样的堑壕或稳定战争，无法可以速战速决，不是一种聪明的办法，潜心研究的结果，遂发明了所谓闪电战。最初实施此项战术者，为德国，惟其如此，该国在初期战争当中得到惊人的成就。然而时势转变，德日两寇，现在业已开始尝盟军闪电攻势的打击了。运用闪电战的结果，使任何坚固的防线，终久为不可守，不管那是马其诺马雷斯，或其他有名的防线，新近米里托波一带的德方主要防线，已被苏军击破，在不久的将来，西格弗里线，亦未必能成为希特勒的万里长城。上次大战，双方争夺阵地的时候，其进展以码计，以尺计，此次则进退数百英里，认为家常便饭。整整一年以前，英国第八军，在艾尔阿拉敏发动攻势，结果使隆美尔的有名非洲军团，一直往西退走千余英里不停。这并不是以表示德国军无用，原由是战争的方式改变了，闪电战的引用，使旧式堑壕战，成为不可能。战争方式，如今已变了质，原来持僵局面的稳定战，现在都成了大规模的〔运〕动战。

所谓闪电战，建筑在两种因素上。一为各种武器（尤其是重武器）的大量使用，一为各种武器的联合使用。在此次大战以前，一般谈军事技术者，大都以为坦克车不能单独作战，必需与步兵联合使用。法比战场上的大战，证明此说不确。大队坦克车，很可单独作战。俟其将对方防线摧毁，再将步兵开上来，并不为晚。其所以能如此做去，即由于所用坦克数目，大形增加。从前用坦克车，最多一次不过出动几百辆，普通只有几十辆。在这种情形下，冲入对方阵地以后，确有被人包围消灭的危险。现在习惯上所用坦克车数目，往往十倍于以前。有些有名战役当中，一片狭窄的地区，竟用到两千辆坦克之多。因此单独作战，并没有多大问题。由此一点，可见巨量使用一种武器的好处。就武器的联合使用而论，闪电战中所用武器，主要为飞机、坦克，与炮队。为着配合空军与坦克军队，实行高速度的机械化战争，所用大炮，大都也是机械化的。当德国最初在波兰及法比战场实施闪电战术的时候，他们放弃了第一次大战时整天用排炮猛轰的办法，径行以大批飞机与坦克车，发动高速度的攻势，辅之以摩托化的炮队。后来英军在艾尔阿拉敏发动攻势之时，更持此项作战方法，加以改良，先将大批大炮猛轰，飞机狂炸；继之以步兵前进，随后乃将大批坦克车开上。此种办法，可说是在德国式的闪电战当中，兼采第一次大战时战术之长。

大量使用一种武器的另一种良好例证，在于一年多以来英美空军之狂炸德国工业城市。第一次大战中，德国飞机及齐伯林飞艇，于四年半的作战期当中，先后一共在英伦三岛，投下三百吨炸弹。此事在当时虽不免心理上的影响，说到物质上的损害，却是十分轻微。一九四〇年的秋天，德国想叫英国屈服，派遣成千飞机，轰炸伦敦及其他城市。其中有过一两次，一天投弹达数百吨。事后军事专家说，当时德方未多投十倍的炸弹，犯了一件严重的错误。两年多以来，英国皇家空军，加紧轰炸德国，日益猛烈。至去年夏季，一次投弹四百至六百吨，已不足奇。今年更打破两千吨的纪录。最近的数字，是一个月投弹一万七千吨之多。在此种情形下，莱因河的工业区，生产退减三分之一，德国政府机关，许多不得不从柏林搬家，善于吹牛的戈培尔博士，也不得不作哀鸣了。如此大举轰炸，影响之大，超过数字上所显示。军事技术专家告诉我们，超过一定规模以后，投下炸弹愈多，其所收功效，向上激增。具有优势空军的国家，如此破坏敌人后方，是再合算没有的一件事，己方只需牺牲少数飞机与空军人员，可将敌人炸得焦头烂额。数月以前，英国空军，不过牺牲少数几架飞机，炸毁德国两座大水堰。结果洪水泛滥，淹毙德方数万人，若干工业城市泡在水中，良久生产完全停顿，尚未计在内。

挟有优势武器的军队，如能善于运用，其成就之大，常可十分惊人。在此方面，德军早期在法比战场的收获，现在业已得到一些报应。突尼西亚战争当中，盟军损失有限，轴心军队，则损失不下三十万，大部是最后在崩角一带被生擒。如此一面倒的战役，历史上少有前例。惟有在现代战术之下，这种事才能发生。

陆上的闪电战术，在西西里与萨勒诺两次战役中，进度成为海陆空军互相呼应的水陆战争。盟军在西西里岛登陆的初期，德军猛烈反攻，藉其优势兵力，有一处曾将美国军队驱到海滩。这时读〔候〕美国军舰开炮了。激战以后，陆上的坦克车，究竟敌不过海上的驱逐舰。结果美军桥头阵地复得巩固，卒至荡平西岛。这种战术，将来无疑将引用于日本三岛。

要进行闪电式的战争，必须有闪电式的生产。这就是说，一个国家必需在其后方，有规模巨大的大量生产，不断进行，然后才谈得上使用此种新式战术。讲到大量生产，首先必须有够多的原料以作出发点。若干原料，如果不幸为本国所缺，事先不得不予以存储。假如一种原料，在本国实有蕴藏，则有赖于地质家将其探悉，采矿家将其采出，化学家与工程师将其制成所需要的形式。当然制造此种材料的工厂，就是国家的命脉。最后方在兵工厂及其他国防工厂中，将其□有武器，供给前方使用。

新的武器，需要新的人去用。实施新战术，尤需事先经过周密的训练。执行现行战争的士兵与军官，一方面在体力强健以外，需善于用脑，具有独力作战的能力；另一方面，尚需经严格训练，熟悉战场上所要遇到的实际情形，并能配合在现代战争所要求的严密与复杂组织之中。组织是今世成功的诀窍，军事亦非例外。

在大战中担任主角之一的中国，为着应付将来收复失土所必经的激战，□□□对于准备进行一九四四年式的战争□□，当加倍努力。

《扫荡报》（昆明版）1943 年 11 月 7 日

汽油与机油

曾昭抡

　　两年以前，一次英国国会开会的时候，有一位议员，向政府提出询问，说道，大家都说德国缺乏物资，他们所最最缺乏的，究竟是什么？对此邱吉尔首相自［马］上就回答说："油！德国最缺乏的就是油。至于详细情形，须问专家方知。"邱吉尔先生说得很对。嗣后一般专家的意见，都以为德国所最缺乏的就是石油产品。行驶汽车与飞机所必需的汽油与一切机器起动时所不可少的机油，在德国同感供不应求，初期胜利在法比挪威等国所掠得的存货，罗马尼亚投降后所贡献的油矿宝藏，以及德国本身在人造汽油上所得到的成功，这些因素，凑在一起，仍然不能替德国解决这种严重问题。去年一位英国专家估计，专就汽油方面来说，德国维持作战，一年需要一千六百万吨。此数当中，罗马尼亚的油田，能够供给六百万吨。德国制造人造汽油，一年可达八百万吨。如此计算，尚差二百万吨。此数虽不过总消耗量八分之一，一时却无法可以补充。过去在欧洲占领国家里所掠得的存货，为数诚不在少，但亦仅够救济一时，不能赖以支持长期作战。毫无问题地，去年德方夏季攻势之所以向高加索猛进，这方面的考虑，乃是一种主要的理由。然而苦战数月的结果，高加索三大油田中，不但最主要的巴库油田，依然无恙，而且不断为盟军生产。即格罗斯尼油田，亦始终未入寇手。比较次要的迈科普油田，虽一度沦敌，却已事先彻底破坏，致敌人无法利用，今夏且已予以收复。于是德国企图石油产品自给的计划，遂成泡影。加以地中海战场开辟，战事愈趋猛烈，规模益形扩大，汽油与机油的需要，亦随之作比例的增加。现时英美飞机猛烈轰炸的结果，德国工业城市，损失惨重，人造汽油工业，大受打击，因此所差数量势必远过于去年估计。从物资方面言，这点可说是德国方面一种致命伤。

许多人未经研究，遂以为轴心国家，物资贫乏，所以不能支持长期战争。这种看法，实在是一种危险的错误。就德国来说，该国国土虽不大，资源却相当丰富，开发尤为澈底。国防材料，故多可以自给有余。在占领法比挪威以及巴尔干各国以后，若干原来缺少的资源，又得到有力的补充。例如战时消耗最多的几种国防材料，如钢铁、煤、铝等，德国并不虞缺乏。当然若干特种金属，如□、钨、钴铬等，该国素来需从国外输入。铜、锡等耗量不少的兵工原料，亦感供给成问题，不过这些原料，该国不是早已囤积，便可从中立国家得到相当接济。只有石油一项，最使希特勒、戈林辈头痛。义大利和德国一般，也是贫油的国家。日本在这方面，目前却和德国相反。原来日本虽产石油，为数非常有限。可是自从占领荷印、缅甸，对此亦可有相当办法。这些英荷远东属地，在撤退以前，虽会澈底破坏，但沦陷迄今业已一载以上，至少一部分油田，必已为敌人所利用，殆无疑义。在另一方面，日本对于钢铁，非常感觉恐慌。恐慌到一种程度，连皇宫的铁门，都拿来化成炮弹。总有一天，日本帝国，还［将］被联合国家的钢铁数量所压倒。

汽油与机油，都是由天然地层中存在的石油，提炼出来，所以都叫做石油产品。石油是一种有机性的液体矿产。平常大家熟知的矿产，如金、银、铜、铁、锡等矿，全都是无机物质。惟独煤与石油，是显著的例外，他们乃是有机物。石油以外，其余一切矿产，大都全是固体。少数地方，石油的埋藏，近乎地面，或者甚至露出地面来。在那种情形下，开采非常便当。可是在绝大多数油田，石油是埋在岩层下面，距离地面几十尺到几千呎不等。（目前世界上最深的油井，已达一万零五百几十英尺的深度）油是存在水成岩中间，往往浮在一层盐水上面，这点佐以其他方面的证据，使我们相信，石油系由古代海中鱼类遗体，演化而来。经过地质上的变化，一部分海，突然埋在地下，那里鱼体受到巨大的压力与加热，经过一种类似毁灭的加热分解，变成了石油。开采油矿的方法，普通是钻油井，利用机器，从地面钻下去，至碰到油层为止。当然在钻油井以前，必须经过探矿手续，找出地下是否有油，是否够量，是否容易开采。这些问题，得到相当解决，然后实行钻井。因为石油在地球里，大半是在压力下储藏着；一声钻到油层，往往石油会从地面下直喷出来，仿佛和喷泉一般，向外狂流不已。过了一些时候，压力减低，向外喷出的趋势，渐行低沸，到了后来，油井也和人一般，先后经过生老病死的阶段。原来出得很旺的，后来出得越来越少。本来自己会喷出来，后来需用唧筒抽出来。到最后，井中油虽未干，却已值不得继续开采，不得不予以放弃。据专家估计，一口油井的平均寿命，不过二十年，较之人的寿命尤短。

开采油矿，多少是一种带有赌博性的事业。一口好的油井凿通了，金钱便和井中油一班多，滚滚流入兴办此项事业者的囊中。可是如果运气不好，也许凿了许多井，一口也得不到收获。近来因地震仪等特殊仪器的引用，探矿工作所得论断，比较可靠。因此是项事业的冒险性或投机性，大形减少。不过无论如何，开采石油，终不是资本薄弱的组织所宜于尝试的一件事。

近代石油工业，发达至今，不过八十多年的历史。它的起点，在于一八五九年，美国稚克上校（Colouel Drake）在宾夕法尼亚省替杜斯飞尔（Titusville，pa）地方所凿六十九呎半深的新式油井。可是在这短短的期间当中，石油工业的加速进展，改变了整个人类历史。尤其是自从二十世纪以来，汽车与航空工业的惊人发达，使石油产品，对于文明国家，和水一般地不可缺乏。各种样式的汽车和飞机，都是由内燃机得到所需动力。内燃机里面，又大都系用汽油作燃料。汽油经由化油器，到达汽缸当中，与空气起迅速的燃烧作用而发生温和的爆炸现象，由此将化学能变成机械能，赶起活塞在汽缸里来回走动，于是引擎或发动机便动了。没有汽油，天上的飞机不能飞，地上的汽车卡车大都不能走！希特勒式的闪电战更不可能。飞机坦克，装甲部队，都是依赖汽油而动。现在甚至战场上的大炮，也都大部机械化了。

在另一方面，机油（润滑油）对于汽车飞机，和汽油一样地不可缺少，只是消耗的数量比较少得多。然而机油应用的范围，更要广些。它的用途，是抹在机器里面，减少金属部分彼此接触时的摩擦，如此可以减低能量的消损，提高机器工作的速度。前方作战工具，固然非此不可；后方生产事业，也非有它不行。没有足量的机油，高速度的军火生产，根本是不可能。其他工业，亦无法可以发达。

在目前的艰苦抗战阶段中，我国对于汽油与机油，两感极端缺乏。在某种限度内，代汽油已有相当成功，机油的替代品，则更不易找。这是一种值得特别努力研究的事。（完）

《扫荡报》（昆明版）1943 年 12 月 6 日

汽油代用品工业在中国的进展

曾昭抡

在高速度的现代机械化战争当中，汽油的供给，成为决定胜负的一种重要因素。"一滴汽油一点血"亦在战时中国，早已成为一种流行的标语口号。虽则若干特权阶级人士，对于这句警惕的标语，视若无睹，至少这句话对于大家，并不生疏。一点也不错，汽油的确是机械化战争的灵魂。就是向来出产石油过全世界半数的美国，在战时也不得不极力撙节汽油的使用。贫石油的国家如中国者，更不必说了。

汽油是用作内燃机的燃料。一切飞机和汽车，靠内燃机来发动，没有汽油，天上的飞机不能飞，地上的汽车全不能跑，坦克车也无从活动。在这种状态下，近代化战争，根本无法可以进行。汽车当中，一部分卡车，是专门设计，使用柴油作燃料的，但是绝大部分用的仍是汽油。至于行驶飞机，则根本非汽油不可。汽油与柴油，寻常都是石油产品，由于在地下埋藏的石油矿，经过蒸馏手续炼出。炼油厂中，最初蒸馏过来的一部分，称为汽油，用作内燃机里所需的燃料。在汽油以后蒸馏过来的产品，称为灯油，就是平常点洋油灯时所用的洋油。在沸点更高的产品中，其中一种称为柴油。再高一点，还有机器上所用的机油（润滑油，因其沸点太高，在普遍气压下蒸馏易于分解）；机油普遍是在真空下蒸出，或用汽体方法，以水蒸气带过来。汽油与柴油，平时在工业与运输事业上，乃是不可缺少的燃料，战时尤为国防必需品，前方作战，后方运输，两不可少。自作战眼光来说，汽油较柴

394

油，尤为重要，至于机油一物，为各种机器转动时所必需的润滑剂。平时战时，前方后方，作战或生产，俱不可少。商业上所用润滑剂，虽亦兼采动物及植物油脂，但始终系以矿物油（石油产品）为主干。油不够用，是一件最叫希特勒头痛的事，罗马尼亚油田的攫得，亦并未能解决全部需要，多月以来，德国支持作战，对于汽油机油，两感缺乏。去年倾兵进犯高加索，此事无疑是一种最重要的因素。

获得汽油与机油的标准方法，是将石油开采以后，予以提炼而得之。如果一个国家，境内藏有适当数量石油矿，汽油供给，便不致成为问题。不幸石油一物，在各种矿藏中，乃是一种在世界上分布最不平均的矿产。几十年来，全世界出产石油最多的国家，首推美国，其出产量恒占世界产量百分之六七十。近年来苏联与南美洲委内瑞拉国，相持不下，争夺第二把交椅，该两国产量，各约当美国六分之一左右。此外最重要的产区，则有伊朗、荷印、墨西哥、罗马尼亚、伊拉克等。英国本部，虽不产石油，但是大英帝国的属地中，如缅甸、印度、婆罗洲，均产此物，伊朗与伊拉克两国的油矿，亦为英国势力所支配，因此供给不成问题。其他强国，德、法、义以及未曾侵入缅甸荷印以前的日本，对于石油素来感觉异常缺乏。在这点上，我们中国，不幸也是一个贫石油的国家，所用汽油，一向仰给于美、英、荷等国。

原来世界上所产石油，总量并不算少。以之平均分配，仅够各国使用，不致发生恐慌。只是因为战争迄今无法避免，贫石油的国家，平时不得不未雨绸缪，预作准备，战时更非积极自找出路不可。解决此种问题的方法，不外下列几种途径。第一是平日从事囤积。此种工作，德日两国，战前做得很不少。第二是掠夺别人的积蓄，如德国之占领挪威、丹麦等国。这两种办法虽属有效，却不能作根本的解决。根本解决办法，只有制造合用的代用品。自从第一次大战结束以后，鉴于石油产品的极端重要性，二十余年来，各国均以忙于试制汽油代用品（简称"代汽油"）。经过长期研究以后，此项产品（俗亦称"人造汽油"），早告成功。最初成功是在德国。后来英国、义大利等国，于第二次大战前夕，亦均先后学着这种方法，从事制造。再后日本亦复效尤。有人说，要不是因为人造汽油制造成功，德国早就不能支持长期作战了。

我国过去工业落伍，交通事业亦不甚发达。每年消耗汽油，较之外国，为量非常有限，战前如上海等埠，英美荷苏各国油商，争以汽油来倾销竞卖，因此供给毫不成问题，代价亦甚低廉。然自九一八以后，政府当局，以及一般社会上有识人士，深感国际战争，终不可免，日寇侵略，尤属迫在眉睫。一旦国土被侵，海口封锁，汽油供给，必致大成问题。于是汽油代用品的研究与试用，风行一时，在卢沟桥事变发生前之两三年内，国内各大学及研究机构，从事于汽油代和品的研究者，到处皆是。此等试验结果，在今日已大收其效。至其研究方向，侧重于植物油的加热分解。此外则酒精与木炭汽车的采用，为若干专家所主张。酒精方面，最初以为非用无水酒精不可，且须将其与汽油混和而用之。后来试验结果，证明单独用普通酒精（含水百分之五），亦可行驶汽车，无需掺上汽油。湖南省公路局，用此项燃料，在公路上长期行车，证明其完全合用，奠定今日酒精汽车的基础。至于木炭汽车，亦在浙江、江苏等省，试行用之驶车，证明完全合用。在抗战前一年，京滇周览团，结队乘车循着新修成的公路，由南京走到昆明。当时所乘汽车中，即有一辆为此项所谓"煤气车"（木炭汽车），居然一同顺利到达。实在说来，现在大家熟习的"木炭汽车"并不是直接拿木炭作为燃料来烧，而是让热炭与水蒸气及空气的混和物起作用，造成所谓"发生炉煤气"，然后任该项煤气，在气缸中爆炸，以发动机器。

德、英、日、义等国制造人造汽油的方法，系用煤作原料，将其经过氢化手续，变成代汽油，或则先将煤变为水煤气，然后以接触剂将其变成汽油代用品。此等方法，最合工业经济原则，成本既低，又可大量生产；原料供给，不虞缺乏。而且所得产品，品质优良，如德国所出代汽油，不但可以行汽车，且可以之驶飞机，自系最标准的产品。我国当初，亦曾了解此点，在战事爆发以前，曾由政府特派专家赴德国考察，准备设立此类工厂。惜因战事爆发过速，遂致停顿。至今仍不得不依赖酒精木炭等，成本较高，效力较差，数量较少的代用品。

酒精及木炭汽车，战前虽已试验成功，在当时市场情形下，却无法可与为价奇廉的舶来汽油相竞争。除开是在僻远的内地，那时使用汽油代用品，似乎鲜有可能。战争使情形变更了。原来无法跕住的工业，现在忽然兴盛起来。战争初期失利，沿海都市失陷，国际交通，顿受阻隔，同时后方铁路既少，河运不畅，运输事业，多赖公路，于是汽油来源，突告恐慌。而代汽油的工业，遂如雨后春笋一般，在后方各都市，先后生长起来。

我国现制各种汽油代用品当中，以酒精一项，成功最早亦最大。目前凡公路可通之处，沿途常设有大小不等的酒精厂，亦最盛时一处可有几十家之多。此类工厂，一部分系由公家筹办，其余则系民营，大概言之，前者规模，往往远较后者为大。据官方发表统计数字，去年一年内，后方各地制成酒精总量，计达七百万加仑，今年更升至一千万加仑的产额。酒精制造所用原料，一为杂粮（包谷、高粱等），一为粗糖及糖蜜。前者影响民食，后者则为量有限，因此酒精汽车，虽在今日，对于维持后方交通，极有贡献；再求扩张，殊有实际困难。各省当中，目前出产酒精最多者，首推四川，该省用作此种制造的原料，主要为"漏水"（即糖蜜，土法制糖的一种副产品）。以前此种产品，系作喂猪之用，如今猪罗也不得不为国难而受些委屈。

去夏腊戌失守以后，汽油恐慌，愈形严重，因此酒精汽车以外，木炭汽车，亦复盛行。另外由桐油经回热分解制代汽油的工业，亦顿然兴起，此法在技术上，早经试验成功。抗战开始后，政府并即在重庆设立动力油厂，执行此项制造。不过当抗战初期，桐油仍可出品，向外国换来汽油，故此法似难发达。滇缅路断以后，桐油不得出，汽油不得入，以桐制汽油，自系必然的结果。战前中国出产桐油，年达三百万担，除一部分自己用来制造油漆以外，余均出口。目前产桐区域，大部仍由政府控制，若干地区，且在增产。假定平均四斤桐油可以炼出一斤汽油，一年由这种来源可能得出的代汽油，为数已有可观。

总之，用的虽说不是最经济的方法，目前国内已有的汽油代用品事业，对于解决后方交通，确实大有帮助。惟一的恨事，是此等代用品，迄今未能将其应用于行驶飞机。

《扫荡报》（昆明版）1943 年 12 月 9 日

有关苏德战争胜败的宝藏

——乌克兰的锰矿

曾昭抡

有人说：现代战争，就是钢的战争，战争胜败，最后将由双方生产钢的数量所决定。这种说法，虽不是绝对正确，却也很有几分理由。钢铁事业的基本原料，自然是铁矿和煤；但是同时也需要好几种其他材料，就中一种在炼钢手续中认为不可少而且用量不小的就是锰。没有猛，就是有铁有煤有炼钢炉，也炼不出钢来。由此看来，对于国防，锰是一种不可少的原料。

以国别而论，中国可算是一个中等的产锰国家，战前一年至多产过五万多吨锰矿。产锰过去以湖南为主，近来贵州遵义附近，亦发现有此矿。在产锰上与我国处在同一阶级的，远东尚有日本、马来、荷印、菲律宾，各年产一万多吨至几万吨不等。矿藏最富的美国，产锰并不见丰，平常多时亦不过六万余吨，少则不足两万吨，以之供给本国需要（一九四〇年共用去八十余万吨），不够十分之一。其他强国中，义大利亦年产数万吨；英（本部）、法、德，更是贫吨的国家，不得不仰给于他处。

至于世界产锰最多的国家，首推苏联。自从一九三五年以来，该国所产锰矿，年达二百余万至三百万吨，占全世界产量（四百多万至六百多万吨）百分之四五十。其次主要出产国的印度，平常产六十万吨以上，有时超过一百万吨。再次则南非、黄金海岸、巴西、埃及，及古巴，亦为重要产锰国，各年产十万吨以上，以至数十万吨。

苏联产锰区域，主要有两处。一为乌克兰境内聂伯河曲的尼科波尔（Nikopol）区，一为高加索境内的契亚吐里（Chjaturi）。另外第三处产区，近年来力图发展，尚未达到完全开发的阶段者，则为乌拉山区域，靠近马尼高斯格多尔斯克（mugntogorsk）的地方。人们只知道乌克兰是欧洲的谷仓，不知它还有这样可宝贵的矿藏。希特拉的参谋部，却是知道的。这是纳粹德国侵略苏联的一种主要原因。

因为锰矿在世界上分布很不均匀，备战的国家，不得不事先存储，以备万一。炼一锰钢，平均要用五十四磅锰。炼钢事业，规模异常宏大，年达一万吨以上的生产数额（世界产量）。因此锰矿销耗，为数亦复可观。法国自一九二三年起，首先开始囤积此矿，以备不时之需。其他强国群起效尤。在第二次大战发生的时候，据估计苏联共囤有锰矿一千万吨，法国三百万吨，英国一百九十万吨，德国一百二十万吨。苏联以世界主要产锰国而从事存积，现在看来，颇有先见之明；否则为乌克兰暂时沦陷的损失，将难于补偿。

德国在一九四〇年夏天击溃法国，掠夺了该国所囤锰矿。但是此数加上德国原来所存，仍不足以维持长期战争，所以不得不另找出路。据事后专家估计，在一九四一年六月时候，德国感受锰的缺乏，尤甚于石油，后者在当时并非立即感觉缺少。由此推论，企图掠夺苏境锰矿，即令不是德国撕毁对苏条约的主要原因，至少当系重要原因之一。

初期战事苏军失利，致令乌克兰锰矿，迅即沦入敌手。去年德军攻入高加索，油矿以外，另一企图，自为侵占契亚吐里的锰矿。红军英勇的抵抗，卒令敌人志不得逞。苏联人民知道得很清楚，此矿一失，其后果必将异常严重。锰矿与油矿，对于国防，均属决不可少；而且油矿还可以破坏，锰矿藏在地下，却是烧不掉，带不走，在使用中又不能大量用他种材料替代的。

聂伯河曲的苏军，一支现在已向尼科波尔前进。该区光复，为期不远。将来戈培尔博士也许会吹牛，说是在该处澈底施行焦土政策，破坏一切物资以后，方始退走；可是锰矿仍将回到故主。被迫自乌克兰撤退以后，德国及其附庸国家与占领区域，所能借给的锰矿，至多不能超过一年五十万吨，大部是些品质低劣的矿。而在大战前夕，德国的锰矿输入，却已自五十万增至一百万吨的好矿。据专家估计，没有乌克兰的锰，德国统治下的炼钢炉，将有一半到三分之二不能开工。到那时德寇崩溃，更要加速了。(完)

《扫荡报》（昆明版）1943 年 12 月 27 日

科学与军事

郑华炽

科学研究对于军事胜利有莫大的帮助，这是公开的事实，任何人亦不能否认的。科学家对于祖国的保卫战，应该出力，这也是天经地义，任何人亦不能推翻的。以治学精神非常纯洁的古希腊最大科学家阿基米德，他虽然常"每"种艺术，如与日常需要发生联系，则□不高贵的论调，但是当国家危急时，他仍然挺身出来，参加保卫祖国的战争。他计划制造各种的战具，使敌人不能够一下把城攻陷，最后他的国家虽然仍为敌人所征服，他自己也被粗野的罗马士兵所残杀，但是得了胜利的罗马将军，将他厚葬，使百余年后的罗马一代名人吉克鲁，犹得于荒烟蔓草中凭吊他的故塚。

在这次世界大战中，科学和军事的配合，最为严密。英国政府在战事开始不久后，则动员科学家，使他们帮助政府各部研究有关军事的科学问题。英国科学家在这次战争的贡献，我们可以举两个例子来说明。

当一九四〇年德国人刚开始运用所谓"磁性水雷"后，英国舰艇损失数目之大，令人害怕，英国海军部负责人，立刻找科学家来研究对付"磁性水雷"的方法。他们发现"磁性水雷"的构造，好像一个炸弹，分为上下两部，各有一外壳，互相连接，上部里面是降落伞，下部是水雷。德国人利用飞机，将"磁性水雷"从低空投下，水雷被下掷后，因为上轻下重，上部的外壳，立即与下部脱离，降落伞遂自张开，水雷被悬于伞下。因有降落伞的关系，水雷可以慢慢落到水面，等到水雷已入水中，降落伞则与水雷分离，水雷遂独自飘荡于水中。至于水雷内部的构造，则上面有一极灵敏的磁针，磁针是和一个爆炸机关相连接，爆炸机关下为炸药，有六百五十磅。英国科学家知道了"磁性水雷"的构造后，就开始研究它的作用，换句话说，就是"磁性水雷"如何能够爆炸？现在问题容易明白了。船舰都是钢铁所做的，所以船身或舰身都带有永久磁性，其永久磁性的强弱，要看船或舰是在什么地方制造和它们制造时所处的位置而定。船身或舰身因为带有永久磁性，所以一走到磁性水雷的附近，船身或舰身的永久磁性所产生的磁场，可以使水雷里的磁针转动，磁针转动的结果，立刻将爆炸机关里的电路关闭，炸药因是而爆炸。英国科学家知道了"磁性水雷"的构造，明白了"磁性水雷"的作用，于是研究对付的方法，他们很快的就把问题解决了。问题是如果能够将船身或舰身的磁性去掉，就是物理学所谓"去磁"，则问题自然解决了。英国科学家于是教人们以缆线将船身或舰身层层围上，使交流电通过缆线，则船身或舰身的磁性，立即消失。这种方法，英国人叫它做"戴戈升计划"（de gaussing devise）。一九四〇年三月，英国大邮船"伊利沙伯皇后"，就是第一条大船装备了"戴戈升计划"从英国平安的通过大西洋而到纽约的。自从"戴戈升计划"发明后，轰动全球的"磁性水雷"，立即失其效用了。这是英国科学家对军事问题有贡献的第一个例子。

在一九四〇年夏天，德国空军大轰炸英国的时候，英国一方面因为飞机的数量少，不肯牺牲实力和敌人作空战，他方面又因为德国飞机可以从比、荷、法等国机场起飞，在很短的时候就可以到达英国，来得很快，无从防备，于是德国飞机，如入无人之境，随意轰炸。但是在那年秋天，情形就大变了。德国空军，在日间空袭英国时，被飞机或高射炮打下来的数目，一天比一天增加。德国空军部长戈林于是改变战略，于夜间轰炸英国，但是损失的结果，并没有减少。德国空军参谋部对于这件事，非常惊讶，因为英国空军枪手和地面高射炮炮手，他们射击的准确，绝不能日夜相同。德国空军参谋部亦知此中必有超人的科学仪器存在，用来指示空军和高射炮的射击，否则绝不能如此的准确。这个超人的科学仪器是什么？就是举世闻名的"雷打"（Rader）。

"雷打"是英国科学家瓦特所发明。瓦特在上次大战后，就注意如何利用无线电波来测定飞机在空间的位置和方向，经过十几年孜孜不倦的研究，就在一九三五年完成了这个秘密武器。这次大战发生后，英国政府动员科学人才，瓦特得到政府的资助，遂继续研究改善"雷打"的构造，使其能适合军事的应用。在一九四〇年，瓦特和其他科学家们共同努力的研究成功了。英国全国的无线电材料工厂，日夜开工，大量制造这种秘密武器。英国人对于这种新武器保守秘密的严厉，为前史所未有。"雷打"之名，在一九四一年七月十七日才公布于世，至于它的详细内容，到现在除了极少数的人外，还没有人能知道。

谈到"雷打"的原理，我们知道，无线电波是电磁波，电磁波为人眼所看见的部分，我们平常叫它做"光"。换言之，光就是电磁波，那么，光所有的反射、折射、绕射、极化等特性，无线电波都应该有。"雷打"的作用，就是利用无线电波的反射特性。我们由发电机发出无线电波，电波则布满空中，当电波向空间前进的时候，如遇着天空的飞机，则不能前进，立即反射，我们接收机将反射回来的电波接收，从电波一去一来所需的时间，就可以计算出飞机所在的距离，由反射回来电波的方向，就可以知道飞机的方向。"雷打"能够自动的把距离和方向，画在图上，使人一目了然。这里要说明的是：电磁波的速度，非常的大，每秒钟为十八万六千英里——就是说，无线电波每秒钟可以绕地球七次——而飞机的速度，每点钟也不过四百英里，真是小而又小了。

我们将"雷打"装置在飞机及高射炮上，则敌机在很远的地方，我们都可以"看见"，又因为电波不受云雾烟雨的阻碍，故敌机虽隐藏在重云之间，我们还是可以"看见"，能看见，射击自然准确。

"雷打"不特在军事上有特殊的功用，就是在经济上也有重大的作用。在"雷打"未发明以前，为预防敌机的突袭，每派飞机在空中盘旋，以侦察敌机的所在，汽油的消耗，人力花费，很是一件不经济的事。一架一千马力的飞机，巡逻一小时，须用三十五加仑汽油。在战争的时期，一滴油，一滴血，汽油的节省和人力的经济，是争取最后胜利的最惟一条件。想到这里，可知"雷打"在经济上的重要了。

"雷打"在军事上、在经济上既发生这样大的作用，所以有人说，"雷打"是这次战争最大的发明。又有人说，英国之得以不亡，全靠"雷打"之功。这些话可以说是一点也不错的。这是英国科学家对军事问题有大贡献的第二个例子。

我们看了上面两个例子，就可以知道近代的战争是科学的战争，欲谋最后的胜利，必须将军事与科学密切配合，始克有济。

最后我们有一件事要提醒国人，就是：我们经过将及七年的抗战，看见人家有飞机、坦克车、大炮、军舰以及种种近代化的武器，而我们自己没有，于是感觉到我们科学的应用，远不如人，今后要注重科学的应用。用意是对的，我们亦十分赞成！但是国人不要只看见人家近五六十年来科学应用的广博、伟大，而忘记了人家过去三百余年来的科学的研究，我们不要只想吃果，而不知灌树，因为科学研究是树干，而科学的应用，只是果实而已。英国生物学家赫胥黎于一八八七年在泰晤士报上发表过一封信，警戒英国人有［说］："德国人是世界上最有系统训练的民族，他们的武器是科学研究。"愿国人永记斯言！

《扫荡报》（昆明版）1944 年 4 月 16 日

第二战场开辟后新武器的演出

曾昭抡

盟军于六月六日在法国北部诺曼第半岛登陆，正式开辟第二战场以后，欧洲军事僵局，为之打破。同盟军对德国的斗争，由相持不下的局面，进展成为决战阶段的开始。为着争取胜利，交战双方，已动员其一切人力物力，一决雌雄。许多久守秘密的新武器，首次启用。这次大战中的新封神榜于是演开。

盟军登陆以后，敌人拥有陆上交通，盟方则须越过海面进攻，而且德方对于沿岸防御，布置甚为周密。在此种情形下，敌人后方交通网，虽经多次猛炸，受有相当损坏，然而对于调集军队，输送给养，终远较盟国为方便。穿过敌人火网，实行作有效的敌前登陆，并于短期间内运送大批军队及给养，乃是一件极端困难的事。可是英美加三国军队，卒于顺利完成此项任务，而且所受损失之轻微，远出于当初意料。此种成功，固由于计划周密，指挥得法，但是新武器的贡献也很不少。

盟军登陆的一种利器，为配有火箭炮的船只，此类船只，实在说来，并非在开辟第二战场时初次使用。远东方面，西南太平洋上，麦克阿瑟所部，于四月二十三日在荷属新几内亚的荷兰帝亚登陆一役，上岸以前，对岸上敌方设备实施猛轰的时候，除普通海军炮外，并用有载在船舰上的火箭炮。不过大批使用火箭炮船，作为登陆工具，却始于诺曼第的登陆战。据称此种船向海舰发射惊人的炮火，使其浸于一片大火中，同时并产生极高度的精神威力。

"哈密尔卡"，是一种运载轻型坦克或其他重武器的巨型滑翔机，用之可将此等武器，迅速运到前线，对于开辟第二战场成功，这种美国式的秘密武器，贡献殊大。"哈密尔卡"，两翼较兰开夏式重轰炸机犹大，但机身灵活，可在较小地面降落，使用的时候，系由重轰炸机曳引，数哩之外，自母机放下，即直落目标，不差分毫。

盟军此次所用新武器，据称计有多种，迄今业经宣布者，不过其中一部分。除上述两种外，其他尚有下列五种：（一）新式双引擎的战斗机，具有空前无比的火力，几乎可以一直上升者；（二）新型战斗机，其火力百倍于三年前所造战斗机者；（三）可供双引擎飞机起飞的航空母舰；（四）新型的二万七千吨战斗巡洋舰，为美国舰队以前所未有者；（五）改良的火箭及火箭炮。

最近半年以来，火箭炮似乎是最时髦的新武器，不但在陆地上用得很多，空军和海军，亦已先后予以采用而获良好成效。德军对付盟军所用新武器，好几种是运用火箭的原则，为着抵御加拿大第三军的攻击。德军在诺曼第上岸，特别装置了从来未曾用过的电熔火箭炮。最近在诺曼第前线，又发现德军使用一种由火箭推进之平射炮弹（即抗坦克炮弹），此类炮弹口径，为八十八毫米，由一四英尺长的掷弹筒发出，使用中较为方便，一名士兵即可处置，可在步兵中用之。另一方面，装有火箭炮的英国飞机，则在海面巡逻，随时对德国潜水艇予以射击。

一星期来最引起一般人兴趣的新武器，莫过于德国用来轰炸英国的无驾驶员飞机。自从本月十五日此项怪机突袭伦敦以来，一连五天，昼夜出扰，弄得英国境内防空部队，大形紧张，为一九四○年以来所未有。关于此种怪机的构造，猜测不一。起初以为或系由无线电操纵，随即证明不确。嗣后以为此等怪机，似系由一种火箭或由喷气法推进。最近又以为大致系一种机械人操纵。目前英国科学家，正在聚精会神，力图解决此种怪机的哑谜。大约不久的将来，是项秘密，可望完全揭晓。

无驾驶员的飞机，并不是一件怎样了不起的东西，用无线电指挥的此项飞机在若干年前，业已发明。不过那种无驾驶员飞机，须有驾驶员的飞机，陪在一起飞，方能飞行，并得指挥如意。现在德国所用怪机，既不用无线电指挥，也没有普通飞机伴在一起走，所以特别显得新奇。而且其使用结果，亦收到相当功效。德方广播，不但对英□发狂言，并且夸称将以类似方法，直接轰炸美国的摩天楼与工业区。这种说法，自然不免过火。但是新式武器之发达，足令遥远的后方，亦无法获得完全的安全感，则确系一种现代的倾向。

怪机对英国的威胁，最近两三天，已经不若当初严重。此中理由，一部分系因英国喷火式飞机与高射炮，已将怪机击落甚多。同时大批盟军机连日白昼飞袭法境加莱区怪机起飞的基地，将其起飞的斜坡炸毁。德境怪机制造厂及储油库，亦被猛炸。似此情形，无驾驶员飞机之哄动一时，或亦将不过如昙花一现。

当盟机轰炸法国海岸的怪机基地时，德方又采用一种秘密武器，以资防范。此项武器为自一方形盒中，向空中投射银色长线条的强光，以令对方飞机驾驶员的眼睛感觉眩惑。

决定世界命运的欧陆大决战，现正开始。未来数月中，新式武器，日新月异，层出不穷，自系意料中事。但望德日两国崩溃以后，科学家的发明能以全用于为大众谋福利的用途去。

昆明《正义报》1944 年 6 月 28 日

美国远东海军实力

蔡维藩

从欧洲到远东，同盟国优越的海军实力是转败为胜的主力，也是最后胜利的保障。在欧洲方面，同盟国封锁敌人，保护自己航队，登陆北非、义大利及西欧，是海军之力；在远东方面，同盟国始而阻止敌人前进，继而收复海洋基地，始而逼使敌人航队不敢决战，现又攻入敌人内防线，也是海军之力。在空军发挥独立作战威力之前，同盟国海军确为这次大战的决定因素。这方面，美国因为人力、物力，及科学力量蕴藏丰厚，不断的增长他的海军实力，无疑的他的海军要在这次大战中澈底发挥决定性作用的战绩。因为篇幅关系，本文姑就远东方面的美国海军实力，加以介绍。

一九四三年三月初，美国前任海长诺克斯在海军年报中说，美国打破纪录的海军建造计划，正在高速度中向前推进。一九四五年底以前，美国五大洋海军将完全成立。已往吾人以为现行计划中若干战舰非至一九四六年或一九四七年不能正式服务，但今则敢信除预计战斗中损失外，一九四五年底美国海军实力，将为一九三九年欧战爆发时美国海军实力的四倍。正因美国人力，及科学力量蕴藏丰厚，战时造舰量能扩大，速度能提高，诺克斯才能制订这样庞大的计划，也才能有如期完成这计划的把握。

太平洋战争爆发之后，美国造舰速度继续不断的提高。一九四二年美国造舰八百〇九万吨，一九四三年前半年造舰八百八十二万吨，这半年速度为一九四二年同期的二倍。到七月底，美国新造舰计一千万〇五十□吨，等于太平洋战争前美国全部运输量。当时罗斯福总统宣称,一九四三年美国新造舰总数将为一千九百万吨。到十一月底,总量已达一千七百二十万吨,距离罗总统预告的目标甚近。到今年五月底,美国两年半期间,建造新舰在三千艘以上,共约三千五百万吨。专称海军方面,一九四一年底海军仅有船舰约九百艘,今年三月则进四千艘。一九四三年军舰建造速度很快,计完成四万五千吨的主力舰二艘,巡洋舰十一艘,航空母舰六十五艘,驱逐舰一百二十八艘,驱逐护航舰三百○六艘,潜艇五十六艘;这一年海军新舰增加一百五十万吨,适为一九四二年新舰之二倍。到今年五月底,海军共增加新舰约四百万吨。今年一月初,美国战时情报部发表消息称,本年度海军将完成新舰五百艘,扫雷艇四百艘,海军辅助舰六百艘,及登陆艇七百艘,同时航务委员会将完成商船一七九九艘。本月三日美国生产局李斯敦宣称,美国海军现有船舰一万四千艘,其中驱逐舰一项即达九百艘。他说,美国海军船舰数量已超过全世界各国海军两倍,去年底,美参议员麦克阿尔密克〔说〕:"一九三九年美海军仅有船舰一○九一艘,一九四四年底海军所属各式大小船舰将共有四一一七九艘。"再看美国造船速度,一九四二年下水船舰每日平均三艘半,一九四三年每日五艘半,今年每日十一艘半。英国造船速度本来甚高,自战争爆发以来,他的建造成绩,平均不过两日一艘。美国照样继续提高建造速度,今年三月十七日诺克期所谓年内可达平均每二小时造船一艘,每日有十二艘新舰下水服务的纪录,短期内必可实现,而原计划的五大洋海军当能提早完成。

由来美国□□根据诺克斯计划秘密的编制和分配;今年六月底,全美舰队司令金氏才公开承认美国在大西洋太平洋各驻舰队四队。事实上,美国现已有舰队十二队,除第二、四、十、十二舰队,驻大西洋,第八舰队驻地中海,及第六与第十一舰队正在组织外,第一、三、五、七、九舰队及第五十八特种舰队全驻于太平洋。从舰队这样编制和分布,我们可以看出美国重视远东方面海军实力的加强。

第一舰队为太平洋主脑舰队,驻在夏威夷,由太平洋舰队总司令尼米兹直接统率,最近移驻塞班,第三与第五舰队驻在西太平洋,第七舰队驻在西南太平洋，第九舰队驻在北太平洋，另设第五十〔八〕特种舰队，属于第三舰队，也驻在西太平洋。就舰队数量说，美国太平洋舰队较大西洋多两队。

美国太平洋各舰队均有攻击配备，其实力依据任务性质，随时改动。但一般的说，各舰队均包含甚多主力，船舰和进攻配备，其航空母舰即达百艘以上，而第五十八特种舰队攻击力量尤大。特种舰队一般含有大量母舰、战舰、巡洋舰、驱逐舰及千余架飞机。它能机动的独立作战。过去从荷兰地亚到土鲁克，再到马利安纳，它一再建立战功。六月十八与十九日，日海空军由塞班败退到菲岛和台湾，是它的战功；本月三四两月，小笠原群岛附近日舰被毁四十六艘，也是它的战功。在登陆西欧之后，欧洲方面不需要美国这样海军攻击力，远东方面美国这样海军攻击力量当将继续加强。

美国太平洋舰队五队中，第三与第五两队全驻在西太平洋，而能独立作战的第五十八特种舰队又属于第三舰队，这证明美国重视西太平洋，要以三个强大的舰队对着中国大陆和日本本土前进，这也可视为尼米兹力求发展"横渡太平洋"战略的一种暗示。

天然的，欧洲大陆战事愈前进，盟国在大西洋与地中海的海军需要愈减少，美国在远东的海军实力必愈加强。我们虽不知其实力内容，相信美国远东海军实力已甚强大。将来将必更强大。

再从日本方面来看。

日本是海陆军强大的国家。战前日本海军有战舰十艘（建造中有八艘），母舰八艘（建造中有二艘），巡洋舰四十六艘（建造中有十艘），驱逐舰百二十五艘（建造中有十一艘），潜艇七十一艘（建造中七艘）。平时她这样的海军实超越任何国家在远东的海军力量之上，一九四一年她之所以敢于偷袭珍珠港和新加坡，也就是因为她当时有着较优越海军的缘故。一九四二年春季以来，情形则大不同，美海军力量逐渐加强，日海军作战多失败，而美国空军加强速度更快，空军往往先使日海军失败。从西南太平洋到中太平洋，两年期间，美海空两方并肩前进，或先后前进，获得太平洋大部分制海权与制空权，日本海军一再遭受损失，不敢决战。今年二月间，美海军部公布日本已损失战舰二艘，母舰六艘，巡洋舰二十八艘，驱逐舰六十六艘，潜艇六艘，此外尚有被美国陆军航空队击伤和击沉者未计算在内。就全部船舰说，日本损失更大，保守的估计，她已损失二百五十万吨。最近美军进展较速，日本船舰损失亦必较大。

日本的海军是否是日本的国宝？尚是一个大谜。但因过去几乎海军皆胜利，日本宁愿维护着这个谜，不让它揭开。所以太平洋战争虽然爆发，但并不敢以海军力量来扩张战果，而总是很小气的节用海军，尽量保持海军主力，牺牲辅佐舰队，结果，后者牺牲过重，前者完整的成了光杆，不敢决战，也不能决战。另一方，日本建造船舰能力又小，她损失了二艘以后，才能勉力建造一艘。依照这样速度，她努力一年，还赶不上美国一月的成绩。再加上一般船舰损失过大，她的人力和物力皆不足，海军与运输力量，和美国比较起来，双方消长程度之悬殊，实是异常严重。

看了日本海军力量之后，美国远东海军实力格外显得强大。塞班之役以后，美国著名军事评论家伊利奥特少校发表评论，他说："我方太平洋上海军占有巨大优势，并能根据完善战略，予以使用。"伊利奥特这样评论，不啻说明日本海军力量即不充足，战略运用又不完善，这更显出美国远东海军战斗力强大。再假以相当时日，美国欧洲海军实力可以渐向远东转来，诺克斯的原计划又可从早完成，美国的远东海军实力必可达于强大无比的程度，到那时，美海军之能攻抵日本本土，自是必然之事。

中太平洋与西南太平洋战局演变到现阶段，美国海军对日战斗的关键，绝不在于海军力量本身的大小，而实在于太平洋面积辽阔。尼米兹早说的"太平洋面积辽阔的阻力较敌人尤为强大"，实在是实情。我们可以相信将来美国克服太平洋面积辽阔的阻力，其海军对日威力必将更大，而对日进攻的速度亦将更快，同时也可相信美国有此克服天然阻力的能力，并正在发挥这能力。

七月间，全美舰队司令金氏到中太平洋与尼米兹会商，最近罗斯福总统到檀香山，与尼米兹·麦克阿瑟及海尔赛会商，美国太平洋舰队总部又已移驻于塞班，这些表示短期内美海军将依照重大战略决定而有新的表现。

请看罗斯福总统在檀香山时，对外长表示，无论如何，美军采取太平洋攻势，且将进而加强攻势，以迄日本完全被击败之时为止。这等于明白告日寇，他们所谓"海军除防守日本本土及内海供应线外，决不轻易作战"，绝对不能阻止美国远东强大海军的前进。

云南《民国日报》1944 年 8 月 13 日

体育与军事

马约翰

从现在战争的事实中证明了体育训练对于军事有很大的贡献，战斗的环境不同，所以我们训练战斗员的目标与要求也不同。

山地战要爬过重山峻岭，不但行程困难而且气候变化忽异，所以每个战斗员，一定要有强壮的身体，忍苦耐寒，与迅速敏捷攀登山路的技术。

河谷森林战，地面潮湿，鲜见阳光，阴雨绵连，道路泥泞，每个战斗员要体格强壮，抵抗疾病力量要大。要能攀登树木，穿越森林，而且要机警，与敏捷迅速。

攻坚守城战斗，在猛烈炮火轰击之下，许多战斗员不能忍受这种刺激而致疯狂。这种战斗士兵，一定要镇定坚毅勇敢，要有强壮体格，从事肉搏短战，冷静敏锐的头脑，应付紧张的环境。

登陆或跳伞，动作不但要迅速而且要技巧，更需要强壮的身体与耐久力，机械化部队，也还是需要体力，否则我们不能运用较重的兵器机械。

军事第一，所以我们的体育也应以军事第一为目标，一切的体育训练都直接间接对于军事有关。现在因为环境的需要，我们军队应该充实体育设备，训练士兵，使士兵在体格、技能、精神都能达到我们所要求的目的，直接的影响军事，增加战斗力量。军队的体育训练在欧美各国都非常重视，在我国也有一部〔分〕军队采取体育训练，认为体育训练对于军事有直接的裨益。在今天我们军队的情形，军事的景况，以及战斗的力量，不可讳言的，都不能使我们满意，所以我提出这一点来，希望唤起一般的人注意。

《云南日报》1944 年 10 月 10 日

武器式样的命名（新武器漫谈）

曾昭抡

　　二次大战当中，武器的新式样，层出不穷。比方说，普通不大研究军事科学的，只知道飞机、大炮、坦克车是典型的新式武器。他们的意念，大概以为飞机是一种武器，大炮是一种武器，坦克又是一种武器。仔细看来，这是一种不求甚解说法。普通常识，我们就知道飞机当中，有轰炸机、侦察机等等的区别。更进一步，轰炸机中，有轻型轰炸机、中型轰炸机，与重型轰炸机之别。重型轰炸机中，又有空中堡垒、解放式飞机等等。至于坦克、大炮等等，多少也有类似情形。不过分门别类，不像飞机那样繁多。

　　这许多形形色色、五花八门的武器式样，如何区别标识，是一种值得注意的问题。从前也有时用制造公司的名字来识别，例如说，德国克虏伯厂的大炮，美国寇梯斯厂的飞机。但是这种辨别的方法，现在已嫌不够细密。同一厂家，制造同一类武器，可有若干种不同的式样。同时几个公司，也可能制造同一式样的东西，特别是为着应付战时国家的需要。目前武器式样命名的方法，计可分下列各种：一种是用发明家的名子［字］。例如英美惯用的一种重机关枪，叫做马克星式机关枪，因为它是从前一位马克星先生发明的。有时取的名字，是纪念本国一位大人物。例如中国军队所用本国造的较新式的步枪，称为中正式。英国目前常用的一种坦克车，称为邱吉尔式。最近苏联正在东线施行大反攻，用了一种名叫史达林式的重坦克，据说那是迄今世界上最重的坦克车。目前似乎只有罗斯福的名字，还没有和任何武器发

415

生关系。

用年代来做式样的识别，在汽车制造业中，甚为通行。例如我们说，一九四一年的道奇车。武器的识别，不常用此法，但也不是完全不用。日本军队，迄今仍然大部使用"三八"式步枪；"三八"二字，指的是明治三十八年的样式。用与年代不生关系的数目字来表示，比较要普遍得多。例如在昆明天空飞行的美国驱逐机，有 P40、P38、P51 等。这些名称中的 P 字是英文 Pursuit Plane（驱逐机）的省写。其后所列数目字，则不过表示该项式机发明的先后，并没有其他任何特殊的意义。

描写性能或性质的名字，往往用来标识武器的式样。例如 P38 式驱逐机，亦称"闪电式"，P51 亦称"野马式"，无疑都是表示它们飞得很快。此类名称，往往故意用些俏皮字。如 P61 式夜间战斗机称为"黑寡妇"，即是一例。武器也常用些动物的名字。例如德国有虎式坦克车，美国有水牛式与鲤鱼式水陆两用坦克车等等。

地名偶尔也会拿来标识武器的式样。两年来英国皇家空军用来轰炸德国后方的重轰炸机，主要为兰开斯特式，兰开斯特乃是英国境内一郡的名称。

最后我们应该提到，正如人名一般，武器的式样，正名以外，往往同时还有小名或混名。这种小名，用惯了以后，往往会代替正名。例如苏联有名的斯达姆维克式坦克攻击机，德国人怕它怕得利害，便把它排上"黑死病"的徽号。美国军队惯用的一种火箭炮，绰号"巴佐卡"，由其强［形］状类似一种名叫"巴佐卡"的乐器而得名。这种混名，叫得如此顺口，连原来的名字都没有人用了。

《民主周刊》增刊第 1 期，1945 年 3 月

世界最大的航空母舰

曾昭抡

　　本月三月二十号，世界最大的一艘航空母舰——排水四万五千吨的"中途岛"号——在美国纽波特纽斯，行下水典礼。这艘航空母舰，是在纽波特纽斯的船坞制造的，在此船坞中刻在建造的航舰，与中途岛号在大小相等者，尚有两艘。其一定名为"珊瑚海"号，将于四月中旬下水。另外一艘，则尚未定名。这三艘姊妹舰服役以后，对于进攻日本，可有相当贡献。拿此等航舰来纪念太平洋上有名的战役，是富有意义的。珍珠港事件以后，最初半年中，盟军在远东战场上，迭遭失败，形势异常恶劣。可是两次美国海军的胜利，造成了整个太平洋战局的转折点。那两次战役，便是一九四二年三月珊瑚海之战，与同年六月中途岛一役。以此两役命名的新式巨型航空母舰，将来对于击溃日本海军主力以及掩护美军在中国海岸或日本本土登陆，可能会有很大的贡献。

　　四万五千吨排水量的航舰，的确是海上一种硕大无朋的怪物。最近于二月二十一日，在硫磺岛海面被日机击沉的"俾斯麦海号"航空母舰，去年造成，用以纪念瓜岛战争中美国海军在俾斯麦海所获决定性的胜利者，总算是一艘新式的大型航空母舰。可是它的排水量不过一万〇二百吨，尚不及中途岛号四分之一。

　　关于中途岛号航舰及其姊妹舰的装备情形，因其有关军事秘密，美国海军部，迄今尚未予以宣布。但是现在业已知道，此项航舰，在目前世界一切航舰中，不但是排水量最大的，而且是航行速度最快的。中途岛号下水以前，最快的航舰，为美国的"企业"号，其速率为每小时三十四海里。中途岛号所载飞机颇多，详细数目未经公布。其中有一部分，为迄今尚未在任何战场上使用过的一九四五年式飞机。这种情形，不免要叫日本军阀头痛。密辙尔式飞机在此项航舰上的起落，也较一九四二年四月杜立特少将率领下首次轰炸东京时所用之洪乃特号航舰，更为方便。据一般猜测，如此巨型的航舰，必有装甲设备，这乃是美国制造的其他航舰所没有的。

中途岛号，可以容纳官兵三千人。上面设有小规模的机器厂、电力厂、铁厂与铜厂，航舰上可以修理飞机，在此次大战中，前已成为事实。但是工厂设备如此周全，尚系仅见。照相室、邮局、医院、图书室等，是中途岛号的另外一些设备。这座航空母舰，仿佛就像一座附有飞机场的浮行城市一般。

在此附带可以注意，目前世界上最大的主力舰（战斗舰），也是四万五千吨的排水量，与最大航舰恰巧相同。美日两国，为此刻拥有此等超级战斗舰的国家。

《民主周刊》增刊第 2 期，1945 年 5 月

从原子弹说起

曾昭抡

原子弹的引用，虽然不是使远东战争急遽结束的惟一因索，至少对于迅速结束此次战争，其有莫大关系，那是不容否认的。日本人民，不幸成为此项新武器的试验品。两枚原子弹，炸死了几十万人。据今所知，广岛被炸以后，若干日内，人民继续死去。到了今天，那一度闻名东亚的海军基地与工业城市，完全变成了死城。地面一切生物，完全灭绝。只有天空飞来老鸦，来此凭吊往日城市的古迹。科学家对于原子弹的幻想，似乎完全证实了一颗总重不过四百磅，含量仅只六两重的原子弹，不但其爆炸力相当于两万磅的高炸药，而且炸过以后，因有放射元素的产生，其事后影响，对于生物，亦具有毁灭性。被炸地点数十年内不能有生物存在一说，虽未免言之过甚，但是若干时间以内，没有人愿意去广岛或长崎居住，却是很显然的。从此种观点看去，原子弹的发明，的确在武器制造史上，开辟了一个新时代。

素来不讲究科学的中国，这次也为原子弹的惊人功效所震眩。一月以来，街头巷尾，茶余饭后，不分老少，大家都在时常谈论着原子弹，连苏联进军东三省后进展如此神速的奇迹，也为原子弹所掩盖。报纸杂志，不断有关于这方面的文章，发表出来。这种好奇心的表现，与对于科学所发生的兴趣，本来是很好的，是值得鼓励的。近世纪欧美科学与工业的发展，原来也就是由于此等好奇心与研究兴趣而来。不过假设有人以为写几篇文章，演几次讲，开几次座谈会，就可以明白原子弹的真相，那真是大错特错，而且未免有点幼稚得可笑。我们必需记得，原子弹在美国之所以能以发明，实乃半世纪来世界上许多第一流科学家潜心研究原子构造所得到的实用结果之一。一般不懂科学的人，只知道提倡工业，强调实用，认研究纯粹科学为辽远与不切实际。哪知道划时代的新发明与新发现，向来是从高深的学理研究演化出来。纯粹科学之极端重要，在原子弹上即得到具体证明。我们今天随便谈谈原子弹，固然无所不可，但是对于此事最属必要的认识，在于深刻了解我国科学落伍的危险，与日后应加努力的方向。战败后的日本，业已宣布以研究科学为教育主旨。他们是说得出，就做得到的。相反地，我们面临此科学支配一切的世界，却徒托之于空谈。对于原子弹，也不过谈谈写写，并不从事实际研究。中国人受了几千年的熏陶以后，久已成为写文章的好手，凡事说说了事，缺乏科学研究的精神。此种情形，政府当局及社会人士应共负其责。今后建设新国家，不谈提倡科学则已，要谈的话，最好不必多说话，而要切实做去。战争胜利结束了，但是科学研究机关，经费未闻增加，从事科学工作的人员，待遇亦未见改善。这种"无米之炊"，实在没有"巧妇"可以做得来。

科学对于近代文化的影响，虽然如此宏大，但是各国政府对于发展科学所予协助，实际上非常有限。目前最提倡科学的国家，首推苏联。即在苏联，政府每年用于科学事业的经费，亦不过占国家预算百分之一。英国方面，此项经费，只占国家预算千分之一，美国竟不过万分之一。以中国而论，更是微乎其微，无足称道。要想急起直追，此刻正是时候。要不然，恐怕机会就要错过了。

昆明《正义报》1945 年 9 月 9 日

作者简介

　　曾昭抡（1899～1967），湖南湘乡（今双峰）人，中央研究院院士、中国科学院首批学部委员（1993 年起，学部委员改称院士）。1915 年入清华学校，1920 年毕业后赴美留学，1926 年获麻省理工学院科学博士学位，回国历任中央大学副教授、化工科主任，北京大学化学系教授、系主任，西南联大教授，1945 年底北上接收北大化学系。1949 年后历任北京大学教务长兼化学系主任，教育部、高教部副部长，1958 年任武汉大学教授。1967 年逝世。

　　蔡维藩（1898～1970），江苏南京人，金陵大学毕业留校任教，1930 年伊利诺伊大学硕士，回国后任南开大学教授、1938～1946 年任西南联大历史学系教授，1939 年兼任联大师院史地系主任，1946 年 5 月任昆明师院史地系主任、1948 年兼任学院教务长，1949 年离昆，先后在大夏大学、圣约翰大学、福建师院、厦门大学任教。1970 年去世。

　　雷海宗（1902～1962），河北永清人，1922 年清华学校毕业后赴美，入芝加哥大学主修历史（副修哲学），1927 年获博士学位回国，历任中央大学、金陵女子大学副教授、教授，1932 年起任清华大学教授，1937 年 11 月后任长沙临时大学、西南联大教授，联大期间几度担任历史学系主任，并兼任师院史地系主任。三校复员后任清华大学教授、系主任，1952 年调任南开大学教授。1962 年去世。

张印堂（1903～1991），山东人，早年入燕京大学求学，1934年赴英留学，1938年获利物浦大学哲学博士学位，回国后即任清华大学地学系教授，1938年后任西南联大教授、地理组负责人，中国地理研究所研究员、地理组主任、所长等。1950年后任清华大学、北京大学教授，以及中国地理学会理事等多种职务。1991年去世。

伍启元（1912～?），广东台山人。1932年上海沪江大学毕业后进入清华大学研究所，1934年赴英国留学，1937年获伦敦经济学院博士学位。回国后先后任武汉大学、清华大学、西南联大教授。1946年赴英国任伦敦经济学院教授，1947年起在联合国远东经济委员会任职。1972年后任纽约大学教授。

费孝通（1910～2005），出生于江苏吴县，1933年毕业于燕京大学，1935年清华大学研究生院毕业后赴英留学，1938年获伦敦大学哲学博士学位，回国后历任云南大学、燕京大学、西南联大教授，三校复员后任清华大学教授，1952年后任中央民族学院教授、副院长。2005年去世。

郑华炽（1903～1990），广东中山人，1928年南开大学毕业后赴柏林大学留学，1934年获格拉茨大学博士学位，1935年回国后任中央大学、北京大学教授，1937年任西南联大教授、物理系主任，联大代理教务长，1946年后任北京大学教授、教务长，1952年任北京师范大学教授、副教务长。1990年去世。

马约翰（1882～1966），福建厦门人，1911年毕业于上海圣约翰大学，1914年到清华学校任教，后任清华大学教授，长期任体育部主任，1937年后任西南联大教授。1949年后任中华全国体育总会副主席、主席。1966年去世。

冯友兰（1895～1990），河南唐河人，1918年北京大学文科哲学门毕业，次年赴美留学，1923年获哥伦比亚大学哲学博士学位回国。先后在中州大学、燕京大学、清华大学、西南联大任教，并兼任中州大学、清华大学、西南联大的文学院院长。1946年任宾夕法尼亚大学客座教授，回国后任清华大学教授，1952年任北京大学教授。1990年去世。

　　王赣愚（1906～1997），福建闽侯人，1929 年清华大学毕业后赴美留学，获哈佛大学政治学硕士和博士学位，又赴英国伦敦大学和德国柏林大学进修访问。1933 年回国后任南京中央政治学院教授。1935 年起任教南开大学，1937 年后任云南大学、西南联大教教授，1946 年联大结束后到美国华盛顿州立大学任教，1949 年返南开大学任教，任财经学院院长。1997 年去世。

　　吴　晗（1909～1969），浙江义乌人，早年在中国公学学习，1931 年入清华大学历史系，毕业后留校任教。1937 年任云南大学教授，1940 年任西南联大教授。三校复员后回清华大学执教，1948 赴解放区，1948 年冬以副军代表身份接收清华，1949 年后兼任清华历史系主任。1950～1966 任北京市副市长。1969 年不幸去世。

西南联大与战时报刊

——以本书作者为例

戴美政

　　中国抗日战争是中国文化传播史上的重大转折时期，也是爱国知识分子运用新闻武器促进民族觉醒、推动抗日救国的特殊历史阶段。在战时条件下，西南联大学者最大限度利用报刊广播传媒，宣传抗战，报道战情，引导舆论，意在激励军民士气，批判侵略行径，振奋民族精神，彰扬爱国主义，留下特殊时代的思想文化记录。

　　抗战期间，随着沿海和内地工商业及一批著名大学的迁入，各种政治、军事、文化教育机构的建立，昆明成为继重庆之后大西南又一政治、经济、军事、文化中心；滇缅公路的开通和中国远征军赴缅抗日，使云南抗战同国际反法西斯战场连在一起，其军事战略地位随之提高。与此同时，以昆明为中心的云南报刊事业也随之发展起来。省城"文化事业颇为发达，出版刊物如雨后春笋，"① 先后出版的报刊超过 250 种。② 1940 年 1 月至 1945 年 9 月，报界报道的新办报刊就有 80 余种。③ 1943 年 8 月 23 日，《云南日报》

---

① 《本市现有刊物四十九种》，《云南日报》1943 年 8 月 22 日。
② 笔者对国家图书馆、南京图书馆、云南省图书馆等馆藏报刊的统计（自 1931 年"九一八"事变至 1945 年 9 月）。
③ 笔者对《云南日报》《正义报》《扫荡报》（昆明版）的报道统计。

报道，昆明出版的周报、周刊、旬刊、日刊及不定期刊有 49 种。① 在众多的报刊中，以时政评论为主的综合性刊物有《民主周刊》《今日评论》《当代评论》《新动向》《战时知识》《自由论坛》《评论报》《真报评论周刊》《战国策》《荡寇志》《海鸥周刊》《金碧旬刊》《建国导报》《云南妇女》等，综合学术类有《国文月刊》《社会科学学报》《人文科学学报》《学术季刊》《西南边疆》等，文艺类有《文艺季刊》《诗与散文》《微波》《文艺新报》《文聚》《文化岗位》《十二月》等。笔者据国家图书馆、云南省图书馆馆藏资料统计，这些报刊中，西南联大师生创办、编辑或撰稿的约占一半左右。为爱国思想和民族意识所激励，联大学者纷纷运用新闻舆论武器，投身抗战宣传行列。很有影响的《云南日报》《正义报》《扫荡报》（昆明版）等报纸，其言论专栏也多为西南联大、云南大学等高校的学者撰写。这里还要说，遵行"思想自由，兼容并包"的西南联大，对教师们的著述投稿活动持积极鼓励的态度。《国立西南联合大学要览》提出："本校搬迁来滇，三校旧教员大多随校南来。虽在颠沛流离之中，并受物价高涨影响，几至饔飧不继，然对于学术研究，仍一本旧贯，不稍懈怠。各教员研究所得，除由三校学术刊物量为发表外，并在本校各学会公开演讲，或将稿件分送中外各杂志刊登。"②

曾昭抡、蔡维藩、雷海宗等联大学者的抗战军事时局论述，包括世局观察、战场分析、国际关系、二战人物、武器装备、军事工业、国防科学、战争物资等多方面内容，现对发表这些作品的报刊择要介绍，以便为阅读和研究提供参考。

《云南日报》《云南日报》为省政府的机关报（对开大报），1935 年 5 月 4 日创刊，是本省最重要的舆论阵地，发行量最高时达 18000 份。省政府主席龙云为报社董事会主席，省教育厅厅长龚自知为常务董事。抗战时期龙云积极抗日，对抗日民主运动持宽容态度，编辑部中也有不少进步人士、中

---

① 转引自蒙树宏《云南抗战时期文学史》，云南教育出版社，1998。
② 《国立西南联合大学要览》（1942 年 12 月 21 日），《国立西南联合大学史料·总览卷》，云南教育出版社，1998。

共地下党员，有关抗战救国的报道是其版面的主要内容，令读者关注的时评、专论等，也多请学者专家撰稿，其中，多刊于该报"星期论文"专栏。"星期论文"是《大公报》首创的中国报纸最具特色的栏目之一，张季鸾推出此专栏，既为加强报纸与文教界的联系，又减轻了本社撰写社评的负担。1934 年 1 月 7 日，《大公报》首期"星期论文"刊出胡适的《报纸文字应该完全用白话》后，便引起社会各界重视。最先为《大公报》"星期论文"撰稿的，有丁文江、胡适、翁文灏、傅斯年、蒋廷黻等，尔后许多学者教授、社会名流、军政显要，纷纷为之撰稿，大大增加了星期论文的影响。[①]抗战爆发后，大批文化人内迁，深受欢迎的"星期论文"，被《云南日报》等边地报纸仿效，在大后方风行起来，成为痛斥敌寇、动员民众、阐发思想、争鸣学术的有力舆论工具。其中尤以西南联大学者刊发的"星期论文"为多，加上其他论述，约有百篇左右。

《民主周刊》《民主周刊》是中国民主同盟第一个地方组织民盟昆明支部（后改为民盟云南支部）的机关刊物，1944 年 12 月 9 日创刊。该刊声明继承"一二·九"光荣传统，以宣传民盟政治纲领、阐述民盟对时局的态度，宣扬民主思想，推进民主运动为宗旨。罗隆基主编，潘光旦任社长，社址在昆明府甬道 14 号。《民主周刊》创刊后，基本能正常出版，经常撰稿者有罗隆基、曾昭抡、潘光旦、潘大逵、楚图南、闻一多、费孝通、闻家驷、张奚若、吴晗、邓初民、尚钺、伍启元、周新民、沈志远等人，他们多为民盟重要成员。《民主周刊》是抗战期间大后方最重要最有影响的民主刊物之一，被民盟称为"更直接成为民盟的重要喉舌"。曾昭抡对《民主周刊》的重要贡献，是作为"一周时事析要"专栏撰稿人，及时撰写军事或时局评论，以利读者了解战争全局，增强抗战胜利信心。1944 年 12 月到 1946 年 12 月，他在《民主周刊》，包括其增刊及北平版，共发表评述类文章 45 篇许，其中大部分为军事时局评论。

---

① 《〈大公报〉与现代中国》，重庆出版社，1993；又见方蒙、谢国明《大公报的"星期论文"》，《大公报人忆旧》，中国文史出版社，1991。

　　《扫荡报》（昆明版）《扫荡报》（昆明版）是昆明防守司令部总司令杜聿明属下的第五军所办（对开大报），1943 年 11 月 1 日创刊。其社长李诚毅原为第五军编印处处长。1945 年的总编辑为高紫瑜（高天），由中共南方局通过关系安排进该报任职。该报副刊由中华文艺界抗敌协会的吕剑主编，实际成为文艺界抗敌协会的一个阵地。对此高天回忆道："编辑部里有共产党员、民盟盟员，还有进步作家、记者、诗人。大家是在党的影响和抗日旗帜下走到一起来的。"① 该报主笔原为西南联大教授吴之椿，他辞职后由张兆麟接替。该报创办时，曾昭抡就应邀撰写社论，王赣愚、伍启元等联大教授，也时而为该报撰写社论。从 1943 年 11 月创刊到 1945 年 7 月 7 日，曾昭抡在《扫荡报》（昆明版）发表的评论和特稿，有《现阶段的世界战局》《法西斯主义的澈底清算》等十余篇。至于他执笔所写的社论，因未署名就无法统计了。

　　《扫荡报》（昆明版）是在第五军《扫荡简报》基础上办起来的。杜聿明奉蒋介石之命进驻昆明，意在控制云南，伺机剪除龙云。他为了与龙云抗衡，就得在文化界树立自我形象，因此不得不借助文化名人办报，对曾昭抡这样有办报眼光又下笔很快的文章高手，自然就非常客气。1942～1945 年，与曾昭抡同住在钱局街敬节堂巷 7 号院的西南联大经济系助教金起元回忆说："李诚毅的形象我至今记忆犹新，他脸色黝黑，身体结实，手提一个公事皮包，有时来和曾先生商讨社论主题，有时来收取曾先生撰就的文章，并且当场付钱，稿酬丰厚。"② 金起元的回忆表明，该报对曾昭抡相当重视，否则李诚毅不会亲自登门取稿，并当场付酬。

　　《评论报》周刊《评论报》周刊创刊于 1943 年 7 月 3 日，起初称《群报周刊》（四开小报），杜震东主编。1944 年 8 月 16 日改组为《评论报》周刊，期号从第一期重新算起，杜宣编辑。《评论报》周刊为云南军界要人主办，1944 年任社长的楼兆元为云南军管区司令部要员。该刊为战时昆明

---

① 高天：《对昆明〈扫荡报〉的回忆》，《新闻研究资料》总 30 辑，中国新闻出版社，1985年。

② 金起元致戴美政信，2000 年 8 月 16 日寄自青海师范大学。

最具评论色彩的周刊之一，曾昭抡是为该刊撰稿最多之作者，其他撰稿人有吴晗、刘北扬、张友渔、刘思慕、伍启元、潘光旦、刘白羽、夏衍、孟起予、夏康农等，均为国内名家。据当时报界所刊《评论报》各期预告，从创刊号发表《霸王末路》起，到第51期的《胜利　和平　幸福》，共刊发曾昭抡评论有40篇以上。因该刊馆藏不全，本书选编其作品14篇，包括署名"抡"或"昭"者，均为曾昭抡所撰。另选伍启元、王赣愚、吴晗各1篇。

《当代评论》《当代评论》为西南联大学者主办的综合性时政类刊物，1941年7月7日在昆明创刊，自第1卷第1期起，至1944年3月第4卷第10期停刊。初创时辟有"一周时事述评"专栏，刊发有关世界时局和抗战舆情的报道述评。为该刊撰稿的，有陈岱孙、费孝通、王迅中、王赣愚、罗常培、雷海宗、贺麟、伍启元、潘光旦、曾昭抡、谷春帆等二三十人，多为联大、云大知名学者，以及重庆学术界人士。该刊所载内容广泛，阐发清楚，议论中肯，有相当强的针对性和时效性，涉及政治、经济、军事、教育、法律、文学、艺术、社会、民族等诸多方面，适时反映了战时知识界对国内外局势与社会状况的思想见地。《当代评论》与《今日评论》《国文月刊》，堪称战时西南联大学者主办的刊期长、销路广、影响大的三大学术刊物，为研究西南联大思想史、学术史的史料宝库。

其他报刊抗战期间，曾昭抡、蔡维藩等联大学者的作品主要发表在昆明、重庆两地的报刊上。除前面介绍过的以外，在昆明的还有《真报评论周刊》《自由论坛》《正义报》《益世报》《民国日报》《新动向》《战国策》《生活导报》《云南妇女》《妇女旬刊》《昆华女中同学会刊》《大路周报》《建国导报》《黎明月刊》《荡寇志》《海鸥周刊》《军政部第五十三兵工厂月刊》《工程学报》等；在重庆的有《时事新报》《图书月刊》《读书通讯》《时与潮副刊》《中国边疆》《中国青年》《东方杂志》《战时青年》《现代读物》《星期评论》《学术汇刊》《文史杂志》《科学教学季刊》《世界学生》《民族与国家》《世说》《新中华》《三民主义半月刊》《文化先锋》《图书评论》等；另外，在汉口、长沙、桂林、衡阳等地，也有作品发表。因数量太多，曾昭抡的作品至今还不断被发现，但有的或许永远散失了，仅知篇目不见其文。

抗战时期联大学者的军事时局论述活动及其影响，是时代需要与其个人特点相结合的产物。各位学者以"增进抗战决心"为初衷，以军事时局评论为代表的报刊言论活动，所以呈现出不同面貌及特点，可以从其教育经历、学术背景和个人兴趣等方面来探寻其缘由。对此本文不展开阐述，仅择要介绍。

曾昭抡不仅是化学家，也是很有影响的国防化学专家，他在麻省理工学院本科阶段就读的就是军事化学。研究国防化学，就必然要研究战争史和与之密切相关的世界政治、经济、科技、地理等多方面的问题。曾昭抡正是由国防化学问题开始，进而全面研究军事时局问题的。他不仅熟谙国防化学，也是一位报刊专家，抗战时期，他先后主编的报刊或主持的专栏，以及特约撰稿的理科和综合性报刊，包括《中国化学会会志》《化学》《化学工程》《科学》《时事月报》《青年与科学》《海鸥周刊》《民主周刊》《当代评论》等，至少有 20 种之多。正因长期丰富的报刊实践，培养了较强的新闻敏感和迅捷的动笔能力，曾昭抡才会写出那样多军事时局评论，详情见本笔者所著《曾昭抡评传》（云南人民出版社，2010）。

蔡维藩早年就读和任教的金陵大学历史系，非常重视"灌输欧洲史及世界通史之知识""用近代考证方法研究中国通史"等，[1] 就是在这样系统严谨的世界史教学环境中，蔡维藩获得良好的教育与训练，1929 毕业后留校任历史系教师，一人要兼数门课教学，综合知识得以整理，史学意识获得深化，表达能力因此提高。后来到伊利诺伊大学深造，学术水平更得到明显提高。蔡维藩所以成为授课有方的西洋史专家和擅长分析军事局势的国际观察家，除个人天赋及努力外，实与金陵大学、伊利诺伊大学的学术经历有关。抗战时期，蔡维藩被昆明广播电台聘为特约专员，负责该台抗战国际宣传稿件的审阅编排，直至战后离开昆明。该台是中国为抗战国际宣传而建立

---

① 《学程纲要·文学院历史系》，金陵大学秘书处编辑《私立金陵大学一览》，南京，1933。

的战时功率最大的国家广播电台，1940 年 8 月 1 日正式开播，用 12 种中外语言对国内外播音。蔡维藩等联大学者在该台的广播演讲稿，笔者已编辑整理，亦为《国立西南联合大学史料长编丛书》之一。

1919 年雷海宗考入清华学校高等科，1922 年毕业后赴美留学，进入芝加哥大学历史系学习。芝加哥大学被认为是第一所美国模式的现代化大学，即以英国式的本科学院为基础，德国式的研究生院为主导，其周围辅以职业学院，大学以科研为其主要任务，学生除课堂学习外，还辅以多样的课外活动。雷海宗进入芝加哥大学后主修历史学，副修哲学。芝加哥大学历史系向以文化思想史、比较史和国际史方面的研究闻名于世。该系自建立起，就将培养优秀研究生，特别是博士生视为最重要之使命，广泛采用跨学科和比较分析的方法来研究历史。该系自述说："本专业研究人类思想和行为的形成与特定的历史进程和环境间的关系，教会学生如何客观地参阅历史文献和按照严谨的研究方法和风格续写历史。"[①] 雷海宗所以对二战军事时局问题有相当研究，其缘由即可追寻其在芝加哥大学攻读博士学位的学术经历。同曾昭抡相似，雷海宗深知报刊媒体的社会作用和广泛影响，他与其他学者合编过《中央大学》半月刊、《大公报·战国副刊》《战国策》《今日评论》等报刊，其言论性作品主要刊于这些报刊。

总之，本书所收战时联大诸学者的军事时局评论，若联系各学者的教育经历和学术背景来解读，就可能深切了解其思想内涵和历史价值，及其现实启示意义。这是本文初衷所在。

2018 年 6 月

---

① 《芝加哥大学》，舸昕编著《从哈佛到斯坦福——美国著名大学纵横谈》，东方出版社，1999；又见张敏、杨援编著《芝加哥大学》，湖南教育出版社，1994。

后　记

　　抗战时期西南联大曾昭抡、蔡维藩等学者发表的军事时局评论，是西南联大丰富深刻的思想文化遗产的重要组成部分。早在 1987 年本书编者为撰写《曾昭抡评传》作资料准备时，就开始在各家图书馆查寻收集这方面遗稿。这不仅因曾、蔡两位是战时知识界声誉卓著的军事问题专家，也因 1944 年先父戴扶青筹划创办《海鸥周刊》纪念戴安澜将军时，就得到曾昭抡、蔡维藩等联大学者的鼎力支持。编者正是由《海鸥周刊》所刊曾昭抡、蔡维藩、雷海宗的作品开始查询，进而扩展到所有可能刊载他们作品的报刊的，所查询的报刊在千种以上。至 2010 年《曾昭抡评传》出版时，收获已相当大了。其中，在曾昭抡 600 余篇各类遗文中，军事时局类可收集到的约 150 篇，蔡维藩的此类遗文约有 40 篇、专著 1 部。1996 年 6 月，本书编者此前发表的研究论文《曾昭抡抗战军事评论概议》（《云南师范大学学报》1996.6）、《曾昭抡：观察世界反法西斯战场的全局眼光》（中国军网2015.9）和专著《曾昭抡评传》（云南人民出版社 2010.4）等，即属本书编选前所做的学术铺垫工作。

　　2002 年 11 月，曾昭抡的胞妹曾昭楣（现居台北）女士书面授权委托编者收集整理曾昭抡遗著，曾昭抡的军事时局评论就是要整理出版的遗著之一。以后，又获得蔡维藩亲侄蔡家麒教授代表其子女的授权，收集整理蔡维藩先生的战时遗著。这样，至"国立西南联合大学史料长编丛书"项目启动之时，本书史料已基本收集到了，因此被列为长编丛书之一，最先纳入编纂出版计划。

在全书收入的联大学者军事时局评论106篇中，曾昭抡、蔡维藩、雷海宗的作品主要由戴美政收集。其他联大学者的作品以及蔡维藩的部分遗文共20余篇，主要出自闻黎明先生拍摄的报纸资料。30年来，闻先生自北京十余次到昆明，查寻到战时联大学者的大量报刊作品，多为其他人难以拍摄到的资料。

国家图书馆、云南省图书馆、北京大学图书馆、清华大学图书馆、南京图书馆、南京大学图书馆、中国科学院图书馆等十余家图书馆接待笔者查询资料。友人韩健主持的古籍网提供了许多史料的影印件电子文档。本书校对时参考了南开大学历史学院院长江沛博士及博士生刘忠良所编的《中国近代思想家文库·雷海宗、林同济卷》。谨此对所有提供帮助的单位和个人致以真挚谢意！

本书文稿除笔者录入外，大部分文稿承顾燕女士录入电脑，否则难以在时限内完成本书的编校工作，谨此对顾女士表示由衷谢意！

本书承云南师范大学纳入"国立西南联合大学史料长编丛书"，拟在西南联大在昆建校80周年前夕出版。该丛书由中国社会科学院近代史研究所闻黎明研究员策划并任总主编，云南师大历史与行政学院具体主持。谨向云南师大领导，两位总主编闻黎明先生、邹建达院长，以及审稿组吴宝璋等教授、协助编务的纳彬老师，致以由衷谢意！

承蒙社会科学文献出版社对书稿编排提出学术建议，责任编辑李丽丽博士精心编辑校稿，使本书质量得以保证，谨对此深表谢意！

戴美政

2018 年 8 月 20 日于昆明

图书在版编目（CIP）数据

西南联大军事时局评论. 一／戴美政编. －－北京：
社会科学文献出版社，2018.11
（国立西南联合大学史料长编丛书）
ISBN 978 - 7 - 5201 - 3363 - 0

Ⅰ. ①西… Ⅱ. ①戴… Ⅲ. ①抗日战争史 - 军事史 -
中国 Ⅳ. ①E296.93

中国版本图书馆 CIP 数据核字（2018）第 199915 号

·国立西南联合大学史料长编丛书·

西南联大军事时局评论（一）

编　　者／戴美政

出 版 人／谢寿光
项目统筹／宋荣欣
责任编辑／李丽丽

出　　版／社会科学文献出版社·近代史编辑室（010）59367256
　　　　　　地址：北京市北三环中路甲 29 号院华龙大厦　邮编：100029
　　　　　　网址：www. ssap. com. cn
发　　行／市场营销中心（010）59367081　59367018
印　　装／三河市龙林印务有限公司

规　　格／开 本：787mm × 1092mm　1/16
　　　　　　印 张：28.25　字 数：423 千字
版　　次／2018 年 11 月第 1 版　2018 年 11 月第 1 次印刷
书　　号／ISBN 978 - 7 - 5201 - 3363 - 0
定　　价／128.00 元